국어는 도구 과목이다. 모든 교과가 국어를 바탕으로 되어 있기 때문이다. 따라서 국어 능력을 향상시키는 것은 학업 능력을 키우는 데 매우 중요한 요소이다. 게다가 초등 과정에서는 학업과 의사소통을 위한 기초적인 언어 능력을 갖춰야 할 뿐만 아니라 고차원적인 사고력도 함께 길러야 한다.

의사소통 능력과 사고력을 키우는 데 있어 독서는 아주 중요한 역할을 한다. 영상 매체를 주로 접하며 긴 글 읽기를 꺼리고, 다양한 인간관계를 통해 이루어지는 생활 속 교육이 점차 줄어드는 현실에서 독서는 매우 유용한 학습법이다. 그러나 적절한 피드백이 없는 독서는, 자칫 편협하고 왜곡된 사고를 갖게 될 위험성을 안고 있다.

그에 대한 보완책이 독해력 훈련이다. 초등 과정에서도 중·고등 과정 못지않게 독해력 훈련이 필요하다. 다양한 영역의 지문을 접할 수 있는 독해력 훈련은 교과와 연계되어 학습에 도움을 줄 뿐 아니라 지적 호기심을 자극하여 능동적인 학습을 유도할 수 있다. 독해력 연습을 통해 사실적 사고를 바탕으로 한 고차원적인 추론 능력과 비판 능력 등을 기를 수 있는 것이다.

이번에 〈자이스토리 초등 국어 독해력 쑥쑥＋낱말 쑥쑥〉이 나왔다. 〈독해력 쑥쑥〉 파트는 중심 낱말 찾기, 중심 문장 찾기, 단락 요약하기, 단락 가의 관계 이해하기, 글의 구조 이해하기, 주제 알아보기 등 6가지 step에 따른 계단식 독해 연습을 통해, 부모님이나 선생님의 도움 없이 학생 스스로 독해력을 훈련할 수 있게 구성되어 있다. 또한 〈낱말 쑥쑥〉 파트는 초등 과정에서 집중적으로 이루어져야 할 어휘력 학습에 꼭 필요하고 중요한 내용이다. 낱말의 사전적 의미를 정확히 익히고, 문맥을 통해 낱말의 뜻을 유추해 보고, 한자를 통해 낱말의 구성을 이해하고, 낱말 퍼즐로 재미있게 학습하는 어휘 학습은 돋보이는 기획이다.

〈자이스토리 초등 국어 독해력 쑥쑥＋낱말 쑥쑥〉에서 제시한 방법으로 독해력과 낱말 학습을 한다면 탄탄한 국어 능력을 키울 수 있을 것이다. 이를 토대로 독서를 한다면 그 효과는 더욱 커질 것이다. 자이스토리 교재를 통해 독해력과 독서 능력이 한 단계 더 높이 발전하기를 바란다.

지니국어논술 학원(대치, 반포, 분당, 압구정) 대표 **윤 진 성**

교과서 지문 연계표

DAY	자이스토리 독해력 쑥쑥 2학년	교과서 연계 내용	
01	교통안전을 위해 꼭 지켜요.	봄 · 여름 1-1	봄 1. 학교에 가면
02	특별한 도형, 원	수학 2-1	2. 여러 가지 도형
03	같은 소리라고 뜻이 같지는 않다고!	국어 2-1	5. 낱말을 바르고 정확하게 써요
04	똥을 이용한다고?	과학 3-2	2. 동물의 생활
05	보이지 않는 오염, 층간소음	가을 · 겨울 1-2	가을 1. 내 이웃 이야기
06	자연환경에 따른 주생활 모습	사회 3-2	1. 환경에 따라 다른 삶의 모습
07	시간을 나타내는 말	국어 2-1	6. 차례대로 말해요
08	오감을 깨워라!	봄 · 여름 2-1	봄 1. 알쏭달쏭 나
09	무엇을 잡아야 어른들이 좋아할까요?	사회 3-2	2. 시대마다 다른 삶의 모습
10	도형으로 여러 가지 모양을 만드는 칠교놀이	수학 2-1	2. 여러 가지 도형
11	나눔과 봉사를 실천한 테레사 수녀	가을 · 겨울 1-2	겨울 2. 우리의 겨울
12	봄 날씨를 담은 속담들	봄 · 여름 2-1	봄 2. 봄이 오면
13	집을 육각형 모양으로 만든다고?	수학 2-1	2. 여러 가지 도형
14	한국의 슈바이처, 장기려 선생님	국어 2-1	9. 생각을 생생하게 짐작해요
15	위치를 나타내는 이런 방법, 저런 방법	사회 3-1	1. 우리 고장의 모습
16	건강을 위해 몸을 깨끗이	봄 · 여름 2-1	봄 1. 알쏭달쏭 나
17	집집마다 태극기가 펄럭입니다.	가을 · 겨울 1-2	겨울 1. 여기는 우리나라
18	인간은 사회적 동물	봄 · 여름 2-1	여름 1. 이런 집 저런 집
19	아 다르고 어 다른 말의 중요성	국어 2-1	10. 다른 사람을 생각해요
20	곱셈과 나눗셈 기호는 어디에서 왔을까?	수학 2-1	6. 곱셈
21	나뭇잎은 왜 가을에 옷을 갈아입을까?	가을 · 겨울 2-2	가을 2. 가을아 어디 있니
22	로봇과 함께하는 우리 생활	사회 3-1	3. 교통과 통신 수단의 변화
23	동물의 특징을 활용한 생활용품	과학 3-2	2. 동물의 생활
24	낱말을 국어사전에서 찾는 방법	국어 3-1	7. 반갑다, 국어사전
25	곱셈으로 계산해 봐요.	수학 2-1	6. 곱셈
26	동식물이 주인공인 이야기	국어 2-1	11. 상상의 날개를 펴요
27	옛날과 오늘날의 결혼 풍습	사회 3-2	3. 가족의 형태와 역할 변화
28	세계의 볼거리	가을 · 겨울 2-2	겨울 1. 두근두근 세계 여행
29	리듬 악기로 신나게!	봄 · 여름 2-1	봄 2. 봄이 오면
30	따뜻한 색, 차가운 색	가을 · 겨울 2-2	가을 2. 가을아 어디 있니
31	곱셈구구의 역사	수학 2-2	2. 곱셈구구
32	줄임말을 쓸까? 말까?	국어 2-2	8. 바르게 말해요
33	음악으로 사계절을 그려낸 비발디	가을 · 겨울 2-2	가을 2. 가을아 어디 있니
34	지구가 축구공처럼 둥글다고?	과학 3-1	5. 지구의 모습
35	친구들과 하는 연극 놀이	국어 2-2	11. 실감 나게 표현해요
36	겨울에는 쿨쿨 겨울잠 자는 동물들	가을 · 겨울 2-2	겨울 2. 겨울 탐정대의 친구 찾기

자이스토리

초등 국어 낱말 쑥쑥 총정리

- DAY별 핵심 낱말 총정리
- DAY별 빈칸 채우기 확인 문제
- 낱말 쑥쑥 종합 테스트 6회
  (6일치 낱말 복습)

2 학년

수경출판사

교재 활용법

1. 낱말 쑥쑥 총정리를 가지고 다니면서 낱말의 뜻풀이를 복습하세요. 어렵거나 잘 외워지지 않았던 낱말들 위주로 반복하면 좋습니다.

2. 낱말의 뜻풀이를 충분히 익힌 다음, 아래의 예문을 읽고 빈칸에 들어갈 낱말을 직접 써 보세요.

3. STEP 1개가 끝날 때마다 핵심 낱말 총정리에서 학습한 낱말을 낱말 쑥쑥 종합 테스트로 확인해 보세요.

4. 독해 지문 전체를 다 학습한 후에도 언제든지 특별 부록을 통해 낱말을 익힐 수 있습니다. 자투리 시간에 부록을 펼쳐 보세요!

5. 잘 기억나지 않거나 어려운 낱말을 반복해서 학습하고 문제를 통해 익힌다면 어휘력과 독해력이 쑥쑥 자랄 거예요!

차 례

★ 정확히 아는 낱말에는 ☑ 표시를 해 보세요.

☐ **녹색 어머니회** : 학교 근처에서 안전 지도를 해 주는, 유치원이나 초등학교 어린이의 어머니들로 이루어진 모임

☐ **안전** : 아무 탈이 없고 위험이 없는 것

☐ **조심하다** : 잘못이나 실수가 없게 하려고 정신을 차리고 주의를 하다.

☐ **교통** : 자동차·배·비행기 등이 왔다 갔다 하는 일. 또는 탈것을 이용하여 사람이나 짐이 어떤 곳에서 다른 곳으로 움직이는 일

☐ **횡단보도** : 사람이 안전하게 차도를 가로질러서 건너갈 수 있도록 일정한 표시를 한 길

☐ **골목길** : 골목을 따라 난 길

☐ **차도** : 차가 다니는 길

☐ **사고** : 뜻밖에 일어난 좋지 않은 일

☐ **주변** : 어떤 대상의 둘레 부근

☐ **규칙** : 한 조직에 속한 여러 사람이 다 같이 지키기로 정한 법칙

★ 빈칸에 들어갈 낱말을 찾아 알맞은 형태로 쓰세요.

01 (   )에 자동차들이 쌩쌩 달리고 있다.

02 학교 앞에서 교통 지도를 해 주시는 (   ) 덕분에 안전하게 등교했다.

03 자동차를 탈 때 (   )을/를 위해 안전벨트를 매야 한다.

04 이 (   )에 접어든 순간 맛있는 냄새가 났다.

05 나는 (   )에서 신호를 기다리며 서 있었다.

06 스포츠 경기를 할 때는 정해진 (   )을/를 따라야 한다.

07 비가 올 때는 운전을 (   )해서 해야 한다.

08 안개가 끼면 앞이 잘 보이지 않아 (   )이/가 날 위험이 크다.

09 차를 타고 갈 때는 (   ) 정보를 알려 주는 방송이 도움이 된다.

10 우리는 추워서 모닥불 (   )에 모여 앉았다.

★ **정확히 아는 낱말에는 ☑ 표시를 해 보세요.**

☐ **주변** : 어떤 대상의 둘레 부근

☐ **도형** : 삼각형·사각형·원 등과 같이 점과 선으로 이루어진 꼴

☐ **자세히** : 작은 부분까지 주의하여

☐ **곧다** : 구부러지거나 비뚤어지지 않고 똑바르다.

☐ **굽다** : (곧바른 것이) 한쪽으로 구부러지거나 휘다.

☐ **부딪히다** : 세게 닿아지다.

☐ **깨지다** : (단단한 물건이) 부딪쳐서 조각이 나다.

☐ **대표적** : 가상 두드러지거나 뛰어나 대표가 될 만한 것

☐ **역시** : 또한

☐ **매끄럽다** : 매우 부드럽고 끈끈하거나 거친 데가 없다.

★ **빈칸에 들어갈 낱말을 찾아 알맞은 형태로 쓰세요.**

01 진돗개는 한국의 (   )인 토종개이다.

02 새로 산 이불은 닿는 느낌이 (   ).

03 유명한 사람 (   )에는 경호원이 서 있는 경우가 많다.

04 철사에 힘을 주었더니 철사가 (   )었다.

05 배가 빙산에 (   )고 말았다.

06 꼭짓점과 선분이 세 개인 (   )을/를 삼각형이라고 한다.

07 강을 건널 수 있게 만든 다리는 길고 (   )게 뻗어 있다.

08 꽃을 (   ) 보다 보니 그 아름다움이 느껴졌다.

09 네가 좋다면 나 (   ) 좋다.

10 어디선가 유리잔이 (   )는 소리가 들렸다.

★ **정확히 아는 낱말에는** ☑ **표시를 해 보세요.**

☐ **잘못하다** : 옳지 않은 일을 하다.

☐ **사과하다** : 자기의 잘못을 인정하고 용서를 구하다.

☐ **주변** : 어떤 대상의 둘레 부근

☐ **대표적** : 가장 두드러지거나 뛰어나 대표가 될 만한 것

☐ **서로** : 짝을 이루거나 관계를 맺고 있는 상대에 대하여

☐ **여러** : 많은 수의

☐ **구별하다** : 무엇과 무엇을 서로 따로 갈라놓다.

☐ **상대방** : 말·일·활동 등에서 상대가 되는 쪽이나 사람

☐ **상황** : 어떤 일이 되어 가는 형편이나 모양

☐ **헷갈리다** : 이것인지 저것인지 쉽게 알아차리지 못하다.

★ **빈칸에 들어갈 낱말을 찾아 알맞은 형태로 쓰세요.**

01 나는 가끔 낱말의 뜻을 (　　　)는 경우가 있다.

02 원준이는 항상 음식을 먹고 나서 입 (　　　)을/를 휴지로 닦는다.

03 나는 소미에게 (　　　)한 일을 사과했다.

04 잘못을 했으면 곧바로 (　　　)해야 한다.

05 감기의 (　　　)인 증상은 콧물과 기침이다.

06 한 번에 (　　　) 일을 하다가 아무것도 제대로 하지 못했다.

07 얼굴이 똑같은 쌍둥이를 (　　　)하는 것은 매우 어렵다.

08 그 둘은 (　　　) 사랑해서 결혼했다.

09 당시 (　　　)을/를 동영상으로 녹화해 두었다.

10 대화를 잘 하려면 (　　　)의 이야기를 잘 들어야 한다.

★ **정확히 아는 낱말에는 ☑ 표시를 해 보세요.**

☐ **피하다** : 멀리 하거나 싫어하다.

☐ **도움** : 남을 돕는 것

☐ **거름** : 식물이 잘 자라도록 땅에 뿌리거나 섞는 물질

☐ **활용되다** : 무엇이 지니고 있는 기능이나 능력을 제대로 잘 쓰게 되다.

☐ **조상** : 지금 사람들보다 먼저 살던 사람들

☐ **농사** : 농작물을 심고 가꾸고 거두는 일

☐ **귀하다** : 가치가 매우 크다.

☐ **덩치** : 몸집의 크기

☐ **세균** : 눈으로 볼 수 없을 민큼 작고, 병을 일으키거나 부패 작용을 하는, 세포가 하나뿐인 생물

☐ **에너지** : 기계 등을 움직이게 하는 동력

★ **빈칸에 들어갈 낱말을 찾아 알맞은 형태로 쓰세요.**

01 비를 (   )하기 위해 잠시 근처 건물로 들어갔다.

02 이것은 (   ) 대대로 물려받은 보물이다.

03 사람은 음식을 먹어서 필요한 (   )을/를 얻는다.

04 우리는 나무가 잘 자라도록 (   )을/를 주었다.

05 상처가 나면 (   )이/가 들어가지 않도록 소독을 해야 한다.

06 친구가 어려울 때 (   )을/를 줄 수 있는 사람이 되고 싶다.

07 그는 (   )이/가 커서 그런지 밥을 세 공기씩 먹는다.

08 먹을 것이 많은 지금과 달리, 옛날에는 먹을 것이 (   )했다.

09 이번 기술이 새로운 제품에 (   )되었다.

10 올해는 (   )이/가 풍년이라 먹을 것이 풍족하다.

★ **정확히 아는 낱말에는** ✔ **표시를 해 보세요.**

☐ **경험** : 직접 해 보거나 느끼는 것
☐ **소음** : 시끄러운 소리
☐ **이르다** : 앞서거나 빠르다.
☐ **피해** : (재산·명예·건강 등에) 나쁜 영향
　이나 손해를 입는 것
☐ **겪다** : 당하거나 경험하다.
☐ **집중력** : 정신을 한곳에 모을 수 있는 힘

☐ **신경** : 어떤 일을 느끼거나 생각하는 기능
☐ **예민하다** : 자극에 대한 반응이 빠르고
　날카롭다.
☐ **방해** : 남의 일에 일부러 끼어들어 일이
　제대로 되지 못하게 막고 괴롭히는 것
☐ **심각하다** : (정도가) 매우 심하다.

★ **빈칸에 들어갈 낱말을 찾아 알맞은 형태로 쓰세요.**

01 농촌의 인구 감소가 생각보다 (　　　).

02 산불로 인해 집과 논이 불타 없어져서 큰 (　　　)을/를 보았다.

03 잠을 잘 못 자서 그런지 나는 평소보다 (　　　)한 상태이다.

04 남의 일에 (　　　) 쓸 시간에 자기 일부터 잘 해야 한다.

05 아직 부족하지만 (　　　)이/가 쌓이면 점차 나아질 것이다.

06 위층에서 밤마다 들려오는 (　　　) 때문에 잠을 잘 수 없다.

07 동생은 (　　　)이/가 약해서 10분마다 다른 행동을 한다.

08 그는 남들보다 출근이 항상 (　　　).

09 드라마 촬영에 (　　　)이/가 될까봐 멀리서 구경했다.

10 나는 새로운 학교에 적응하는 데 어려움을 (　　　)었다.

★ 정확히 아는 낱말에는 ☑ 표시를 해 보세요.

☐ **그대로** : 고치거나 변하지 않고 본래 있던 모양이나 상태와 같이. 있는 대로

☐ **가상** : 진짜가 아니고 생각으로 지어낸 것

☐ **기준** : 종류를 나누거나 비교를 하거나 정도를 구별하기 위해 따르는 일정한 원칙

☐ **차이** : 서로 같지 않고 다른 것

☐ **지역** : 어떤 목적을 위하여 범위를 정한 지구 표면의 공간

☐ **슬기롭다** : 슬기가 있다.

☐ **탓** : 바람직하지 않은 어떤 일이나 현상의 원인

☐ **적응하다** : 어떠한 상황이나 환경에 익숙해지거나 알맞게 변하다.

☐ **노력** : 어떤 일을 이루기 위해 힘을 들이고 애를 쓰는 것

☐ **관련** : 여럿이 서로 어떤 영향을 주고받도록 이어져 있는 것

★ 빈칸에 들어갈 낱말을 찾아 알맞은 형태로 쓰세요.

01 우현이는 지혜롭고 (　　　)게 말하고 행동한다.

02 경수는 그 자리에 꼼짝 않고 (　　　) 있었다.

03 나는 성격이 급한 (　　　)에 실수를 자주 한다.

04 우리나라는 많은 사람들이 서울 (　　　)에 몰려 있다.

05 소설 작가는 상상력을 발휘해서 (　　　)의 세계를 현실처럼 표현한다.

06 다른 나라로 이민을 가서 바로 (　　　)하기는 쉽지 않다.

07 지구가 태양의 둘레를 도는 것을 (　　　)(으)로 1년을 정한다.

08 우리는 성적 (　　　)이/가 거의 나지 않는 경쟁 상대이다.

09 이 작품을 만들기 위해 많은 시간과 (　　　)이/가 들었다.

10 토론을 할 때는 주제와 (　　　)이/가 없는 내용을 말하면 안 된다.

[01~06] 주어진 뜻풀이에 해당하는 낱말에 ○표 하세요.

01 아무 탈이 없고 위험이 없는 것 : (안전 , 오전)

02 또한 : (역시 , 정신)

03 짝을 이루거나 관계를 맺고 있는 상대에 대하여 : (사례 , 서로)

04 남을 돕는 것 : (도움 , 마음)

05 앞서거나 빠르다. : (내리다 , 이르다)

06 어떤 일을 이루기 위해 힘을 들이고 애를 쓰는 것 : (노력 , 능력)

[07~10] 주어진 자음자와 뜻풀이를 참고하여 빈칸에 알맞은 낱말을 써넣으세요.

07 | ㅈ | ㅅ | 하다 : 잘못이나 실수가 없게 하려고 정신을 차리고 주의를 하다.
➡ 다리를 다쳐서 최대한 다리를 쓰지 않도록 (　　　)하고 있다.

08 | ㅈ | ㅅ | ㅎ | : 작은 부분까지 주의하여
➡ 민아는 어제 있었던 일을 (　　　) 말해 주었다.

09 | ㅇ | ㄹ | : 많은 수의
➡ 라디오에는 매일 (　　　) 사연이 들어온다.

10 | ㄷ | ㅊ | : 몸집의 크기
➡ 나는 (　　　)이/가 작은 편이다.

★ **정확히 아는 낱말에는 ☑ 표시를 해 보세요.**

- [ ] **차례** : 어떤 원칙에 따라서 여럿을 하나씩 이어지게 벌여 놓은 것
- [ ] **시간** : 정한 때
- [ ] **먼저** : 다른 것보다 앞선 시간이나 순서로
- [ ] **순서** : 정해져 있는 차례
- [ ] **이튿날** : 그다음 날
- [ ] **이해하다** : 말이나 글의 뜻을 깨달아 알다.

- [ ] **표현하다** : 느낌이나 생각을 말, 글, 예술 작품 등으로 나타내다.
- [ ] **정확하다** : 바르고 확실하여 틀림이 없다.
- [ ] **신경 쓰다** : 작은 일까지 꼼꼼하게 생각하고 살피다.
- [ ] **공간** : 어떤 일을 하기 위한 특정한 장소

★ **빈칸에 들어갈 낱말을 찾아 알맞은 형태로 쓰세요.**

01 나는 옷차림에 무척 (   )는 편이다.

02 화살이 (   )하게 과녁에 꽂혔다.

03 밤새 비가 왔는데 (   )에도 계속 비가 내렸다.

04 나는 (   )을/를 지키지 않고 지각을 해서 선생님께 혼이 났다.

05 호연이는 민준이의 말을 (   )하지 못했는지 멀뚱히 서 있었다.

06 우리는 징검다리를 (   )(으)로 건너갔다.

07 그 시는 이해하기 어려워서 무엇을 (   )하려는지 모르겠다.

08 내가 (   ) 앞장서고 친구들이 뒤따라왔다.

09 우리 반은 키 (   )(으)로 자리를 정했다.

10 목수는 자신이 작업할 (   )을/를 빌렸다.

★ **정확히 아는 낱말에는 ☑ 표시를 해 보세요.**

☐ **감각 :** 보고, 듣고, 냄새 맡고, 맛보고, 느끼는 다섯 가지 능력

☐ **다양하다 :** (종류는 같으면서) 색깔·모양·내용 등이 서로 다른 것이 많다.

☐ **건강하다 :** (몸에 아무런 탈이 없이) 튼튼하다.

☐ **노력하다 :** 어떤 일을 이루기 위해 힘을 들이고 애를 쓰다.

☐ **꼼꼼히 :** 매우 자세히 조심하여

☐ **유지하다 :** 어떤 상태나 현상을 그대로 이어 가거나 계속하다.

☐ **되도록 :** 될 수 있는 대로. 가능한 한

☐ **피하다 :** (어떤 일을) 멀리하거나 싫어하다.

☐ **관리하다 :** 어떤 일이나 물건을 정상적인 상태를 유지하도록 책임지고 보살피며 다루다.

☐ **설명하다 :** 어떤 사실에 대하여 남이 잘 이해할 수 있도록 말하다.

★ **빈칸에 들어갈 낱말을 찾아 알맞은 형태로 쓰세요.**

01 잘 먹고, 꾸준히 운동하는 사람들은 대체로 (   ).

02 책에 낙서가 없는지 (   ) 살펴보았다.

03 이 책은 기계가 어떻게 작동하는지를 (   )하고 있다.

04 손이 얼어서 손에 (   )이/가 없다.

05 시간이 없기 때문에 (   ) 빨리 준비를 해야 한다.

06 미국에는 (   )한 나라에서 이민 온 사람들이 많다.

07 몸 안에 일정한 수분을 (   )하기 위해 적정한 물을 마셔야 한다.

08 피구는 공을 (   )하는 운동이다.

09 나는 꿈을 이루기 위해 (   )하고 있다.

10 새롬이는 용돈을 잘 (   )하기 위해 용돈 기입장을 쓴다.

★ 정확히 아는 낱말에는 ☑ 표시를 해 보세요.

☐ **돌잔치** : 어린아이가 태어난 날로부터 1년
이 되는 날에 하는 잔치

☐ **판단하다** : 어떤 사물에 대하여 여러 사
정을 따져서 자기의 생각을 분명하게 정
하다.

☐ **의미** : 말이나 글이나 기호가 나타내는 뜻

☐ **실타래** : 아주 긴 실을 다시 쉽게 풀어 쓸
수 있도록 감아 놓은 것

☐ **무술** : 칼·활·몸 등을 써서 싸우는 기술

☐ **장수** : 군사를 통솔하는 장군

☐ **청진기** : 환자의 몸 안에서 나는 소리를
들어 진찰하는 데 쓰는 의료 기구

☐ **생활** : 살면서 겪는 모든 경험과 행동

☐ **수명** : (사람이나 생물의) 살아 있는 기간

☐ **직업** : 돈을 벌기 위해 정해 놓고 하는 일

★ 빈칸에 들어갈 낱말을 찾아 알맞은 형태로 쓰세요.

01 아기의 (   )을/를 가족끼리만 모여서 치렀다.

02 의사는 환자의 상태를 알기 위해 먼저 (   )을/를 댔다.

03 아버지의 (   )은/는 선생님이시다.

04 엉켜 버린 (   )을/를 풀지 못해 잘랐다.

05 사람을 생김새만 보고 쉽게 (   )하면 안 된다.

06 이순신은 바다 위의 전투에서 아주 뛰어났던 (   )이다.

07 액션 영화의 주인공은 화려한 (   )을/를 하며 악당을 쓰러뜨린다.

08 거북이 중에는 (   )이/가 600년이 넘는 것도 있다.

09 일찍 일어나고 일찍 자는 규칙적인 (   )은/는 건강에 좋다.

10 하나의 낱말에는 여러 가지 (   )이/가 담겨 있기도 한다.

★ 정확히 아는 낱말에는 ☑ 표시를 해 보세요.

☐ **정사각형** : 네 변의 길이와 네 각의 크기가 모두 같은 사각형

☐ **나누다** : 여러 부분이나 갈래로 가르다.

☐ **조각** : 한 물건에서 따로 떼 내거나 떨어져 나온 작은 부분

☐ **글자** : 말의 소리나 뜻을 나타내는 데 쓰는, 눈으로 볼 수 있는 기호, 또는 그 기호들의 체계

☐ **둘러싸다** : (무엇의 둘레를) 싸다.

☐ **지혜** : 생활의 이치를 잘 이해하고 판단하는 능력

☐ **세계** : 지구 위의 모든 국가

☐ **도형** : 삼각형·사각형·원 등과 같이 점과 선으로 이루어진 꼴

☐ **무려** : 생각한 것보다 훨씬 많게

☐ **소개하다** : 남이 잘 모르는 지식이나 내용을 대강 알게 해 주다.

★ 빈칸에 들어갈 낱말을 찾아 알맞은 형태로 쓰세요.

01 옆 반과의 축구 경기에서 우리 반이 (　　　) 10골이나 넣었다.

02 색종이는 (　　　) 모양이다.

03 선생님은 전학 온 학생을 모범 학생으로 (　　　)하셨다.

04 눈이 나빠져서 안경 없이는 칠판의 (　　　)이/가 잘 안 보인다.

05 옛날 유물들에는 조상들의 정신과 (　　　)이/가 담겨 있다.

06 친구들과 케이크를 똑같이 (　　　)어서 먹었다.

07 (　　　)에서 가장 큰 나라는 러시아이다.

08 유리가 깨졌을 때, 잘 보이지 않는 유리 (　　　)들을 조심해야 한다.

09 수학 시간에 삼각형, 사각형과 같은 여러 (　　　)에 대해 배웠다.

10 그 도시는 숲으로 (　　　)여 있다.

★ 정확히 아는 낱말에는 ☑ 표시를 해 보세요.

☐ **나눔** : 자신이 가진 것을 다른 사람에게 베푸는 것

☐ **봉사** : 자기의 이익을 생각하지 않고 남을 위하여 일하는 것

☐ **실천하다** : 이론이나 계획을 실제로 행하다.

☐ **삶** : 살아 있거나 살아가는 일

☐ **평범하다** : 두드러지거나 특별한 데가 없다.

☐ **결심하다** : 무엇을 하기로 굳게 마음을 정하다.

☐ **고통** : 몸이나 마음이 괴롭고 아픈 것

☐ **평생** : 태어난 때부터 죽을 때까지의 동안

☐ **전통** : (어떤 집단이나 공동체에서) 예전부터 이어 내려오는 사상·관습·행동 등의 양식, 또는 그것의 기본을 이루는 정신

☐ **정성** : 어떤 사람이나 일을 위하여 온 마음과 정신을 쏟는 것

★ 빈칸에 들어갈 낱말을 찾아 알맞은 형태로 쓰세요.

01 위인들의 ( )은/는 본받을 점이 많다.

02 할머니와 할아버지께는 ( ) 동안 함께 하셨다.

03 말보다 ( )하는 것이 중요하다.

04 민수는 반에서 눈에 잘 띄지 않는 ( )한 학생이다.

05 그는 사라져 가는 ( )을/를 지키기 위해 노력했다.

06 나는 안 쓰는 물건을 친구들에게 ( )을/를 해 주었다.

07 나는 종종 양로원에 가서 ( ) 활동을 한다.

08 미애는 화분을 ( )을/를 다하여 가꿨다.

09 아이를 낳는 것은 큰 ( )이/가 뒤따른다.

10 그는 매일 아침에 공원을 뛰기로 ( )했다.

★ 정확히 아는 낱말에는 ☑ 표시를 해 보세요.

☐ **건조하다** : 물기가 없는 마른 상태에 있다.

☐ **따사롭다** : 따스한 기운이 있다.

☐ **속담** : 옛날부터 사람들 사이에서 얘기되는, 교훈이나 풍자가 담긴 짧은 말

☐ **장독** : 장을 담아 두는 독

☐ **쌀쌀하다** : (날씨가) 싸늘하게 느껴질 정도로 차다.

☐ **추위** : 겨울철의 추운 기운, 또는 추운 날씨

☐ **육지** : 물에 잠기지 않은 땅

☐ **봄볕** : 봄철에 내리쬐는 따사로운 햇볕

☐ **그을리다** : (무엇이) 볕이나 연기 등을 쐬어 검게 되다.

☐ **거칠다** : 매끄럽지 않고 깔깔하다. 부드럽지 않다.

★ 빈칸에 들어갈 낱말을 찾아 알맞은 형태로 쓰세요.

01 (   )을/를 견디기 위해서 여러 겹으로 옷을 입었다.

02 잔디밭에 누워 (   )을/를 받으며 따뜻함을 느끼고 있다.

03 나는 뜨거운 햇빛에 얼굴을 까맣게 (   )고 말았다.

04 바다에 사는 생물들은 (   )에 사는 생물들과 숨 쉬는 법이 다르다.

05 우리나라는 여름에는 습하고 겨울에는 (   ).

06 세 살 버릇 여든까지 간다는 유명한 (   )이/가 있다.

07 커튼 틈으로 들어오는 아침 햇살이 매우 (   ).

08 할머니 댁에는 된장, 고추장, 김치 등을 보관하는 (   )이/가 있다.

09 비가 내린 뒤의 새벽이라 그런지 날씨가 (   ).

10 이 스웨터는 부드럽지 않고 (   )어서 입기 힘들다.

[01~06] 주어진 뜻풀이에 해당하는 낱말에 ○표 하세요.

01 말이나 글의 뜻을 깨달아 알다. : (오해하다 , 이해하다)

02 매우 자세히 조심하여 : (간간히 , 꼼꼼히)

03 말이나 글이나 기호가 나타내는 뜻 : (의미 , 의상)

04 한 물건에서 따로 떼 내거나 떨어져 나온 작은 부분 : (조각 , 주간)

05 두드러지거나 특별한 데가 없다. : (평범하다 , 평평하다)

06 장을 담아 두는 독 : (장대 , 장독)

[07~10] 주어진 자음자와 뜻풀이를 참고하여 빈칸에 알맞은 낱말을 써넣으세요.

07 ㅅ ㅅ : 정해져 있는 차례
➡ 행사의 모든 (   )이/가 끝이 났다.

08 ㄱ ㄱ 하다 : (몸에 아무런 탈이 없이) 튼튼하다.
➡ 할머니께서는 100세가 넘으셨는데도 여전히 (   )하시다.

09 ㅈ ㅇ : 돈을 벌기 위해 정해 놓고 하는 일
➡ 이모의 (   )은/는 제빵사이다.

10 ㅈ ㅎ : 생활의 이치를 잘 이해하고 판단하는 능력
➡ 전통문화에는 조상들의 (   )이/가 담겨 있다.

★ 정확히 아는 낱말에는 ☑ 표시를 해 보세요.

- [ ] **자세히** : 작은 부분까지 주의하여
- [ ] **이루어지다** : 몇 가지 부분이나 요소가 모여 일정한 성질이나 모양을 가진 존재가 되다.
- [ ] **빈틈** : 사이가 떨어져 생긴 틈
- [ ] **원** : 한 점에서 꼭 같은 거리에 있는 점들을 이어서 이루는 꼴. 해나 보름달처럼 동그란 꼴
- [ ] **빼곡하다** : 조그만 틈도 없이 가득 차 있다.
- [ ] **면적** : 일정한 평면이나 곡면의 넓이
- [ ] **차지하다** : (어떤 위치나 자리를) 얻어서 누리다.
- [ ] **보관하다** : 남의 물건이나 돈을 맡아 잘 간직하여 두다.
- [ ] **선택하다** : 여럿 가운데서 마음에 들거나 필요한 것을 골라서 정하다.
- [ ] **과정** : 어떤 일이 벌어지거나 변하여 가는 차례나 형편

★ 빈칸에 들어갈 낱말을 찾아 알맞은 형태로 쓰세요.

01 강강술래는 큰 (   )을/를 그리며 도는 놀이이다.

02 계희는 초콜릿과 사탕 중에 초콜릿을 (   )했다.

03 러시아 땅은 한국 땅 (   )의 170배가 넘는다.

04 학교 도서관 책상에는 (   )하게 책이 꽂혀 있다.

05 영기는 일이 진행되어 가는 (   )을/를 알고 싶어 했다.

06 책을 (   ) 읽어보니 대충 읽었을 때 보이지 않던 부분이 보였다.

07 엄마는 추억이 쌓인 물건들을 상자에 넣어 (   )하고 있다.

08 우리 조는 다양한 사람들로 (   )졌다.

09 친구는 상자에 (   )이/가 없도록 쓰레기를 꽉 눌러 담았다.

10 우리 반은 체육 대회에서 우승을 (   )했다.

★ 정확히 아는 낱말에는 ☑ 표시를 해 보세요.

☐ **일생** : 살아 있는 동안의 모든 시간
☐ **가난하다** : 돈이 없어서 살림이 어렵다.
☐ **꿈꾸다** : (무엇을) 바라고 원하다.
☐ **졸업하다** : 학교에서 정해진 과정을 모두 마치다.
☐ **그리워하다** : 보고 싶은 마음을 느끼거나, 그런 느낌을 겉으로 드러내다.

☐ **반드시** : 틀림없이. 꼭
☐ **진료** : 의사가 앓는 사람을 진찰하고 치료하는 것
☐ **당시** : (어떤 일이 생긴) 바로 그 시대
☐ **부탁** : 어떤 일을 해 달라고 청하고 맡기는 것
☐ **사정** : 일의 형편이나 까닭

★ 빈칸에 들어갈 낱말을 찾아 알맞은 형태로 쓰세요.

01 숙영이는 집안 (   )(으)로 일찍 집에 갔다.

02 그 의사는 어제보다 더 많은 환자의 (   )을/를 봐야 한다.

03 나는 세 살 (   )의 일들이 잘 기억이 나지 않는다.

04 돈이 없어서 밥을 사 먹지 못할 만큼 (   )한 사람들이 많다.

05 증조할아버지는 북한에 두고 온 가족을 죽을 때까지 (   )하셨다.

06 그는 (   ) 동안 모은 돈을 아껴서 학교에 기부했다.

07 나는 약속 시간을 (   ) 지킨다.

08 초등학교를 (   )할 때까지 키가 50 cm 더 컸으면 좋겠다.

09 나는 아름다운 집에서 맛있는 음식을 먹는 미래를 (   )었다.

10 친구가 도저히 들어줄 수 없는 (   )을/를 해서 곤란하다.

★ 정확히 아는 낱말에는 ✔ 표시를 해 보세요.

☐ **상황** : 어떤 일이 되어 가는 형편이나 모양

☐ **표현하다** : 느낌이나 생각을 말, 글, 예술 작품 등으로 나타내다.

☐ **일상생활** : 늘 하는 생활

☐ **방향** : 무엇이 나아가거나 향하는 쪽

☐ **대상** : 무엇의 상대나 목표가 되는 것

☐ **일반적** : 일부에 한정되지 않고 전체에 두루 통하는 것

☐ **장소** : 어떠한 일이 일어나는 곳, 어떠한 일을 하는 곳

☐ **중심** : 가장 중요하고 기본이 되는 부분

☐ **출구** : 밖으로 나가는 곳

☐ **활용하다** : 무엇이 지니고 있는 기능이나 능력을 제대로 잘 쓰다.

★ 빈칸에 들어갈 낱말을 찾아 알맞은 형태로 쓰세요.

01 비어 있는 땅을 주차 공간으로 (   )하면 좋을 것이다.

02 사고 당시의 (   )이/가 동영상으로 남아 있다.

03 비상시를 대비해 건물의 (   )을/를 알아 두어야 한다.

04 희원이는 핸드폰을 늘 두던 (   )에 두지 않아서 잃어버렸다.

05 겨울에는 긴팔 옷이나 두꺼운 옷을 입는 것이 (   )이다.

06 자신의 생각을 글이나 말로 (   )할 줄 알아야 한다.

07 그 단락의 (   ) 내용은 두 번째 문장이다.

08 (   )에서 꼭 필요한 물건들을 생필품이라고 한다.

09 나는 시계 반대 (   )(으)로 운동장을 돌았다.

10 내가 이겨야 할 (   )은/는 다른 사람이 아니라 바로 나 자신이다.

★ **정확히 아는 낱말에는** ☑ **표시를 해 보세요.**

- ☐ **관리하다** : 어떤 일이나 물건을 정상적인 상태를 유지하도록 책임지고 보살피며 다루다.
- ☐ **병** : 생물체가 건강이 나빠진 상태
- ☐ **건강하다** : (몸에 아무런 탈이 없이) 튼튼하다.
- ☐ **지저분하다** : (쓰레기 등이 널려 있어) 더럽다.
- ☐ **중요하다** : 큰 의미와 가치가 있다.

- ☐ **깨끗하다** : 때나 먼지가 없다. (지저분하지 않고) 말끔하다.
- ☐ **유지하다** : 어떤 상태나 현상을 그대로 이어 가거나 계속하다.
- ☐ **생물** : 생명을 가지고 있는 동물과 식물
- ☐ **만약** : 어떤 일이 혹시 있을 경우
- ☐ **문지르다** : (무엇의 표면을) 힘주어 이리저리 비비다.

★ **빈칸에 들어갈 낱말을 찾아 알맞은 형태로 쓰세요.**

01 ( ) 내일 눈이 쌓인다면, 친구들과 함께 눈사람을 만들 것이다.

02 동생은 ( )이/가 나서 하루 종일 누워 있었다.

03 ( )은/는 동물과 식물로 나뉜다.

04 호태는 헝겊으로 구두를 ( )고 이다.

05 어머니께서 걸레로 바닥을 매일 닦아서 바닥이 매우 ( ).

06 대부분의 사람들은 젊음을 ( )하고 싶어 한다.

07 아파트 경비원은 아파트 출입구를 ( )하는 일을 한다.

08 손을 다쳐서 며칠 세수를 못했더니 얼굴이 ( ).

09 매일 운동을 하니까 점점 ( )한 느낌이 든다.

10 운동을 할 때 기본기를 익히는 것이 제일 ( ).

★ **정확히 아는 낱말에는 ☑ 표시를 해 보세요.**

☐ **국기** : 한 나라를 나타내는 깃발
☐ **바탕** : (천이나 종이 등에 무늬나 그림을 그리기 전의) 미리부터 있는 빛깔
☐ **위치하다** : (어느 자리에) 있다. 자리를 차지하고 있다.
☐ **모서리** : 물건이나 공간의 모가 나 있는 구석이나 가장자리
☐ **의미** : 말이나 글이나 기호가 나타내는 뜻
☐ **순수** : 다른 것이 조금도 섞이지 않은 것

☐ **평화** : 나라나 사람들 사이에 심한 싸움이 없는 조용한 상태
☐ **민족성** : 한 민족의 독특한 성질
☐ **조화** : 여럿이 서로 알맞게 어울려 바람직한 전체를 이루는 것
☐ **표하다** : (어떤 태도·의견·감정 등을) 나타내다.
☐ **너비** : 길고 반듯한 것의 가로의 길이

★ **빈칸에 들어갈 낱말을 찾아 알맞은 형태로 쓰세요.**

01 한강의 (   )은/는 도시를 지나가는 강들 중에서 넓은 편이다.

02 운동장의 (   )이/가 바람에 펄럭인다.

03 화영이는 (   )에 부딪혀서 멍이 들었다.

04 나는 친구의 생각에 찬성의 의견을 (   )했다.

05 폭력적인 방법을 사용한다면 (   ) 통일을 이룰 수 없다.

06 그림의 (   )을/를 온통 검은색으로 칠해서 밤의 어두움을 표현했다.

07 라틴 민족은 열정적인 (   )을/를 갖고 있다고 알려져 있다.

08 그 절은 높은 산 중턱에 (   )해 있다.

09 친구가 입은 윗옷과 바지가 서로 (   )을/를 이루고 있다.

10 표지판은 그 (   )을/를 쉽게 알 수 있도록 만들어야 한다.

★ **정확히 아는 낱말에는 ✔ 표시를 해 보세요.**

☐ **소통** : 의견이나 의사가 서로 잘 전달되는 것

☐ **사회** : 한곳에서 함께 사는 사람들의 집단

☐ **과정** : 어떤 일이 벌어지거나 변하여 가는 차례나 형편

☐ **지식** : 연구하거나 교육받거나 체험해서 알게 된 내용

☐ **가치** : 귀중하게 여길 만한 성질이나 중요한 것

☐ **거치다** : (어떤 과정을) 통과하다.

☐ **어울리다** : 함께 사귀어 잘 지내다.

☐ **발견되다** : 이제까지 찾아내지 못했거나 세상에 알려지지 않은 것이 처음으로 찾아내지다.

☐ **대학교** : 학교 교육의 마지막 단계인 최고 교육 기관, 또는 그런 기관이 들어 있는 건물과 시설

☐ **직원** : 직장에 속하여 일을 하는 사람

★ **빈칸에 들어갈 낱말을 찾아 알맞은 형태로 쓰세요.**

01 친구의 형은 이번에 ( )을/를 졸업하고 대학원에 들어갔다.

02 축구 대표팀은 예선을 ( )고 본선 대회에 진출했다.

03 회사의 ( )들은 출근할 때 버스와 지하철을 많이 이용한다.

04 외국인과 자연스러운 ( )을/를 위해서 외국어를 배우기 시작했다.

05 우리 ( )의 문제는 사회 구성원 모두가 함께 해결해야 한다.

06 교육을 통해 쌓은 ( )을/를 실생활에 사용해 보았다.

07 잃어버렸다고 생각했던 지우개가 필통 구석에서 ( )되었다.

08 나는 같은 반 친구 모두와 잘 ( )기 위해 노력한다.

09 그 요리를 만드는 ( )은/는 꽤 복잡하다.

10 우리나라의 문화재는 외국인에게 소개할 ( )이/가 있다.

[01~06] 주어진 뜻풀이에 해당하는 낱말에 ○표 하세요.

01 작은 부분까지 주의하여 : (자세히 , 정확히)

02 돈이 없어서 살림이 어렵다. : (가난하다 , 곤란하다)

03 무엇의 상대나 목표가 되는 것 : (개성 , 대상)

04 어떤 일이 혹시 있을 경우 : (마음 , 만약)

05 한 민족의 독특한 성질 : (독창성 , 민족성)

06 귀중하게 여길 만한 성질이나 중요한 것 : (가정 , 가치)

[07~10] 주어진 자음자와 뜻풀이를 참고하여 빈칸에 알맞은 낱말을 써넣으세요.

07 [ㅂ ㅌ] : 사이가 떨어져 생긴 틈
➡ 벽돌을 쌓을 때 (   )이/가 없도록 시멘트를 발랐다.

08 [ㅂ ㅌ] : 어떤 일을 해 달라고 청하고 맡기는 것
➡ 친구의 간단한 (   )을/를 들어주었다.

09 [ㅇ ㅂ ㅈ] : 일부에 한정되지 않고 전체에 두루 통하는 것
➡ 사람이 많은 놀이공원에서는 1시간 정도 줄을 기다리는 것이
(   )이다.

10 [ㅈ ㅇ]하다 : 큰 의미와 가치가 있다.
➡ 맑은 공기를 마시는 것은 건강에 (   )한 영향을 미친다.

★ **정확히 아는 낱말에는** ☑ **표시를 해 보세요.**

☐ **깜박하다 :** (어떤 것을) 기억하지 못하거나 주의를 기울이지 못하다.

☐ **진심 :** 진실한 마음

☐ **사과하다 :** 자기의 잘못을 인정하고 용서를 구하다.

☐ **대화하다 :** 서로 이야기를 주고받다.

☐ **전달하다 :** (무엇을) 받게 하다.

☐ **가능하다 :** (어떤 일이) 될 수 있다.

☐ **상황 :** 어떤 일이 되어 가는 형편이나 모양

☐ **신중히 :** 생각을 매우 조심스럽게

☐ **표정 :** 마음속의 감정이 얼굴에 드러난 모습

☐ **배려하다 :** 관심을 가지고 보살펴 주다.

★ **빈칸에 들어갈 낱말을 찾아 알맞은 형태로 쓰세요.**

01 비가 온다는 얘기를 들었는데 (   )하고 우산을 챙기지 않았다.

02 다른 사람의 입장을 생각하고, 다른 사람을 (   )할 줄 알아야 한다.

03 그 병은 치료가 (   )해 보인다.

04 하지도 않은 일에 대해서 잘못했다며 (   )할 수는 없다.

05 친구의 말을 다른 친구에게 (   )하는 과정에서 오해가 생겼다.

06 그는 어떤 말을 해도 말에서 (   )이/가 느껴지지 않는다.

07 심각한 (   )이/가 오기 전에 늘 대비를 해야 한다.

08 친구와 (   )할 때는 상대의 눈을 봐야 한다.

09 나는 여름휴가를 어디로 갈 것인지 (   ) 선택했다.

10 말을 하지 않아도 얼굴 (   )(으)로 사람의 감정을 알 수 있다.

★ 정확히 아는 낱말에는 ☑ 표시를 해 보세요.

☐ **풀다** : (모르는 문제를) 답을 알아내거나 해결하다.

☐ **기호** : 어떠한 뜻을 전달하기 위한 일정한 표시

☐ **등장하다** : 중요한 일에 관련된 새로운 인물이나 사물이 세상에 나타나다.

☐ **표시하다** : 표나 사물로 어떤 사실을 알리든가 나타내다.

☐ **가르다** : (무엇을) 나누어 따로 되게 하다.

☐ **간단하다** : 쉽고 짧으며 복잡하지 않다.

☐ **알아차리다** : (상황이나 사실을 판단하거나 깨닫고) 주의하거나 마음을 정하다.

☐ **무심코** : 별로 주의를 기울이지 않으면서

☐ **생활** : 매일매일 살아가는 것

☐ **유래** : (어떤 것이) 전부터 전해 내려오는 것, 또는 그 전해져 온 역사

★ 빈칸에 들어갈 낱말을 찾아 알맞은 형태로 쓰세요.

01 동진이는 자신만의 (   )을/를 사용하여 수업 내용을 노트에 적었다.

02 문제를 (   )어서 정답을 맞히는 것은 하나의 재미이다.

03 나는 사과를 반으로 (   )고 친구와 나누어 먹었다.

04 동생은 여행하고 싶은 곳을 지도에 (   )했다.

05 고모는 발소리를 듣고 누군가 들어왔다는 것을 (   )셨다.

06 전기로 가는 자동차가 세상에 (   )했을 때 사람들이 놀랐다.

07 나는 (   ) 방을 둘러보다가 잃어버린 반지를 찾았다.

08 그 기계는 버튼이 두 개뿐이라서 (   )한 조작이 가능하다.

09 나는 초원에 사는 치타의 (   )을/를 관찰한 다큐멘터리를 보았다.

10 이 지역의 이름은 한 이야기에 (   )을/를 두고 있다.

★ **정확히 아는 낱말에는 ☑ 표시를 해 보세요.**

☐ **무덥다** : 습도와 온도가 매우 높아 찌는 듯 견디기 어렵게 덥다.

☐ **물들다** : 빛깔이 스미거나 넓게 퍼지다.

☐ **울긋불긋** : 여러 가지 짙은 빛깔이 다른 빛깔들과 화려하게 뒤섞여 있는 모양을 나타낸다.

☐ **변신하다** : 몸·모습, 또는 마음을 전과 다르게 바꾸다.

☐ **과정** : 어떤 일이 벌어지든가 변하여 가는 차례나 형편

☐ **북적이다** : 많은 사람이 한 곳에 모여 매우 수선스럽게 들끓다.

☐ **기온** : 공기의 온도

☐ **영양분** : (식품에 들어 있는) 영양이 되는 성분

☐ **수분** : 무엇에 섞이거나 스며 있는 물, 물의 성분

☐ **차** : (여러 사물을 비교했을 때 나타나는) 서로 다른 정도

★ **빈칸에 들어갈 낱말을 찾아 알맞은 형태로 쓰세요.**

01 (   ) 단풍으로 물든 가을 산은 아름답다.

02 해가 지면서 하늘이 붉게 (   )고 있다.

03 애벌레가 번데기를 거쳐 나비가 되는 (   )은/는 신기하다.

04 여름이 오지도 않았는데 벌써 날씨가 (   ).

05 눈이 오고 나서 오히려 (   )이/가 올라가서 포근해졌다.

06 친구와 생각의 (   )을/를 좁히기 위해 오랜 시간 토의했다.

07 주차장은 많은 사람들로 (   )고 있다.

08 형은 카페 직원에서 사장으로 (   )했다.

09 운동할 때 땀을 많이 흘리면 몸속의 (   )이/가 부족해진다.

10 식물이 잘 자라기 위해서는 물과 (   )이/가 충분해야 한다.

22 핵심 낱말 + 확인 문제

▶ 정답 46쪽

★ 정확히 아는 낱말에는 ☑ 표시를 해 보세요.

- ☐ **귀찮다** : (무엇이) 성가시고 하기 싫게 느껴지다.
- ☐ **대신하다** : 남의 구실·기능·책임을 떠맡아 하다.
- ☐ **시키다** : (남에게 무슨 일을) 하게 하다.
- ☐ **기계** : 서로 다른 기능이 있는 여러 부분들이 함께 일정한 일을 하도록, 동력으로 움직이는 장치

- ☐ **작가** : 시·소설·연극·그림 등을 창작하는 사람
- ☐ **이용되다** : 필요에 맞게 이롭게 쓰이다.
- ☐ **의료** : 의술로 병을 치료하는 일
- ☐ **분야** : 사회 활동의 여러 갈래 중의 하나
- ☐ **정확하다** : 바르고 확실하여 틀림이 없다.
- ☐ **유용하다** : (어떤 데에) 쓸모가 있다.

★ 빈칸에 들어갈 낱말을 찾아 알맞은 형태로 쓰세요.

01 이 문제집은 복습할 때 (   )하게 쓰인다.

02 저 사람은 감 깎는 (   )을/를 발명했다.

03 나는 그 (   )이/가 쓴 책을 좋아한다.

04 이 병원은 최신 (   ) 기구가 갖추어져 있다.

05 나는 방금까지 쉴 틈 없이 일해서 지금은 움직이기가 (   ).

06 이곳의 녹차밭은 관광용으로 (   )되고 있다.

07 다리를 다친 동생을 (   )해서 내가 심부름을 다녀왔다.

08 선생님은 학생들에게 문제를 풀게 (   )고, 교실을 나가셨다.

09 나는 문제를 (   )하게 계산하기 위해 한 번 더 풀어 보았다.

10 삼촌은 반도체 (   )에서 일하고 있다.

★ **정확히 아는 낱말에는** ☑ **표시를 해 보세요.**

☐ **헤엄** : 물에서 앞으로 나아가려고 팔다리를 놀려 움직이는 것

☐ **실제로** : 거짓이나 상상이 아니고 현실적으로

☐ **특징** : (다른 것과 비교하여) 특별히 눈에 띄거나 두드러진 점

☐ **적용하다** : 어떤 원칙·이론·방법 등을 실제의 문제나 사실을 해결하거나 설명하는 데에 쓰다.

☐ **활용하다** : 무엇이 지니고 있는 기능이나 능력을 제대로 잘 쓰다.

☐ **별명** : 본디 이름이 아니고 그 특징을 나타내도록 남들이 지어 부르는 다른 이름

☐ **사냥하다** : 힘센 짐승이 약한 짐승을 먹이로 잡다.

☐ **소음** : 시끄러운 소리

☐ **궁금증** : 매우 궁금한 느낌

☐ **나르다** : (짐이나 사람을) 다른 데로 옮기다.

★ **빈칸에 들어갈 낱말을 찾아 알맞은 형태로 쓰세요.**

01 우리 집은 도로변에 있어서 (   )이/가 크게 들린다.

02 개미들은 먹을 것을 함께 (   )고 있다.

03 친구는 물을 무서워해서 바다에서 (   )을/를 못 친다.

04 꿈에서 일어난 일이 (   ) 눈앞에 일어나고 있다.

05 독수리가 먹이를 (   )하기 위해 하늘을 날아다닌다.

06 그는 키가 커서 전봇대라는 (   )을/를 가졌다.

07 우리 학교는 앞으로 새로운 기준을 (   )하여 문제를 해결한다.

08 나는 (   )을/를 참지 못하고 친구에게 물어 보았다.

09 컴퓨터를 (   )해서 문서를 작성하면 편리하다.

10 캥거루 암컷은 새끼를 주머니에 넣고 다닌다는 (   )이/가 있다.

★ 정확히 아는 낱말에는 ☑ 표시를 해 보세요.

☐ **인터넷** : 컴퓨터를 통하여 서로 정보 교환을 할 수 있도록 전 세계적으로 연결된 통신의 조직

☐ **검색하다** : (컴퓨터로) 필요한 자료나 정보를 찾다.

☐ **이용하다** : 필요에 맞게 이롭게 쓰다.

☐ **이루다** : (무엇을 어떠한 상태로) 되게 하다.

☐ **순서** : 정해져 있는 차례

☐ **형태** : 일정한 구조를 갖춘 모양

☐ **부분** : 전체를 이루는 여러 작은 쪽이나 요소들의 하나

☐ **싣다** : (글이나 그림 등을) 책이나 신문 등의 출판물에 인쇄하여 내다.

☐ **예** : 어떤 사실을 설명하거나 증명하기 위해 보여 주는 것

☐ **답하다** : (물음에) 대답을 하다.

★ 빈칸에 들어갈 낱말을 찾아 알맞은 형태로 쓰세요.

01 그 작가는 책에 직접 찍은 여행 사진을 (　　　)고 설명을 덧붙였다.

02 선생님께서 고기와 생선의 차이점을 (　　　)을/를 들어 설명해 주셨다.

03 (　　　)(으)로 간편하게 영화표를 예매할 수 있다.

04 그 가게에는 다양한 (　　　)의 반지와 목걸이가 있다.

05 내가 발표할 (　　　)이/가 되어서 매우 떨렸다.

06 두 사람은 결혼을 해서 가정을 (　　　)었다.

07 나는 친구의 물음에 전화로 (　　　)했다.

08 할아버지는 불을 때는 데에 장작을 (　　　)하셨다.

09 인터넷에 (　　　)하면 수많은 정보가 나온다.

10 나는 책에서 중요한 (　　　)에 밑줄을 쳤다.

[01~06] 주어진 뜻풀이에 해당하는 낱말에 ○표 하세요.

01 진실한 마음 : (점심 , 진심)

02 별로 주의를 기울이지 않으면서 : (무심코 , 무리수)

03 빛깔이 스미거나 넓게 퍼지다. : (멍들다 , 물들다)

04 사회 활동의 여러 갈래 중의 하나 : (분석 , 분야)

05 물에서 앞으로 나아가려고 팔다리를 놀려 움직이는 것 : (체험 , 헤엄)

06 정해져 있는 차례 : (산수 , 순서)

[07~10] 주어진 자음자와 뜻풀이를 참고하여 빈칸에 알맞은 낱말을 써넣으세요.

07 ㄱ ㄴ 하다 : (어떤 일이) 될 수 있다.
➡ 이 노트북은 한 번 충전하면 10시간 넘게 사용이 (　　　).

08 ㅅ ㅎ : 매일매일 살아가는 것
➡ 나는 지금의 (　　　)에 만족하면서 행복하게 살고 있다.

09 ㄱ ㅇ : 공기의 온도
➡ 밤이 되자 (　　　)이/가 떨어져서 으슬으슬 춥다.

10 ㄱ ㅊ ㄷ : (무엇이) 성가시고 하기 싫게 느껴지다.
➡ 학교와 집이 너무 멀어서 왔다 갔다 하기가 매우 (　　　).

★ 정확히 아는 낱말에는 ☑ 표시를 해 보세요.

- ☐ **여러** : 많은 수의
- ☐ **간단하다** : (내용이) 쉽고 짧으며 복잡하지 않다.
- ☐ **표현하다** : 느낌이나 생각을 말, 글, 예술 작품 등으로 나타내다.
- ☐ **진열대** : 물건들을 잘 보이게 하려고 벌여 놓은 대
- ☐ **묶음** : 여럿을 한데 모아서 묶어 놓은 뭉치

- ☐ **토대** : 일의 바탕이나 기초
- ☐ **경우** : (어떠한 조건이 있는) 특별한 형편·사정·상황, 또는 실례
- ☐ **정보** : 어떤 사실에 대한 지식
- ☐ **감상** : 어떤 일에 대하여 마음 속에 일어나는 느낌이나 생각
- ☐ **설득하다** : 잘 설명하거나 타일러서 이해시켜 따르게 하다.

★ 빈칸에 들어갈 낱말을 찾아 알맞은 형태로 쓰세요.

01 그 가게에서는 삼치 세 마리를 한 (　　　)(으)로 해서 팔고 있다.

02 그 음악을 듣고 난 후의 (　　　)은/는 한마디로 '대단하다'였다.

03 동훈이는 지승이에게 함께 대회에 나가자고 (　　　)했다.

04 이 장면은 감독의 마음에 안 들어서 (　　　) 번 다시 촬영했다.

05 백화점에는 여러 가방들이 (　　　)에 놓여 있다.

06 비행기를 많이 타 봤지만 24시간이나 늦은 (　　　)은/는 처음이다.

07 내가 알게 된 (　　　)을/를 친구들에게 알려 주었다.

08 이번 시험 결과를 (　　　)(으)로 선생님은 수업을 준비하셨다.

09 말로 (　　　)하지 않으면 상대방이 무엇을 원하는지 알 수 없다.

10 선생님께서 복잡한 문제를 (　　　)하게 푸는 방법을 알려 주셨다.

# DAY 26 핵심 낱말 + 확인 문제

▶ 정답 46쪽

★ 정확히 아는 낱말에는 ☑ 표시를 해 보세요.

☐ **행동하다** : 몸을 움직여 어떤 짓을 하거나 일을 하다.

☐ **대표적** : 가장 두드러지거나 뛰어나 대표가 될 만한 것

☐ **쏟아지다** : 한꺼번에 많이 떨어지다.

☐ **축축하다** : 물기가 있어 젖어 있다.

☐ **말리다** : (물기를) 다 증발시켜 없어지게 하다.

☐ **부탁하다** : 어떤 일을 해 달라고 청하고 맡기다.

☐ **잠시** : 짧은 시간 동안(에)

☐ **내내** : (정해진 기간 동안) 계속하여

☐ **비웃다** : 흉을 보듯이 빈정거리거나 업신여기는 태도로 웃다.

☐ **부지런히** : 게으르지 않고 열심히 꾸준하게

★ 빈칸에 들어갈 낱말을 찾아 알맞은 형태로 쓰세요.

01 친구가 자신의 짐을 하루만 맡아 달라고 (   )했다.

02 신발 끈이 풀려서 근처에 (   ) 앉아 끈을 묶고 다시 출발했다.

03 우민이는 조심성 없이 (   )하다가 다쳤다.

04 나는 비에 젖은 외투를 (   )고 나서 다시 입었다.

05 해가 지기 전에 (   ) 걸어가야 한다.

06 진돗개는 대한민국의 (   )인 개이다.

07 어제는 오후 (   ) 비가 와서 빨래가 잘 마르지 않았다.

08 내가 연극에서 실수를 했을 때, 사람들은 나를 보고 (   )었다.

09 우산을 쓰지 않고 비를 맞아서 양말이 (   ).

10 하늘에 구멍이 뚫린 것처럼 비가 (   )고 있다.

27 핵심 낱말 + 확인 문제 ▶정답 46쪽

★ 정확히 아는 낱말에는 ☑ 표시를 해 보세요.

☐ **결혼식** : 남녀가 정식으로 부부가 되는 의식

☐ **환하다** : (표정이나 성격이) 밝고 맑다.

☐ **문득** : (생각이나 느낌이) 갑자기 떠올라

☐ **치르다** : (큰일을) 해내다.

☐ **혼인** : 남자와 여자가 정식으로 부부가 되는 일

☐ **야외** : 건물 밖

☐ **전통** : (어떤 집단이나 공동체에서) 예전부터 이어 내려오는 사상·관습·행동 등의 양식. 또는 그것의 기본을 이루는 정신

☐ **방식** : 무엇을 제대로 하거나 알맞게 다루는 방법이나 형식

☐ **다양하다** : 색깔·모양·내용 등이 서로 다른 것이 많다.

☐ **축복하다** : (앞날의 행복을) 빌다.

★ 빈칸에 들어갈 낱말을 찾아 알맞은 형태로 쓰세요.

01 언니는 결혼식을 하고 나서 (　　　) 신고를 했다.

02 대학교 입학시험을 (　　　)고 나니 후련하다.

03 이 빗자루는 오래전부터 이어져 온 (　　　) 방식으로 만들어졌다.

04 나는 친구의 (　　　)에 참석해서 축하해 주었다.

05 갑자기 비가 내려서 우리는 (　　　)(으)로 나가지 못하게 되었다.

06 새로운 일을 시작하는 친구의 앞날을 (　　　)해 주었다.

07 나는 등산을 하다가 (　　　) 친구와 함께 등산했던 기억이 떠올랐다.

08 소희는 늘 미소를 짓고 있어서 얼굴이 (　　　).

09 나라마다 대통령을 뽑는 (　　　)이/가 다르다.

10 우리 학교에는 (　　　)한 학생 활동 모임이 있다.

★ **정확히 아는 낱말에는 ✓ 표시를 해 보세요.**

☐ **여행** : 집을 떠나 이곳저곳을 두루 구경하며 다니는 일

☐ **포함하다** : 무엇이 어떤 무리나 범위에 들어 있다. 무엇을 한 무리에 끼워 넣다.

☐ **세계** : 지구 위의 모든 국가

☐ **거리** : 어떤 일을 할 만한 핑계나, 일을 하는 데 쓸 재료

☐ **건물** : 사람이 안에서 살거나 일을 하기 위해 지은 집

☐ **구경하다** : 어떤 것을 재미가 있어서 보다.

☐ **무덤** : 죽은 사람을 땅에 묻고, 비석 등을 세워 표시해 놓은 곳

☐ **화려하다** : 눈이 부시게 아름답고 보기 좋다.

☐ **관람하다** : 전시된 유물·그림·조각이나 연극, 영화, 운동 경기 등을 구경하다.

☐ **유명하다** : 이름이 널리 알려져 있다.

★ **빈칸에 들어갈 낱말을 찾아 알맞은 형태로 쓰세요.**

01 손님이 오셔서 나는 마실 (   )을/를 내왔다.

02 나는 공포 영화를 (   )하는 것을 싫어한다.

03 그녀는 무대 위에서 (   )한 의상을 입고 있다.

04 아이슬란드로 (   )을/를 가는 것은 나의 오랜 꿈이다.

05 민주는 가만히 앉아서 바다를 (   )했다.

06 높은 (   )은/는 지진이 났을 때 위험할 수 있다.

07 우리 독서 모임은 나를 (   )해서 일곱 명이다.

08 우리는 추석을 맞아 돌아가신 할아버지의 (   )에 갔다.

09 우리나라는 (   )에서 몇 없는 분단국가이다.

10 우리나라 인삼은 세계적으로 (   ).

★ 정확히 아는 낱말에는 ☑ 표시를 해 보세요.

☐ **리듬** : 소리의 높낮이와 세기가 일정한 사이를 두고 거듭되는 것

☐ **악기** : 음악을 연주하는 데 쓰는, 소리 내는 기구

☐ **연주하다** : 청중 앞에서 악기를 다루어 음악을 들려주다.

☐ **음** : 음악을 이루는 소리

☐ **대신** : 하기로 되어 있는 일을 하지 않고 다른 일로 그 자리를 채우는 것

☐ **다양하다** : 색깔·모양·내용 등이 서로 다른 것이 많다.

☐ **방법** : 무엇을 하기 위한 방식이나 수단

☐ **테** : 둥근 물건을 흩어지지 못하게 둘러매는 줄이나 둘레를 이루는 부분

☐ **다채롭다** : 여러 가지 빛깔·모양·종류 등이 어울려 화려하고 볼만하다.

☐ **어울리다** : 서로 조화를 이루다.

★ 빈칸에 들어갈 낱말을 찾아 알맞은 형태로 쓰세요.

01 그들은 빠른 (   )의 음악에 맞추어 춤을 추었다.

02 그의 안경(   )은/는 빨간색이다.

03 효민이는 피아노 소리만 듣고도 무슨 (   )인지 알아맞힌다.

04 우리나라에는 (   )한 전설들이 전해져 내려온다.

05 그녀는 열 개가 넘는 (   )을/를 연주할 줄 안다.

06 사람들은 그가 피리를 (   )하고 있는 모습에 빠져들었다.

07 독서는 지식을 쌓는 데 가장 좋은 (   )이다.

08 나는 짧은 머리가 (   )지 않는다는 이야기를 많이 듣는다.

09 선생님이 없으셔서 반장이 선생님의 역할을 (   )했다.

10 불꽃의 색깔이 (   )게 밤하늘을 수놓는다.

★ 정확히 아는 낱말에는 ☑ 표시를 해 보세요.

☐ **활기차다** : 힘차게 움직이는 기운이 가득하다.

☐ **필요하다** : 꼭 있어야 하거나 갖추어야 할 바가 있다.

☐ **꾸미다** : (무엇을) 매만져 모양을 좋게 하다.

☐ **격하다** : (성질이) 급하고 거세다.

☐ **차분하다** : (마음이나 분위기 등이) 가라앉아 조용하다.

☐ **안정되다** : 마음이나 몸이 흔들리지 않고 가만히 유지되다.

☐ **피곤하다** : 지치고 힘들 때 몸으로 괴로움을 느끼다.

☐ **상태** : 어떤 때에 사물이 보여 주는 모양이나 놓여 있는 형편

☐ **홍보하다** : 상품·사업·업적 등을 널리 알리다.

☐ **설득하다** : 잘 설명하거나 타일러서 이해시켜 따르게 하다.

★ 빈칸에 들어갈 낱말을 찾아 알맞은 형태로 쓰세요.

01 그 회사는 회사 제품들을 적극적으로 (   )한다.

02 그녀는 그를 (   )하려 했지만, 그는 말을 듣지 않았다.

03 나는 따뜻한 차를 마시고 마음이 (   )되었다.

04 아이들이 놀이터에서 (   )게 뛰어놀고 있다.

05 언니는 예쁘게 (   )고 놀러 나갔다.

06 그 공연을 보려면 5000원이 더 (   ).

07 밤에 잠을 4시간밖에 자지 못해서 (   ).

08 그 아이는 과거의 충격으로 말을 못하는 (   )이/가 되었다.

09 그는 항상 점잖고 (   )한 목소리로 이야기한다.

10 그 춤은 (   )한 동작들이 많아서 따라하기 어렵다.

[01~06] 주어진 뜻풀이에 해당하는 낱말에 ○표 하세요.

01 일의 바탕이나 기초 : (토대 , 토목)

02 (정해진 기간 동안) 계속하여 : (내내 , 내상)

03 (생각이나 느낌이) 갑자기 떠올라 : (가득 , 문득)

04 지구 위의 모든 국가 : (세계 , 세례)

05 음악을 연주하는 데 쓰는, 소리 내는 기구 : (악기 , 연기)

06 어떤 때에 사물이 보여 주는 모양이나 놓여 있는 형편 : (상태 , 선택)

[07~10] 주어진 자음자와 뜻풀이를 참고하여 빈칸에 알맞은 낱말을 써넣으세요.

07 ㅁ ㅇ : 여럿을 한데 모아서 묶어 놓은 뭉치
➡ 지폐 한 (   )을/를 은행에 가지고 갔다.

08 ㅂ ㅈ ㄹ ㅎ : 게으르지 않고 열심히 꾸준하게
➡ 나는 (   ) 고구마을 캤다.

09 ㅇ ㅎ : 집을 떠나 이곳저곳을 두루 구경하며 다니는 일
➡ 우리 가족은 내일 제주도로 (   )을/를 떠난다.

10 ㅇ ㅈ 하다 : 청중 앞에서 악기를 다루어 음악을 들려주다.
➡ 태현이는 교실에서 단소를 (   )하고 있다.

★ 정확히 아는 낱말에는 ☑ 표시를 해 보세요.

☐ **곱하다** : (앞의 수를) 뒤의 수만큼 거듭해서 합치다.
☐ **값** : (수학에서) 셈을 하여 얻은 수
☐ **외우다** : (말이나 글을) 머릿속에 기억하다.
☐ **기억하다** : 마음이나 생각 속에 어떤 모습·사실·지식·경험 등이 잊히지 않고 남아 있다.
☐ **특별하다** : 보통과 다르게 아주 다르다.

☐ **역사** : 어떤 사물·인물·조직 등의 대상이 오늘에 이르기까지의 자취
☐ **신분** : 개인이 자기가 속해 있는 사회 안에서 가지고 있는 역할이나 지위
☐ **소중히** : 매우 귀하고 중요하게
☐ **편리하다** : 어떤 일을 하는 데 힘이 들지 않고 이용하기 쉽다.
☐ **확인하다** : 틀림없는지를 알아보다.

★ 빈칸에 들어갈 낱말을 찾아 알맞은 형태로 쓰세요.

01 세종 대왕은 우리나라 (   )에 오래 남을 업적을 이루었다.

02 3에 5를 더한 (   )은/는 8이다.

03 나는 기차의 출발 시간이 8시인지 여러 번 (   )했다.

04 어떤 수든 1을 (   )하면 다시 어떤 수가 나온다.

05 생일은 일 년에 한 번뿐이라는 점에서 (   )한 날이다.

06 옛날에는 자기 집안의 족보를 자신의 목숨만큼 (   ) 여겼다.

07 누나는 어릴 때 우리와 놀았던 것을 오랫동안 (   )하고 있다.

08 나는 친구들의 이름을 빨리 (   )는 편이다.

09 조선 후기에는 돈을 주고 자신의 (   )을/를 높이기도 했다.

10 대중교통의 도착 및 출발 시간을 알아놓으면 (   ).

★ 정확히 아는 낱말에는 ☑ 표시를 해 보세요.

☐ **줄이다** : (무엇의 길이나 크기를) 줄게 하다.

☐ **갑자기** : 미리 준비할 사이도 없이. 급하게

☐ **분위기** : 어떤 곳에서 느껴지는 독특한 기운이나 기분

☐ **싸하다** : 어떤 것이 아린 듯한 느낌이 있다.

☐ **해당하다** : 무엇에 잘 어울리거나 바로 들어맞다.

☐ **아끼다** : (무엇을) 아깝게 여겨서 함부로 다루거나 쓰지 않다.

☐ **원래** : 처음 시작할 때의 것

☐ **사용하다** : 물건을 필요한 일에 쓰다.

☐ **대화하다** : 서로 이야기를 주고 받다.

☐ **방해하다** : 남의 일에 일부러 끼어들어 일이 제대로 되지 못하게 막고 괴롭히다.

★ 빈칸에 들어갈 낱말을 찾아 알맞은 형태로 쓰세요.

01 하늘이 맑아 보였는데 (   ) 멀리서 천둥이 울렸다.

02 결혼식은 행복한 (   ) 속에서 진행되었다.

03 박하사탕을 먹으니 입 안이 (   ).

04 영은이의 단짐을 모기가 (   )했다.

05 기차는 점점 속도를 (   )고 역에 멈춰 섰다.

06 내가 (   )던 장난감을 동생이 망가뜨려서 화가 났다.

07 쉬는 시간마다 친구들이랑 음악에 대해 (   )하면서 시간을 보냈다.

08 그 상품은 잘 팔리지 않아서 가격을 (   )보다 낮췄다.

09 5000원은 10000원의 절반에 (   )하는 금액이다.

10 일회용품을 많이 (   )하면 환경오염이 심해진다.

★ 정확히 아는 낱말에는 ☑ 표시를 해 보세요.

☐ **음악가** : 음악을 전문적으로 하는 사람
☐ **변화** : 무엇의 성질이나 모양이 달라지는 것
☐ **싱그럽다** : 싱싱하고 향기롭다.
☐ **샘솟다** : 어떠한 감정이 솟아오르다.
☐ **전체적** : 전체를 나타내는 것
☐ **화창하다** : (날씨가) 맑고 온화하다.

☐ **풍기다** : (어떤 분위기·느낌·인상을) 나타내다.
☐ **느긋하다** : (마음에) 여유가 있다. 급하지 않다.
☐ **아늑하다** : 조용하고 편안한 느낌이 있다.
☐ **실제** : 있는 그대로의 상태나 사실

★ 빈칸에 들어갈 낱말을 찾아 알맞은 형태로 쓰세요.

01 우리 엄마는 (   ) 나이보다 젊어 보이신다.

02 새로 이사 온 집은 작고 (   )한 느낌을 준다.

03 그녀는 (   )이/가 되어 영원히 남을 곡을 만드는 것이 꿈이다.

04 나무와 꽃이 달라지는 것을 보며 계절의 (   )을/를 알 수 있다.

05 그는 귀공자 같은 모습을 (   )는 사람이다.

06 이번 주는 내내 맑고 (   )한 날씨가 계속되고 있다.

07 그의 그림은 (   )(으)로 어두운 색깔로 그려졌다.

08 자고 일어나니 다시금 희망과 용기가 (   )았다.

09 친구는 바쁜 상황에서도 늘 (   )하게 행동했다.

10 봄에 막 자라나는 새싹들이 무척 (   ).

★ 정확히 아는 낱말에는 ✔ 표시를 해 보세요.

☐ **경계선** : 어떤 지역과 다른 지역이 맞닿는 선

☐ **편평하다** : 땅바닥이 높고 낮음이 없이 고르고 반듯하다.

☐ **둥글다** : 모양이 동그라미와 같거나 비슷하다.

☐ **증거** : 무엇이 사실이나 진실이라는 것을 증명할 수 있는 근거

☐ **방향** : 무엇이 나아가거나 하는 쪽

☐ **출발하다** : 목적지를 향해 길을 떠나다.

☐ **비치다** : (어디에 모양이) 나타나 보이다.

☐ **그림자** : 물체가 빛을 가려서 그 반대쪽에 나타나는, 그 물체의 꼴을 닮은 검은 그늘

☐ **확인하다** : 틀림없는지를 알아보다.

☐ **전달하다** : (무엇을) 받게 하다.

★ 빈칸에 들어갈 낱말을 찾아 알맞은 형태로 쓰세요.

01 오후가 되자 바닥 곳곳에는 (   )이/가 짙게 깔렸다.

02 지금 (   )해야 목적지에 제 시간에 도착할 수 있다.

03 이 길은 산을 깎아서 (   )하게 만든 것이다.

04 범인을 가리킬 만한 확실한 (   )은/는 아직 찾지 못했다.

05 보름달이 떴을 때 달의 모습은 하얗고 (   ).

06 짝이 책상에 (   )을/를 긋고 넘어오지 말라고 했다.

07 나는 실수로 반대 (   )(으)로 가는 지하철을 탔다.

08 강물에 (   )는 달빛이 아주 아름답다.

09 내가 주문한 물건이 맞는지 택배의 내용물을 (   )했다.

10 학교는 형편이 어려운 학생들에게 장학금을 (   )했다.

35 핵심 낱말 + 확인 문제

➤ 정답 47쪽

★ 정확히 아는 낱말에는 ☑ 표시를 해 보세요.

☐ **맡다 :** (어떤 직분이나 역할을) 담당하다.

☐ **역할 :** 하기로 되어 있는 일, 또는 맡아서 하는 일

☐ **연습 :** (예술·기술 등을) 익숙하게 되도록 되풀이하여 익히는 것

☐ **한창 :** (어떠한 일이) 가장 기운차게 일어 나는 때

☐ **배우 :** 영화나 연극에서 일정한 역을 맡 아 연기하는 사람

☐ **예술 :** 생각하고 느끼는 바를 아름다운 형식으로 표현하거나 창조하는 것

☐ **특성 :** 어떤 사물에만 있거나 또는 그것 의 특징을 나타내는 성질

☐ **관객 :** 연극·무용 등의 공연을 구경하는 사람

☐ **어울리다 :** 서로 조화를 이루다.

☐ **입장 :** 지금 자기가 놓여 있는 처지

★ 빈칸에 들어갈 낱말을 찾아 알맞은 형태로 쓰세요.

01 주희는 ( )이/가 꿈이어서 연기 학원을 다닌다.

02 나는 소풍을 가고 싶지 않다는 ( )을/를 분명히 했다.

03 민지와 승연이는 복도 청소를 ( )았다.

04 저 다리는 육지와 섬을 연결하는 ( )을/를 한다.

05 공연장은 콘서트를 보러 온 ( )들로 가득 찼다.

06 ( ) 자랄 나이에 잘 먹지 않으면 키가 크지 않는다.

07 선인장은 건조한 날씨에도 잘 견디는 ( )이/가 있다.

08 이 옷은 나보다 선미에게 더 ( )는 것 같다.

09 영어를 잘 하기 위해서는 많은 ( )이/가 필요하다.

10 수준 높은 ( ) 작품을 보면 느끼는 것이 많다.

특별 부록 **41**

★ 정확히 아는 낱말에는 ☑ 표시를 해 보세요.

☐ **보내다** : (때를) 지내다.

☐ **두껍다** : (넓적하고 부피가 있는 물건의) 한 면에서 다른 면까지의 길이가 길다.

☐ **틀다** : (기계나 장치를) 작동시키다.

☐ **체온** : 몸의 온도

☐ **일정하다** : (크기·모양·시간 등이) 한 가지로 정해져 있다.

☐ **유지하다** : 어떤 상태나 현상을 그대로 이어 가거나 계속하다.

☐ **낙엽** : (주로 가을에) 나무에서 잎이 떨어 지는 것, 또는 떨어진 잎

☐ **덮이다** : 다른 물건이 얹히거나 씌워져 가려지다.

☐ **주위** : 어떤 사람 주변의 환경

☐ **상태** : 어떤 때에 사물이 보여 주는 모양 이나 놓여 있는 형편

★ 빈칸에 들어갈 낱말을 찾아 알맞은 형태로 쓰세요.

01 텔레비전을 (　　　)고 소파에 누워서 드라마를 시청했다.

02 하늘이 먹구름으로 (　　　)더니 곧 비가 내리기 시작했다.

03 그는 (　　　)을/를 밟을 때 나는 바스락거리는 소리를 좋아한다.

04 (　　　) 사람들이 말렸지만, 그는 모험을 떠났다.

05 이 책은 오래되었는데도 (　　　)이/가 양호하다.

06 우리는 1m씩 (　　　)한 간격을 두고 운동장에 서 있었다.

07 나는 방학을 할머니 댁에서 (　　　)고 돌아왔다.

08 호두는 껍데기가 매우 (　　　).

09 생명을 (　　　)하기 위해서 물은 꼭 필요하다.

10 사람의 (　　　)은/는 36.5도 정도를 유지한다.

[01~06] 주어진 뜻풀이에 해당하는 낱말에 ○표 하세요.

01 (수학에서) 셈을 하여 얻은 수 : (값 , 관)

02 미리 준비할 사이도 없이. 급하게 : (갑자기 , 교정기)

03 (날씨가) 맑고 온화하다. : (화려하다 , 화창하다)

04 무엇이 나아가거나 하는 쪽 : (방호 , 방향)

05 (어떤 직분이나 역할을) 담당하다. : (맞다 , 맡다)

06 (때를) 지내다. : (보내다 , 비우다)

[07~10] 주어진 자음자와 뜻풀이를 참고하여 빈칸에 알맞은 낱말을 써넣으세요.

07 ㅌ ㅂ 하다 : 보통과 다르게 아주 다르다.
➡ 이번 여행은 나에게 (   )하게 느껴졌다.

08 ㅇ ㄹ : 처음 시작할 때의 것
➡ 이 학교는 (   ) 공동묘지였던 곳이다.

09 ㄴ ㄱ 하다 : (마음에) 여유가 있다. 급하지 않다.
➡ 나는 주말에 늦게 일어나서 (   )하게 차를 마신다.

10 ㅊ ㅂ 하다 : 목적지를 향해 길을 떠나다.
➡ 우리는 비행기를 타고 제주도로 (   )했다.

낱말 쑥쑥 총정리 특별 부록 | 정답

DAY 01

01 차도
02 녹색 어머니회
03 안전
04 골목길
05 횡단보도
06 규칙
07 조심
08 사고
09 교통
10 주변

DAY 02

01 대표적
02 매끄럽다
03 주변
04 굽
05 부딪히
06 도형
07 곧
08 자세히
09 역시
10 깨지

DAY 03

01 헷갈리
02 주변
03 잘못
04 사과
05 대표적
06 여러
07 구별
08 서로
09 상황
10 상대방

DAY 04

01 피
02 조상
03 에너지
04 거름
05 세균
06 도움
07 덩치
08 귀
09 활용
10 농사

DAY 05

01 심각하다
02 피해
03 예민
04 신경
05 경험
06 소음
07 집중력
08 이르다
09 방해
10 겪

DAY 06

01 슬기롭
02 그대로
03 탓
04 지역
05 가상
06 적응
07 기준
08 차이
09 노력
10 관련

DAY 01~06 낱말 쑥쑥 종합 테스트

01 안전
02 역시
03 서로
04 도움
05 이르다
06 노력
07 조심
08 자세히
09 여러
10 덩치

DAY 07

01 신경 쓰
02 정확
03 이튿날
04 시간
05 이해
06 차례
07 표현
08 먼저
09 순서
10 공간

DAY 08

01 건강하다
02 꼼꼼히
03 설명
04 감각
05 되도록
06 다양
07 유지
08 피
09 노력
10 관리

DAY 09

01 돌잔치
02 청진기
03 직업
04 실타래
05 판단
06 장수
07 무술
08 수명
09 생활
10 의미

DAY 10

01 무려
02 정사각형
03 소개
04 글자
05 지혜
06 나누
07 세계
08 조각
09 도형
10 둘러싸

DAY 11

01 삶
02 평생
03 실천
04 평범
05 전통
06 나눔
07 봉사
08 정성
09 고통
10 결심

DAY 12

01 추위
02 봄볕
03 그을리
04 육지
05 건조하다
06 속담
07 따사롭다
08 장독
09 쌀쌀하다
10 거칠

DAY 07~12
낱말 쑥쑥 종합 테스트

01 이해하다
02 꼼꼼히
03 의미
04 조각
05 평범하다
06 장독
07 순서
08 건강
09 식겁
10 지혜

DAY 13

01 원
02 선택
03 면적
04 빼곡
05 과정
06 자세히
07 보관
08 이루어
09 빈틈
10 차지

DAY 14

01 사정
02 진료
03 당시
04 가난
05 그리워
06 일생
07 반드시
08 졸업
09 꿈꾸
10 부탁

DAY 15

01 활용
02 상황
03 출구
04 장소
05 일반적
06 표현
07 중심
08 일상생활
09 방향
10 대상

DAY 16

01 만약
02 병
03 생물
04 문지르
05 깨끗하다
06 유지
07 관리
08 지저분하다
09 건강
10 중요하다

DAY 17

01 너비
02 국기
03 모서리
04 표
05 평화
06 바탕
07 민족성
08 위치
09 조화
10 의미

DAY 18

01 대학교
02 거치
03 직원
04 소통
05 사회
06 지식
07 발견
08 어울리
09 과정
10 가지

DAY 13~18
낱말 쑥쑥 종합 테스트

01 자세히
02 가난하다
03 대상
04 만약
05 민족성
06 가치
07 빈틈
08 부탁
09 일반적
10 중요

DAY 19

01 깜박
02 배려
03 가능
04 사과
05 전달
06 진심
07 상황
08 대화
09 신중히
10 표정

DAY 20

01 기호
02 풀
03 가르
04 표시
05 알아차리
06 등장
07 무심코
08 간단
09 생활
10 유래

DAY 21

01 울긋불긋
02 물들
03 과정
04 무덥다
05 기온
06 차
07 북적이
08 변신
09 수분
10 영양분

DAY 32

01 갑자기
02 분위기
03 싸하다
04 방해
05 줄이
06 아끼
07 대화
08 원래
09 해당
10 사용

DAY 33

01 실제
02 아늑
03 음악가
04 변화
05 풍기
06 화창
07 전체적
08 샘솟
09 느긋
10 싱그럽다

DAY 34

01 그림자
02 출발
03 편평
04 증거
05 둥글다
06 경계선
07 방향
08 비치
09 확인
10 전달

DAY 35

01 배우
02 입장
03 맡
04 역할
05 관객
06 한창
07 특성
08 어울리
09 연습
10 예술

DAY 36

01 틀
02 덮이
03 낙엽
04 주위
05 상태
06 일정
07 보내
08 두껍다
09 유지
10 체온

DAY 31~36
낱말 쑥쑥 종합 테스트

01 값
02 갑자기
03 화창하다
04 방향
05 맡다
06 보내다
07 특별
08 원래
09 느긋
10 출발

1. 실력 향상을 위한 다양한 [교재 소개 ▼]

- **고등 교재** : 자이스토리, 개념이지, 형상기억 수학공식집, 바른 개념, 절대평가 영어, 심플자이, 수력충전, 일등급 수학, 국어 비문학 독해
- **중등 교재** : 자이스토리, 수력충전, 수력충전 스타트, 수력충전 개념총정리, 형상기억 수학공식집, 심플자이, 일등급 수학, 국어 독해력 완성, 국어 문학 독해+문학 용어, 영문법 총정리, 영어 듣기 총정리 모의고사, 포인트 리딩
- **초등 교재** : 자이스토리 국어 독해력 쑥쑥+낱말 쑥쑥, 영문법, 영어 듣기 평가 모의고사, 초등 자이수학, 수력충전 수학, 수력충전 개념총정리, 융합 학습 만화 다빈치 시리즈, 세계에서 가장 특별한 이야기, 바로바로 초등 영문법 총정리, 예비 중등 영어 독해

2. 공부할 때 꼭 필요한 [학습 자료실 ▼]

- **빠른 정답 / 해설지** : 해설지 외에 정답만 알고 싶을 때는 빠른 정답을 보세요.
- **듣기 MP3 / 교재 관련 자료** : 영어 교재 듣기 자료 및 단어장 등이 있습니다.
- **정오표** : 발간 후 발견된 오타, 오답을 확인할 수 있습니다.

3. 궁금하거나 이상한 것이 있으면 [회원 마당 ▼]

- **1:1 문의** : 공부를 하면서 궁금한 내용은 언제든지 상담할 수 있습니다.
- **도서제안** : 공부해 보거나 강의하고 싶은 교재의 기획을 제안할 수 있습니다.

4. 선생님을 위한 강의 지원 서비스 [선생님용 ▼]

- **지문파일** : 문제 한글 및 PDF 파일을 제공합니다.
- **수학문제은행 운영** : DB 문제를 활용, 평가지를 자유롭게 생성하여 학생들의 학업 성취 평가에 이용 가능합니다.
- **단어 테스트, 어휘 테스트**
- **듣기 파일 MP3**

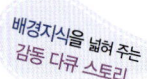
배경지식을 넓혀 주는
감동 다큐 스토리

세상에서 가장 특별한 이야기

〈세상에서 가장 특별한 이야기〉는

인류의 모든 학문 영역을 넘나드는
엄선된 주제의 아주 특별한 이야기로 구성되어 있어요.
세상에서 가장 특별한 이야기와 함께라면
21세기에 꼭 필요한 사고력과 창의력을 갖춘
융합 인재로 성장할 수 있답니다.

- 새 시대의 우편부가 되어 버린 새, 트위터
- 다윈의 진화론을 낳은 갈라파고스 핀치
- 세상을 따뜻하게 한 왕자와 제비의 우정
- 러시아 발레의 선구자, 차이콥스키의 백조의 호수

| 세상에서 가장 **특별한 빵** 이야기 | 세상에서 가장 **특별한 여왕** 이야기 | 세상에서 가장 **특별한 별** 이야기 | 세상에서 가장 **특별한 사과** 이야기 | 세상에서 가장 **특별한 개** 이야기 |

〈세상에서 가장 특별한 이야기〉 시리즈는 창의력 발전소 수경출판사 가 만듭니다.

좀 더 특별한 내용은 수경출판사 홈페이지와 스토리수경 블로그(http://blog.naver.com/sookyungsto)에서 만날 수 있습니다.

자이스토리

초등
국어 **독해력 쑥쑥**
+낱말
쑥쑥

2 학년

수경출판사

독해력이 무엇인가요?

독해력이란 글을 읽은 후 그 뜻을 빠르고 정확하게 이해하는 능력이에요.
글을 읽고 그 뜻을 이해하지 못한다면 그건 그냥 글자를 눈으로 본
것이지 독해한 것이 아니에요.

독해력이 왜 중요한가요?

국어뿐 아니라 사회, 과학, 심지어 영어와 수학까지 모든 교과서는
'글'이에요.
그래서 독해력이 부족하면 교과서 내용이 이해가 안 되고, 문제를
읽어도 무엇을 묻는지 알기 어려워요.

독해력은 어떻게 키우나요?

글의 뜻을 이해하는 것은 글에서 말하는 가장 중요한 내용,
즉 주제가 무엇인지 아는 것이에요.
따라서 독해력을 키우려면 글의 주제를 알아내는 연습을 해야 해요.
하지만 긴 글의 주제를 한 번에 찾는 것은 어려워요.

〈자이스토리 초등 국어 독해력 쑥쑥＋낱말 쑥쑥〉은
글의 주제를 쉽고 빠르게 알아낼 수 있는 6가지 STEP의
독해 연습을 할 수 있어요.
교과서 내용과 관련된 재미있는 글을 읽고,
'지문 술술 이해＋정답 콕콕 특강'과 함께
6가지 STEP을 따라 공부하다 보면
저절로 독해력이 쑥쑥 오릅니다.
결국 모든 과목에서 좋은 성적을 받을 수 있답니다.

독해력이 쑥쑥 오르는 자이스토리 계단식 독해 학습

🦋 국어가 쉬워지는 계단식 독해 학습법

STEP 1 ▶ 중심 낱말 찾기
중심 낱말을 찾으면 글에서 가장 중요하게 이야기하는 것이 무엇인지 알 수 있어요.

STEP 2 ▶ 중심 문장 찾기
각 단락의 중심 문장을 찾으면 그 단락에서 이야기하고자 하는 내용을 쉽게 알 수 있어요.

STEP 3 ▶ 단락 요약하기
단락을 요약하면 글 전체의 내용이 머릿속에 쉽게 들어와요.

STEP 4 ▶ 단락 간의 관계 이해하기
단락 간의 관계를 이해하면 글 전체에서 결국 이야기하고자 하는 것을 알 수 있어요.

STEP 5 ▶ 글의 구조 이해하기
글의 구조를 이해하면 글쓴이가 무엇을 이야기하기 위해, 어떤 방식으로 글을 썼는지 알 수 있어요.

STEP 6 ▶ 주제 알아보기
주제를 아는 것은 글의 핵심 내용을 이해하는 것이므로, 주제를 파악하면 글을 완벽히 독해할 수 있어요.

★ 글에서 어떤 것을 먼저 찾아야 내용을 쉽게 이해할 수 있는지, 그 후에는 어떤 과정을 거쳐야 독해를 제대로 하게 되는지를 알기 쉽게 설명하고 있어요.

★ 계단식 독해 연습을 하면 어떤 글이든 빠르게 독해하여 다양한 유형의 문제를 손쉽게 풀 수 있습니다.
그래서 모든 과목의 성적이 쑥쑥 오릅니다.

이 책의 구성과 특징

01 하루에 한 지문씩, 다양한 유형의 문제로 재미있게 독해 시작!

▶ **교과 과정과 연계된 재미있는 지문**
교과서 관련 지문을 난이도별로 담았습니다.

▶ **어휘력을 쑥쑥 높여 주는 '낱말 따라 쓰기'**
낱말을 직접 따라 쓰며 익힐 수 있습니다.

▶ **독해력을 점검할 수 있는 다양한 문제**
직접 써 보는 서술형 문제도 익힐 수 있습니다.

▶ **공부 후 붙임딱지**
지문과 문제의 이해도를 체크할 수 있습니다(152쪽 옆의 붙임딱지 활용).

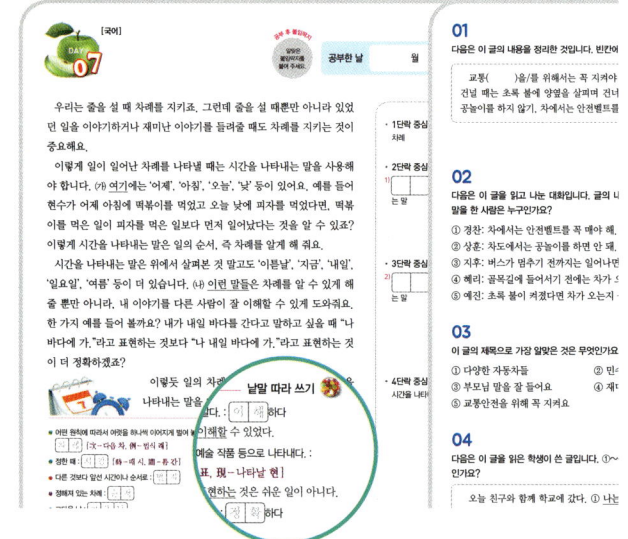

02 독해력을 쑥쑥 높여 주는 STEP 1 ~ 6

▶ **6가지 STEP에 따른 계단식 독해 연습**
STEP별로 각각 6일씩 공부할 수 있습니다.

STEP 1 ▶	STEP 2 ▶	STEP 3 ▶	STEP 4 ▶	STEP 5 ▶	STEP 6
중심 낱말 찾기	중심 문장 찾기	단락 요약하기	단락 간의 관계 이해하기	글의 구조 이해하기	주제 알아보기

03 나만의 과외 선생님 – 지문 술술 이해, 정답 콕콕 특강

▶ **STEP별 '지문 술술 이해'**
STEP별 학습 내용을 적용하여 지문을 읽는 방법을 자세히 알려 줍니다. 혼자 공부할 때도 지문을 술술, 쉽게 읽을 수 있습니다.

▶ **어려운 문제도 쉽게 푸는 '정답 콕콕 특강'**
다양한 유형의 문제에 어떻게 접근해야 하는지 알려 줍니다. 지문과 〈보기〉 등을 근거로 정답을 콕콕 찾는 방법을 익힐 수 있습니다.

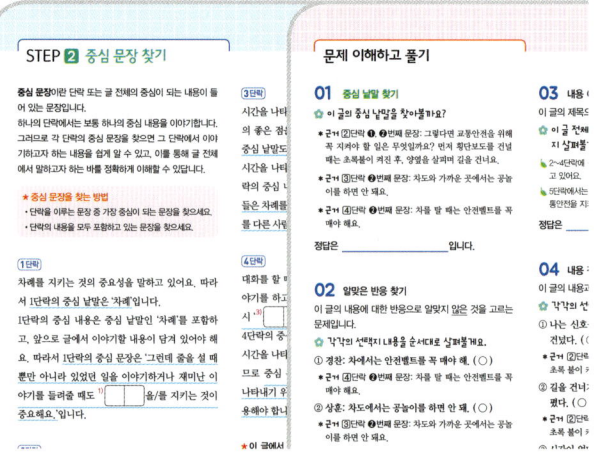

④ STEP별 실전 감각 익히기 – 독해력 완성 테스트

▶ 다양한 유형 문제 도전
STEP별 요소 확인 문제를 기초로, 내용 이해하기, 내용 적용하기, 서술형 문제까지 다양한 유형의 문제를 익힐 수 있습니다.

▶ 상중하 난이도 표시
기초 문제부터(하 🌸🌸🌸), 내용 이해 문제(중 🌸🌸🌸), 고난이도 문제(상 🌸🌸🌸)를 단계별로 해결하며 도전 정신을 키울 수 있습니다.

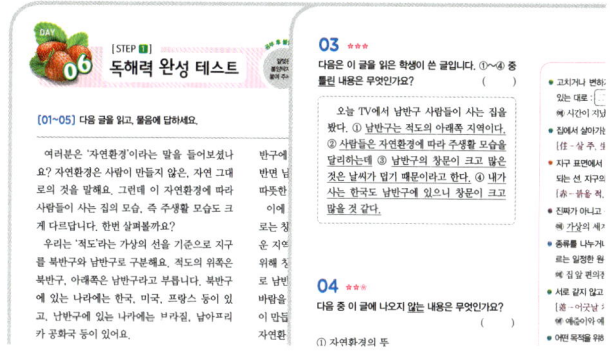

⑤ 낱말 쑥쑥 테스트 + 배경지식으로 독해력의 바탕을 탄탄히!

▶ 낱말 쑥쑥 테스트
문제를 풀며 낱말을 완벽하게 익힐 수 있습니다.

▶ 지문과 관련된 배경지식
독해력의 바탕이 되는 지식을 쑥쑥 얻을 수 있습니다.

▶ 특별 부록: 낱말 쑥쑥 총정리 제공!
DAY별 핵심 낱말 뜻과 확인 문제의 예문을 나만의 사전으로 활용할 수 있습니다. 또한 STEP별 종합 테스트로 어휘력을 쑥쑥 키울 수 있습니다.

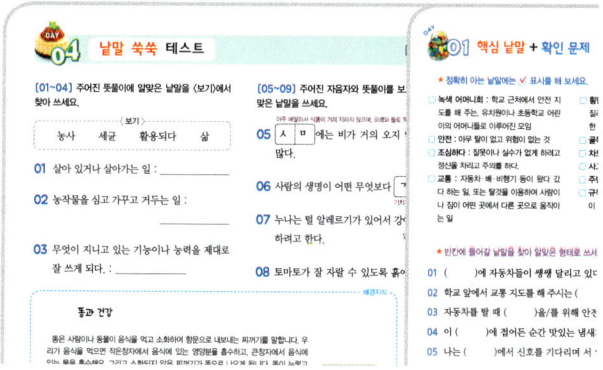

⑥ 글의 내용과 문제를 완벽히 이해시키는 입체 첨삭 해설

▶ 완벽한 지문 이해를 위한 정보 제공
각 단락 중심 낱말, 전체 중심 낱말, 각 단락 중심 문장, 전체 중심 문장, 단락 요약, 글의 중심 내용 정리, 단락 간의 관계, 글의 구조도, 주제까지 지문을 완벽히 이해할 수 있도록 자세한 정보를 제공합니다.

▶ 쉬운 문제 풀이를 위한 해설 제공
문제 유형부터 어려운 문제 분석, 근거와 함께 알기 쉽게 풀이한 왜 정답?/왜 오답?, 서술형 채점 기준과 배경지식까지 문제를 입체적으로 분석하고 해석해 놓았습니다.

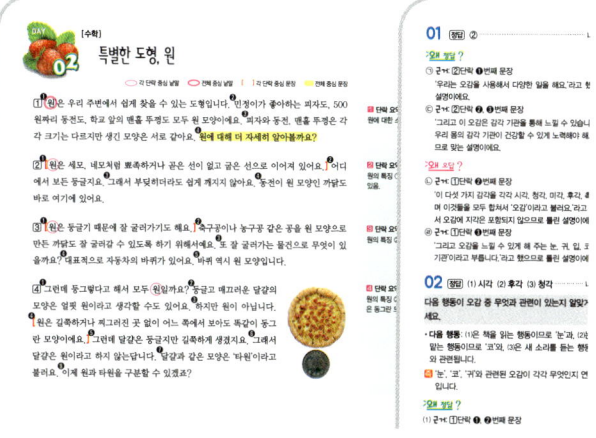

이 책의 차례 (36일 완성)

붙임딱지
153쪽

STEP 4 단락 간의 관계 이해하기

STEP 5 글의 구조 이해하기

STEP 6 주제 알아보기

독해력 쑥쑥 학습 계획표 36일 완성

- 하루 한 지문씩, 매일 꾸준히 공부하는 학습 계획표입니다.
- 계획표대로 공부한 날은 '확인' 칸에 ✔ 표시를 해 보세요. ✔ 표시가 늘어날수록 독해력이 쑥쑥 높아질 거예요.

DAY	공부한 날짜		확인	DAY	공부한 날짜		확인
01	월	일		19	월	일	
02	월	일		20	월	일	
03	월	일		21	월	일	
04	월	일		22	월	일	
05	월	일		23	월	일	
06	월	일		24	월	일	
07	월	일		25	월	일	
08	월	일		26	월	일	
09	월	일		27	월	일	
10	월	일		28	월	일	
11	월	일		29	월	일	
12	월	일		30	월	일	
13	월	일		31	월	일	
14	월	일		32	월	일	
15	월	일		33	월	일	
16	월	일		34	월	일	
17	월	일		35	월	일	
18	월	일		36	월	일	

중심 낱말을 찾고
중심 낱말 위주로 글을 읽으면,
글의 내용을 이해하기가
훨씬 쉬워질 거예요!

STEP 1

중심 낱말 찾기

★ 중심 낱말이란?

단락 또는 글 전체에서 가장 중요하게
다루는 낱말입니다.

● 중심 낱말을 찾는 이유

각 단락의 중심 낱말을 찾으면 단락에서
가장 중요한 내용이 무엇인지 손쉽게 알
수 있고, 이를 통해 글 전체에서 무엇을
이야기하려고 하는지 빠르게 이해할 수
있어요.
따라서 글의 내용을 잘 이해하려면 가장
먼저 중심 낱말을 찾아야 해요.

⭐ 중심 낱말을 찾는 방법

– 단락 혹은 글 전체에서 가장 많이 나오는
말을 찾으세요.
– 단락 혹은 글 전체에서 가장 중심이 되는
말이 무엇인지 살펴보세요.

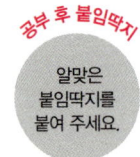
오늘 아침 민수는 빠르게 달리는 차 때문에 다칠 뻔했어요. 여러분도 차 때문에 다칠 뻔한 적이 있나요? 녹색 어머니회처럼 우리의 안전을 위해 도와주시는 분들도 있지만 우리 스스로도 조심해야 해요.

그렇다면 교통안전을 위해 꼭 지켜야 할 일은 무엇일까요? 먼저 횡단보도를 건널 때는 초록 불이 켜진 후, 양옆을 살피며 길을 건너요. 왼쪽, 오른쪽 어디에서라도 차가 튀어나올 수 있으니까요. 이때 손을 번쩍 들고 가면 차들이 우리를 알아보기 더 쉽겠죠? 골목길도 마찬가지예요. 골목길에 들어서기 전에는 차가 오는지를 먼저 살피고 조심히 지나가야 합니다.

공놀이를 할 때도 조심해야 한답니다. 차도와 가까운 곳에서는 공놀이를 하면 안 돼요. 공이 차도로 넘어가면 큰 사고로 이어질 수 있어요. 도로 주변에서는 공을 공 주머니에 넣고 다니는 것이 안전한 방법이에요.

차에서도 지켜야 할 것들이 있어요. 차를 탈 때는 안전벨트를 꼭 매야 해요. 또 버스에서는 자리에 앉아 있다가 버스가 완전히 멈추면 일어서서 내려야 한답니다.

교통안전을 위한 규칙을 지켜야 우리 몸을 지킬 수 있어요. 횡단보도와 골목길, 차도를 조심하고, 차 안에서의 규칙도 지킨다면 다칠 일이 없겠죠?

✏️ 뜻을 정확히 모르는 낱말들을 적어 보세요!

-
-
-
-
-
-
-
-

낱말 따라 쓰기

● 학교 근처에서 안전 지도를 해 주는, 유치원이나 초등학교 어린이의 어머니들로 이루어진 모임 :

| 녹 | 색 | 어 | 머 | 니 | 회 |

● 아무 탈이 없고 위험이 없는 것 : | 안 | 전 |
[安 – 편안할 안, 全 – 온전할 전]
㉠ 해수욕장에는 사람들의 안전을 위한 요원이 있다.

● 잘못이나 실수가 없게 하려고 정신을 차리고 주의를 하다. :
| 조 | 심 | 하다 ㉠ 나는 늘 감기를 조심한다.

● 자동차·배·비행기 등이 왔다 갔다 하는 일, 또는 탈것을 이용하여 사람이나 짐이 어떤 곳에서 다른 곳으로 움직이는 일 :
| 교 | 통 | [交 – 주고받고 할 교, 通 – 통할 통]

● 사람이 안전하게 차도를 가로질러서 건너갈 수 있도록 일정한 표시를 한 길 : | 횡 | 단 | 보 | 도 |

● 골목을 따라 난 길 : | 골 | 목 | 길 |

● 차가 다니는 길 : | 차 | 도 | [車 – 차 차, 道 – 길 도]

STEP 1 중심 낱말 찾기

중심 낱말이란 단락 또는 글 전체에서 가장 중요하게 다루는 낱말입니다.

글의 내용을 잘 이해하려면 가장 먼저 중심 낱말을 찾아야 해요. 각 단락의 중심 낱말을 찾으면 단락에서 가장 중요한 내용이 무엇인지 쉽게 알 수 있고, 이를 통해 글 전체에서 무엇을 이야기하려고 하는지 빠르게 이해할 수 있어요.

★ 중심 낱말을 찾는 방법
• 단락 혹은 글 전체에서 가장 많이 나오는 말을 찾으세요.
• 단락 혹은 글 전체에서 가장 중심이 되는 말이 무엇인지 살펴보세요.

1단락

1단락에서는 주위에서 경험할 수 있는 일을 예로 들어 글의 소재에 대한 흥미를 불러일으키고 글 전체에서 다룰 내용을 보여 주는 경우가 많아요.

이 글에서도 민수가 겪은 일을 예시로 들어 교통 상황에서의 안전의 중요성을 이야기하고 있어요.

2단락

교통안전을 위해 꼭 지켜야 할 것들을 소개하고 있어요. 먼저, 횡단보도를 건널 때와 골목길에 들어설 때 조심해야 할 점들을 알려 주고 있습니다.

2단락에서 소개된 내용들이 모두 교통안전을 위한 것들이므로 중심 낱말은 '1) ☐☐☐☐'과 '횡단보도', '골목길'입니다.

3단락

교통안전을 위해 2) ☐☐☐을/를 할 때 조심해야 할 내용을 알려 주고 있어요. 차도와 가까운 곳에서는 공놀이를 하지 않고, 도로 주변에서는 공을 공 주머니에 넣고 다녀야 합니다.

3단락에서는 공놀이를 할 때 조심해야 할 점을 말하고 있으므로 중심 낱말은 '공놀이'입니다.

4단락

차에서 지켜야 할 내용을 설명하고 있어요. 차를 탈 때는 3) ☐☐☐☐을/를 매야 하고, 버스에서는 자리에 앉아 있다가 버스가 멈춘 뒤에 일어서야 합니다.

4단락에서는 차에서 지켜야 할 점에 대해 알려 주고 있으므로 4단락의 중심 낱말은 '차'입니다.

5단락

교통안전을 위한 규칙을 지켜야 한다는 내용과 교통안전을 지켜야 할 곳을 다시 이야기하고 있어요.

따라서 가장 중심이 되는 말이 교통안전이므로 5단락의 중심 낱말은 '4) ☐☐☐☐'입니다.

★ 이 글의 단락별 중심 낱말은 모두 '교통안전'과 관련이 있으므로 이 글 전체의 중심 낱말은 '5) ☐☐☐☐'입니다.

01

다음은 이 글의 내용을 정리한 것입니다. 빈칸에 들어가기에 알맞은 말을 쓰세요.

> 교통(   )을/를 위해서는 꼭 지켜야 할 것들이 있다. 횡단보도를 건널 때는 초록 불에 양옆을 살피며 건너기, 차도와 가까운 곳에서는 공놀이를 하지 않기, 차에서는 안전벨트를 매기 등이다.

(   )

02

다음은 이 글을 읽고 나눈 대화입니다. 글의 내용에 비추어 볼 때, 알맞지 <u>않은</u> 말을 한 사람은 누구인가요?　(　　　)

① 상훈: 차도에서는 공놀이를 하면 안 돼.
② 경찬: 차를 탈 때는 안전벨트를 꼭 매야 해.
③ 지후: 버스가 멈추기 전까지는 일어나면 안 돼.
④ 혜리: 골목길에 들어서기 전에는 차가 오는지 살펴야 해.
⑤ 예진: 초록 불이 켜졌다면 차가 오는지 살피지 않고 건너도 괜찮아.

03

이 글의 제목으로 가장 알맞은 것은 무엇인가요?　(　　　)

① 민수의 등교 이야기　　　② 다양한 자동차들
③ 부모님 말을 잘 들어요　④ 재미있는 학교 생활하기
⑤ 교통안전을 위해 꼭 지켜요

04

다음은 이 글을 읽은 학생이 쓴 글입니다. ①~④ 중 올바르지 <u>않은</u> 내용은 무엇인가요?　(　　　)

> 오늘 친구와 함께 학교에 갔다. ① 나는 신호등이 초록 불로 바뀌는 것을 보고 길을 건넜다. ② 길을 건너기 전에는 친구와 함께 양옆을 조심히 살폈다. 횡단보도를 지나 학교 앞 골목길로 들어갔는데 ③ 시간이 얼마 남지 않아서 차가 오는지 살피지 않고 급하게 뛰어갔다. ④ 학교가 끝나고 집에 갈 때는 공을 공 주머니에 넣어서 조심히 갔다.

빠른 정답 2쪽, 정답과 풀이 5쪽

✎ 뜻을 정확히 모르는 낱말들을 적어 보세요!

낱말 따라 쓰기

● 뜻밖에 일어난 좋지 않은 일 : 사 고

● 사람과 차가 다닐 수 있는 큰길 : 도 로
[道-길 도, 路-길 로]

● 어떤 대상의 둘레 부근 : 주 변
예 선생님 주변에 학생들이 서 있다.

● 한 조직에 속한 여러 사람이 다 같이 지키기로 정한 법칙 : 규 칙
[規-법 규, 則-법칙 칙]
예 운동 경기에는 규칙이 있다.

문제 이해하고 풀기

01 중심 낱말 찾기

🌸 이 글의 중심 낱말을 찾아볼까요?

* 근거 ②단락 ❶번째 문장: 그렇다면 교통안전을 위해 꼭 지켜야 할 일은 무엇일까요?

정답은 _____ 입니다.

02 알맞은 반응 찾기

🌸 각각의 선택지 내용을 순서대로 살펴볼게요.

① 상훈: 차도에서는 공놀이를 하면 안 돼. (○)

* 근거 ③단락 ❷번째 문장: 차도와 가까운 곳에서는 공놀이를 하면 안 돼요.

② 경찬: 차를 탈 때는 안전벨트를 꼭 매야 해. (○)

* 근거 ④단락 ❷번째 문장: 차를 탈 때는 안전벨트를 꼭 매야 해요.

③ 지후: 버스가 멈추기 전까지는 일어나면 안 돼. (○)

* 근거 ④단락 ❸번째 문장: 또 버스에서는 자리에 앉아 있다가 버스가 완전히 멈추면 일어서서 내려야 한답니다.

④ 혜리: 골목길에 들어서기 전에는 차가 오는지 살펴야 해. (○)

* 근거 ②단락 ❻번째 문장: 골목길에 들어서기 전에는 차가 오는지를 먼저 살피고 ~ 합니다.

⑤ 예진: 초록 불이 켜졌다면 ~~차가 오는지 살피지 않고 건너도 괜찮아~~. (×)

* 근거 ②단락 ❷번째 문장: 먼저 횡단보도를 건널 때는 초록 불이 켜진 후, 양옆을 살피며 길을 건너요.

정답은 _____ 입니다.

03 내용 이해하기

🌸 각각의 선택지 내용을 순서대로 살펴볼게요.

① 민수의 등교 이야기 (×)

🍃 이 글에서 중요하게 다루는 내용이 아니에요.

② 다양한 자동차들 (×)

③ 부모님 말을 잘 들어요 (×)

④ 재미있는 학교 생활하기 (×)

🍃 ②, ③, ④는 이 글에 나오지 않는 내용이에요.

⑤ 교통안전을 위해 꼭 지켜요 (○)

🍃 이 글은 교통안전을 위해 지켜야 할 내용을 설명하고 있어요.

정답은 _____ 입니다.

04 내용 적용하기

이 글의 내용과 맞지 않는 것을 찾아보세요.

🌸 각각의 선택지 내용을 순서대로 살펴볼게요.

① 나는 신호등이 초록 불로 바뀌는 것을 보고 길을 건넜다. (○)

* 근거 ②단락 ❷번째 문장: 먼저 횡단보도를 건널 때는 초록 불이 켜진 후, 양옆을 살피며 길을 건너요.

② 길을 건너기 전에는 친구와 함께 양옆을 조심히 살폈다. (○)

* 근거 ②단락 ❷번째 문장: 먼저 횡단보도를 건널 때는 초록 불이 켜진 후, 양옆을 살피며 길을 건너요.

③ 시간이 얼마 남지 않아서 ~~차가 오는지 살피지 않고 급하게 뛰어갔다.~~ (×)

* 근거 ②단락 ❻번째 문장: 골목길에 들어서기 전에는 차가 오는지를 먼저 살피고 조심히 지나가야 합니다.

④ 학교가 끝나고 집에 갈 때는 공을 공 주머니에 넣어서 조심히 갔다. (○)

* 근거 ③단락 ❹번째 문장: 도로 주변에서는 공을 공 주머니에 넣고 다니는 것이 안전한 방법이에요.

정답은 _____ 입니다.

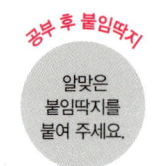
지문 확인

'원'은 우리 주변에서 쉽게 찾을 수 있는 도형입니다. 민정이가 좋아하는 피자도, 500원짜리 동전도, 학교 앞의 맨홀 뚜껑도 모두 원 모양이에요. 피자와 동전, 맨홀 뚜껑은 각각 크기는 다르지만 생긴 모양은 서로 같아요. 원에 대해 더 자세히 알아볼까요?

원은 세모, 네모처럼 뾰족하거나 곧은 선이 없고 굽은 선으로 이어져 있어요. 어디에서 보든 둥글지요. 그래서 부딪히더라도 쉽게 깨지지 않아요. 동전이 원 모양인 까닭도 바로 여기에 있어요.

원은 둥글기 때문에 잘 굴러가기도 해요. 축구공이나 농구공 같은 공을 원 모양으로 만든 까닭도 잘 굴러갈 수 있도록 하기 위해서예요. 또 잘 굴러가는 물건으로 무엇이 있을까요? 대표적으로 자동차의 바퀴가 있어요. 바퀴 역시 원 모양입니다.

그런데 둥그렇다고 해서 모두 원일까요? 둥글고 매끄러운 달걀의 모양은 얼핏 원이라고 생각할 수도 있어요. 하지만 원이 아닙니다. 원은 길쭉하거나 찌그러진 곳 없이 어느 쪽에서 보아도 똑같이 동그란 모양이에요. 그런데 달걀은 둥글지만 길쭉하게 생겼지요. 그래서 달걀은 원이라고 하지 않는답니다. 달걀과 같은 모양은 '타원'이라고 불러요. 이제 원과 타원을 구분할 수 있겠죠?

- 1단락 중심 낱말 :
  1) ☐
- 2단락 중심 낱말 :
  2) ☐
- 3단락 중심 낱말 :
  3) ☐
- 4단락 중심 낱말 :
  4) ☐

낱말 따라 쓰기

● 어떤 대상의 둘레 부근 : 주 변

● 삼각형·사각형·원 등과 같이 점과 선으로 이루어진 꼴 :
  도 형 [圖 - 그림 도, 形 - 모양 형]

● 땅속에 묻은 관을 검사, 수리, 청소하기 위하여 사람이 드나들 수 있게 만든 구멍 : 맨 홀

● (여럿을 하나씩 따로 나누어서) 하나하나 : 각 각
  예 수지는 단락 각각의 내용을 요약했다.

● 작은 부분까지 주의하여 : 자 세 히
  예 민우는 어제 있었던 일을 자세히 얘기했다.

● 구부러지거나 비뚤어지지 않고 똑바르다. : 곧 다
  예 나는 다리를 곧게 펴고 스트레칭을 했다.

● (곧바른 것이) 한쪽으로 구부러지거나 휘다. : 굽 다

● 세게 닿아지다. : 부 딪 히 다

● (단단한 물건이) 부딪쳐서 조각이 나다. : 깨 지 다

01

빠른 정답 2쪽, 정답과 풀이 6~7쪽

이 글에서 가장 중심이 되는 낱말에 ○표 하세요.

원	달걀	동전	네모

정답 콕콕 특강

01 중심 낱말 찾기

이 글에서 중심적으로 설명하고 있는 것이 무엇인지 떠올려 보세요. 글의 단락마다 등장하는 중심 대상에 대한 설명이 문제에서 주어진 내용과 일치해요.

DAY **02**

02

이 글의 내용으로 알맞지 <u>않은</u> 것은 무엇인가요?　　　　　(　　)

① 달걀은 타원 모양이다.

② 피자는 타원 모양이다.

③ 원은 뾰족하거나 곧은 선이 없다.

④ 축구공은 원 모양이어서 잘 굴러간다.

⑤ 동전이 원 모양인 까닭은 쉽게 깨지지 않게 하기 위해서이다.

02 내용 이해하기

각각의 선택지 내용이 이 글의 어느 부분에 나오는지 살펴보세요.

낱말 따라 쓰기

● 가장 두드러지거나 뛰어나 대표가 될 만한 것 : 대 표 적
　[代-대신할 대, 表-겉 표, 的-과녁 적]

● 또한 : 역 시 　[亦-또 역, 是-옳을 시]

● 크고 뚜렷하게 둥글다. : 둥 그 렇 다

● 매우 부드럽고 끈끈하거나 거친 데가 없다. :
　매 끄 럽 다

● (미리 계획하지 않고) 우연히. 잠깐 : 얼 핏
　예) 먼 곳에서 얼핏 그림자가 나타났다.

● (눌리거나 힘을 받아) 모양이 반듯하지 못하고 비뚤어지다. :
　찌 그 러 지 다
　예) 주전자가 바닥으로 떨어져서 찌그러졌다.

● 길쭉하게 둥근 원 : 타 원

● (어떤 대상을 일정한 기준으로) 갈라 나누다. : 구 분 하다
　[區-지경 구, 分-나눌 분]
　예) 희재는 먹을 빵과 먹던 빵을 구분하였다.

03

다음을 읽고, 괄호에 들어갈 알맞은 말에 ○표 하세요.

(1) 자동차의 바퀴는 (원 , 타원)이다.

(2) 원은 (곧은 , 굽은) 선으로 이어져 있다.

(3) 피자와 동전, 맨홀 뚜껑은 생긴 모양이 서로 (같다 , 다르다).

03 내용 이해하기
문제의 내용이 1~3단락에 나와 있어요.

04

다음 사진 속 물건이 어떤 모양인지 알맞게 연결해 보세요.

(1) 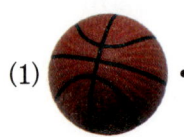 •

• ㉠ 타원

(2)  •

• ㉡ 원

04 내용 적용하기
3단락과 4단락에서 농구공과 달걀의 모양을 이야기하고 있어요.

05 [서술형]

달걀은 둥근 모양이지만 원이 아닙니다. 그 까닭을 이 글에서 찾아 쓰세요.

_____

_____

_____

05 내용 추론하기
4단락에 달걀이 원이 아닌 까닭이 나와 있네요.

DAY 02

낱말 쑥쑥 테스트   DAY 01 + DAY 02 낱말

빠른 정답 2쪽

[01~04] 주어진 뜻풀이에 알맞은 낱말을 연결하세요.

01 (미리 계획하지 않고) 우연히. 잠깐 • • ㉠ 곧다

02 어떤 대상의 둘레 부근 • • ㉡ 주변

03 구부러지거나 비뚤어지지 않고 똑바르다. • • ㉢ 각각

04 (여럿을 하나씩 따로 나누어서) 하나하나 • • ㉣ 얼핏

[05~08] 주어진 자음자와 뜻풀이를 보고, 빈칸에 알맞은 낱말을 쓰세요.

05 재민이는 거울 속의 자신을 [ㅈ ㅅ ㅎ] 들여다 보았다.
작은 부분까지 주의하여

06 우리 할머니 또한 [ㅇ ㅅ] 다른 할머니들처럼 허리가 많이 굽으셨다.

07 제주도의 [ㄷ ㅍ ㅈ]인 특산물은 한라봉이다.
가장 두드러지거나 뛰어나 대표가 될 만한 것

08 우리는 옳은 일과 잘못된 일을 [ㄱ ㅂ]할 줄 알아야 한다.
(어떤 대상을 일정한 기준으로) 갈라 나누다.

[09~12] 주어진 뜻풀이에 알맞은 낱말을 〈보기〉에서 찾아 쓰세요.

〈보기〉
찌그러지다   안전   깨지다   타원

09 (눌리거나 힘을 받아) 모양이 반듯하지 못하고 비뚤어지다. : _____

10 (단단한 물건이) 부딪쳐서 조각이 나다. : _____

11 아무 탈이 없고 위험이 없는 것 : _____

12 길쭉하게 둥근 원 : _____

[13~16] 주어진 문장의 빈칸에 알맞은 낱말을 〈보기〉에서 찾아 쓰세요.

〈보기〉
굽   둥그렇   조심   도형

13 수학 시간에 여러 가지 [ ]을/를 그려 보았다.

14 집 마당에는 [ ]은 나무가 서 있다.

15 하늘에 보름달이 [ ]게 떴다.

16 바닥이 미끄러우니 걸을 때 [ ]해야 한다.

빨간 사과를 좋아하는 대경이는 지윤이에게 어제 잘못한 일을 사과했어요. 빨간 '사과'와 지윤이가 받은 '사과'는 같은 뜻일까요? 우리 주변에는 이처럼 같은 소리가 나지만 뜻이 다른 말이 있어요.

소리가 같지만 뜻이 다른 말로는 대표적으로 '배'가 있어요. '배'는 뜻을 세 개나 가지고 있습니다. 우리 몸에 있는 배, 과일 배, 물에서 타는 배. 모두 '배'가 가지고 있는 서로 다른 뜻이에요.

소리는 같지만 뜻을 여러 개 가진 말로는 '쓰다', '눈'도 있어요. '쓰다'는 글씨를 쓴다는 뜻과 맛이 쓰다는 뜻, 그리고 모자나 가발 등 머리에 무언가를 쓴다는 뜻이 있어요. '눈'은 하늘에서 내리는 하얀 눈과 사람의 몸에 있는 눈, 이렇게 두 개의 뜻을 가집니다.

그럼 이런 말들을 구별하기 위해서는 어떻게 해야 할까요? 상대방이 어떤 상황에서 말하고 있는지를 잘 살펴야 해요. 예를 들어 '다리'에는 두 가지 뜻이 있어서 '다리'라는 말만 보았을 때는 무슨 뜻인지 알기가 힘들어요. 그런데 만약 누군가가 "나 다리가 아파."라고 말했다면 이때의 다리는 무슨 뜻일까요? 몸에 있는 다리라는 뜻이 되겠죠. 강에 놓여 있는 다리는 아플 수가 없기 때문이에요. 이야기의 상황을 잘 살핀다면 헷갈리지 않을 수 있겠죠?

✏️ 뜻을 정확히 모르는 낱말들을 적어 보세요!

내 사과를 받아주세요

낱말 따라 쓰기

- 옳지 않은 일을 하다. : 잘 못 하다
- 자기의 잘못을 인정하고 용서를 구하다. : 사 과 하다
- 어떤 대상의 둘레 부근 : 주 변
- 가장 두드러지거나 뛰어나 대표가 될 만한 것 : 대 표 적
- 짝을 이루거나 관계를 맺고 있는 상대에 대하여 : 서 로

- 많은 수의 : 여 러
- 무엇과 무엇을 서로 따로 갈라놓다. : 구 별 하다
  [區－지경 구, 別－나눌 별]
  예 날이 어두워서 사람들을 구별하기 힘들다.
- 말·일·활동 등에서 상대가 되는 쪽이나 사람 : 상 대 방
  [相－서로 상, 對－대할 대, 方－방향 방]
  예 상대방에게 내 생각을 분명히 전했다.

STEP 1 중심 낱말 찾기

빠른 정답 2쪽

★ **중심 낱말을 찾는 방법**
- 단락 혹은 글 전체에서 가장 많이 나오는 말을 찾으세요.
- 단락 혹은 글 전체에서 가장 중심이 되는 말이 무엇인지 살펴보세요.

1단락

1단락에서는 글 전체에서 다루는 이야깃거리가 무엇인지를 나타내는 경우가 많아요.

이 단락에서도 '사과'를 예로 들어 소리가 같지만 뜻이 다른 말들을 소개할 것이라고 보여 주고 있어요.

따라서 1단락에서 이야기하고자 하는 중심 내용은 소리는 같지만 뜻이 다른 단어가 있다는 것이므로 1단락의 중심 낱말은 '같은 1)[　　]이/가 나지만 뜻이 다른 말'입니다.

2단락

같은 소리가 나지만 뜻이 여럿인 말의 또 다른 예로 '배'를 소개하고 있어요. '배'가 가지는 세 가지의 서로 다른 뜻을 설명하네요.

2단락은 1단락에서 설명한 중심 낱말에 해당하는 또 다른 예를 들고 있어요. 그러므로 2단락의 중심 낱말 역시 1단락과 비슷해요. 따라서 2단락의 중심 낱말은 '소리가 같지만 2)[　]이/가 다른 말'입니다.

3단락

소리는 같지만 뜻을 여러 개 가진 말로 '쓰다'와 '눈'을 소개하고 있어요. '쓰다'와 '눈'은 각각 3개와 2개의 뜻을 가지고 있습니다.

3단락 역시 1단락과 2단락에서 설명한 소리가 같지만 뜻이 다른 말의 예를 들고 있으므로 3단락의 중심 낱말은 '소리는 같지만 뜻을 3)[　　] 개 가진 말'입니다.

4단락

4단락에서는 같은 소리가 나지만 뜻이 다른 말을 구별하는 법을 알려 주고 있어요. 이런 말들의 뜻을 구별하기 위해서는 상대방이 어떤 상황에서 말하고 있는지를 잘 살펴야 합니다. 이야기의 상황을 잘 살핀다면 소리가 같은 말이라도 뜻을 헷갈리지 않을 수 있어요. 따라서 4단락의 중심 낱말은 '이런 말들을 구별'입니다.

★ 이 글의 단락별 중심 낱말은 모두 '소리가 같지만 뜻이 다른 말'과 관련이 있으므로 **이 글 전체의 중심 낱말은** '4)[　　]이/가 같지만 5)[　]이/가 다른 말'입니다.

낱말 따라 쓰기

● 어떤 일이 되어 가는 형편이나 모양 : [상][황]

● 이것인지 저것인지 쉽게 알아차리지 못하다. :
[헷][갈][리][다]

빠른 정답 2쪽, 정답과 풀이 8~9쪽

01

다음은 이 글의 중심 낱말입니다. ㉠, ㉡에 들어가기에 알맞은 말을 쓰세요.

> (㉠)이/가 같지만 (㉡)이/가 다른 말

㉠: (   ), ㉡: (   )

01 중심 낱말 찾기
이 글에서 중심적으로 설명하고 있는 것이 무엇인지 찾아 보세요.

02

다음 설명이 이 글의 내용에 맞으면 ○표, 틀리면 ✕표 하세요.

(1) '눈'은 1개의 뜻만 가진다.   (   )
(2) '배'는 소리가 같지만 뜻이 다른 말이다.   (   )

02 내용 이해하기
문제의 내용이 2, 3단락에 나와 있어요.

03

다음 중 〈보기〉 속에 쓰인 '쓰다'의 뜻과 다른 것은 무엇인가요   (   )

─〈 보기 〉─
대경이는 일기를 또박또박 <u>쓰는</u> 중이에요.

① 경찬이는 멋진 모자를 <u>써요</u>.
② 영인이는 연필로 글씨를 <u>썼어요</u>.
③ 찬영이는 공책에 이름을 <u>쓰고</u> 있어요.
④ 영찬이는 한글 <u>쓰기</u> 연습을 하고 있어요.
⑤ 오늘 배운 내용을 공책에 <u>써</u> 오는 게 숙제이다.

03 내용 적용하기
3단락에 '쓰다'의 여러 의미가 나와 있네요.

04 서술형

소리는 같지만 뜻이 다른 말들의 뜻을 구별하는 법을 이 글에서 찾아 쓰세요.

_____

_____

04 내용 이해하기
4단락에서 소리는 같지만 뜻이 다른 말을 구별하는 방법을 설명하고 있어요.

[01~05] 주어진 뜻풀이에 알맞은 낱말을 연결하세요.

01 많은 수의 • • ㉠ 잘못하다

02 옳지 않은 일을 하다. • • ㉡ 헷갈리다

03 말·일·활동 등에서 상대가 되는 쪽이나 사람 • • ㉢ 여러

04 이것인지 저것인지 쉽게 알아차리지 못하다. • • ㉣ 대표적

05 가장 두드러지거나 뛰어나 대표가 될 만한 것 • • ㉤ 상대방

[06~10] 주어진 자음자와 뜻풀이를 보고, 빈칸에 알맞은 낱말을 쓰세요.

06 만약의 ㅅ ㅎ 에 대비해 준비를 완벽히 하자.
어떤 일이 되어 가는 형편이나 모양

07 정희와 지민이는 ㅅ ㄹ 청소를 도와주고 있다.
짝을 이루거나 관계를 맺고 있는 상대에 대하여

08 우리 학교 ㅈ ㅂ 에는 개나리가 피어 있다.
어떤 대상의 둘레 부근

09 동생은 어제 있었던 일에 대해 나에게 ㅅ ㄱ 했다.
자기의 잘못을 인정하고 용서를 구하다.

10 어른에게 쓸 약과 아이에게 쓸 약을 잘 ㄱ ㅂ 해야 한다.
무엇과 무엇을 서로 따로 갈라놓다.

배경지식

소리는 같지만 뜻이 다른 말

1. 배

◀ 사람 몸의 '배'

◀ 과일 '배'

◀ 타는 '배'

2. 눈

◀ 하늘에서 내리는 '눈'

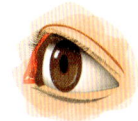
◀ 사람 몸의 '눈'

3. 다리

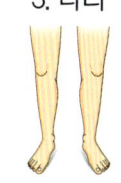
◀ 사람 몸의 '다리'

◀ 물에 놓인 '다리'

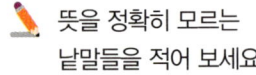

여러분들은 '똥'이라고 하면 무슨 생각이 드나요? 혹시 똥은 더러워서 피하고 싶다는 생각만 드나요? 그런데 똥은 우리에게 도움이 되기도 한답니다.

먼저, 똥은 거름으로 활용될 수 있어요. 거름은 풀이나 나무가 잘 자라게 땅에 뿌려주는 것입니다. 우리 조상님들은 농사를 지을 때 똥으로 만든 거름을 사용했어요. 그래서 똥이 귀하게 생각되었고, 남의 집에서 똥을 누는 건 혼날 만한 일이었어요.

코끼리 똥으로는 종이를 만들 수도 있어요. 코끼리는 큰 덩치만큼 많은 똥을 눈답니다. 코끼리 똥으로 종이를 만들기 위해서는 먼저 코끼리의 똥을 모아 끓여 줘야 하는데, 이는 세균을 없애기 위해서예요. 그런 다음 코끼리 똥에서 종이로 만들 수 있는 부분을 뽑아 색소를 넣어 말리면 종이가 돼요. 코끼리가 하루에 누는 똥으로는 종이 660장 정도를 만들 수 있다고 하니 정말 놀랍지요?

똥은 에너지가 되기도 해요. 똥에서 나오는 가스를 통해 에너지를 만들어 전기로 사용하고, 버스를 움직이게 할 수도 있습니다. 또 사막에 사는 사람들은 동물의 똥을 말려서 땔감으로 쓰기도 한답니다.

이렇게 거름부터 종이, 에너지, 그리고 땔감까지 똥은 우리 삶에 많은 도움이 될 수 있어요. 이제는 똥을 바라보는 눈빛이 조금 달라지겠죠?

✏️ 뜻을 정확히 모르는 낱말들을 적어 보세요!

-
-
-
-
-
-
-
-
-
-

낱말 따라 쓰기

● 멀리 하거나 싫어하다. : 피 하다
  예 뱀을 피하기 위해 사람이 많이 다니는 길로 갔다.

● 남을 돕는 것 : 도 움

● 식물이 잘 자라도록 땅에 뿌리거나 섞는 물질 : 거 름

● 무엇이 지니고 있는 기능이나 능력을 제대로 잘 쓰게 되다. :
  활 용 되 다 [活－살 활, 用－쓸 용]
  예 이 별장은 우리 가족이 휴가를 보낼 때 활용된다.

● 지금 사람들보다 먼저 살던 사람들 : 조 상
  [祖－할아비 조, 上－위 상]

● 농작물을 심고 가꾸고 거두는 일 : 농 사
  [農－농사 농, 事－일 사]

● 가치가 매우 크다. : 귀 하다 [貴－귀할 귀]
  예 이번에 발견된 도자기는 아주 귀한 것이다.

● 몸집의 크기 : 덩 치

빠른 정답 2쪽, 정답과 풀이 10~11쪽

✏️ 뜻을 정확히 모르는
낱말들을 적어 보세요!

01

다음은 이 글의 핵심 내용을 정리한 것입니다. 빈칸에 공통으로 들어가기에 알맞은 말을 쓰세요.

> (   )은/는 여러 가지로 활용될 수 있다. (   )은/는 거름, 에너지, 땔감으로 쓰일 수 있고, 종이를 만들 수도 있다.

(   )

02

이 글이 알려 주는 내용은 무엇인가요? (   )

① 종이의 쓰임새
② 똥을 누는 까닭
③ 여러 동물의 똥
④ 똥의 다양한 쓰임새
⑤ 똥에서 냄새가 나는 까닭

낱말 따라 쓰기

- 눈으로 볼 수 없을 만큼 작고, 병을 일으키거나 부패 작용을 하는, 세포가 하나뿐인 생물 : 세 균

- 물체가 색깔을 띨 수 있게 하는 성분 : 색 소

- 기계 등을 움직이게 하는 동력 : 에 너 지

- 불을 붙여서 뜨거운 기운이나 밝은 빛이나 큰 힘을 얻기 위해 쓰는 기체 : 가 스

- (빛·열·동력 등을 일으키는 일에 쓰는) 물질 안에 있는 전자의 이동으로 생기는 에너지 : 전 기

- 아주 메말라서 식물이 거의 자라지 않으며, 모래와 돌로 뒤덮인 매우 넓은 땅 : 사 막
  예 낙타는 사막의 중요한 교통수단이다.

- 마른풀, 나무, 기름, 석탄처럼 불을 피울 때 쓰는 재료 : 땔 감 예 종이도 땔감이 될 수 있다.

- 살아 있거나 살아가는 일 : 삶
  예 후회 없는 삶을 살기 위해 노력해야 한다.

03

다음 중 이 글에서 설명한 똥의 쓰임새가 <u>아닌</u> 것에 ○표 하세요.

거름	종이	비누	에너지	땔감

04

이 글의 내용으로 맞으면 ○표, 틀리면 ✕표를 하세요.

(1) 똥은 에너지로 쓸 수 있다.   (   )

(2) 코끼리 똥에는 세균이 없다.   (   )

(3) 똥은 땔감으로 쓰일 수 있다.   (   )

(4) 코끼리 똥으로 종이를 만들기 위해서는 색소를 넣어야 한다. (   )

05 서술형

우리 조상님들은 똥을 어떻게 이용했는지 이 글에서 찾아 쓰세요.

_____

_____

_____

DAY 04 낱말 쑥쑥 테스트

[01~04] 주어진 뜻풀이에 알맞은 낱말을 〈보기〉에서 찾아 쓰세요.

〈 보기 〉

농사   세균   활용되다   삶

01 살아 있거나 살아가는 일 : _____

02 농작물을 심고 가꾸고 거두는 일 :

_____

03 무엇이 지니고 있는 기능이나 능력을 제대로 잘 쓰게 되다. : _____

04 눈으로 볼 수 없을 만큼 작고, 병을 일으키거나 부패 작용을 하는, 세포가 하나뿐인 생물 :

_____

[05~09] 주어진 자음자와 뜻풀이를 보고, 빈칸에 알맞은 낱말을 쓰세요.

아주 메말라서 식물이 거의 자라지 않으며, 모래와 돌로 뒤덮인 매우 넓은 땅

05 [ㅅ | ㅁ]에는 비가 거의 오지 않고 모래가 많다.

06 사람의 생명이 어떤 무엇보다 [ㄱ]하다.
가치가 매우 크다.

07 누나는 털 알레르기가 있어서 강아지를 [ㅍ] 하려고 한다.
멀리 하거나 싫어하다.

08 토마토가 잘 자랄 수 있도록 흙에 [ㄱ | ㄹ] 을/를 뿌렸다.
식물이 잘 자라도록 땅에 뿌리거나 섞는 물질

09 혜진이는 다른 사람의 [ㄷ | ㅇ] 없이 혼자 그 일을 다 해냈다.
남을 돕는 것

배경지식

똥과 건강

똥은 사람이나 동물이 음식을 먹고 소화하여 항문으로 내보내는 찌꺼기를 말합니다. 우리가 음식을 먹으면 작은 창자에서 음식에 있는 영양분을 흡수하고, 큰창자에서 음식에 있는 물을 흡수해요. 그리고 소화되지 않은 찌꺼기가 똥으로 나오게 됩니다. 똥이 누렇고 가래떡 모양이면 우리 몸이 건강하다는 뜻이에요.

만약 작은창자와 큰창자가 건강하지 않다면 어떻게 될까요? 똥의 모양이 평소와 다르게 나타나겠죠. 똥이 잘 나오지 않거나 너무 딱딱하게 나오는 것을 '변비'라고 하고, 똥이 너무 무르게 나오는 것을 '설사'라고 해요. 두 가지 모두 창자의 기능이 좋지 않아서 나타나는 현상입니다.

그럼 건강한 몸을 유지하고 정상적인 똥을 누려면 어떤 생활 습관을 가져야 할까요? 먼저 섬유질이 풍부한 음식을 먹는 것이 중요해요. 섬유질은 채소, 과일, 곡류, 해조류 등에 많이 들어 있어요. 또 신선한 음식, 익힌 음식을 먹고, 운동도 꾸준히 해야 합니다.

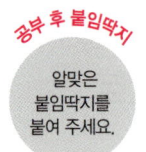

'쿵쿵쿵' 민지는 윗집에서 들리는 큰 소리에 잠에서 깼어요. 여러분도 이런 경험이 있나요? 이렇게 한 층에서 발생한 소음이 다른 층에도 전해지는 것을 '층간소음'이라고 해요.

층간소음에는 어떤 것들이 있을까요? 아이들이 뛰는 소리, 문을 세게 닫는 소리, 너무 늦거나 이른 시간에 세탁기나 청소기를 사용하는 소리, 강아지가 짖는 소리 등이 모두 층간소음이 될 수 있어요.

층간소음은 어떤 문제를 일으킬까요? 층간소음은 이웃에게 피해를 주게 됩니다. 층간소음을 겪는 사람은 집중력이 떨어지고, 신경이 예민해질 수 있어요. 또 일, 공부, 잠자기처럼 꼭 해야 하는 일들을 방해 받을 수도 있답니다. 이런 일들이 반복되면 큰 병에 걸릴 수도 있어요. 요즘에는 아파트처럼 공동 주택에 사는 사람들이 늘어나면서 층간소음이 더욱 심각한 문제가 되고 있어요.

층간소음을 막기 위해서 우리는 어떤 노력을 해야 할까요? 먼저, 바닥에 카펫을 깔면 걸을 때 나는 소음을 줄일 수 있어요. 푹신한 슬리퍼를 신고 걷는 것 역시 소음을 줄여 준답니다. 너무 늦거나 이른 시간에는 악기 연주를 하지 않고, 세탁기나 청소기도 사용하지 않아야 해요. 주변 이웃에게 피해가 되는 층간소음, 이제는 조심해야겠죠?

✏️ 뜻을 정확히 모르는 낱말들을 적어 보세요!

-
-
-
-
-
-
-
-
-
-

낱말 따라 쓰기

- 직접 해 보거나 느끼는 것 : 경험
- 시끄러운 소리 : 소음
- 층과 층의 사이 : 층간
- 앞서거나 빠르다. : 이르다
- (재산·명예·건강 등에) 나쁜 영향이나 손해를 입는 것 : 피해

- 당하거나 경험하다. : 겪다
  - 예 할머니는 예전에 겪으신 이야기를 들려주셨다.
- 정신을 한곳에 모을 수 있는 힘 : 집중력
  - [集-모을 집, 中-가운데 중, 力-힘 력]
  - 예 적당한 실내 온도는 집중력을 높여 준다.
- 어떤 일을 느끼거나 생각하는 기능 : 신경
  - 예 그녀가 한 말이 내 신경에 거슬린다.

01

✏️ 뜻을 정확히 모르는 낱말들을 적어 보세요!

이 글에서 가장 중심이 되는 낱말에 ○표 하세요.

| 아파트 | 층간소음 | 카펫 | 리코더 |

DAY
05

02

이 글의 내용으로 알맞지 <u>않은</u> 것은 무엇인가요? ( )

① 문을 세게 닫는 소리는 층간소음이 아니다.
② 강아지가 짖는 소리도 층간소음이 될 수 있다.
③ 층간소음은 사람들의 집중력을 떨어뜨릴 수 있다.
④ 푹신한 슬리퍼를 신고 걸으면 층간소음을 줄일 수 있다.
⑤ 층간소음은 한 층에서 발생한 소음이 다른 층에도 전해지는 것을 말한다.

낱말 따라 쓰기

● 자극에 대한 반응이 빠르고 날카롭다. : 예 민 하다

● 남의 일에 일부러 끼어들어 일이 제대로 되지 못하게 막고 괴롭히는 것 : 방 해

● 같은 일이 되풀이되다. : 반 복 되 다
  [反-되돌릴 반, 復-돌아올 복]

● 여러 가구가 한 건축물 안에서 각각 따로 생활을 할 수 있게 설계하여 지은 큰 집 : 공 동 주 택
  [共-함께 공, 同-한가지 동, 住-살 주, 宅-집 택]

● (정도가) 매우 심하다. : 심 각 하다
  예 심각하게 고민할 일이 생겼다.

● 어떤 일을 이루기 위해 힘을 들이고 애를 쓰는 것 :
  노 력 [努-힘쓸 노, 力-힘 력]
  예 우리는 많은 노력 끝에 그 일을 해냈다.

● 어떤 대상의 둘레 부근 : 주 변

● (차이를 알아내려고) 여럿을 서로 견주어 보다. :
  비 교 하다

빠른 정답 2쪽, 정답과 풀이 13쪽

✏️ 뜻을 정확히 모르는 낱말들을 적어 보세요!

03

이 글에 대한 설명으로 알맞지 <u>않은</u> 것은 무엇인가요?　　　　(　　)

① 층간소음의 문제점을 이야기하고 있다.
② 층간소음의 종류에 대해 설명하고 있다.
③ 층간소음과 다른 소음을 비교하고 있다.
④ 층간소음을 줄일 수 있는 방법을 이야기하고 있다.
⑤ 요즘 들어 층간소음이 더욱 심각한 문제가 된 까닭을 설명하고 있다.

04

다음은 이 글을 읽고 나눈 대화입니다. 글의 내용에 비추어 볼 때, 알맞지 <u>않은</u> 말을 한 사람의 이름을 쓰세요.

> 민주: 층간소음을 줄이기 위해 집에서 푹신한 슬리퍼를 신어야겠어.
> 성훈: 층간소음이 반복되면 큰 병으로 이어질 수 있다는 것을 알게 됐어.
> 수진: 뛰어다니는 소리도 층간소음이 될 수 있다니, 나도 더 조심해야
> 　　　겠어.
> 승민: 나는 피아노를 잘 치니까 늦은 밤에 피아노를 연주하면 이웃이
> 　　　좋아할 거야.

　　　　　　　　　　(　　　　　　　　)

05　서술형

층간소음을 막기 위해서 할 수 있는 노력을 이 글에서 한 가지만 찾아 쓰세요.

_____

_____

_____

낱말 쑥쑥 테스트

빠른 정답 2쪽

[01~05] 주어진 뜻풀이에 알맞은 낱말을 연결하세요.

01 어떤 일을 이루기 위해 힘을 들이고 애를 쓰는 것 ・

・㉠ 예민하다

02 자극에 대한 반응이 빠르고 날카롭다. ・

・㉡ 경험

03 직접 해 보거나 느끼는 것 ・

・㉢ 집중력

04 (정도가) 매우 심하다. ・

・㉣ 노력

05 정신을 한곳에 모을 수 있는 힘 ・

・㉤ 심각하다

[06~10] 주어진 자음자와 뜻풀이를 보고, 빈칸에 알맞은 낱말을 쓰세요.

06 나는 언니의 시험 공부를 | ㅂ | ㅎ | 하지 않기 위해 조용히 했다.
남의 일에 일부러 끼어들어 일이 제대로 되지 못하게 막고 괴롭히는 것

07 이곳은 같은 사고가 | ㅂ | ㅂ | 된 곳이다.
같은 일이 되풀이되다.

08 아직 전화를 하기에는 시간이 | ㅇ | ㄹ | ㄷ |.
앞서거나 빠르다.

09 이번 홍수로 인해 농민들이 많은 | ㅍ | ㅎ | 을/를 보았다.
(재산·명예·건강 등에) 나쁜 영향이나 손해를 입는 것

10 공사장의 | ㅅ | ㅇ | 이/가 너무 시끄러워서 우리 집까지 들린다.
시끄러운 소리

배경지식

어디서부터 소음일까?

소리는 귀에 들리는 모든 것을 말해요. 소음도 소리에 포함되죠. 하지만 소음은 소리 중에서도 듣기 싫은 소리, 시끄러운 소리, 원하지 않는 소리를 가리켜요.

사람마다 소음의 기준은 달라요. 특정 소리를 어떤 사람은 대수롭지 않게 생각할 수 있지만, 어떤 사람은 시끄럽다고 생각할 수 있는 거죠. 즉 어떤 소리를 소음으로 정할 수 있는 기준은 분명하지 않답니다. 따라서 내가 내는 소리가 누군가에게는 방해가 될 수 있음을 항상 생각해야 해요.

소음은 사람의 정신 건강에 안 좋은 영향을 미쳐요. 잠을 잘 못 자거나 집중력이 떨어지고, 계산이나 판단 능력이 떨어지기도 해요. 또 성격이 공격적으로 바뀌기도 하고 우울해질 수도 있어요.

요즘은 특히 공동 주택에 사는 경우가 많은 만큼 주변의 이웃을 생각해서 내가 내는 '소리'가 다른 사람에게 '소음'이 되지 않도록 조심하도록 해요!

DAY
06

[STEP 1]
독해력 완성 테스트

공부 후 붙임딱지
알맞은
붙임딱지를
붙여 주세요.

공부한 날   월   일

★★★ :상 ★★❀ :중 ★❀❀ :하

[01~05] 다음 글을 읽고, 물음에 답하세요.

여러분은 '자연환경'이라는 말을 들어보셨나요? 자연환경은 사람이 만들지 않은, 자연 그대로의 것을 말해요. 그런데 이 자연환경에 따라 사람들이 사는 집의 모습, 즉 주생활 모습도 크게 다르답니다. 한번 살펴볼까요?

우리는 '적도'라는 가상의 선을 기준으로 지구를 북반구와 남반구로 구분해요. 적도의 위쪽은 북반구, 아래쪽은 남반구라고 부릅니다. 북반구에 있는 나라에는 한국, 미국, 프랑스 등이 있고, 남반구에 있는 나라에는 브라질, 남아프리카 공화국 등이 있어요.

북반구와 남반구는 자연환경이 다르고, 그에 따라 집의 모양도 차이가 납니다. 북반구는 남반구에 비해 온도가 낮고 추운 지역이 많아요. 반면 남반구는 북반구에 비해 주로 온도가 높고 따뜻한 지역이 많습니다.

이에 따라 달라지는 대표적인 주생활 모습으로는 창문의 크기와 모양이 있어요. 북반구의 추운 지역에서는 집으로 들어오는 찬 바람을 막기 위해 창문을 작게, 그리고 적게 만들어요. 반대로 남반구의 따뜻한 지역에서는 더운 날씨 탓에 바람을 잘 통하게 하기 위해서 창문을 크게, 많이 만듭니다. 이처럼 사람들은 자신이 사는 곳의 자연환경에 따라 주생활 모습을 달리해요. 이는 자연환경에 슬기롭게 적응하기 위한 사람들의 노력입니다.

01 ★❀❀

다음은 이 글의 핵심 내용을 정리한 것입니다. 빈칸에 들어가기에 알맞은 말을 쓰세요.

> 사람들은 자연환경에 슬기롭게 적응하기 위해 (   ) 모습을 달리한다. 북반구는 창문을 작게, 적게 만들고, 남반구는 창문을 크게, 많이 만든다.

(   )

02 ★❀❀

다음 중 이 글에 대한 설명으로 알맞은 것의 기호를 2개 쓰세요.

> ㉠ 북반구와 남반구의 자연환경의 차이를 설명하고 있다.
> ㉡ 북반구와 남반구의 주생활 모습의 차이를 설명하고 있다.
> ㉢ 주생활 모습과 자연환경은 관련이 없음을 설명하고 있다.
> ㉣ 북반구와 남반구에서 사용하는 언어에 대해 이야기하고 있다.

(,   )

03 ★★★

다음은 이 글을 읽은 학생이 쓴 글입니다. ①~④ 중 틀린 내용은 무엇인가요? (　　)

> 오늘 TV에서 남반구 사람들이 사는 집을 봤다. ① 남반구는 적도의 아래쪽 지역이다. ② 사람들은 자연환경에 따라 주생활 모습을 달리하는데 ③ 남반구의 창문이 크고 많은 것은 날씨가 덥기 때문이라고 한다. ④ 내가 사는 한국도 남반구에 있으니 창문이 크고 많을 것 같다.

04 ★★❀

다음 중 이 글에 나오지 않는 내용은 무엇인가요?

(　　)

① 자연환경의 뜻
② 북반구에 있는 나라
③ 남반구에 있는 나라
④ 북반구와 남반구를 구분하는 기준
⑤ 북반구와 남반구의 자연환경의 비슷한 점

05 ★★★❀ 서술형

북반구 지역에서는 창문을 작게, 적게 만들고, 남반구 지역에서는 창문을 크게, 많이 만듭니다. 그 까닭을 이 글에서 찾아 쓰세요.

_____

_____

_____

_____

낱말 따라 쓰기

- 고치거나 변하지 않고 본래 있던 모양이나 상태와 같이. 있는 대로 : 그 대 로
  예 시간이 지났지만 소나무는 그 자리에 그대로 있었다.
- 집에서 살아가는 생활 : 주 생 활
  [住-살 주, 生-날 생, 活-살 활]
- 지구 표면에서 해가 가장 뜨겁게 내리쬐는 지대의 중심이 되는 선. 지구의 위도가 0도인 선 : 적 도
  [赤-붉을 적, 道-길 도]
- 진짜가 아니고 생각으로 지어낸 것 : 가 상
  예 가상의 세계를 배경으로 한 영화가 많다.
- 종류를 나누거나 비교를 하거나 정도를 구별하기 위해 따르는 일정한 원칙 : 기 준
  예 집 앞 편의점은 일한 시간을 기준으로 하여 돈을 준다.
- 서로 같지 않고 다른 것 : 차 이
  [差-어긋날 차, 異-다를 이]
  예 예준이와 예인이는 쌍둥이지만 생김새에 차이가 있다.
- 어떤 목적을 위하여 범위를 정한 지구 표면의 공간 : 지 역
- 가장 두드러지거나 뛰어나 대표가 될 만한 것 : 대 표 적
  [代-대신할 대, 表-겉 표, 的-과녁 적]
- 바람직하지 않은 어떤 일이나 현상의 원인 : 탓
  예 그는 급한 성격 탓에 다른 사람과 다툼이 종종 있다.
- 슬기가 있다. : 슬 기 롭 다
  예 아이는 슬기로워서 무엇을 금방 배웠다.
- 어떠한 상황이나 환경에 익숙해지거나 알맞게 변하다. : 적 응 하다
  예 나는 새로 전학 온 학교에 적응하는 데 시간이 많이 걸렸다.
- 어떤 일을 이루기 위해 힘을 들이고 애를 쓰는 것 : 노 력
  [努-힘쓸 노, 力-힘 력]
  예 아무리 노력해도 되지 않는 것이 있다.
- 여럿이 서로 어떤 영향을 주고받도록 이어져 있는 것 : 관 련 예 네가 한 말은 주제와 관련이 없다.
- 음성이나 기호로 생각이나 느낌을 나타내거나 전달하는 수단과 체계 : 언 어 [言-말씀 언, 語-말씀 어]

잠깐! 쉬어가기

빠른 정답 2쪽

✷ 다음 가로·세로 열쇠를 잘 읽고, 주어진 자음자를 참고하여 빈칸에 알맞은 답을 쓰세요.

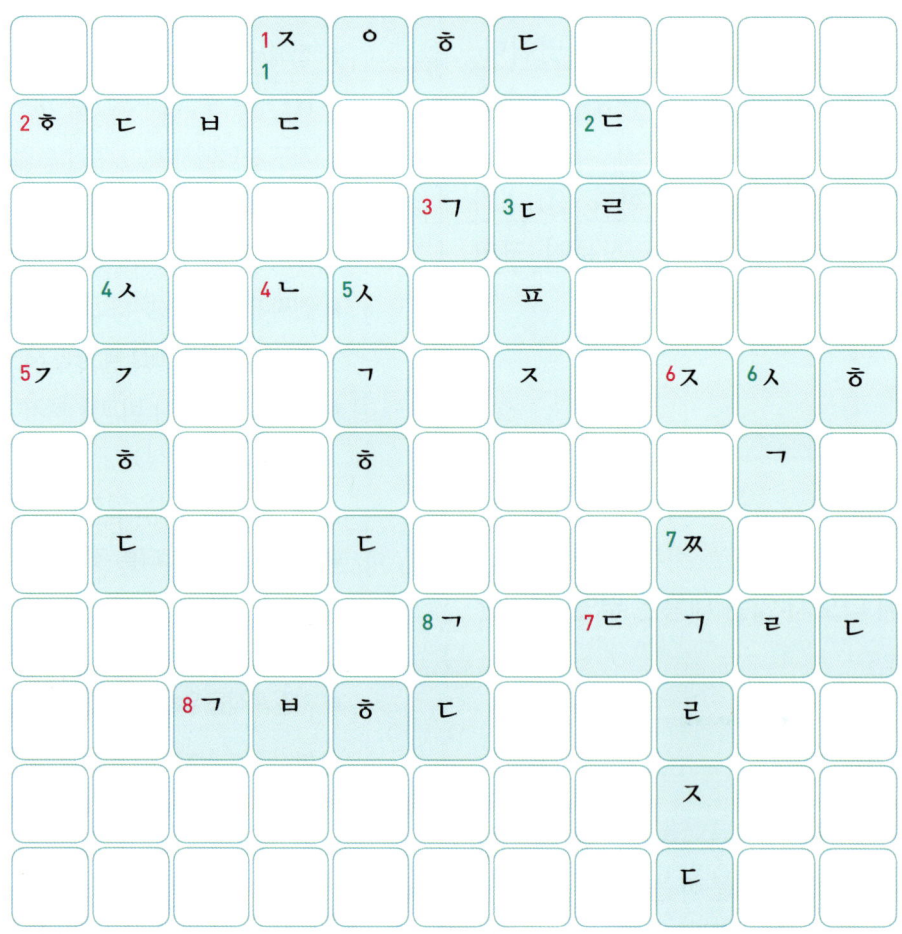

가로 열쇠

1 어떠한 상황이나 환경에 익숙해지거나 알맞게 변하다.

2 사람이 안전하게 차도를 가로질러서 건너갈 수 있도록 일정한 표시를 한 길

3 고치거나 변하지 않고 본래 있던 모양이나 상태와 같이. 있는 대로

4 농작물을 심고 가꾸고 거두는 일

5 (여럿을 하나씩 따로 나누어서) 하나하나

6 작은 부분까지 주의하여

7 크고 뚜렷하게 둥글다.

8 (어떤 대상을 일정한 기준으로) 갈라 나누다.

세로 열쇠

1 지구 표면에서 해가 가장 뜨겁게 내리쬐는 지대의 중심이 되는 선. 지구의 위도가 0도인 선

2 사람과 차가 다닐 수 있는 큰길

3 가장 두드러지거나 뛰어나 대표가 될 만한 것

4 (정도가) 매우 심하다.

5 자기의 잘못을 인정하고 용서를 구하다.

6 눈으로 볼 수 없을 만큼 작고, 병을 일으키거나 부패 작용을 하는, 세포가 하나뿐인 생물

7 (눌리거나 힘을 받아) 모양이 반듯하지 못하고 비뚤어지다.

8 구부러지거나 비뚤어지지 않고 똑바르다.

STEP 2

중심 문장 찾기

중심 문장을 찾으면
각 단락에서 글쓴이가
가장 중요하게 내세우는 내용이
무엇인지 쉽게 알 수 있어요!

★ 중심 문장이란?

단락 또는 글 전체의 중심이 되는 내용이
들어 있는 문장입니다.

● 중심 문장을 찾는 이유

하나의 단락에서는 보통 하나의 중심 내용을
이야기해요.
따라서 각 단락의 중심 문장을 찾으면 그
단락에서 이야기하고자 하는 내용을 쉽게
알 수 있고, 이를 통해 글 전체에서 말하고
자 하는 바를 정확하게 이해할 수 있어요.

중심 문장을 찾는 방법

- 단락을 이루는 문장 중 글쓴이가 가장 중
  요하게 내세우는 내용을 담은 문장을 찾
  으세요.
- 단락의 내용을 모두 포함하고 있는 문장을
  찾으세요.

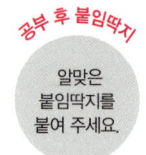
공부한 날	월	일

빠른 정답 2쪽

우리는 줄을 설 때 차례를 지키죠. 그런데 줄을 설 때뿐만 아니라 있었던 일을 이야기하거나 재미난 이야기를 들려줄 때도 차례를 지키는 것이 중요해요.

이렇게 일이 일어난 차례를 나타낼 때는 시간을 나타내는 말을 사용해야 합니다. ㈎ 여기에는 '어제', '아침', '오늘', '낮' 등이 있어요. 예를 들어 현수가 어제 아침에 떡볶이를 먹었고 오늘 낮에 피자를 먹었다면, 떡볶이를 먹은 일이 피자를 먹은 일보다 먼저 일어났다는 것을 알 수 있죠? 이렇게 시간을 나타내는 말은 일의 순서, 즉 차례를 알게 해 줘요.

시간을 나타내는 말은 위에서 살펴본 것 말고도 '이튿날', '지금', '내일', '일요일', '여름' 등이 더 있습니다. ㈏ 이런 말들은 차례를 알 수 있게 해 줄 뿐만 아니라, 내 이야기를 다른 사람이 잘 이해할 수 있게 도와줘요. 한 가지 예를 들어 볼까요? 내가 내일 바다를 간다고 말하고 싶을 때 "나 바다에 가."라고 표현하는 것보다 "나 내일 바다에 가."라고 표현하는 것이 더 정확하겠죠?

이렇듯 일의 차례를 나타내기 위해서는 시간을 나타내는 말을 알맞게 사용해야 합니다. 앞으로는 내가 말을 할 때든, 다른 사람의 말을 들을 때든 시간을 나타내는 말에 신경 써서 대화해 보아요.

지문 확인

- **1단락 중심 낱말 :** 차례

- **2단락 중심 낱말 :**
  1) ☐☐ 을/를 나타내는 말

- **3단락 중심 낱말 :**
  2) ☐☐ 을/를 나타내는 말

- **4단락 중심 낱말 :** 시간을 나타내는 말

낱말 따라 쓰기

- 어떤 원칙에 따라서 여럿을 하나씩 이어지게 벌여 놓은 것 :
  차 례 [次-다음 차, 例-법식 례]

- 정한 때 : 시 간 [時-때 시, 間-틈 간]

- 다른 것보다 앞선 시간이나 순서로 : 먼 저

- 정해져 있는 차례 : 순 서

- 그다음 날 : 이 튿 날

- 말이나 글의 뜻을 깨달아 알다. : 이 해 하다
  ㉘ 이제야 우희의 말을 이해할 수 있었다.

- 느낌이나 생각을 말, 글, 예술 작품 등으로 나타내다. :
  표 현 하다 [表-겉 표, 現-나타날 현]
  ㉘ 글로 사람의 마음을 표현하는 것은 쉬운 일이 아니다.

- 바르고 확실하여 틀림이 없다. : 정 확 하다

STEP 2 중심 문장 찾기

빠른 정답 2쪽

중심 문장이란 단락 또는 글 전체의 중심이 되는 내용이 들어 있는 문장입니다.

하나의 단락에서는 보통 하나의 중심 내용을 이야기합니다. 그러므로 각 단락의 중심 문장을 찾으면 그 단락에서 이야기하고자 하는 내용을 쉽게 알 수 있고, 이를 통해 글 전체에서 말하고자 하는 바를 정확하게 이해할 수 있답니다.

★ **중심 문장을 찾는 방법**
- 단락을 이루는 문장 중 글쓴이가 가장 중요하게 내세우는 내용을 담은 문장을 찾으세요.
- 단락의 내용을 모두 포함하고 있는 문장을 찾으세요.

1단락

차례를 지키는 것의 중요성을 말하고 있어요. 따라서 1단락의 중심 낱말은 '차례'입니다.

1단락의 중심 내용은 중심 낱말인 '차례'를 포함하고, 앞으로 글에서 이야기할 내용이 담겨 있어야 해요. 따라서 1단락의 중심 문장은 '그런데 줄을 설 때뿐만 아니라 있었던 일을 이야기하거나 재미난 이야기를 들려줄 때도 1) ☐☐ 을/를 지키는 것이 중요해요.'입니다.

2단락

일이 일어난 차례를 나타내기 위해서는 시간을 나타내는 말을 써야 한다고 이야기하고, 시간을 나타내는 말의 예를 들고 있어요. 따라서 2단락의 중심 낱말은 '시간을 나타내는 말'입니다.

시간을 나타내는 말들을 소개하고, 이런 말들이 차례를 알게 해 준다고 하네요. 그러므로 2단락의 중심 문장은 '이렇게 2) ☐☐ 을/를 나타내는 말은 일의 순서, 즉 차례를 알게 해 줘요.'입니다.

3단락

시간을 나타내는 다양한 말과 이런 말을 사용했을 때의 좋은 점을 이야기하고 있어요. 그러므로 3단락의 중심 낱말도 '시간을 나타내는 말'입니다.

시간을 나타내는 말의 좋은 점을 알아보는 것이 3단락의 중심 내용이므로 3단락의 중심 문장은 '이런 말들은 차례를 알 수 있게 해 줄 뿐만 아니라, 내 이야기를 다른 사람이 잘 이해할 수 있게 도와줘요.'입니다.

4단락

대화를 할 때 시간을 나타내는 말에 신경 쓰자는 이야기를 하고 있어요. 따라서 4단락의 중심 낱말 역시 3) ☐☐ 을/를 나타내는 말'입니다.

4단락의 중심 내용은 일의 차례를 잘 나타내기 위해 시간을 나타내는 말을 알맞게 사용해야 한다는 것이므로 중심 문장은 '이렇듯 일의 4) ☐☐ 을/를 나타내기 위해서는 시간을 나타내는 말을 알맞게 사용해야 합니다.'입니다.

★ 이 글에서 전체적으로 중요하게 다루는 낱말이 '시간을 나타내는 말'이므로 <u>이 글 전체의 중심 낱말은 '시간을 나타내는 말'</u>입니다.

★ 이 글의 중심 내용은 시간을 나타내는 말을 통해 차례를 지켜 말하는 법을 알려 주는 것이므로 이 내용을 모두 포함하는 <u>이 글 전체의 중심 문장은 4단락 1번째 문장인 '이렇듯 일의 차례를 나타내기 위해서는 시간을 나타내는 말을 알맞게 사용해야 합니다.'</u>입니다.

01

2단락의 중심 문장으로 가장 알맞은 것은 무엇인가요?   (   )

① 여기에는 '어제', '아침', '오늘', '낮' 등이 있어요.

② 예를 들어 현수가 어제 아침에 떡볶이를 먹었고 오늘 낮에 피자를 먹었다면, 떡볶이를 먹은 일이 피자를 먹은 일보다 먼저 일어났다는 것을 알 수 있죠?

③ 이렇게 시간을 나타내는 말은 일의 순서, 즉 차례를 알게 해 줘요.

02

다음 중 '시간을 나타내는 말'에 대한 설명으로 알맞은 것을 모두 고른 것은 무엇인가요?   (   )

> ㉠ '어제', '지금', '내일' 등이 있다.
> ㉡ 일이 일어난 순서를 알게 해 주지 못한다.
> ㉢ 일의 차례를 나타내기 위해서 알맞게 사용해야 한다.
> ㉣ 시간을 나타내는 말을 사용하면 이야기를 이해하기 어려워진다.

① ㉠, ㉡   ② ㉠, ㉢   ③ ㉡, ㉢   ④ ㉡, ㉣   ⑤ ㉢, ㉣

03

이 글의 밑줄 친 (가)와 (나)가 공통으로 가리키는 것에 ○표 하세요.

> 시간을 나타내는 말   공간을 나타내는 말

04

이 글의 내용에 비추어 볼 때, 알맞지 <u>않은</u> 말을 한 사람은 누구인가요? (   )

① 상훈: 시간을 나타내는 말은 일의 순서를 알려 주는구나.

② 지수: 이야기를 할 때 시간을 나타내는 말을 알맞게 사용해야지.

③ 나영: 친구의 말을 들을 때 시간을 나타내는 말은 신경 쓰지 않아도 돼.

④ 준영: 시간을 나타내는 말을 사용하면 친구들이 내 이야기를 더 잘 이해할 거야.

⑤ 지민: 있었던 일을 이야기할 때 시간을 나타내는 말을 쓰면 정확히 말할 수 있어.

낱말 따라 쓰기

● 작은 일까지 꼼꼼하게 생각하고 살피다. :

신	경	쓰	다

● 어떤 일을 하기 위한 특정한 장소 :

공	간

[空-빌 공, 間-틈 간]

문제 이해하고 풀기

01 중심 문장 찾기

2단락의 중심 내용은 현수의 사례를 들어 시간을 나타내는 말은 차례를 알게 해 준다고 설명하는 것이에요.

① 여기에는 ~ 있어요. (×)

② 예를 들어 ~ 알 수 있죠? (×)

🌿 ①, ②는 중심 문장을 뒷받침하는 문장이에요.

③ 이렇게 ~ 알게 해 줘요. (○)

정답은 _____ 입니다.

02 내용 이해하기

⚙️ 각각의 선택지 내용을 순서대로 살펴볼게요.

㉠ '어제', '지금', '내일' 등이 있다. (○)

✱ 근거 ②단락 ❷번째 문장: 여기에는 '어제', ~ 있어요.

✱ 근거 ③단락 ❶번째 문장: 시간을 나타내는 말은 ~ '지금', '내일' ~ 등이 더 있습니다.

㉡ 일이 일어난 순서를 ~~알게 해 주지 못한다.~~ (×)

✱ 근거 ②단락 ❹번째 문장: 이렇게 시간을 나타내는 말은 일의 순서, 즉 차례를 알게 해 줘요.

㉢ 일의 차례를 나타내기 위해서 알맞게 사용해야 한다. (○)

✱ 근거 ④단락 ❶번째 문장: 이렇듯 일의 차례를 나타내기 위해서는 시간을 나타내는 말을 알맞게 사용해야 합니다.

㉣ 시간을 나타내는 말을 사용하면 이야기를 ~~이해하기 어려워진다.~~ (×)

✱ 근거 ③단락 ❷번째 문장: 이런 말들은 ~ 내 이야기를 다른 사람이 잘 이해할 수 있게 도와줘요.

정답은 _____ 입니다.

03 내용 추론하기

㈎ 여기

✱ 근거 ②단락 ❶번째 문장: 이렇게 ~ 시간을 나타내는 말을 사용해야 합니다.

🌿 ㈎의 앞 문장에서 '시간을 나타내는 말'을 사용해야 한다고 말했어요.

㈏ 이런 말들

✱ 근거 ③단락 ❶번째 문장: 시간을 나타내는 말은 ~ 등이 더 있습니다.

🌿 ㈏의 앞 문장에서 '시간을 나타내는 말'들을 소개해 주었어요.

정답은 _____ 입니다.

04 알맞은 반응 찾기

⚙️ 사람들의 대화를 하나씩 살펴볼게요.

① 상훈: 시간을 나타내는 말은 일의 순서를 알려 주는구나. (○)

✱ 근거 ②단락 ❹번째 문장: 이렇게 시간을 나타내는 말은 일의 순서, 즉 차례를 알게 해 줘요.

② 지수: 이야기를 할 때 시간을 나타내는 말을 알맞게 사용해야지. (○)

✱ 근거 ①단락 ❷번째 문장: ~ 이야기를 들려줄 때도 차례를 지키는 것이 중요해요.

✱ 근거 ④단락 ❶번째 문장: 이렇듯 일의 차례를 나타내기 위해서는 시간을 나타내는 말을 알맞게 사용해야 합니다.

③ 나영: 친구의 말을 들을 때 시간을 나타내는 말은 ~~신경 쓰지 않아도 돼.~~ (×)

✱ 근거 ④단락 ❷번째 문장: ~ 다른 사람의 말을 들을 때든 시간을 나타내는 말에 신경 써서 대화해 보아요.

④ 준영: 시간을 나타내는 말을 사용하면 친구들이 내 이야기를 더 잘 이해할 거야. (○)

✱ 근거 ③단락 ❷번째 문장: 이런 말들은 ~ 내 이야기를 다른 사람이 잘 이해할 수 있게 도와줘요.

⑤ 지민: 있었던 일을 이야기할 때 시간을 나타내는 말을 쓰면 정확히 말할 수 있어. (○)

✱ 근거 ①단락 ❷번째 문장: ~ 있었던 일을 이야기하거나 ~ 차례를 지키는 것이 중요해요.

✱ 근거 ②단락 ❶번째 문장: 이렇게 일이 일어난 차례를 나타낼 때는 시간을 나타내는 말을 사용해야 합니다.

정답은 _____ 입니다.

[봄·여름]

DAY 08

지문 확인

우리는 눈으로 보고, 귀로 듣고, 입으로 맛보고, 코로 냄새 맡고, 손으로 느껴요. 이 다섯 가지 감각을 각각 시각, 청각, 미각, 후각, 촉각이라고 하며 이것들을 모두 합쳐서 '오감'이라고 불러요. 그리고 오감을 느낄 수 있게 해 주는 눈, 귀, 입, 코, 손은 '감각 기관'이라고 부릅니다.

우리는 오감을 사용해서 다양한 일을 해요. 그리고 이 오감은 감각 기관을 통해 느낄 수 있습니다. 그러므로 우리 몸의 감각 기관이 건강할 수 있게 노력해야 해요. 감각 기관이 건강하지 않다면 오감을 잘 사용할 수 없기 때문이죠. 그렇다면 감각 기관을 건강하게 유지하는 방법에는 어떤 것들이 있을까요?

먼저, 눈을 건강하게 유지하기 위해서는 책이나 TV를 너무 가까이 보거나 오래 보지 않아야 해요. 귀를 건강하게 유지하기 위해서는 너무 큰 소리로 음악을 듣지 않는 것이 좋아요. 입을 건강하게 유지하기 위해서는 하루 세 번 이를 꼼꼼히 닦고, 너무 뜨겁거나 차가운 음식은 되도록 피하는 게 좋아요.

코를 건강하게 유지하기 위해서는 코를 너무 세게 풀거나 자주 후비지 않아야 해요. 마지막으로 손을 건강히 유지하기 위해서는 손을 깨끗이 씻고, 손을 다치지 않게 조심해야 합니다. 우리의 오감을 열어 두기 위해 감각 기관을 잘 관리하도록 해요.

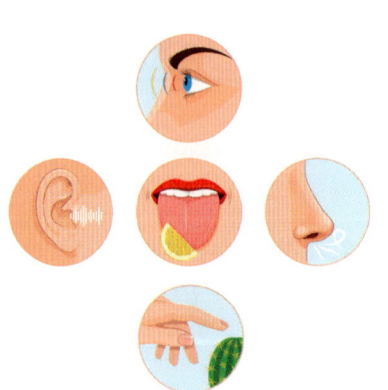

• 1단락 중심 낱말 :
1) ☐☐ , 감각 기관

• 2단락 중심 낱말 :
오감, 2) ☐☐
☐☐

• 3단락 중심 낱말 :
3) ☐ , ☐ , ☐

• 4단락 중심 낱말 :
4) ☐ , ☐

낱말 따라 쓰기

● 보고, 듣고, 냄새 맡고, 맛보고, 느끼는 다섯 가지 능력 :
감 각 [感-느낄 감, 覺-깨달을 각]

● 시각·청각·후각·미각·촉각 등 우리 몸의 다섯 가지 감각 :
오 감 [五-다섯 오, 感-느낄 감]

● (동물의 몸에서) 외부의 자극을 받아들여 뇌로 전달하는 기관 :
감 각 기 관

● (종류는 같으면서) 색깔·모양·내용 등이 서로 다른 것이 많다. : 다 양 하다

● (몸에 아무런 탈이 없이) 튼튼하다. : 건 강 하다

● 어떤 일을 이루기 위해 힘을 들이고 애를 쓰다. :
노 력 하다 [努-힘쓸 노, 力-힘 력]

01

빠른 정답 2쪽, 정답과 풀이 17~18쪽

2단락의 중심 문장으로 가장 알맞은 것은 무엇인가요? ( )

① 우리는 오감을 사용해서 다양한 일을 해요.

② 그리고 이 오감은 감각 기관을 통해 느낄 수 있습니다.

③ 그러므로 우리 몸의 감각 기관이 건강할 수 있게 노력해야 해요.

④ 감각 기관이 건강하지 않다면 오감을 잘 사용할 수 없기 때문이죠.

정답 콕콕 특강

01 중심 문장 찾기
2단락에서 중요하게 이야기 하는 것이 무엇인지 떠올려 보세요.

DAY 08

02

다음 중 '오감'에 대한 설명으로 알맞은 것을 모두 고른 것은 무엇인가요?

( )

> ㉠ 우리는 오감을 사용해서 다양한 일을 한다.
> ㉡ 오감에는 시각, 청각, 미각, 후각, 지각이 있다.
> ㉢ 오감을 느끼게 해 주는 기관을 건강하게 해야 한다.
> ㉣ 오감을 느끼게 해 주는 기관을 감성 기관이라고 한다.

① ㉠, ㉡   ② ㉠, ㉢   ③ ㉡, ㉢   ④ ㉡, ㉣   ⑤ ㉢, ㉣

02 내용 이해하기
1. 2단락에서 오감과 관련된 문장을 찾아보세요.

낱말 따라 쓰기

● 어떤 상태나 현상을 그대로 이어 가거나 계속하다. :
　　　　　[유][지]하다

● 매우 자세히 조심하여 : [꼼][꼼][히]

● 될 수 있는 대로. 가능한 한 : [되][도][록]

● (어떤 일을) 멀리하거나 싫어하다. : [피]하다

● 어떤 일이나 물건을 정상적인 상태를 유지하도록 책임지고 보살피며 다루다. : [관][리]하다

● 어떤 사실에 대하여 남이 잘 이해할 수 있도록 말하다. :
　[설][명]하다 [說-말씀 설, 明-밝을 명]
　㉠ 선생님은 차근차근 설명해 주었다.

● 어떤 기준에 따라 여러 가지 사물을 나눈 갈래 : [종][류]

● 어떠한 일이 있게 된 사정이나 이유 : [까][닭]
　㉠ 나는 민수가 화가 난 까닭을 알 수 없었다.

03

다음 행동이 오감 중 무엇과 관련이 있는지 알맞게 연결해 보세요.

(1) 예준이는 책을 읽고 있다. •   • ㉠ 시각

(2) 혜원이는 빵 냄새를 맡았다. •   • ㉡ 청각

(3) 유진이는 새 소리를 듣고 있다. •   • ㉢ 후각

03 내용 적용하기
1단락에 오감을 이루는 감각들에 대한 설명이 나와 있어요.

04

이 글에 대한 설명으로 알맞지 **않은** 것은 무엇인가요?   (   )

① 감각 기관의 뜻을 설명하고 있다.
② 오감의 종류에 대해 설명하고 있다.
③ 오감이 없어도 괜찮은 까닭에 대해 설명하고 있다.
④ 감각 기관을 건강하게 유지하는 법을 설명하고 있다.
⑤ 감각 기관을 건강하게 유지해야 하는 까닭을 설명하고 있다.

04 글쓰기 방식 이해하기
이 글에서 설명하고 있는 것들을 떠올려 보세요.

05 서술형

'눈'을 건강하게 유지하기 위한 방법을 이 글에서 찾아 쓰세요.

_____

_____

_____

05 내용 이해하기
3단락에 눈을 건강하게 유지하기 위한 방법이 나와 있어요.

[01~04] 주어진 뜻풀이에 알맞은 낱말을 〈보기〉에서 찾아 쓰세요.

〈 보기 〉
피하다   되도록   유지하다   까닭

01 (어떤 일을) 멀리하거나 싫어하다. :
_____

02 어떤 상태나 현상을 그대로 이어 가거나 계속하다. : _____

03 될 수 있는 대로. 가능한 한 : _____

04 어떠한 일이 있게 된 사정이나 이유 :
_____

[05~08] 주어진 문장의 빈칸에 알맞은 낱말을 〈보기〉에서 찾아 쓰세요.

〈 보기 〉
표현   차례   감각 기관   이해

05 개는 ⬚⬚ ⬚⬚ 중 코가 발달했다.

06 친구에게 말을 건넬 때는 부드럽게 ⬚⬚ 하도록 노력하자.

07 줄을 설 때는 ⬚⬚ 에 맞추어 서야 한다.

08 글의 내용을 정확히 ⬚⬚ 해야 문제를 잘 풀 수 있다.

[09~12] 주어진 자음자와 뜻풀이를 보고, 빈칸에 알맞은 낱말을 쓰세요.

09 하기 싫은 일을 ⬚ㅁ⬚ㅈ⬚ 해 놓으면 마음이 편하다.
다른 것보다 앞선 시간이나 순서로

10 이야기를 할 때는 내 생각을 ⬚ㅈ⬚ㅎ⬚하게 표현하는 것이 좋다.
바르고 확실하여 틀림이 없다.

11 빵집에는 ⬚ㄷ⬚ㅇ⬚ 한 종류의 빵들이 있다.
(종류는 같으면서) 색깔·모양·내용 등이 서로 다른 것이 많다.

12 식탁 위에 여러 ⬚ㅈ⬚ㄹ⬚의 과일이 있다.
어떤 기준에 따라 여러 가지 사물을 나눈 갈래

[13~16] 주어진 뜻풀이에 알맞은 낱말을 연결하세요.

13 어떤 일을 이루기 위해 힘을 들이고 애를 쓰다. •
• ㉠ 이튿날

14 그다음 날 •
• ㉡ 노력하다

15 어떤 일이나 물건을 정상적인 상태를 유지하도록 책임지고 보살피며 다루다. •
• ㉢ 순서

16 정해져 있는 차례 •
• ㉣ 관리하다

공부 후 붙임딱지

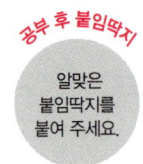

알맞은 붙임딱지를 붙여 주세요.

| 공부한 날 | 월 | 일 |

빠른 정답 2쪽

지문 확인

아기가 태어난 지 일 년이 되면 돌잔치를 해요. 그리고 이때 돌잡이를 합니다. 돌잡이는 돌상을 차리고 아기에게 마음대로 골라잡게 하는 일이에요. 돌잡이에는 아기가 앞으로 어떤 사람이 될지 판단하는 의미가 담겨 있어요. 여러분은 돌잡이 때 무엇을 잡았는지 기억하나요?

돌잡이 물건으로 어떤 것을 돌상에 차릴까요? 옛날에는 활, 실타래, 붓 등을 차렸습니다. 활은 아이가 무술이 굉장히 뛰어난 장수가 될 것이라는 뜻을, 실타래는 아이가 오래 살 것이라는 뜻을 담고 있어요. 붓은 공부를 잘하는 사람이 될 것이라는 뜻을 가집니다.

오늘날에는 돌잡이 물건으로 청진기, 마이크, 연필 등을 사용해요. 청진기는 아이가 커서 의사가, 마이크는 가수가 될 것이라는 뜻을 가지지요. 연필은 공부를 잘하는 사람이 될 것이라는 뜻이에요.

시간이 지나며 돌잡이 물건이 달라진 까닭은 무엇일까요? 바로 옛날과 오늘날의 생활이 달라졌기 때문이에요. 옛날에는 무술을 하는 장수가 있었고, 사람들의 수명이 짧았어요. 그래서 활과 실타래가 돌잡이 물건으로 놓인 것이지요. 요즘은 다양한 직업이 생기고 수명이 길어지면서 청진기, 마이크 등이 새로 생기고 활과 실타래는 사라졌어요. 돌잡이 물건으로 어떤 것이 더 있는지 알아보면 재미있을 거예요.

- 1단락 중심 낱말 :
  1) ☐☐☐

- 2단락 중심 낱말 :
  2) ☐☐☐
     ☐☐

- 3단락 중심 낱말 :
  돌잡이 물건

- 4단락 중심 낱말 :
  3) ☐☐☐
     ☐ 이/가 달라진
     까닭

낱말 따라 쓰기

- 어린아이가 태어난 날로부터 1년이 되는 날에 하는 잔치 : 돌 잔 치

- 어떤 사물에 대하여 여러 사정을 따져서 자기의 생각을 분명하게 정하다. : 판 단 하다
  ㉔ 내가 가고 있는 길이 맞는지 쉽게 판단할 수 없다.

- 말이나 글이나 기호가 나타내는 뜻 : 의 미

- 아주 긴 실을 다시 쉽게 풀어 쓸 수 있도록 감아 놓은 것 : 실 타 래

- 칼·활·몸 등을 써서 싸우는 기술 : 무 술

- 군사를 통솔하는 장군 : 장 수

- 환자의 몸 안에서 나는 소리를 들어 진찰하는 데 쓰는 의료 기구 : 청 진 기

- 살면서 겪는 모든 경험과 행동 : 생 활
  [生−살 생, 活−살 활]

STEP 2 중심 문장 찾기

빠른 정답 2쪽

★ **중심 문장을 찾는 방법**
- 단락을 이루는 문장 중 글쓴이가 가장 중요하게 내세우는 내용을 담은 문장을 찾으세요.
- 단락의 내용을 모두 포함하고 있는 문장을 찾으세요.

1단락

아기가 태어난 지 일 년이 되었을 때 하는 돌잡이에 대해 설명하고 있네요. 따라서 1단락의 중심 낱말은 '돌잡이'입니다.

1단락의 중심 내용은 돌잡이의 뜻과 돌잡이에 담긴 의미를 소개하고 있어요. 이 내용을 포함하고 있는 중심 문장은 '1) ☐☐☐에는 아기가 앞으로 어떤 사람이 될지 판단하는 의미가 담겨 있어요.'입니다.

2단락

옛날에 돌상에 차렸던 돌잡이 물건에 대해 이야기하고 있어요. 가장 중심이 되는 낱말이 돌잡이 물건이므로 2단락의 중심 낱말은 '돌잡이 물건'입니다.

예전의 돌잡이 물건으로 '활', '실타래', '붓'을 소개하고, 이들이 가졌던 의미를 설명하고 있으므로 이러한 내용을 포함하는 2단락의 중심 문장은 '옛날에는 2) ☐, ☐☐☐, ☐ 등을 차렸습니다.'입니다.

3단락

2단락에서 옛날에 사용되었던 돌잡이 물건들을 소개했다면, 3단락에서는 오늘날에 사용되고 있는 돌잡이 물건들을 소개하고 있어요. 따라서 3단락의 중심 낱말도 '돌잡이 물건'입니다.

오늘날에 사용되는 돌잡이 물건으로 '청진기', '마이크', '연필'을 소개하고 그 의미를 설명하고 있으므로 이러한 내용을 포함하는 3단락의 중심 문장은 '오늘날에는 돌잡이 물건으로 3) ☐☐☐, ☐☐☐, ☐☐ 등을 사용해요.'입니다.

4단락

시간이 지나며 4) ☐☐☐ ☐☐이/가 달라진 까닭을 이야기하고 있어요. 따라서 4단락의 중심 낱말은 '돌잡이 물건이 달라진 까닭'입니다.

시간에 따라 돌잡이 물건이 달라졌다는 것과 그 까닭이 옛날과 오늘날의 생활이 달라졌기 때문이라고 이야기하고 있으므로 4단락의 중심 문장은 '시간이 지나며 돌잡이 물건이 달라진 까닭은 무엇일까요? 바로 옛날과 오늘날의 생활이 달라졌기 때문이에요.'입니다.

★ 이 글 전체에서 중요하게 다루는 낱말은 '돌잡이 물건'이므로 이 글 전체의 중심 낱말은 '돌잡이 물건'입니다.

★ 이 글의 중심 내용은 옛날과 오늘날의 돌잡이 물건을 소개하고, 각각의 돌잡이 물건에 담긴 의미를 설명하는 것이므로 이 글 전체의 중심 문장은 2단락 2번째 문장인 '옛날에는 활, 실타래, 붓 등을 차렸습니다.'와 3단락 1번째 문장인 '오늘날에는 돌잡이 물건으로 청진기, 마이크, 연필 등을 사용해요.'입니다.

01

빠른 정답 2쪽, 정답과 풀이 19~20쪽

3단락의 중심 문장으로 가장 알맞은 것은 무엇인가요? (　　　)

① 오늘날에는 돌잡이 물건으로 청진기, 마이크, 연필 등을 사용해요.
② 청진기는 아이가 커서 의사가, 마이크는 가수가 될 것이라는 뜻을 가지지요.
③ 연필은 공부를 잘하는 사람이 될 것이라는 뜻이에요.

02

다음 중 이 글의 내용에 비추어 볼 때, 알맞지 <u>않은</u> 말을 한 사람의 이름을 쓰세요.

> 영호: 돌잡이는 태어난 지 일 년이 되었을 때 하는 거야.
> 세희: 돌잡이에서 예전의 붓은 오늘날의 연필과 같은 의미네.
> 나영: 돌잡이에 쓰이는 물건들은 시간이 지나도 변하지 않는 것 같아.

(　　　　　　　)

03

다음 중 '돌잡이'에 대한 설명으로 맞으면 ○표, 틀리면 ✕표를 하세요.

(1) 아기가 앞으로 어떤 사람이 될지 판단하는 의미가 담겨 있다. (　　)
(2) 오늘날에는 사람들의 수명이 짧아지면서 돌잡이 물건에서 실타래가 빠졌다. (　　)

04　서술형

다음은 이 글을 읽고 나눈 대화입니다. (가)에 들어가기에 알맞은 내용을 이 글에서 찾아 쓰세요.

> 선생님: 시간이 지나면서 돌잡이 물건이 달라진 까닭은 무엇일까요?
> 형진: ＿＿＿＿＿＿＿(가)＿＿＿＿＿＿＿

＿＿＿＿＿＿＿＿＿＿＿＿＿＿＿＿＿＿＿＿＿＿＿＿

＿＿＿＿＿＿＿＿＿＿＿＿＿＿＿＿＿＿＿＿＿＿＿＿

정답 콕콕 특강

01 중심 문장 찾기
3단락에서 이야기하고자 하는 중심 내용이 무엇인지 생각해 보세요.

02 알맞은 반응 찾기
이 글에서 돌잡이에 관한 내용을 찾아보고, 옛날과 오늘날의 돌잡이 물건들을 비교해 보세요.

03 내용 이해하기
각각의 선택지 내용이 이 글의 어느 부분에 나와 있는지 살펴보세요.

04 내용 추론하기
돌잡이 물건이 달라진 까닭은 4단락에 나와 있네요.

낱말 따라 쓰기

● (사람이나 생물의) 살아 있는 기간 : 　　● 돈을 벌기 위해 정해 놓고 하는 일 :

DAY 09 낱말 쑥쑥 테스트

빠른 정답 2쪽

[01~04] 주어진 뜻풀이에 알맞은 낱말을 연결하세요.

01 (사람이나 생물의) 살아 있는 기간 ・

・㉠ 청진기

02 어떤 사물에 대하여 여러 사정을 따져서 자기의 생각을 분명하게 정하다. ・

・㉡ 판단하다

03 환자의 몸 안에서 나는 소리를 들어 진찰하는 데 쓰는 의료 기구 ・

・㉢ 무술

04 칼・활・몸 등을 써서 싸우는 기술 ・

・㉣ 수명

[05~09] 주어진 자음자와 뜻풀이를 보고, 빈칸에 알맞은 낱말을 쓰세요.

05 혜리는 오늘 사촌 동생의 ㄷ ㅈ ㅊ 에 다녀왔다.
어린아이가 태어난 날로부터 1년이 되는 날에 하는 잔치

06 말이나 글에 담긴 ㅇ ㅁ 을/를 정확하게 파악해야 한다.
말이나 글이나 기호가 나타내는 뜻

07 박물관에 가면 옛 사람들의 ㅅ ㅎ 이/가 어땠는지 추측할 수 있다.
살면서 겪는 모든 경험과 행동

08 현수 어머니의 ㅈ ㅇ 은/는 경찰관이시다.
돈을 벌기 위해 정해 놓고 하는 일

09 할머니는 바느질을 하기 위해 감아 놓은 ㅅ ㅌ ㄹ 을/를 꺼내셨다.
아주 긴 실을 다시 쉽게 풀어 쓸 수 있도록 감아 놓은 것

배경지식

아이의 백 일을 축하하는 백일잔치

아기가 태어난 지 백 일이 지나면 백일잔치를 해요. 옛날에는 어린아이들이 오래 살지 못하는 경우가 많았어요. 그렇기 때문에 아이가 태어나고 백 일이 지나면 위험한 시기를 무사히 잘 넘겼다고 생각했습니다. 이것을 기념하기 위한 잔치가 바로 백일잔치예요. 백일잔치 때는 아이가 앞으로 건강하게 오래 살기를 바라며 많은 사람들이 아이의 앞날을 축복해 주고, 맛있는 음식을 차려 나누어 먹었습니다.

오늘날에는 의학이 발달하면서 아이가 백 일을 넘기지 못하는 경우는 거의 없기 때문에 옛날의 백일잔치의 의미는 많이 사라졌어요. 하지만 백일잔치의 풍경은 예전과 크게 다르지 않습니다. 음식을 차려서 가족끼리 기념하거나 손님을 불러서 대접하기도 해요. 또 사진을 찍어서 남겨 두기도 합니다.

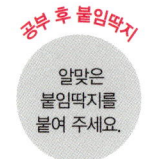
지문 확인

여러분은 칠교놀이를 해 본 적 있나요? 칠교놀이는 정사각형을 일곱 개로 나눈 조각인 칠교도를 가지고 동물, 식물, 글자 등 다양한 모양을 만드는 놀이예요. 여기서 정사각형은 사각형을 둘러싸고 있는 네 개의 선의 길이가 모두 같은 사각형을 말합니다. ㉠이 놀이를 하면 지혜가 생긴다고 해서 '지혜판'이라는 이름을 갖고 있기도 해요. 그럼 칠교놀이에 대해 더 알아볼까요?

칠교놀이는 맨 처음 중국에서 만들어졌지만, 우리나라에서도 아주 오래전부터 칠교놀이를 즐겼어요. 중국과 우리나라뿐만 아니라 세계의 여러 사람들이 칠교놀이를 즐겼는데, 그중에는 프랑스의 황제인 나폴레옹도 있답니다.

앞서 말했듯 칠교놀이를 위해서는 정사각형을 일곱 개의 도형으로 나눈 조각인 칠교도가 필요해요. 칠교도는 둘러싸고 있는 선의 수에 따라 선의 수가 3개인 삼각형과 4개인 사각형이 있어요. 칠교도는 큰 삼각형 둘, 중간 삼각형 하나, 작은 삼각형 둘, 정사각형 하나, 평행사변형 하나로 이루어져 있답니다.

이 일곱 개의 조각으로 숫자, 한글, 집, 토끼 등등 다양한 모양을 만들 수 있어요. 칠교도로 만들 수 있는 모양이 무려 일만 가지가 넘는다니, 정말 놀랍죠? 여러분도 친구들과 칠교놀이로 다양한 모양을 만들어 보세요!

• 1단락 중심 낱말 :
1) [　][　][　][　]

• 2단락 중심 낱말 :
칠교놀이

• 3단락 중심 낱말 :
2) [　][　][　]

• 4단락 중심 낱말 :
칠교놀이

낱말 따라 쓰기

• 네 변의 길이와 네 각의 크기가 모두 같은 사각형 : [정][사][각][형]　　정사각형 ▶

• 여러 부분이나 갈래로 가르다. : [나][누][다]

• 한 물건에서 따로 떼 내거나 떨어져 나온 작은 부분 : [조][각]

• 말의 소리나 뜻을 나타내는 데 쓰는, 눈으로 볼 수 있는 기호, 또는 그 기호들의 체계 : [글][자]

• (무엇의 둘레를) 싸다. : [둘][러][싸][다]
예 저 잔디밭은 울타리가 둘러싸고 있다.

• 생활의 이치를 잘 이해하고 판단하는 능력 : [지][혜]

빠른 정답 2쪽, 정답과 풀이 21~22쪽

✏️ 뜻을 정확히 모르는
낱말들을 적어 보세요!

01

1단락의 중심 문장으로 가장 알맞은 것은 무엇인가요?　　　　　(　)

① 여러분은 칠교놀이를 해 본 적 있나요?

② 칠교놀이는 정사각형을 일곱 개로 나눈 조각인 칠교도를 가지고 동물, 식물, 글자 등 다양한 모양을 만드는 놀이예요.

③ 여기서 정사각형은 사각형을 둘러싸고 있는 네 개의 선의 길이가 모두 같은 사각형을 말합니다.

④ 이 놀이를 하면 지혜가 생긴다고 해서 '지혜판'이라는 이름을 갖고 있기도 해요.

02

1단락의 밑줄 친 ㉠이 가리키는 것에 ○표 하세요.

주사위 놀이	윷놀이	칠교놀이	팽이치기

낱말 따라 쓰기

- 지구 위의 모든 국가 : 세 계
  [世 – 세상 세, 界 – 경계 계]

- 여러 왕을 거느린 임금 : 황 제

- 삼각형·사각형·원 등과 같이 점과 선으로 이루어진 꼴 :
  도 형　[圖 – 그림 도, 形 – 모양 형]

- 서로 마주 보는 두 쌍의 변이 각각 평행인 사
  각형 : 평 행 사 변 형

▲ 평행사변형

- 생각한 것보다 훨씬 많게 : 무 려
  ㉮ 서울에서 천안을 가는 데 무려 네 시간이나 걸렸다.

- 남이 잘 모르는 지식이나 내용을 대강 알게 해 주다. :
  소 개 하다

- 무엇을 하기 위한 방식이나 수단 : 방 법
  [方 – 방향 방, 法 – 법 법]
  ㉮ 선생님께서 글씨를 예쁘게 쓰는 방법을 알려 주셨다.

- 어떤 사실을 설명하거나 증명하기 위해 보여 주는 것 : 예

03

다음은 이 글을 읽은 학생이 쓴 글입니다. ㈎, ㈏에 들어가기에 알맞은 말을 쓰세요.

> 칠교놀이는 일곱 개의 조각으로 여러 모양을 만드는 놀이이다. 일곱 개의 조각을 ____㈎____(이)라고 하는데, 칠교도는 둘러싸고 있는 선의 수에 따라 선의 수가 3개인 삼각형과 4개인 ____㈏____ 이/가 있다.

㈎: (   ), ㈏: (   )

04

이 글에 대한 설명으로 알맞지 <u>않은</u> 것은 무엇인가요?   (   )

① 칠교놀이가 무엇인지 설명하고 있다.
② 칠교놀이의 또 다른 이름을 소개하고 있다.
③ 칠교놀이를 잘할 수 있는 방법을 알려 주고 있다.
④ 칠교놀이로 만들 수 있는 모양의 예를 들고 있다.
⑤ 칠교놀이에서 볼 수 있는 도형들을 설명하고 있다.

05 서술형

'정사각형'의 뜻을 이 글에서 찾아 쓰세요.

_____

_____

_____

[01~04] 주어진 뜻풀이에 알맞은 낱말을 〈보기〉에서 찾아 쓰세요.

〈보기〉

세계 글자 방법 지혜

01 지구 위의 모든 국가 : _____

02 생활의 이치를 잘 이해하고 판단하는 능력 :

_____

03 무엇을 하기 위한 방식이나 수단 :

_____

04 말의 소리나 뜻을 나타내는 데 쓰는, 눈으로 볼 수 있는 기호, 또는 그 기호들의 체계 :

_____

[05~09] 주어진 자음자와 뜻풀이를 보고, 빈칸에 알맞은 낱말을 쓰세요.

05 나는 콩을 여섯 | ㅈ | ㄱ |(으)로 나누었다.
한 물건에서 따로 떼 내거나 떨어져 나온 작은 부분

06 명주는 새로 나온 학용품을 반 친구들에게
| ㅅ | ㄱ |했다.
남이 잘 모르는 지식이나 내용을 대강 알게 해 주다.

07 선생님께서는 학생들이 이해하기 쉽게 | ㅇ |
을/를 들어 설명하셨다.
어떤 사실을 설명하거나 증명하기 위해 보여주는 것

08 누나는 줄넘기를 | ㅁ | ㄹ | 100번이나 했다.
생각한 것보다 훨씬 많게

09 옛날에 | ㅎ | ㅈ |들은 넓은 땅을 다스렸다.
여러 왕을 거느린 임금

----- 배경지식 -----

칠교놀이로 만들 수 있는 모양

칠교놀이를 통해 다양한 모양을 만들 수 있다고 했죠? 아래 사진들은 칠교도를 가지고 만든 여러 모양입니다. 이 외에도 많은 모양을 만들 수 있으니 여러분도 칠교도를 가지고 재미난 칠교놀이를 해 보세요!

▲ 오리

▲ 로켓

▲ 나비

▲ 나무

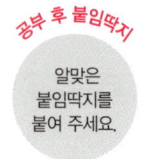
세상에는 다른 사람을 위해 나눔과 봉사를 실천한 사람이 많아요. 테레사 수녀도 그중 한 분이랍니다. 테레사 수녀의 삶에 대해 살펴볼까요?

테레사 수녀는 유럽의 평범한 집에서 태어났어요. 어릴 적부터 종교에 대한 믿음이 강했던 그녀는 수녀가 되기로 결심했습니다. 그 후 테레사 수녀는 인도의 한 학교에서 학생을 가르쳤어요. 그러던 어느 날 그녀는 기차 안에서 고통 받는 가난한 사람들을 도우라는 신의 목소리를 들었다고 합니다. 이후 인도의 콜카타에 '사랑의 선교 수녀회'를 만들고, 가난하고 병든 사람을 위해 평생 봉사하고 나누며 살았어요.

테레사 수녀는 인도 사람들에게 다가가기 위해 ㉠그들이 입는 전통 의상을 입고, 아픈 사람들을 보살폈어요. 특히 그녀는 사람들이 피하고 싶어했던 한센병 환자도 정성을 다해 돌보아 주었습니다. 이런 나눔과 봉사 덕에 테레사 수녀는 1979년에 노벨 평화상을 받았어요. 그녀는 노벨상 상금을 모두 가난한 사람을 돕는 데 썼습니다.

테레사 수녀는 "세계 평화를 위해 어떤 일을 할 수 있을까요?"라는 질문에 "집으로 돌아가 가족을 사랑해 주세요."라고 말했습니다. 여러분도 테레사 수녀의 말처럼 가족과 이웃에게 따뜻한 사랑을 실천해 보는 게 어떨까요?

▲ 테레사 수녀
(출처: 위키피디아 common)

지문 확인

- 1단락 중심 낱말 :
테레사 수녀

- 2단락 중심 낱말 :
1) ☐☐☐ / ☐

- 3단락 중심 낱말 :
2) ☐☐ / ☐

- 4단락 중심 낱말 :
3) ☐☐ / ☐

낱말 따라 쓰기

- 자신이 가진 것을 다른 사람에게 베푸는 것 : 나 눔

- 자기의 이익을 생각하지 않고 남을 위하여 일하는 것 : 봉 사 [奉-받들 봉, 仕-섬길 사]
  예 철규는 양로원에 봉사 활동을 하러 갔다.

- 이론이나 계획을 실제로 행하다. : 실 천 하다

- (가톨릭에서) 훈련을 받고 단체에 속하여 결혼을 하지 않고 검소하게 살며 봉사하는 여자 : 수 녀

- 살아 있거나 살아가는 일 : 삶

- 두드러지거나 특별한 데가 없다. : 평 범 하다
  [平-평평할 평, 凡-모두 범]

- 신 또는 어떤 높은 존재를 우주와 사람의 지배자이며 인도자로 믿고 복종하면서, 일정한 의식을 통하여 예배하며 일정한 윤리나 철학의 기본으로 삼는 것 : 종 교
  [宗-근본 종, 敎-가르칠 교]

- 무엇을 하기로 굳게 마음을 정하다. : 결 심 하다

- 몸이나 마음이 괴롭고 아픈 것 : 고 통

빠른 정답 2쪽, 정답과 풀이 23~24쪽

✏️ 뜻을 정확히 모르는 낱말들을 적어 보세요!

01

2단락의 중심 문장으로 가장 알맞은 것은 무엇인가요?　　　　　(　　　)

① 어릴 적부터 종교에 대한 믿음이 강했던 그녀는 수녀가 되기로 결심했습니다.

② 그 후 테레사 수녀는 인도의 한 학교에서 학생을 가르쳤어요.

③ 그러던 어느 날 그녀는 기차 안에서 고통 받는 가난한 사람들을 도우라는 신의 목소리를 들었다고 합니다.

④ 이후 인도의 콜카타에 '사랑의 선교 수녀회'를 만들고, 가난하고 병든 사람을 위해 평생 봉사하고 나누며 살았어요.

02

3단락의 밑줄 친 (개)가 가리키는 것으로 알맞은 말에 ○표 하세요.

| 테레사 수녀 | 인도 사람들 | 기차 | 학교 |

낱말 따라 쓰기

- 종교를 전하여 널리 퍼뜨리는 것 : 　선　교

- 태어난 때부터 죽을 때까지의 동안 : 　평　생

  ㉠ 민주는 어제 경험한 일을 **평생** 잊지 못할 것이다.

- (어떤 집단이나 공동체에서) 예전부터 이어 내려오는 사상·관습·행동 등의 양식, 또는 그것의 기본을 이루는 정신 :

  　전　통　 **[傳 – 전할 전, 統 – 계통 통]**

- 정식으로 차려입는 옷 : 　의　상

- 피부에 반점이 생기고 그 부분의 감각이 마비되며 눈썹이 빠지고 얼굴이 변형되는 전염병 : 　한　센　병

- 어떤 사람이나 일을 위하여 온 마음과 정신을 쏟는 것 :

  　정　성　 **[精 – 정할 정, 誠 – 정성 성]**

- 노벨의 유언에 따라, 인류를 위해 큰일을 한 사람이나 기관에게 주는, 세계에서 가장 권위 있는 상. 매년 물리학, 화학, 생리 의학, 문학, 경제학, 평화의 여섯 부문에 걸쳐 상이 주어진다. : 　노　벨　상

- 상으로 주는 돈 : 　상　금　 **[賞 – 상줄 상, 金 – 돈 금]**

- 나라나 사람들 사이에 심한 싸움이 없는 조용한 상태 :

  　평　화　 **[平 – 평평할 평, 和 – 화할 화]**

03

다음 중 '테레사 수녀'에 대한 설명으로 알맞은 것을 모두 고른 것은 무엇인가요?
( )

㉠ 2000년에 노벨 평화상을 받았다.
㉡ 인도에서 태어나 평생을 그곳에서 살았다.
㉢ 다른 사람들을 위해 나눔과 봉사를 실천했다.
㉣ 인도에 '사랑의 선교 수녀회'를 만들고 봉사했다.

① ㉠, ㉡   ② ㉠, ㉢   ③ ㉡, ㉢   ④ ㉡, ㉣   ⑤ ㉢, ㉣

04

다음은 이 글을 읽고 나눈 대화입니다. 글의 내용에 비추어 볼 때, 알맞지 <u>않은</u> 말을 한 사람의 이름을 쓰세요.

영주: 테레사 수녀는 다른 사람을 위해 봉사하고 나누는 삶을 사셨구나.
민석: 나도 테레사 수녀의 말처럼 가족이나 이웃보다 나를 먼저 생각할 거야.
성주: 사람들이 피했던 환자까지도 돌봐 주셨다니, 테레사 수녀는 정말 대단하시다.

( )

05 서술형

테레사 수녀가 '세계 평화를 위해 할 수 있는 일'을 무엇이라고 말했는지 이 글에서 찾아 쓰세요.

_____

_____

뜻을 정확히 모르는 낱말들을 적어 보세요!

낱말 쑥쑥 테스트

빠른 정답 2쪽

[01~05] 주어진 뜻풀이에 알맞은 낱말을 연결하세요.

01 자신이 가진 것을 다른 사람에게 베푸는 것 • • ㉠ 고통

02 몸이나 마음이 괴롭고 아픈 것 • • ㉡ 나눔

03 나라나 사람들 사이에 심한 싸움이 없는 조용한 상태 • • ㉢ 정성

04 어떤 사람이나 일을 위하여 온 마음과 정신을 쏟는 것 • • ㉣ 평화

05 두드러지거나 특별한 데가 없다. • • ㉤ 평범하다

[06~10] 주어진 문장의 빈칸에 알맞은 낱말을 〈보기〉에서 찾아 쓰세요.

〈 보기 〉
실천   종교   평생   결심   봉사

06 어떤 일을 말로만 하는 것보다 ☐☐ 하는 것이 더 중요하다.

07 민수는 오늘부터 공부를 열심히 하기로 ☐☐ 했다.

08 남을 위해 ☐☐ 을/를 하면 나도 행복해진다.

09 우리 선생님은 ☐☐ 동안 교육을 위해 고민하고 힘쓰셨다.

10 ☐☐ 에는 불교, 기독교, 이슬람교 등이 있다.

배경지식

인도의 위대한 지도자, 간디

간디가 살던 당시의 인도는 영국에 지배를 당하고 있었어요. 변호사였던 간디는 열차의 일등석에 타고 가던 어느 날, 열차에서 쫓겨나게 됐는데, 이는 인도인은 일등석에 앉을 수 없다는 법 때문이었어요. 그는 인도인에 대한 심한 차별에 충격을 받았고, 이후 이러한 차별을 없애기로 결심했어요. 간디는 오랜 시간을 인도인에 대한 차별을 없애기 위해 싸웠는데, 그가 내세운 무기는 '폭력을 쓰지 않는 것'이었습니다. 그는 영국의 지배 아래에서 고통 받고 있던 인도 사람들을 위해 비폭력 저항 운동을 펼쳤어요.

차별과 폭력에 대한 반대, 사람들에 대한 사랑, 그리고 복종하지 않는 강한 정신은 인도의 많은 사람들에게 감동을 주었고, 사람들은 그를 위대한 정신이라는 뜻의 '마하트마'라고 부르는 등 오늘날까지도 인도의 위대한 지도자로 기억하고 있어요.

[STEP 2]
독해력 완성 테스트

공부 후 붙임딱지
알맞은 붙임딱지를 붙여 주세요.

공부한 날   월   일

★★★ :상   ★★☆ :중   ★☆☆ :하

[01~05] 다음 글을 읽고, 물음에 답하세요.

봄은 따뜻해지는 때이지만 가끔 꽃샘추위가 찾아오기도 합니다. 또 건조하고 따사로운 햇살이 내리쬐기도 하죠. 이러한 봄 날씨를 담고 있는 속담들이 있답니다. 봄과 관련된 속담을 한번 알아볼까요?

먼저 '봄 추위가 장독 깬다.'가 있습니다. 봄이 왔더라도 아직은 쌀쌀하다고 느낄 때가 있지요? 이 속담은 그런 봄의 날씨를 담고 있어요. 추운 겨울이 끝나고 이제 따뜻한 봄이 왔다고 생각했는데 생각지 못한 추위가 있다는 말이에요. 비슷한 속담으로는 '봄바람에 여우가 눈물 흘린다.'가 있어요. 여우의 모습을 한번 떠올려 보세요. 여우는 따뜻한 털로 덮여 있죠? 그런데 그런 여우마저도 눈물을 흘릴 정도로 봄바람이 차다는 뜻으로 사용하는 속담입니다.

'봄비는 쌀비'라는 속담도 있습니다. 봄은 서쪽의 육지에서 오는 공기 때문에 날씨가 건조해요. 건조하면 농작물이 잘 자라지 않겠죠. 그래서 건조한 봄철에 비가 오면 농사에 도움이 되어 풍년이 든다는 뜻으로 '봄비는 쌀비'라는 속담을 쓴답니다.

봄의 햇살을 나타내는 속담도 있어요. 바로 '봄볕에 그을리면 보던 임도 몰라본다.'라는 속담인데요, 봄볕에 쬐이면 자신도 모르는 사이에 까맣게 그을림을 뜻하는 말입니다. 봄볕은 건조하고 따가워서 살갗이 타고 거칠어지기 때문이에요.

01 ★★★☆

4단락의 중심 문장으로 가장 알맞은 것은 무엇인가요?
(   )

① 봄의 햇살을 나타내는 속담도 있어요.
② 바로 '봄볕에 그을리면 보던 임도 몰라본다.' 라는 속담인데요, 봄볕에 쬐이면 자신도 모르는 사이에 까맣게 그을림을 뜻하는 말입니다.
③ 봄볕은 건조하고 따가워서 살갗이 타고 거칠어지기 때문이에요.

02 ★☆☆

다음 중 이 글에서 설명한 '봄과 관련된 속담'에 대한 내용으로 맞으면 ○표, 틀리면 ✕표를 하세요.

⑴ 봄 날씨를 담고 있다.   (   )
⑵ '봄비는 쌀비'는 봄에 내리는 비가 쌀 모양을 닮았다는 뜻이다.   (   )
⑶ '봄 추위가 장독 깬다.'는 생각지 못한 봄의 추위가 있다는 뜻이다.   (   )

03 ✲✲✲

글쓴이가 이 글을 쓴 까닭은 무엇인가요? (   )

① 사계절의 모습을 비교하기 위해
② 봄에 왜 추운지를 알려 주기 위해
③ 봄의 아름다움을 이야기하기 위해
④ 봄 날씨와 관련된 속담을 소개하기 위해
⑤ 열심히 공부해야 한다고 이야기하기 위해

04 ✲✲✲

다음은 이 글을 읽고 나눈 대화입니다. 글의 내용에 비추어 볼 때, 알맞지 않은 말을 한 사람의 이름을 쓰세요.

> 지윤: '봄비는 쌀비'는 건조한 봄에 내리는 비가 풍년을 들게 한다는 뜻이구나.
> 승희: '봄 추위가 장독 깬다.'와 '봄바람에 여우가 눈물 흘린다.'는 비슷한 뜻이네.
> 영인: '봄볕에 그을리면 보던 임도 몰라본다.'를 보니 봄볕은 별로 강하지 않은 거 같아.

(   )

05 ✲✲✲ 〔서술형〕

봄에 갑자기 날씨가 추워지는 것을 '꽃샘추위'라고 합니다. 꽃샘추위와 관련된 봄 속담 2개를 이 글에서 찾아 쓰세요.

_____

_____

낱말 따라 쓰기

● 이른 봄에 꽃이 필 무렵의 추위 : | 꽃 | 샘 | 추 | 위 |
　예 꽃샘추위를 대비해 외투를 입었다.

● 물기가 없는 마른 상태에 있다. : | 건 | 조 | 하다
　예 피부가 건조할 때는 로션을 바르면 좋다.

● 따스한 기운이 있다. : | 따 | 사 | 롭 | 다 |
　예 강아지가 따사로운 마루 위에 누워 있다.

● (한낮에 햇볕이) 환하고 덥게 비치다. : | 내 | 리 | 쬐 | 다 |
　예 여름에는 해가 강하게 내리쬔다.

● 옛날부터 사람들 사이에서 얘기되는, 교훈이나 풍자가 담긴 짧은 말 : | 속 | 담 |　[俗-풍속 속, 談-말씀 담]
　예 속담에는 삶의 지혜가 담겨 있다.

● 장을 담아 두는 독 : | 장 | 독 |
　예 우리 집 장독에는 고추장이 담겨 있다.

● (날씨가) 싸늘하게 느껴질 정도로 차다. : | 쌀 | 쌀 | 하다
　예 낮에는 덥지만 아침저녁에는 쌀쌀하다.

● 겨울철의 추운 기운, 또는 추운 날씨 : | 추 | 위 |
　예 추위가 완전히 가려면 아직 더 있어야 한다.

● 물에 잠기지 않은 땅 : | 육 | 지 |
　예 섬에 사는 사람들은 육지에 가려면 배를 타야 한다.

● 논과 밭에 심어 가꾸는 곡식, 채소, 과일나무, 상품이 될 수 있는 화초, 관상수 등 : | 농 | 작 | 물 |
　[農-농사 농, 作-지을 작, 物-만물 물]
　예 농부들은 농작물이 잘 되기를 기도한다.

● 농사가 잘된 해 : | 풍 | 년 |
　예 할아버지께서 올해 풍년이 들어 기쁘다고 하셨다.

● 봄철에 내리쬐는 따사로운 햇볕 : | 봄 | 볕 |
　예 나는 봄볕 아래서 낮잠을 잤다.

● (무엇이) 볕이나 연기 등을 쐬어 검게 되다. : | 그 | 을 | 리 | 다 |
　예 휴가를 다녀온 민철이의 얼굴이 검게 그을렸다.

● 사모하거나 존경하는 사람 : | 임 |
　예 시에는 임에 대한 그리움이 많이 나타나 있다.

● 살의 거죽 : | 살 | 갗 |
　예 넘어진 부위의 살갗이 벌겋게 부어올랐다.

● 매끄럽지 않고 깔깔하다. 부드럽지 않다. : | 거 | 칠 | 다 |
　예 겨울이 되니 발바닥이 거칠다.

DAY
12

＊ 주어진 자음자와 뜻풀이에 알맞은 낱말을 쓰고, 글자판에서 찾아 ○표를 하세요(가로, 세로).

(1) 다른 것보다 앞선 시간이나 순서로 : ☐ ㅁ ☐ ㅈ

(2) 바르고 확실하여 틀림이 없다. : ☐ ㅈ ☐ ㅎ ☐ ㅎ ☐ ㄷ

(3) 매우 자세히 조심하여 : ☐ ㄲ ☐ ㄲ ☐ ㅎ

(4) 어떠한 일이 있게 된 사정이나 이유 : ☐ ㄲ ☐ ㄷ

(5) 돈을 벌기 위해 정해 놓고 하는 일 : ☐ ㅈ ☐ ㅇ

(6) 생활의 이치를 잘 이해하고 판단하는 능력 : ☐ ㅈ ☐ ㅎ

(7) 이론이나 계획을 실제로 행하다. : ☐ ㅅ ☐ ㅊ ☐ ㅎ ☐ ㄷ

(8) 겨울철의 추운 기운, 또는 추운 날씨 : ☐ ㅊ ☐ ㅇ

(9) 매끄럽지 않고 깔깔하다. 부드럽지 않다. : ☐ ㄱ ☐ ㅊ ☐ ㄷ

소	정	확	하	다	통	분	갑	까	닭
동	원	치	참	아	사	십	바	적	키
콩	드	상	지	꼼	반	실	직	입	서
카	먼	저	겨	꼼	혀	꾸	업	있	혜
키	화	민	싸	히	모	니	미	재	경
지	준	정	수	억	장	기	중	산	팜
혜	율	절	효	양	간	문	추	위	선
러	둥	실	천	하	다	공	입	카	숙
불	철	도	하	과	차	충	장	사	잉
과	인	안	덮	요	추	거	칠	다	념

단락별로 글의 내용을
요약하면 긴 글에서도
필요한 내용을 빠르게 찾아
문제를 바로 풀 수 있어요!

STEP 3

단락 요약하기

★ **단락 요약이란?**

단락의 중심 내용을 한 문장으로 간단하게
표현하는 것입니다.

● **단락을 요약하는 이유**

단락을 요약하면 글에서 무엇을 이야기
하고 있는지 쉽게 이해하고, 글의 내용을
더 잘 기억할 수 있어요.

단락을 요약하는 방법

- 중심 문장을 선택하여 중심 낱말을 포함
한 간단한 말로 표현하세요.
- 대상의 의미나 구체적인 정보를 이야기
하고 있다면 이 내용들을 모두 담을 수
있는 표현을 사용하여 정리하세요.
- 구체적인 예시가 나온다면, 이 예시를
통해 무엇을 이야기하려는 것인지 생각
하여 정리해 보세요.

빠른 정답 2쪽

지문 확인

여러분은 벌집을 본 적이 있나요? 벌집을 자세히 살펴보면 벌집이 육각형 모양으로 이루어져 있는 것을 발견할 수 있을 거예요. 이때 육각형은 6개의 곧은 선으로 둘러싸인 도형을 말해요.

꿀벌이 집을 육각형 모양으로 짓는 까닭은 무엇일까요? 육각형을 붙여 놓으면 빈틈이 없기 때문이에요. 원과 같은 모양과 다르게 육각형은 여러 개를 붙여 놓아도 빈틈이 생기지 않아요. 그래서 꿀벌은 벌집에 빼곡하게 꿀을 모을 수 있도록 육각형 모양으로 집을 짓는 것이랍니다.

그런데 잠깐, 삼각형이나 사각형도 여러 개를 붙였을 때 빈틈이 없지 않냐고요? 맞아요. 그런데 이렇게 빈틈이 없는 삼각형과 사각형, 그리고 육각형을 비교해 봤을 때, 육각형의 면적이 가장 큽니다. 여기서 면적은 어떤 도형이 차지하는 공간의 크기를 말해요. 그렇기 때문에 벌집을 삼각형이나 사각형으로 짓는 것보다 육각형으로 지었을 때 꿀을 가장 많이 모을 수 있습니다. 이것이 바로 꿀벌이 육각형 모양으로 집을 짓는 까닭이에요.

꿀벌은 여럿이 모여서 사는 곤충입니다. 여럿이 함께 집을 짓고 그 집에 꿀을 보관해야 하므로, 가장 꿀을 많이 모아 놓을 수 있는 육각형 모양의 집을 선택하게 된 것이죠. 이제는 꿀벌의 집이 육각형인 까닭을 알겠나요?

- 1단락의 중심 문장에 표시해 보세요.

- 2단락의 중심 문장에 표시해 보세요.

- 3단락의 중심 문장에 표시해 보세요.

- 4단락의 중심 문장에 표시해 보세요.

낱말 따라 쓰기

- 벌이 알을 낳고 애벌레를 기르며 꿀과 꽃가루를 모아 넣기 위하여 작은 구멍을 빽빽이 이어 만든 집 : 벌 집

- 작은 부분까지 주의하여 : 자 세 히

- 몇 가지 부분이나 요소가 모여 일정한 성질이나 모양을 가진 존재가 되다. : 이 루 어 지 다

- 삼각형·사각형·원 등과 같이 점과 선으로 이루어진 꼴 : 도 형 [圖-그림 도, 形-모양 형]

- 구부러지거나 비뚤어지지 않고 똑바르다. : 곧 다

- 사이가 떨어져 생긴 틈 : 빈 틈

- 한 점에서 꼭 같은 거리에 있는 점들을 이어서 이루는 꼴. 해나 보름달처럼 동그란 꼴 : 원

- 조그만 틈도 없이 가득 차 있다. : 빼 곡 하다

- 일정한 평면이나 곡면의 넓이 : 면 적

STEP 3 단락 요약하기

단락 요약이란 단락의 중심 내용을 한 문장으로 간단하게 표현하는 것입니다.

단락별로 간단하게 표현한 것을 모아 정리하면 전체 글을 요약한 것이 됩니다. 따라서 단락을 요약하면 글에서 무엇을 이야기하고 있는지 쉽게 이해할 수 있어요.

★ 단락을 요약하는 방법

1 중심 문장을 선택하여 중심 낱말을 포함한 간단한 말로 표현하세요.

2 대상의 의미, 구체적인 정보를 이야기하고 있다면 이 내용들을 모두 담을 수 있는 표현을 사용하여 정리하세요.

3 구체적인 예시가 나온다면 이 예시를 통해 무엇을 이야기하려는 것인지 생각하여 정리해 보세요.

1단락

벌집의 모양이 육각형이라는 점을 소개하고 있으므로 1단락의 중심 낱말은 '벌집'과 '육각형'입니다.

벌집의 모양이 육각형이며, 육각형에 대해 설명하고 있어요. 따라서 1단락을 요약하면 ¹⁾☐☐ 모양의 벌집'입니다.(요약 방법 **1** 적용)

2단락

꿀벌이 육각형 모양으로 집을 짓는 까닭을 이야기하고 있으므로 2단락의 중심 낱말은 '육각형'입니다.

육각형은 여러 개를 붙여 놓아도 빈틈이 생기지 않아요. 그렇기 때문에 꿀벌은 벌집에 꿀을 많이 모을 수 있도록 육각형 모양의 집을 짓습니다. 이것을 간단하게 표현하여 2단락을 요약하면 '꿀벌이 육각형 모양의 집을 짓는 ²⁾☐☐'입니다.(요약 방법 **2** 적용)

3단락

꿀벌이 육각형 모양으로 집을 짓는 까닭을 다시 자세히 설명하고 있으므로 3단락의 중심 낱말도 '육각형'입니다.

육각형은 동일하게 빈틈이 생기지 않는 삼각형, 사각형에 비해 면적이 가장 커서 꿀을 가장 많이 모을 수 있다고 이야기하고 있어요. 그러므로 3단락을 요약하면 '꿀벌이 육각형 모양의 집을 짓는 까닭'입니다.(요약 방법 **2** 적용)

4단락

4단락에서는 2, 3단락에서 나온 내용을 요약하여 꿀벌의 집이 육각형인 까닭을 정리하고 있어요. 그러므로 4단락의 중심 낱말은 ³⁾☐☐☐ 모양의 집'입니다.

꿀벌은 여럿이 함께 살며 집을 짓고 꿀을 모으는데, 이러한 과정에서 가장 유리한 집의 모양이 육각형이라는 점을 다시 한번 설명해 주고 있네요. 그러므로 4단락을 요약하면 '꿀벌의 집이 ⁴⁾☐☐☐인 까닭'입니다.(요약 방법 **2** 적용)

★ 각 단락을 요약한 것 중에서 더 중요한 내용을 뽑아 다시 정리하면 글 전체의 내용을 요약한 것이 됩니다.

★ 이 글은 꿀벌이 육각형 모양으로 집을 짓는 까닭을 설명한 내용입니다. 그러므로 이 글 전체를 요약하면 '꿀벌이 육각형 모양으로 집을 짓는 까닭'입니다.

DAY
13

01

다음은 3단락의 내용을 요약한 것입니다. 빈칸에 공통으로 들어가기에 알맞은 말을 쓰세요.

> 벌집을 삼각형이나 사각형으로 짓는 것보다 (   )(으)로 지었을 때 꿀을 가장 많이 모을 수 있으므로, 꿀벌은 집을 (   ) 모양으로 짓는다.

(   )

02

이 글에 대한 설명으로 알맞은 것을 모두 고른 것은 무엇인가요?   (   )

> ㉠ 육각형의 뜻에 대해 설명하고 있다.
> ㉡ 꿀벌이 집을 짓는 과정을 설명하고 있다.
> ㉢ 맛있는 꿀을 고르는 방법을 알려 주고 있다.
> ㉣ 벌집의 모양이 왜 육각형인지 설명하고 있다.

① ㉠, ㉡   ② ㉠, ㉢   ③ ㉠, ㉣   ④ ㉡, ㉣   ⑤ ㉢, ㉣

03

다음 중 '벌집'에 대한 설명으로 맞으면 ○표, 틀리면 ✕표를 하세요.

(1) 육각형은 6개의 곧은 선으로 둘러싸인 도형이다.   (   )
(2) 벌집을 삼각형으로 지었을 때 꿀을 가장 많이 모을 수 있다.   (   )
(3) 꿀벌은 꿀을 가장 많이 모을 수 있는 모양으로 벌집을 짓는다. (   )

04 [서술형]

'육각형'의 뜻을 1단락에서 찾아 쓰세요.

_____

_____

빠른 정답 3쪽, 정답과 풀이 27쪽

✏️ 뜻을 정확히 모르는 낱말들을 적어 보세요!

●
●
●
●
●
●
●
●

낱말 따라 쓰기

● (어떤 위치나 자리를) 얻어서 누리다 : 차 지 하다

● 몸이 대개 단단한 껍질로 싸여 있고, 머리·가슴·배의 세 부분으로 되어 있으며, 마디가 많은 세 쌍의 발을 가진 작은 동물 : 곤 충

● 남의 물건이나 돈을 맡아 잘 간직하여 두다. : 보 관 하다

● 여럿 가운데서 마음에 들거나 필요한 것을 골라서 정하다. : 선 택 하다

● 어떤 일이 벌어지거나 변하여 가는 차례나 형편 : 과 정

문제 이해하고 풀기

01 단락 요약하기

❀ 3단락의 내용을 요약해 볼까요?

✳ 근거 ③단락 ❺번째 문장: ~ 벌집을 삼각형이나 사각형으로 짓는 것보다 육각형으로 지었을 때 꿀을 가장 많이 모을 수 있습니다.

🍃 3단락에서는 삼각형이나 사각형과 같은 다른 도형보다 육각형이 꿀을 많이 모으기에 더 좋다는 것을 설명하고 있어요. 빈칸에 공통으로 들어가기에 알맞은 말은 '육각형'이에요.

정답은 _____ 입니다.

02 글쓰기 방식 이해하기

❀ 각각의 선택지 내용을 순서대로 살펴볼게요.

㉠ 육각형의 뜻에 대해 설명하고 있다. (○)

✳ 근거 ①단락 ❸번째 문장: 이때 육각형은 6개의 곧은 선으로 둘러싸인 도형을 말해요.

㉡ 꿀벌이 집을 짓는 과정을 설명하고 있다. (×)

🍃 이 글은 꿀벌이 집을 짓는 과정을 설명하고 있지 않아요.

㉢ 맛있는 꿀을 고르는 방법을 알려 주고 있다. (×)

🍃 이 글은 맛있는 꿀을 고르는 방법을 알려 주고 있지 않아요.

㉣ 벌집의 모양이 왜 육각형인지 설명하고 있다. (○)

✳ 근거 ②단락 ❷번째 문장: 육각형을 붙여 놓으면 빈틈이 없기 때문이에요.

✳ 근거 ②단락 ❹번째 문장: 꿀벌은 벌집에 빼곡하게 꿀을 모을 수 있도록 육각형 모양으로 집을 짓는 것이랍니다.

정답은 _____ 입니다.

03 내용 이해하기

❀ 각각의 내용을 순서대로 살펴볼게요.

(1) 육각형은 6개의 곧은 선으로 둘러싸인 도형이다.
(○)

✳ 근거 ①단락 ❸번째 문장: 이때 육각형은 6개의 곧은 선으로 둘러싸인 도형을 말해요.

(2) 벌집을 삼각형으로 지었을 때 꿀을 가장 많이 모을 수 있다. (×)

✳ 근거 ③단락 ❺번째 문장: ~ 벌집을 삼각형이나 사각형으로 짓는 것보다 육각형으로 지었을 때 꿀을 가장 많이 모을 수 있습니다.

🍃 벌집을 '삼각형'이 아니라 '육각형'으로 지었을 때 꿀을 가장 많이 모을 수 있어요.

(3) 꿀벌은 꿀을 가장 많이 모을 수 있는 모양으로 벌집을 짓는다. (○)

✳ 근거 ④단락 ❷번째 문장: ~ 가장 꿀을 많이 모아 놓을 수 있는 육각형 모양의 집을 선택하게 된 것이죠.

정답은 (1) _____, (2) _____, (3) _____ 입니다.

04 내용 추론하기

❀ 1단락에서 '육각형'을 설명하는 부분을 찾아볼까요?

✳ 근거 ①단락 ❸번째 문장: 이때 육각형은 6개의 곧은 선으로 둘러싸인 도형을 말해요

🍃 '육각형'은 '6개의 곧은 선으로 둘러싸인 도형'이라고 했으므로, 이러한 내용을 쓰면 정답이에요.

정답은 _____

_____ 입니다.

▲ 삼각형   ▲ 사각형   ▲ 육각형

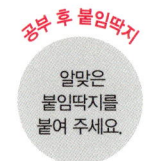

지문 확인

· 1단락의 중심 문장에 표시해 보세요.

· 2단락의 중심 문장에 표시해 보세요.

· 3단락의 중심 문장에 표시해 보세요.

· 4단락의 중심 문장에 표시해 보세요.

　여러분들은 한국의 슈바이처라고 불리는 장기려 선생님을 아시나요? 장기려 선생님은 일생을 가난하고 아픈 사람들을 도우며 보낸 분입니다.

　어릴 때부터 의사를 꿈꾸었던 장기려 선생님은 의과 대학을 졸업하고 의사로 일하기 시작했어요. 그러던 중, 한국 전쟁이 일어나 어쩔 수 없이 가족을 북한에 남겨 둔 채 남한으로 내려오게 되었습니다. 가족을 볼 수 없게 된 장기려 선생님은 항상 북에 있는 가족을 그리워했어요. 그리고 자신이 다른 사람을 도우면 반드시 누군가 자신의 가족을 도울 것이라는 생각으로 가난하고 아픈 사람을 도우며 살기 시작했어요.

　이런 믿음으로 장기려 선생님은 가난한 사람을 위해 공짜로 진료를 받을 수 있는 병원을 세우고, 수많은 환자를 돌보았습니다. 뿐만 아니라 장기려 선생님은 당시 우리나라 외과 의사 가운데 최고의 실력을 갖추고 있었어요.

　환자를 생각하는 장기려 선생님의 마음을 잘 보여 주는 이야기가 있습니다. 장기려 선생님의 병원에 돈이 없어서 병원비를 내지 못하는 환자가 있었는데, 그 환자가 장기려 선생님께 병원 밖으로 나갈 수 있도록 부탁을 했어요. 나가서 돈을 벌어야 병원비를 낼 수 있기 때문이었지요. 환자의 사정을 들은 선생님은 환자가 밤에 나갈 수 있도록 도와주었답니다. 여러분도 장기려 선생님처럼 주변 사람들을 따뜻한 마음으로 돌보면 좋겠죠?

낱말 따라 쓰기

● 독일의 의사이며 신학자. 아프리카 가봉에 병원을 세워 원주민의 치료에 힘쓰고, 핵 실험을 반대하는 등 세계 평화에 공헌하여, 노벨 평화상을 받았다. : 슈 바 이 처

● 살아 있는 동안의 모든 시간 : 일 생
[一 – 한 일, 生 – 날 생]
(예) 나는 일생 동안 착한 일을 많이 할 것이다.

● 돈이 없어서 살림이 어렵다. : 가 난 하다
(예) 그녀는 가난한 환경 속에서도 노력해서 성공했다.

● (무엇을) 바라고 원하다. : 꿈 꾸 다

● 의학을 연구하고 가르치는 대학의 한 분과 : 의 과

● 학교에서 정해진 과정을 모두 마치다. : 졸 업 하다
[卒 – 마칠 졸, 業 – 일 업]

● 1950년 6월 25일에 북한군이 남한을 공격하면서 일어나 1953년 7월 27일에 멈춘 큰 전쟁. '육이오 전쟁'이라고도 한다. : 한 국 전 쟁

01

4단락의 내용을 알맞게 요약한 것은 무엇인가요?   (   )

① 장기려 선생님의 탄생
② 장기려 선생님의 가족
③ 장기려 선생님이 세운 병원
④ 장기려 선생님의 뛰어난 실력
⑤ 환자를 생각하는 장기려 선생님의 일화

정답 콕콕 특강

01 단락 요약하기

4단락에서 이야기하는 내용이 무엇인지 생각해 보세요.

DAY
14

02

다음 중 '장기려 선생님'에 대한 설명으로 맞는 것에 ○표 하세요.

(1) 장기려 선생님은 (의사 , 교사)이다.
(2) 장기려 선생님은 한국 전쟁 때 (남한 , 북한)으로 오게 되었다.
(3) 장기려 선생님은 한국의 (나이팅게일 , 슈바이처)(이)라고 불린다.

02 내용 이해하기

1, 2단락에 있는 장기려 선생님에 대한 설명을 찾아보세요.

낱말 따라 쓰기

● 보고 싶은 마음을 느끼거나, 그런 느낌을 겉으로 드러내다. :
그 리 워 하다

● 틀림없이. 꼭 : 반 드 시

● 의사가 앓는 사람을 진찰하고 치료하는 것 : 진 료

● (건물·법·나라 등을) 처음으로 만들다. : 세 우 다

● (어떤 일이 생긴) 바로 그 시대 : 당 시

● 몸 외부의 상처나 내부의 여러 기관의 질병을 수술에 의하여 치료하는 의사 : 외 과 의 사

● 실제로 어떤 일을 해낼 수 있는 능력 : 실 력
[實－실제로 실, 力－힘 력]

● 병원에서 치료를 받거나 입원하는 데 드는 돈 : 병 원 비

● 어떤 일을 해 달라고 청하고 맡기는 것 : 부 탁

● 일의 형편이나 까닭 : 사 정 [事－일 사, 情－뜻 정]
예 그의 딱한 사정을 들으니 나도 모르게 눈물이 났다.

● 어떤 사람이나 사건에 관련된, 세상에 널리 알려지지 않은 흥미로운 이야기 : 일 화

03

이 글을 읽고 알 수 있는 장기려 선생님의 성격으로 가장 알맞은 무엇인가요?

( )

① 자상하다　　　② 예민하다　　　③ 무뚝뚝하다
④ 이기적이다　　　⑤ 불친절하다

03 내용 추론하기

글 전체에서 드러나는 장기려 선생님의 행동과 일화를 통해 장기려 선생님의 성격을 생각해 보세요.

04

다음은 이 글을 읽고 나눈 대화입니다. 글의 내용에 비추어 볼 때, 알맞지 <u>않은</u> 말을 한 사람은 누구인가요?

( )

① 제성: 장기려 선생님은 어릴 적 꿈을 이루셨어.
② 유진: 장기려 선생님은 환자를 먼저 생각하신 분이야.
③ 한민: 장기려 선생님은 돈이 많아서 공짜로 진료를 하셨구나.
④ 승언: 장기려 선생님은 북에 있는 가족이 얼마나 그리우셨을까?
⑤ 경준: 나도 장기려 선생님처럼 가난하고 아픈 사람을 돕는 사람이 될 거야.

04 알맞은 반응 찾기

1~3단락의 곳곳에 있는 장기려 선생님에 대한 설명을 찾아보세요.

05　서술형

장기려 선생님이 가난하고 아픈 사람을 도우며 살기 시작한 까닭을 2단락에서 찾아 쓰세요.

_____

_____

_____

05 내용 이해하기

2문단에 장기려 선생님이 가난하고 아픈 사람을 도우며 살기 시작한 까닭이 나와 있네요.

[01~04] 주어진 뜻풀이에 알맞은 낱말을 연결하세요.

01 보고 싶은 마음을 느끼거나, 그런 느낌을 겉으로 드러내다.   • ㉠ 그리워하다

02 일의 형편이나 까닭   • ㉡ 빼곡하다

03 어떤 일을 해 달라고 청하고 맡기는 것   • ㉢ 부탁

04 조그만 틈도 없이 가득 차 있다.   • ㉣ 사정

[05~08] 주어진 뜻풀이에 알맞은 낱말을 〈보기〉에서 찾아 쓰세요.

〈 보기 〉
면적   자세히   선택하다   곧다

05 여럿 가운데서 마음에 들거나 필요한 것을 골라서 정하다. : _____

06 구부러지거나 비뚤어지지 않고 똑바르다 : _____

07 작은 부분까지 주의하여 : _____

08 일정한 평면이나 곡면의 넓이 : _____

[09~12] 주어진 자음자와 뜻풀이를 보고, 빈칸에 알맞은 낱말을 쓰세요.

09 나는 중요한 물건은 가방 안에 [ㅂ | ㄱ] 한다.
남의 물건이나 돈을 맡아 잘 간직하여 두다.

10 그림을 그릴 때는 [ㅂ | ㅌ] 없이 색칠하는 것이 중요하다.
사이가 떨어져 생긴 틈

11 실제로 어떤 일을 해낼 수 있는 능력
그녀는 [ㅅ | ㄹ] 있는 의사로, 많은 환자들이 그녀에게 치료 받는다.

12 결과뿐만 아니라 [ㄱ | ㅈ] 도 중요하다.
어떤 일이 벌어지거나 변하여 가는 차례나 형편

[13~16] 주어진 문장의 빈칸에 알맞은 낱말을 〈보기〉에서 찾아 쓰세요.

〈 보기 〉
진료   도형   차지   벌집

13 그녀는 그동안의 노력을 인정받아 높은 자리를 [   ] 했다.

14 피자와 동전은 모두 원 모양의 [   ] 이다.

15 환자가 의사 선생님께 [   ] 을/를 받으러 진료실로 들어갔다.

16 나는 꿀을 얻기 위해 얼굴에 망사를 쓰고 [   ] 을/를 열었다.

DAY
14

[사회]

공부 후 붙임딱지

알맞은 붙임딱지를 붙여 주세요.

공부한 날   월   일

빠른 정답 3쪽

지문 확인

우리는 살면서 어떤 것의 위치를 말할 때가 있어요. 위치는 어떠한 곳에 자리를 차지하는 것, 또는 그 자리를 뜻하는 말이에요. 위치를 나타내는 방법에는 여러 가지가 있는데, 그때의 상황에 맞게 위치를 표현하는 것이 중요합니다. 그럼 우리가 일상생활 속에서 위치를 어떻게 나타낼 수 있는지 살펴볼까요?

먼저 간단하게는 오른쪽, 왼쪽 등 방향을 통해 나타낼 수 있어요. 위치를 나타내고자 하는 대상이 가까이 있을 때는 "민지는 지후의 오른쪽에 있어."처럼 방향을 통해 나타내는 것이 일반적이에요.

그렇다면 조금 먼 곳의 위치를 정할 때는 어떻게 해야 할까요? 여러분이 친구를 만나기 위해 장소를 정할 때를 떠올려 봅시다. 주로 잘 알려진 건물을 중심으로 이야기하지 않나요? "우리 수경 초등학교 앞에서 만나자."라고 하거나, "우리 서울역 2번 출구 앞에서 만나자."라고 말이에요. 이러한 경우는 랜드마크를 이용해서 위치를 나타냈다고 할 수 있어요. 랜드마크란 어떤 지역을 대표하는 지형이나 건물 등을 말해요.

하지만 같은 동네에 살지 않는 친구에게는 랜드마크를 이용해서 위치를 말해도 친구가 잘 모를 수 있어요. 이런 경우는 지도를 활용해서 위치를 나타낼 수 있습니다. 지도는 우리가 사는 곳을 작게 줄여서 알기 쉽게 나타낸 그림이에요.

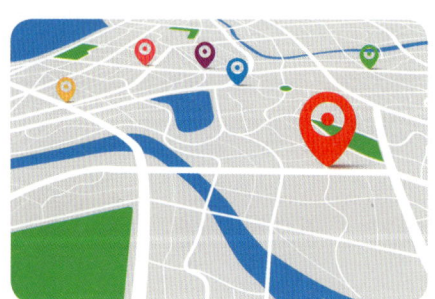

• 1단락의 중심 문장에 표시해 보세요.

• 2단락의 중심 문장에 표시해 보세요.

• 3단락의 중심 문장에 표시해 보세요.

• 4단락의 중심 문장에 표시해 보세요.

낱말 따라 쓰기

● 어떤 일이 되어 가는 형편이나 모양 : 상 황
  예 형은 전보다 상황이 많이 나아졌다.

● 느낌이나 생각을 말, 글, 예술 작품 등으로 나타내다. :
  표 현 하다 예 이 노래는 이별의 슬픔을 표현하였다.

● 늘 하는 생활 : 일 상 생 활

● 무엇이 나아가거나 향하는 쪽 : 방 향
  [方-방향 방, 向-향할 향]

● 무엇의 상대나 목표가 되는 것 : 대 상
  [對-대할 대, 象-모양 상]

● 일부에 한정되지 않고 전체에 두루 통하는 것 :
  일 반 적 [一-모든 일, 般-일반 반, 的-과녁 적]

● 어떠한 일이 일어나는 곳, 어떠한 일을 하는 곳 : 장 소

● 가장 중요하고 기본이 되는 부분 : 중 심
  [中-가운데 중, 心-마음 심]

66 자이스토리 초등 국어 독해력 쑥쑥 /2학년

STEP 3 단락 요약하기

빠른 정답 3쪽

★ **단락을 요약하는 방법**

❶ 중심 문장을 선택하여 중심 낱말을 포함한 간단한 말로 표현하세요.

❷ 대상의 의미, 구체적인 정보를 이야기하고 있다면 이 내용들을 모두 담을 수 있는 표현을 사용하여 정리하세요.

❸ 구체적인 예시가 나온다면 이 예시를 통해 무엇을 이야기하려는 것인지 생각하여 정리해 보세요.

1단락

위치의 뜻을 설명하고, 위치를 나타내는 방법에는 여러 가지가 있음을 이야기하고 있어요. 가장 많이 나오는 낱말이 위치이므로 1단락의 중심 낱말은 '위치'입니다.

'어떠한 곳에 자리를 차지하는 것, 또는 그 자리'라는 위치의 뜻을 알려 준 뒤, 상황에 맞게 위치를 표현하는 것이 중요하다고 말하고 있어요. 그러므로 1단락을 요약하면 '¹⁾ ▢▢ 을/를 표현하는 것의 중요함'입니다.(요약 방법 ❶ 적용)

2단락

위치를 나타내는 방법 중 하나로 방향을 통해 나타내는 것을 소개하고 있으므로 2단락의 중심 낱말은 '방향'입니다.

간단하게 방향을 통해 위치를 나타낼 수 있다고 하면서, 가까이 있는 대상의 위치를 나타낼 때는 방향을 통해 나타내는 것이 일반적이라고 하네요. 그러므로 2단락을 요약하면 '위치를 나타내는 방법 ① ²⁾ ▢▢'입니다.(요약 방법 ❶ 적용)

3단락

위치를 나타내는 또 다른 방법으로 랜드마크를 통해 나타내는 방법을 이야기하고 있으므로 3단락의 중심 낱말은 '랜드마크'입니다.

먼 곳의 위치를 정할 때, 초등학교나 지하철 역과 같은 랜드마크를 이용하여 나타낼 수 있다고 하며 예시를 들고 있어요. 이것을 간단하게 표현하여 3단락을 요약하면 '위치를 나타내는 방법 ② ³⁾ ▢▢ ▢▢'입니다.(요약 방법 ❸ 적용)

4단락

위치를 나타내는 방법으로 지도를 활용하는 방법을 이야기하고 있으므로 4단락의 중심 낱말은 '지도'입니다.

랜드마크를 활용하는 것이 쉽지 않은 경우를 설명하며, 이럴 때는 지도를 활용해 위치를 나타낼 수 있다고 이야기하네요. 그러므로 4단락을 요약하면 '위치를 나타내는 방법 ③ ⁴⁾ ▢▢'입니다.(요약 방법 ❶ 적용)

★ 각 단락을 요약한 것 중에서 더 중요한 내용을 뽑아 다시 정리하면 글 전체의 내용을 요약한 것이 됩니다.

★ 이 글에서는 위치의 뜻과 상황에 맞게 위치를 표현하는 것의 중요함을 이야기한 후, 방향, 랜드마크, 지도를 통해 위치를 나타내는 방법을 설명하고 있어요. 그러므로 이 글 전체를 요약하면 '위치를 나타내는 다양한 방법'입니다.

DAY 15

01

빠른 정답 3쪽, 정답과 풀이 30~31쪽

다음은 3단락의 내용을 요약한 것입니다. 빈칸에 들어가기에 알맞은 말을 쓰세요.

> 우리는 조금 먼 곳의 위치를 정할 때 (   )을/를 이용해서 위치를 나타낼 수 있다.

(   )

02

이 글의 내용으로 알맞지 <u>않은</u> 것은 무엇인가요?   (   )

① 방향을 통해서는 위치를 나타낼 수 없다.
② 위치를 나타내는 방법에는 여러 가지가 있다.
③ 상황에 맞게 위치를 표현하는 것이 중요하다.
④ 잘 알려진 건물을 이용해서 위치를 나타내기도 한다.
⑤ 위치는 어떠한 곳에 자리를 차지하는 것, 또는 그 자리를 뜻하는 말이다.

03

이 글의 내용에 비추어 볼 때, 알맞지 <u>않은</u> 말을 한 사람의 이름을 쓰세요.

> 인선: 가까이 있는 대상을 나타낼 때는 방향을 이용하는 것이 좋아.
> 준호: 같은 동네에 사는 친구에게는 랜드마크로 위치를 설명할 수 있어.
> 혜선: 지도를 보는 것은 어렵기 때문에 지도를 활용하여 위치를 표현하는 것은 좋지 않아.

(   )

04 서술형

'랜드마크'를 이용해서 위치를 나타낸 문장 2개를 이 글에서 찾아 쓰세요.

_____

_____

정답 콕콕 특강

01 단락 요약하기
3단락에서는 무엇을 이용하여 위치를 표현하는 것을 설명하는지 확인해 보세요.

02 내용 이해하기
각각의 선택지 내용이 이 글의 어디에 나오는지 찾아보세요.

03 내용 적용하기
2~4단락에 방향, 랜드마크, 지도를 활용하여 위치를 나타내는 법이 나와 있네요.

04 내용 추론하기
3단락에서 랜드마크를 이용하여 위치를 표현한 예를 찾아보세요.

낱말 따라 쓰기

● 밖으로 나가는 곳 : 출 구 [出-날 출, 口-입 구]
● 어떤 목적을 위하여 범위를 정한 지구 표면의 공간 : 지 역
● 땅의 생긴 모양 : 지 형 [地-땅 지, 形-모양 형]
● 무엇이 지니고 있는 기능이나 능력을 제대로 잘 쓰다. : 활 용 하다

낱말 쑥쑥 테스트

빠른 정답 3쪽

[01~05] 주어진 뜻풀이에 알맞은 낱말을 연결하세요.

01 가장 중요하고 기본이 되는 부분 · · ㉠ 표현하다

02 느낌이나 생각을 말, 글, 예술 작품 등으로 나타내다. · · ㉡ 중심

03 어떤 일이 되어 가는 형편이나 모양 · · ㉢ 방향

04 무엇이 나가거나 향하는 쪽 · · ㉣ 상황

05 무엇의 상대나 목표가 되는 것 · · ㉤ 대상

[06~09] 주어진 문장의 빈칸에 알맞은 낱말을 〈보기〉에서 찾아 쓰세요.

〈 보기 〉
일반적   활용   출구   지역

06 비상 상황에 대비해 밖으로 빠져나갈 수 있는 [ ]의 위치를 알아 두어야 한다.

07 우리 [ ]에서 나는 과일 중 가장 유명한 것은 사과이다.

08 버려지는 종이를 [ ]하면 환경에 도움이 될 것이다.

09 우리나라에서는 [ ](으)로 집 안에서 신발을 벗는다.

배경지식

김정호의 '대동여지도'

'대동여지도'는 김정호가 1861년에 만든 지도입니다. 대동여지도는 이전에 만들어진 여러 지도를 바탕으로 부족한 부분을 보충했기 때문에 조선 시대에 만들어진 지도 가운데 가장 뛰어난 한반도 지도로 평가되고 있어요.

김정호는 어려운 가정 형편 때문에 조선의 모든 곳을 직접 가 보고 지도를 만들 수는 없었어요. 그 대신 기존에 있던 많은 지도와 책들을 연구하고, 그 장점을 모으는 방법을 선택했답니다.

대동여지도를 전부 펼쳐 놓으면 가로 3.8m, 세로 6.7m로 크기가 거대한데, 차곡차곡 접으면 한 권의 책이 돼요.

▲ 대동여지도
(출처: 위키피디아 common)

지문 확인

상희는 놀이터에서 모래 장난을 하고 집에 와서 샤워를 했어요. 이렇게 몸을 깨끗이 관리해야 병에 쉽게 걸리지 않고 건강하게 살 수 있답니다. 몸이 지저분하면 병에 걸리기 쉽고, 냄새가 날 수 있어요. 그러므로 몸을 깨끗하게 유지하는 것은 우리에게 아주 중요합니다.

몸을 깨끗이 하는 것은 세균과 관련이 있어요. 세균은 눈에 보이지 않는 아주 작은 생물이에요. 세균은 다른 생물의 몸에 살면서 병을 일으키거나 무언가를 썩게 해요. 만약 우리가 이를 닦지 않으면, 세균이 우리 이를 썩게 한답니다. 따라서 세균이 우리 몸을 아프게 하지 않으려면 몸을 깨끗하게 유지해야 해요.

깨끗한 몸을 유지하는 것의 기본은 손 씻기입니다. 올바른 손 씻기 방법은 다음과 같아요. 우선, 손바닥과 손바닥을 마주 대고 문질러 줍니다. 그다음으로는 손등을 반대편 손바닥에 대고 문질러 주고, 양손으로 손깍지를 끼고 문질러 줘요. 마지막으로, 손가락 끝을 반대편 손바닥에 놓고 문지르며 손톱 밑을 씻어야 해요. 이렇게 깨끗이 손을 씻어야 세균이 손에서 떨어질 수 있어요.

올바른 방법으로 손을 씻는 것은 건강하고 깨끗한 몸을 만드는 데 큰 도움이 된답니다. 앞으로는 여러분도 위의 방법대로 손 씻기를 실천하고, 우리 몸을 깨끗이 유지하도록 노력해 보세요!

- 1단락의 중심 문장에 표시해 보세요.
- 2단락의 중심 문장에 표시해 보세요.
- 3단락의 중심 문장에 표시해 보세요.
- 4단락의 중심 문장에 표시해 보세요.

낱말 따라 쓰기

● 물을 비처럼 쏟아지게 하는 장치를 써서 하는 목욕, 또는 그런 장치 : 샤 워

● 어떤 일이나 물건을 정상적인 상태를 유지하도록 책임지고 보살피며 다루다. : 관 리 하다
㉔ 물건을 잃어버리지 않게 잘 관리하는 것은 중요한 일이다.

● 생물체가 건강이 나빠진 상태 : 병 [病-병 병]

● (몸에 아무런 탈이 없이) 튼튼하다. : 건 강 하다

● (쓰레기 등이 널려 있어) 더럽다. : 지 저 분 하다

● 때나 먼지가 없다. (지저분하지 않고) 말끔하다. : 깨 끗 하다
㉔ 선생님께서 교실을 깨끗하게 청소하라고 말씀하셨다.

● 어떤 상태나 현상을 그대로 이어 가거나 계속하다. : 유 지 하다 ㉔ 나는 친구와 좋은 관계를 유지했다.

● 큰 의미와 가치가 있다. : 중 요 하다

01

다음은 각 단락의 내용을 요약한 것입니다. ㉠~㉢에 들어가기에 알맞은 말을 쓰세요.

빠른 정답 3쪽, 정답과 풀이 32~33쪽

✏️ 뜻을 정확히 모르는 낱말들을 적어 보세요!

1단락	깨끗한 (㉠)의 중요성
2단락	(㉡)와/과 우리 몸의 관련성
3단락	올바른 (㉢) 씻기 방법
4단락	깨끗한 몸 유지하기

㉠: (   ), ㉡: (   ), ㉢: (   )

DAY
16

02

3단락을 바탕으로, 깨끗한 몸을 유지하는 것의 기본이 무엇인지 알맞은 것에 ○표 하세요.

잠자기	손 씻기	먹기	놀기

—— 낱말 따라 쓰기

- 눈으로 볼 수 없을 만큼 작고, 병을 일으키거나 부패 작용을 하는, 세포가 하나뿐인 생물 : 세 균

- 여럿이 서로 어떤 영향을 주고받도록 이어져 있는 것 : 관 련 예 읽기와 쓰기는 밀접한 관련이 있다.

- 생명을 가지고 있는 동물과 식물 : 생 물
  [生-살 생, 物-만물 물]

- 어떤 일이 혹시 있을 경우 : 만 약
  예 만약 민서가 지각하지 않았다면 수업을 놓치지 않았을 것이다.

- 어떤 일이나 사물의 가장 중심이 되는 중요한 사실. 밑바탕이 되는 것 : 기 본 [基-터 기, 本-근본 본]
  예 무슨 일이든지 기본이 튼튼해야 발전할 수 있다.

- 곧바로. 정면으로 : 마 주
  예 나는 휴대폰을 보며 걷다가 마주 오는 사람과 부딪쳤다.

- (무엇의 표면을) 힘주어 이리저리 비비다. :
  문 지 르 다

- 이론이나 계획을 실제로 행하다. : 실 천 하다

03

올바른 손 씻기 방법을 순서대로 정리하려고 합니다. 알맞은 기호를 차례대로 쓰세요.

> ㉮ 양손으로 손깍지를 끼고 문지르기
> ㉯ 손등을 반대편 손바닥에 대고 문지르기
> ㉰ 손바닥과 손바닥을 마주 대고 문지르기
> ㉱ 손가락 끝을 반대편 손바닥에 놓고 문지르며 손톱 밑 씻기

(   ) → (   ) → (   ) → (   )

04

이 글의 내용에 비추어 볼 때, 올바른 행동을 한 친구는 누구인가요? (   )

① 영선: 나는 자기 전에 이를 닦지 않아.
② 혜수: 손을 씻을 때, 손에 물만 묻혔어.
③ 한수: 나는 집에 들어오면 손을 씻지 않아.
④ 미진: 세균이 생기지 않게 몸을 지저분하게 했어.
⑤ 하진: 병에 걸리지 않기 위해 몸을 깨끗이 관리했어.

05 서술형

몸을 깨끗이 하는 것은 세균과 관련이 있습니다. 세균이 하는 어떤 일 때문인지 이 글에서 찾아 쓰세요.

_____

_____

_____

✎ 뜻을 정확히 모르는 낱말들을 적어 보세요!

[01~05] 주어진 뜻풀이에 알맞은 낱말을 〈보기〉에서 찾아 쓰세요.

〈 보기 〉

생물   만약   문지르다
관리하다   실천하다

01 어떤 일이 혹시 있을 경우 : _____

02 (무엇의 표면을) 힘주어 이리저리 비비다. : _____

03 이론이나 계획을 실제로 행하다. : _____

04 생명을 가지고 있는 동물과 식물 : _____

05 어떤 일이나 물건을 정상적인 상태를 유지하도록 책임지고 보살피며 다루다. : _____

[06~11] 주어진 자음자와 뜻풀이를 보고, 빈칸에 알맞은 낱말을 쓰세요.

06 현서는 음식을 골고루 먹어서 ㄱㄱ 하다.
(몸에 아무런 탈이 없이) 튼튼하다.

07 대경이는 ㅈㅈㅂ 한 방을 깨끗이 치웠다.
(쓰레기 등이 널려 있어) 더럽다.

08 음식을 먹기 전에 손을 씻는 것이 ㄱㅂ 이다.
어떤 일이나 사물의 가장 중심이 되는 중요한 사실. 밑바탕이 되는 것

09 경찬이는 오늘 ㅈㅇ 한 약속이 있다.
큰 의미와 가치가 있다.

10 자신이 있었던 자리는 ㄲㄲ 하게 치워야 한다.
때나 먼지가 없다. (지저분하지 않고) 말끔하다.

11 높은 점수를 ㅇㅈ 하는 것은 쉽지 않다.
어떤 상태나 현상을 그대로 이어 가거나 계속하다.

---- 배경지식 ----

건강을 지켜 주는 '슈퍼 푸드'

슈퍼 푸드는 우리 몸에 필요한 영양소가 풍부하여 건강에 도움을 주는 식품을 말해요. 슈퍼 푸드에는 어떤 식품들이 있을까요?

먼저 토마토가 있습니다. 토마토에는 '리코펜'이라는 성분이 많아서 암을 예방하며, 눈과 피부를 튼튼하게 만들어 줘요. 보통 과일이나 채소는 불에 익히면 영양소가 파괴되는데, 토마토는 익히면 리코펜이 더 많아진답니다.

다음으로 브로콜리예요. 브로콜리에는 비타민 C, 비타민 K, 섬유질 등 다양한 영양소가 들어 있어요. 그래서 암을 예방해 주고, 우리 몸이 나이 드는 것을 막아 준답니다.

초록빛이 선명한 시금치는 슈퍼 푸드 가운데 가장 좋은 음식으로 손꼽히기도 해요. 왜냐하면 피를 구성하는 철분과 눈에 좋은 카로티노이드, 뇌를 구성하는 오메가-3 지방산 등 다양한 영양소가 듬뿍 들어 있기 때문이죠.

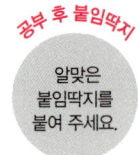
지문 확인

우리나라의 국기인 태극기는 흰색 바탕 가운데 위치한 태극 무늬와 네 모서리에 있는 건, 곤, 감, 리의 4괘로 이루어져 있습니다.

태극기에는 여러 가지 의미가 들어 있어요. 우선, 흰 바탕은 밝음과 순수, 평화를 사랑하는 우리의 민족성을 뜻해요. 그리고 가운데의 태극 문양은 파랑인 '음'과 빨강인 '양'의 조화를 뜻하는 것으로, 우주의 모든 것이 잘 어울린다는 자연의 진리를 나타낸 것입니다. 마지막으로 4괘 중 왼쪽 위에 있는 '건괘'는 '하늘'을, 오른쪽 아래에 있는 '곤괘'는 '땅'을, 오른쪽 위에 있는 '감괘'는 '물'을, 왼쪽 아래에 있는 '이(리)괘'는 '불'을 뜻해요.

그렇다면 태극기를 달아야 하는 날은 언제일까요? 태극기는 국경일인 '3·1절, 제헌절, 광복절, 개천절, 한글날'과 기념일인 '현충일, 국군의 날'에 달아요. 이 밖에도 나라에서 정한 날에 답니다.

그런데 여러분은 태극기를 다는 날에 따라 태극기를 다는 방법이 다르다는 사실을 알고 있나요? 국경일이나 국군의 날과 같은 기념일에 태극기를 달 때는 깃봉과 태극기의 면 사이를 떼지 않고 달아

요. 그러나 현충일과 같이 슬픔을 표하는 날에는 태극기 면의 세로 너비만큼을 깃봉에서 내려서 달아야 합니다. 이렇게 다는 것을 '조기'라고 해요.

- 1단락의 중심 문장에 표시해 보세요.
- 2단락의 중심 문장에 표시해 보세요.
- 3단락의 중심 문장에 표시해 보세요.
- 4단락의 중심 문장에 표시해 보세요.

낱말 따라 쓰기

● 한 나라를 나타내는 깃발 : 국 기

● (천이나 종이 등에 무늬나 그림을 그리기 전의) 미리부터 있는 빛깔 : 바 탕

● (어느 자리에) 있다. 자리를 차지하고 있다. : 위 치 하다

● 음과 양을 서로 맞물고 돌아가는 청과 홍의 반원 꼴로 나타낸 상징 : 태 극

● 물건이나 공간의 모가 나 있는 구석이나 가장자리 : 모 서 리

● 말이나 글이나 기호가 나타내는 뜻 : 의 미

● 다른 것이 조금도 섞이지 않은 것 : 순 수

● 나라나 사람들 사이에 심한 싸움이 없는 조용한 상태 : 평 화 [平-평평할 평, 和-화할 화]

● 한 민족의 독특한 성질 : 민 족 성 [民-백성 민, 族-겨레 족, 性-성질 성]

● (동양 철학에서) '양'에 대립되는 것으로 소극성과 수동성을 상징하는 기(氣)의 한 가지 : 음

01

2단락의 내용을 알맞게 요약한 친구의 이름을 쓰세요.

영주: 태극기를 다는 날을 설명하고 있어.
지성: 태극기를 다는 방법을 설명하고 있어.
미지: 태극기에 담긴 의미를 소개하고 있어.
혜주: 태극기가 생겨난 까닭을 알려 주고 있어.

( )

02

다음 중 이 글의 내용으로 알맞지 <u>않은</u> 것은 무엇인가요? ( )

① 태극기는 우리나라의 국기이다.
② 태극기에는 한 가지 의미만 들어 있다.
③ 슬픔을 표하는 날에는 태극기를 '조기'로 단다.
④ 태극기는 국경일, 기념일, 나라에서 정한 날에 단다.
⑤ 태극기를 다는 날에 따라 태극기를 다는 방법이 다르다.

낱말 따라 쓰기 🍬

● (동양 철학에서) '음'에 대립되는 것으로 적극성과 능동성을
상징하는 기(氣)의 한 가지 : 양

● 여럿이 서로 알맞게 어울려 바람직한 전체를 이루는 것 :
조 화 [調 - 고를 조, 和 - 화할 화]

● 국가적인 경사를 해마다 기념하기 위하여 법으로 정한 날 :
국 경 일

● 어떤 일을 기념하기 위하여 정한 날 : 기 념 일

● 깃대 끝에 다는 꽃봉오리 모양의 장식 : 깃 봉

● (어떤 태도·의견·감정 등을) 나타내다. : 표 하다
[表 - 나타낼 표]
㉔ 새론이는 친구들에게 고마움을 표했다.

● 길고 반듯한 것의 가로의 길이 : 너 비

● 조의를 나타내기 위하여 검은 띠와 함께 깃대 꼭대기에서 낮
추어 매어 단 기 : 조 기

03

다음 괄호 안에 들어가기에 알맞은 말을 골라 ○표 하세요.

빠른 정답 3쪽, 정답과 풀이 35쪽

✏️ 뜻을 정확히 모르는
낱말들을 적어 보세요!

(1) '3·1절, 제헌절, 광복절, 개천절, 한글날'은 (국경일 , 명절)이다.

(2) 태극기의 (흰 바탕 , 검은 바탕)은 밝음과 순수, 평화를 사랑하는 우리의 민족성을 뜻한다.

(3) 태극기 가운데의 태극 문양은 (빨강 , 파랑)인 '음'과 (빨강 , 파랑)인 '양'의 조화를 뜻한다.

04

다음의 4괘가 각각 무엇을 뜻하는지 연결해 보세요.

(1) 건 •   • ㉠ 불

(2) 곤 •   • ㉡ 하늘

(3) 감 •   • ㉢ 땅

(4) 이(리) •   • ㉣ 물

05   서술형

이 글을 읽고, '현충일'에 국기를 어떻게 달아야 하는지 써 보세요.

_____

_____

_____

[01~04] 주어진 뜻풀이에 알맞은 낱말을 연결하세요.

01 한 나라를 나타내는 깃발 · · ㉠ 의미

02 말이나 글이나 기호가 나타내는 뜻 · · ㉡ 국기

03 (어떤 태도·의견·감정 등을) 나타내다. · · ㉢ 표하다

04 국가적인 경사를 해마다 기념하기 위하여 법으로 정한 날 · · ㉣ 국경일

[05~09] 주어진 자음자와 뜻풀이를 보고, 빈칸에 알맞은 낱말을 쓰세요.

05 새로 산 책의 [ㄴ ㅂ] 을/를 재 보니 30 cm 나 되었다.
길고 반듯한 것의 가로의 길

06 장미꽃과 안개꽃이 [ㅈ ㅎ] 을/를 이루고 있다.
여럿이 서로 알맞게 어울려 바람직한 전체를 이루는 것

07 우리는 전쟁보다는 [ㅍ ㅎ] 을/를 바라야 한다.
나라나 사람들 사이에 심한 싸움이 없는 조용한 상태

DAY 17

08 병원은 은행의 오른쪽에 [ㅇ ㅊ] 하고 있다.
(어느 자리에) 있다. 자리를 차지하고 있다.

09 장우는 스케치북의 흰 [ㅂ ㅌ] 에 그림을 그렸다.
(천이나 종이 등에 무늬나 그림을 그리기 전의) 미리부터 있는 빛깔

---- 배경지식 ----

근대 올림픽의 상징, 오륜기

오륜기는 근대 올림픽을 상징하는 깃발이에요. 여기서 오륜은 다섯 개의 동그라미라는 뜻을 가집니다. 이 다섯 개의 동그라미는 지구에 있는 다섯 대륙, 즉 유럽, 아프리카, 아시아, 아메리카, 오세아니아를 상징해요. 오륜기에 있는 색은 세계 여러 나라의 국기에서 가장 많이 쓰이는 색을 선택한 것이며, 이 다섯 개의 동그라미가 서로 얽혀 있는 모양은 세계의 모든 나라가 힘을 모으자는 의미를 담고 있답니다.

근대 올림픽의 창시자인 쿠베르탱은 1914년 IOC(국제 올림픽 위원회) 20주년 기념 행사에서 처음으로 오륜기를 선보였고, 그 자리에서 IOC 공식 기로 선택했어요. 그 후 1920년 제7회 올림픽 대회부터 오륜기는 개막식과 폐막식 행사에서 쓰이게 되었으며, 올림픽 기간 동안 주경기장에 걸리게 되었다고 합니다.

DAY 18

[STEP 3]
독해력 완성 테스트

공부 후 붙임딱지
알맞은
붙임딱지를
붙여 주세요.

| 공부한 날 | 월 | 일 |

★★★ :상 ★★❀ :중 ★❀❀ :하

[01~05] 다음 글을 읽고, 물음에 답하세요.

여러분은 숟가락으로 밥을 먹고, 연필로 글씨를 쓰고, 옷을 입고, 사람들과 소통을 하면서 살아가고 있지요? 우리는 이렇게 사회에서 다른 사람들과 함께 살아가기 위한 방법을 배워 나갑니다. 이런 과정을 '사회화'라고 해요.

조금 더 자세히 살펴보면, 사회화란 사회에 필요한 지식이나 가치가 전달되는 과정, 또는 사회생활에 필요한 지식이나 행동 등을 다른 사람들과 함께 살아가며 배우는 과정을 말해요. 사회화 과정을 잘 거쳐야만 사회 속에서 다른 사람들과 함께 잘 어울려 살 수 있답니다.

그렇다면 사람이 사회화가 되지 못하면 무슨 일이 일어날까요? '안나'라는 소녀는 6살까지 다락방에 갇혀서 자랐다고 해요. 안나는 사람들에게 발견된 후, 시카고 대학교의 병원으로 옮겨졌는데, 병원 직원을 물고, 짜증이 날 때 이를 드러내 보이는 등 야생 동물과 같은 행동을 보였어요. 이는 안나가 다른 사람들과 접하지 못해 사회화가 이루어지지 않았기 때문이라고 할 수 있습니다.

안나와 같은 아주 특수한 경우를 뺀다면 대부분의 사람들은 사회화를 거치며 살아갑니다. '인간은 사회적 동물'이라는 말이 있듯이, 우리는 사회 속에서 다른 사람들과 함께 생활하며 살아가게 돼요. 그렇기 때문에 사회화는 아주 중요하답니다.

01 ★★★

다음은 각 단락의 내용을 요약한 것입니다. 빈칸에 들어가기에 알맞은 말을 쓰세요.

1단락	사회화 소개
2단락	사회화의 개념
3단락	(　　　　　)이/가 이루어지지 않은 '안나'의 이야기
4단락	사회화의 중요성

(　　　　　　　　)

02 ★★★

이 글을 읽고 알게 된 점으로 알맞지 <u>않은</u> 말을 한 친구의 이름을 쓰세요.

유민: 우리 반 친구들은 모두 사회화를 겪고 있어.
범기: 사회화를 잘 거쳐야 사회 속에서 잘 살아갈 수 있어.
지유: 숟가락으로 밥을 먹는 법을 배우는 것은 사회화라고 할 수 없어.

(　　　　　　　　)

03 ✽✽✽

글쓴이가 하고 싶은 말로 알맞은 것은 무엇인가요?
( )

① 사람에게 사회화는 아주 중요하다.
② 사람과 동물의 다른 점을 살펴보자.
③ 사회화가 되지 않은 사람을 더 알아보자.
④ 사회화 과정을 잘 거치기 위한 비법이 있다.
⑤ 사회화를 거치지 않아도 살아가는 데 문제가 없다.

04 ✽✽✽

이 글의 내용으로 알맞지 <u>않은</u> 것은 무엇인가요?
( )

① 안나는 사회화가 이루어지지 않았다.
② 대부분의 사람들은 사회화를 거치며 살아간다.
③ 다른 사람 없이 혼자만의 노력으로도 사회화를 거칠 수 있다.
④ 사회화 과정을 잘 거쳐야만 다른 사람들과 잘 살아갈 수 있다.
⑤ 사회에서 다른 사람들과 살아가기 위한 방법을 배우는 것이 사회화이다.

05 ✽✽✽ 서술형

'안나'의 사회화가 이루어지지 못한 까닭을 이 글에서 찾아 쓰세요.

_____

_____

_____

낱말 따라 쓰기

- 의견이나 의사가 서로 잘 전달되는 것 : 소 통
  예 내 의견만 이야기하지 않고 다른 사람의 의견도 들어주는 것이 소통이다.
- 한곳에서 함께 사는 사람들의 집단 : 사 회
  [社-단체 사, 會-모일 회]
  예 사회에서는 서로 지켜야 할 규칙이 있다.
- 어떤 일이 벌어지거나 변하여 가는 차례나 형편 : 과 정
- 연구하거나 교육받거나 체험해서 알게 된 내용 : 지 식
- 귀중하게 여길 만한 성질이나 중요한 것 : 가 치
  예 자유는 우리 모두에게 중요한 가치이다.
- (무엇이) 다른 사람이나 기관에 전하여서 이르게 되다. : 전 달 되 다
- 사회에 속하여 여러 사람들과 관계를 맺으면서 하는 온갖 생활 : 사 회 생 활
  [社-단체 사, 會-모일 회, 生-살 생, 活-살 활]
- (어떤 과정을) 통과하다. : 거 치 다
  예 학생들은 초등학교를 거쳐서 중학교에 들어가게 된다.
- 함께 사귀어 잘 지내다. : 어 울 리 다
- 집의 천장과 지붕 사이에 있는 공간을 이용하여 꾸민 방 : 다 락 방
- 이제까지 찾아내지 못했거나 세상에 알려지지 않은 것이 처음으로 찾아내지다. : 발 견 되 다
  [發-나타날 발, 見-볼 견]
  예 신석기 시대의 유적은 바닷가에서 많이 발견되고 있다.
- 학교 교육의 마지막 단계인 최고 교육 기관, 또는 그런 기관이 들어 있는 건물과 시설 : 대 학 교
  [大-큰 대, 學-배울 학, 校-학교 교]
- 직장에 속하여 일을 하는 사람 : 직 원
- 사람이 기르지 않고 산이나 들에서 저절로 자라는 것 : 야 생 [野-들 야, 生-날 생]
- 보통과는 아주 다르다. : 특 수 하다
  예 이 문제를 해결하기 위해서는 특수한 기계가 필요하다.
- 사회에 관계되는, 또는 사회성을 지닌 : 사 회 적
  예 우리 주변의 사회적 약자들을 배려해야 한다.
- 남들에게 알려지지 않은 특별한 방법 : 비 법

빠른 정답 3쪽, 정답과 풀이 71쪽

✽ 주어진 자음자와 뜻풀이에 알맞은 낱말을 쓰고, 글자판에서 찾아 ○표를 하세요(가로, 세로).

(1) 작은 부분까지 주의하여 : | ㅈ | ㅅ | ㅎ |

(2) 일정한 평면이나 곡면의 넓이 : | ㅁ | ㅈ |

(3) 돈이 없어서 살림이 어렵다. : | ㄱ | ㄴ | ㅎ | ㄷ |

(4) (무엇을) 바라고 원하다. : | ㄲ | ㄲ | ㄷ |

(5) 어떤 일이 되어 가는 형편이나 모양 : | ㅅ | ㅎ |

(6) 큰 의미와 가치가 있다. : | ㅈ | ㅇ | ㅎ | ㄷ |

(7) 어떤 일이 혹시 있을 경우 : | ㅁ | ㅇ |

(8) 어떤 일을 기념하기 위하여 정한 날 : | ㄱ | ㄴ | ㅇ |

(9) 사회에 관계되는, 또는 사회성을 지닌 : | ㅅ | ㅎ | ㅈ |

교	자	세	히	키	통	분	진	면	닥
동	원	치	참	속	사	십	바	적	키
콩	드	가	지	반	꿈	꾸	다	입	서
카	속	난	따	면	혀	통	라	없	혜
키	업	하	싸	색	하	니	눈	재	상
으	준	다	수	억	있	예	중	산	황
러	중	요	하	다	송	공	만	차	숙
불	이	효	하	영	차	충	약	사	기
과	인	안	의	우	파	지	과	보	념
율	사	회	적	선	채	준	하	너	일

STEP 4

단락 간의 관계 이해하기

단락 간의 관계를 이해하면 어떤 일이 되어 가는 단계, 대상이 변해 가는 과정 등 글의 흐름을 쉽게 알 수 있어요!

★ **단락 간의 관계 이해란?**

각 단락이 서로 어떻게 이어져 있는지 알아보는 것입니다.

● **단락 간의 관계를 이해해야 하는 이유**

각 단락이 어떻게 연결되어 있는지를 이해하면 글 전체에서 이야기하고자 하는 것이 무엇인지 쉽게 알 수 있어요.

☀ **단락 간의 관계를 이해하는 방법(이어 주는 말 확인)**

– '그리고, 또, 또한, 마찬가지로' 등의 이어 주는 말이 나오면 앞의 내용과 비슷한 내용이 이어질 것을 알 수 있어요.

– '그러나, 하지만, 그렇지만, 그럼에도' 등의 이어 주는 말이 나오면 앞의 내용과 반대되거나 다른 방향의 내용이 이어질 것을 알 수 있어요.

– '그러므로, 그래서, 따라서' 등의 이어 주는 말이 나오면 앞의 내용이 이유가 되는 결과가 이어질 것을 알 수 있어요.

– '즉, 정리하면' 등의 이어 주는 말이 나오면 앞의 내용을 요약하는 내용이 이어질 것을 알 수 있어요.

공부 후 붙임딱지!
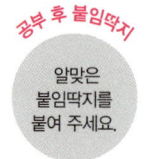
알맞은
붙임딱지를
붙여 주세요.

공부한 날	월	일

빠른 정답 3쪽

지문 확인

깜박하고 필통을 놓고 온 지민이가 나영이에게 연필을 빌렸어요. 수업이 다 끝나고 지민이가 나영이에게 빌린 연필을 돌려주려고 하는데, 연필을 그만 잃어버리고 말았습니다. 지민이는 "나영아, 미안해."라고 진심으로 사과했지만, 나영이는 "빌려준 걸 잃어버리면 어떻게 해!"라며 화를 냈어요. 나영이는 듣는 사람의 기분을 생각하지 않고 말을 한 거예요.

대화할 때 듣는 사람의 기분을 생각하며 말하는 것은 중요합니다. 듣는 사람의 기분을 생각하며 말하면, 자신이 하고 싶은 말을 듣는 사람의 기분이 나쁘지 않게 전달할 수 있어요. 이러면 즐거운 대화가 가능해지고, 듣는 사람과도 더 친해질 수 있답니다.

그럼 어떻게 듣는 사람의 기분을 생각하며 말할 수 있을까요? 먼저, 듣는 사람의 상황이 어떠한지 생각해 보아야 합니다. (㉠) 듣는 사람을 진심으로 위하는 마음가짐이 필요해요. 말을 할 때는 신중히 생각해서 말하고, 상황에 어울리는 표정으로 말하면 더욱 좋겠지요.

다시 지민이와 나영이의 대화로 가 봅시다. 나영이에게 미안한 마음을 갖고 사과하는 지민이의 기분을 생각한다면 나영이는 어떻게 말할 수 있을까요? "괜찮아. 실수로 잃어버린 건데, 뭘."이라고 말하며 지민이를 배려하는 마음을 보여 준다면 좋겠죠?

- 1단락 요약 :
듣는 사람의
1) ☐☐ 을/를 생각
하지 않고 말한 경우

- 2단락 요약 :
듣는 사람의 기분을 생각하며 말하면 좋은 점

- 3단락 요약 :
듣는 사람의
2) ☐☐ 을/를 생각
하며 말하는 방법

- 4단락 요약 :
듣는 사람의 기분을 생각하고 말한 경우

낱말 따라 쓰기

- (어떤 것을) 기억하지 못하거나 주의를 기울이지 못하다. :
☐깜☐박 하다 예 약속 시간을 깜박해서 모임에 늦었다.

- 진실한 마음 : ☐진☐심 [眞-참 진, 心-마음 심]

- 자기의 잘못을 인정하고 용서를 구하다. : ☐사☐과 하다

- 서로 이야기를 주고받다. : ☐대☐화 하다
[對-대할 대, 話-말할 화]

- (무엇을) 받게 하다. : ☐전☐달 하다
예 나는 부모님께 꽃을 전달해 드렸다.

- (어떤 일이) 될 수 있다. : ☐가☐능 하다
[可-옳을 가, 能-능할 능]
예 가능하면 음식을 꼭꼭 씹어 먹는 것이 좋다.

- 어떤 일이 되어 가는 형편이나 모양 : ☐상☐황

STEP **4** 단락 간의 관계 이해하기

빠른 정답 3쪽

단락 간의 관계 이해하기는 각 단락들이 서로 어떻게 이어져 있는지 알아보는 것입니다.
각 단락이 어떻게 연결되어 있는지를 이해하면 글 전체에서 이야기하고자 하는 것이 무엇인지 쉽게 알 수 있어요.

★ **단락 간의 관계를 이해하는 방법** (이어 주는 말 확인)

- '그리고, 또, 또한, 마찬가지로' 등이 나오면 앞의 내용과 비슷한 내용이 이어질 것을 알 수 있어요.
- '그러나, 하지만, 그렇지만, 그럼에도' 등이 나오면 앞의 내용과 반대되거나 다른 방향의 내용이 이어질 것을 알 수 있어요.
- '그러므로, 그래서, 따라서' 등이 나오면 앞의 내용으로 인해 나타나는 결과가 이어질 것을 알 수 있어요.
- '즉, 정리하면' 등이 나오면 앞의 내용을 요약하거나, 다시 한번 말하면서 강조하는 내용이 이어질 것을 알 수 있어요.
- '이, 그, 저, 이러한' 등이 나오면 이 표현들이 앞의 내용 중 무엇을 가리키는지 살펴보세요.

1단락

듣는 사람의 기분을 생각하지 않고 말한 상황을 보여 주고 있어요. 그러므로 1단락을 요약하면 '듣는 사람의 기분을 생각하지 않고 말한 경우'입니다.

[단락 간의 관계] 대화할 때 듣는 사람의 ¹⁾☐☐ 을/를 생각하지 않고 말한 경우를 보여 주었으므로 상대의 기분을 생각하며 말하는 것에 관한 내용이 뒤에 이어질 것을 예상할 수 있어요.

2단락

듣는 사람의 기분을 생각하며 말하면 좋은 점을 설명하고 있으므로 2단락을 요약하면 '듣는 사람의 ²⁾☐☐ 을/를 생각하며 말하면 좋은 점'입니다.

[단락 간의 관계] 1단락과 관련하여 상대의 기분을 생각하며 말하면 좋은 점을 이야기하고 있어요.

3단락

어떻게 듣는 사람의 기분을 생각하며 말할 수 있는지를 설명하고 있네요. 그러므로 3단락을 요약하면 '듣는 사람의 ³⁾☐☐ 을/를 생각하며 말하는 방법'입니다.

[단락 간의 관계] '그럼 어떻게 듣는 사람의 기분을 생각하며 말할 수 있을까요?'라는 첫 번째 문장에 대해 그 방법을 설명하며 답하고 있어요.

4단락

1단락에서 소개한 예시에서 어떻게 듣는 사람의 기분을 생각하며 말하는 것으로 바꿀 수 있는지 설명하고 있으므로 4단락을 요약하면 '듣는 사람의 기분을 ⁴⁾☐☐ 하고 말한 경우'입니다.

[단락 간의 관계] '다시'라는 말로 1단락의 상황을 가져오고 있어요. 상황을 듣는 사람의 기분을 생각하고 말한 답변으로 바꾸며 글을 마무리하고 있네요.

- 이 글은 1단락에서 듣는 사람의 기분을 생각하지 않고 말한 경우를 들고 있어요.
- 2단락에서는 중심 낱말인 '듣는 사람의 기분을 생각하며 말하는 것'을 소개하고, 3단락에서는 그 방법을 설명하고 있어요.
- 4단락에서는 1단락의 상황을 올바르게 고치며 글을 마무리하고 있어요.

★ **[단락 간의 관계] 정리**

- 1단락: 듣는 사람의 기분을 생각하지 않고 말한 경우
- 2단락: 듣는 사람의 기분을 생각하며 말하면 좋은 점 ┐ 중심 낱말 관련 상황 소개
- 3단락: 듣는 사람의 기분을 생각하며 말하는 방법 ┘ 중심 낱말 소개 및 방법
- 4단락: 듣는 사람의 기분을 생각하고 말한 경우
  — 1단락 수정, 마무리

DAY **19**

빠른 정답 3쪽, 정답과 풀이 38쪽
✎ 뜻을 정확히 모르는
낱말들을 적어 보세요!

01

각 단락을 정리할 때, (   ) 안에 들어가기에 알맞은 말에 ○표 하세요.

> 1단락에서는 듣는 사람의 기분을 생각하지 않고 말한 경우를 소개하
> 고, 2단락에서는 듣는 사람의 기분을 생각하며 말하면 (좋은 점 , 나쁜
> 점)을, 3단락에서는 듣는 사람의 기분을 생각하며 말하는 (순서 , 방법)
> 을/를 설명하고 있다. 4단락에서는 듣는 사람의 기분을 생각하고 말한
> 경우로 글을 마무리하고 있다.

02

다음은 듣는 사람의 기분을 생각하며 말하는 것에 대해 정리한 내용입니다. ㉮,
㉯에 들어가기에 알맞은 말을 쓰세요.

좋은 점	방법
즐거운 (㉮)이/가 가능해지고, 듣는 사람과 더 친해질 수 있음.	– 듣는 사람의 (㉯) 생각하기 – 신중히 생각해서 말하기

㉮ : (   ), ㉯ : (   )

03

다음은 두 사람이 길에서 부딪힌 상황입니다. 이 글의 내용에 비추어 볼 때, 알맞
지 <u>않은</u> 말을 한 사람은 누구인가요?   (   )

앞 좀 잘 보고
다니세요!

아저씨나
잘 보고 다니시죠.

① 민지: 서로의 말을 듣고 두 사람 모두 기분이 나빴을 거야.
② 동훈: "괜찮으세요?", "죄송합니다."와 같은 말을 해야 했어.
③ 주영: 두 사람 모두 듣는 사람의 기분을 생각하지 않은 말을 했어.
④ 영서: 듣는 사람의 기분을 생각해서 말하려면 신중히 생각해야 해.
⑤ 성민: 두 사람 모두 듣는 사람의 상황이 어떠한지 생각하고 말했어.

04

3단락의 ㉠에 들어갈 이어 주는 말로 가장 알맞은 것은 무엇인가요?   (   )

① 하지만   ② 그러나   ③ 그리고   ④ 그런데   ⑤ 왜냐하면

낱말 따라 쓰기

● (무엇을) 이롭게 하거나
도우려 하다. : 위 하다

● 마음을 쓰는 태도 :
마 음 가 짐

● 생각을 매우 조심스럽게 :
신 중 히
예 무슨 일이든 신중히
생각해야 한다.

● 마음속의 감정이 얼굴에
드러난 모습 : 표 정
[表–겉 표, 情–뜻 정]

● 관심을 가지고 보살펴 주
다. : 배 려 하다
예 지하철에서 노약자
를 배려합시다.

문제 이해하고 풀기

01 단락 간의 관계 이해하기

각 단락의 중심 내용을 떠올리면서 단락들이 서로 어떻게 이어져 있는지 살펴보세요.

1단락에서는 듣는 사람의 기분을 생각하지 않고 말한 경우를 소개하고 있어요.

2단락에서는 듣는 사람의 기분을 생각하며 말하면 좋은 점을 설명하고 있어요.

3단락에서는 듣는 사람의 기분을 생각하며 말하는 방법을 설명하고 있네요.

4단락에서는 듣는 사람의 기분을 생각하고 말한 경우로 글을 마무리하고 있어요.

정답은 _____, _____입니다.

02 내용 이해하기

이 글의 내용 중 듣는 사람의 기분을 생각하며 말하는 것의 좋은 점과 그 방법을 보여 주고 있어요. 주어진 내용을 이해하려면 이 글의 어느 부분을 살펴봐야 하는지 생각해 보세요.

❀ 이 글의 2단락과 3단락에 주목해 보세요.

* 근거 ②단락 ❸번째 문장: 이러면 즐거운 대화가 가능해지고, 듣는 사람과도 더 친해질 수 있답니다.

* 근거 ③단락 ❷번째 문장: 먼저, 듣는 사람의 상황이 어떠한지 생각해 보아야 합니다.

정답은 ㉮: _____, ㉯: _____입니다.

03 내용 적용하기

두 사람 모두 듣는 사람을 생각하지 않고 말하고 있어요.

❀ 각각의 선택지 내용을 순서대로 살펴볼게요.

① 민지: 서로의 말을 듣고 두 사람 모두 기분이 나빴을 거야. (○)

🍃 두 사람 모두 듣는 사람을 생각하지 않고 말했으므로 기분이 나빴을 거예요.

② 동훈: "괜찮으세요?", "죄송합니다."와 같은 말을 해야 했어. (○)

③ 주영: 두 사람 모두 듣는 사람의 기분을 생각하지 않은 말을 했어. (○)

④ 영서: 듣는 사람의 기분을 생각해서 말하려면 신중히 생각해야 해. (○)

* 근거 ③단락 ❹번째 문장: 말을 할 때는 신중히 생각해서 말하고, ~ 더욱 좋겠지요.

⑤ 성민: 두 사람 모두 듣는 사람의 상황이 어떠한지 ~~생각하고 말했어.~~ (×)

* 근거 ③단락 ❶, ❷번째 문장: 그럼 어떻게 듣는 사람의 기분을 생각하며 말할 수 있을까요? 먼저 듣는 사람의 상황이 어떠한지 생각해 보아야 합니다.

🍃 두 사람 모두 서로를 탓하는 말을 했어요. 따라서 두 사람은 듣는 사람의 기분을 생각하지 않고 말했으므로 듣는 사람의 상황을 생각하지 않고 말한 거예요.

정답은 _____입니다.

04 올바른 접속어 찾기

❀ 각각의 선택지 내용을 순서대로 살펴볼게요.

① 하지만 (×)

🍃 '하지만'은 서로 같지 않은 사실을 나타내는 두 문장을 이어 주는 말이에요.

② 그러나 (×)

🍃 '그러나'는 서로 반대되는 내용을 말할 때 쓰는 이어 주는 말이에요.

③ 그리고 (○)

🍃 ㉠의 앞, 뒤 모두 듣는 사람의 기분을 생각하며 말하는 방법을 설명하고 있어요. 따라서 비슷한 내용을 나란히 연결하는 '그리고'가 들어가야 합니다.

④ 그런데 (×)

🍃 '그런데'는 앞의 내용과 다른 방향으로 문장을 이끌어 갈 때 쓰는 이어 주는 말이에요.

⑤ 왜냐하면 (×)

🍃 '왜냐하면'은 뒤 문장이 앞 문장의 원인이 될 때 쓰는 이어 주는 말이에요.

정답은 _____입니다.

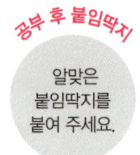
지문 확인

은서는 여러 개의 곱셈식과 나눗셈식을 풀어 보았습니다. '4×5=□', '8÷2=□' 등을 풀다 보니 은서는 곱셈 기호인 '×(곱하기)'와 나눗셈 기호인 '÷(나누기)'가 어디에서 왔는지 궁금해졌어요. 쓰기도 쉽고 모양도 재미나게 생긴 '×'와 '÷'는 어디에서 왔을까요?

곱셈 기호인 '×'를 처음 사용한 사람은 영국의 수학자인 오트레드입니다. 오트레드는 원래 십자가 모양의 '+'를 곱하기를 뜻하는 기호로 쓰려고 했지만, '+'는 이미 더하기를 뜻하는 기호로 사용되고 있었어요. 따라서 오트레드는 '+'를 눕힌 모양인 '×'를 곱한다는 뜻으로 사용하기 시작했습니다.

나눗셈 기호인 '÷'는 스위스의 수학자인 하인리히 란이 처음 사용한 기호로 알려져 있습니다. '÷'가 등장하기 전에는 나누기를 모두 분수로 표시했어요. 따라서 분수의 모양을 따라 나누기를 뜻하는 기호인 '÷'를 만들었답니다. '÷'의 가운데 선은 분수에서 분자와 분모를 가르는 선을 의미하고, 위와 아래에 있는 점은 각각 분자와 분모를 뜻해요.

'×'와 '÷'를 이용하면 셈을 간단하게 표현할 수 있으며, 문제의 뜻을 금세 알아차릴 수 있어요. 그동안 무심코 썼던 '×'와 '÷'가 우리 생활을 편리하게 해 준 기호라니, 기특하죠?

- 1단락 요약 :
  '×'와 '1)[ ]'의 유래에 대한 궁금증

- 2단락 요약 :
  '2)[ ]'의 유래

- 3단락 요약 :
  '÷'의 유래

- 4단락 요약 :
  '×'와 '÷'를 이용하면 좋은 점

낱말 따라 쓰기

- (모르는 문제를) 답을 알아내거나 해결하다. : 풀 다

- 어떠한 뜻을 전달하기 위한 일정한 표시 : 기 호
  예 지도에는 여러 기호가 쓰인다.

- 수학을 전문적으로 연구하는 학자 : 수 학 자
  [數-셀 수, 學-배울 학, 者-사람 자]

- 중요한 일에 관련된 새로운 인물이나 사물이 세상에 나타나다. : 등 장 하다
  예 휴대 전화가 등장하면서 일상생활이 편해졌다.

- (수학에서) 가로 그은 짧은 금 위의 수를 그 금 아래의 수로 나누는 것을 나타낸 것 : 분 수
  [分-나눌 분, 數-셀 수]

- 표나 사물로 어떤 사실을 알리든가 나타내다. : 표 시 하다
  예 달력에 일정을 표시해 놓았다.

- (무엇을) 나누어 따로 되게 하다. : 가 르 다
  예 게임을 하기 위해 팀을 갈랐다.

- 수를 헤아리는 것, 수를 알아내는 것 : 셈

01

각 단락에 대한 설명으로 알맞지 <u>않은</u> 것은 무엇인가요? (   )

① 1단락에서는 곱셈과 나눗셈을 하는 방법을 이야기하고 있다.

② 2단락에서는 '×'의 유래에 대해 설명하고 있다.

③ 3단락에서는 '÷'의 유래에 대해 설명하고 있다.

④ 4단락에서는 '×'와 '÷'를 이용하면 좋은 점을 말하며 글을 마무리하고 있다.

빠른 정답 3쪽, 정답과 풀이 39~40쪽

정답 콕콕 특강

01 단락 간의 관계 이해하기

각 단락의 핵심 문장을 찾으면 단락 간의 관계를 이해하기 쉬워요.

02

글쓴이가 이 글을 쓴 까닭으로 알맞은 것의 기호를 쓰세요.

> ㉠ 수학자가 되는 과정을 설명하기 위해
> ㉡ 곱셈과 나눗셈의 중요함을 설명하기 위해
> ㉢ '×'와 '÷'가 어떻게 생겨났는지를 알려 주기 위해
> ㉣ '×'와 '÷'를 올바르게 쓰는 방법을 알려 주기 위해

(   )

02 글쓴이의 의도 이해하기

이 글의 주제를 찾으면 글쓴이의 의도를 파악하기 쉬워요.

DAY
20

낱말 따라 쓰기

● 쉽고 짧으며 복잡하지 않다. : 간 단 하다

● 시간이 얼마 지나지 않아서, 시간이 조금 지난 뒤에 :
   금 세 예 그 약은 효과가 금세 나타났다.

● (상황이나 사실을 판단하거나 깨닫고) 주의하거나 마음을 정하다. : 알 아 차 리 다

● 별로 주의를 기울이지 않으면서 : 무 심 코

● 매일매일 살아가는 것 : 생 활 [生 - 살 생, 活 - 살 활]

● 힘이 들지 않고 이용하기 쉽다. : 편 리 하다
   [便 - 편할 편, 利 - 이로울 리]
   예 이 기계는 사용하기에 편리하다.

● (말이나 하는 짓이) 놀라우면서도 귀엽다. : 기 특 하다
   예 선생님께서 나에게 부모님을 생각하는 마음이 기특하다며 칭찬해 주셨다.

● (어떤 것이) 전부터 전해 내려오는 것, 또는 그 전해져 온 역사 : 유 래 [由 - 말미암을 유, 來 - 올 래]

03

다음 괄호 안에 들어가기에 알맞은 말을 골라 ○표 하세요.

(1) '×'는 '(+ , −)'를 눕힌 모양이다.

(2) '÷'는 수학자 '(오트레드 , 하인리히 란)'이/가 처음 쓴 기호이다.

03 **내용 이해하기**

선택지와 글의 내용을 비교해 보고, 각각의 내용이 이 글의 어디에 나오는지 찾아보세요.

04

다음은 이 글을 읽고 학생들이 나눈 대화입니다. 이 글의 내용에 비추어 볼 때, 올바르게 말한 두 명의 이름을 쓰세요.

> 해영: '×'와 '÷'를 이용하면 암산을 빨리 할 수 있어.
> 효민: '×'와 '÷'를 이용하면 셈을 간단하게 표현할 수 있어.
> 지희: '×'와 '÷'를 이용하면 문제의 뜻을 금세 알아차릴 수 있어.

(,   )

04 **내용 적용하기**

대화의 내용은 이 글의 설명과 맞아야 해요. 학생의 대화가 지문의 어느 부분에 나오는 내용인지 살펴보세요.

05 서술형

분수의 모양을 따라 '÷'를 만든 까닭을 이 글에서 찾아 쓰세요.

_____

_____

_____

05 **내용 추론하기**

3단락에 나눗셈 기호에 대한 설명과 사용하게 된 까닭이 나와 있어요.

[01~04] 주어진 뜻풀이에 알맞은 낱말을 〈보기〉에서 찾아 쓰세요.

〈보기〉

| 무심코 | 진심 | 금세 | 표정 |

01 마음속의 감정이 얼굴에 드러난 모습 :

_____

02 별로 주의를 기울이지 않으면서 :

_____

03 진실한 마음 : _____

04 시간이 얼마 지나지 않아서, 시간이 조금 지 난 뒤에 : _____

[05~09] 주어진 자음자와 뜻풀이를 보고, 빈칸에 알 맞은 낱말을 쓰세요.

05 이 계산기는 숫자가 큼직해서 사용하기에
ㅍ ㄹ 하다.
힘이 들지 않고 이용하기 쉽다.

06 사과를 네 조각으로 ㄱ ㄹ ㄷ .
(무엇을) 나누어 따로 되게 하다.

07 친구를 ㅂ ㄹ 하는 마음으로 대해야 한다.
관심을 가지고 보살펴 주다.

08 우리는 매우 ㅅ ㅈ ㅎ 메뉴를 정했다.
생각을 매우 조심스럽게

09 지도에 가고 싶은 여행지를 ㅍ ㅅ 해 놓 았다.
표나 사물로 어떤 사실을 알리든가 나타내다.

[10~13] 주어진 뜻풀이에 알맞은 낱말을 연결하세요.

10 (말이나 하는 짓 이) 놀라우면서도 귀엽다. •

• ㉠ 등장하다

11 중요한 일에 관련 된 새로운 인물이 나 사물이 세상에 나타나다. •

• ㉡ 간단하다

12 (어떤 일이) 될 수 있다. •

• ㉢ 가능하다

13 쉽고 짧으며 복잡 하지 않다. •

• ㉣ 기특하다

DAY 20

[14~17] 주어진 문장의 빈칸에 알맞은 낱말을 〈보기〉 에서 찾아 쓰세요.

〈보기〉

| 깜박 | 생활 | 사과 | 풀 |

14 사람마다 □□ 방식이 다르다.

15 나는 오랫동안 씨름하던 문제를 □었다.

16 나는 □□하고 준비물을 안 가져왔다.

17 지희는 내 어깨를 치고 나서 □□하지 않고 화를 냈다.

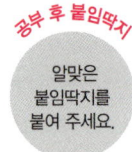
공부 후 붙임딱지

알맞은
붙임딱지를
붙여 주세요.

공부한 날	월	일

빠른 정답 3쪽

지문 확인

무더운 여름이 지나고, 가을이 오면 날씨가 시원해지고 낮이 짧아집니다. 초록색이던 나뭇잎이 빨갛게, 노랗게 물들어가고, 울긋불긋 예쁘게 변신한 산에는 단풍놀이를 즐기러 온 사람들로 북적이지

요. 이렇게 가을이 되어 나무의 잎이 노란색, 붉은색 등으로 변하는 것을 '단풍'이라고 합니다. 그렇다면 왜 가을에 나무들이 잎의 색을 바꾸는 걸까요?

먼저 단풍이 드는 과정을 살펴보면, 나무가 잎을 떨어뜨리려는 것에서 시작해요. 가을에는 기온이 낮아지고, 여름과 달리 비도 많이 내리지 않아서 나무가 얻을 수 있는 햇빛과 물이 줄어듭니다. 그래서 영양분과 수분이 빠져나가는 것을 막기 위해 나무는 잎을 떨어뜨리려 하지요.

이 과정에서 나무를 초록색으로 보이게 하는 색소인 엽록소가 파괴돼요. 엽록소가 파괴되면서 그동안 보이지 않았던 빨간색이나 노란색을 띠는 색소들이 나타나게 됩니다. 엽록소의 파괴로 등장한 이 색소들이 나뭇잎을 빨갛고 노랗게 물들이기 때문에 단풍이 들게 되는 거예요.

이 색소들은 기온 차가 클수록 색이 더 밝아지기 때문에 밤낮의 기온 차가 클수록 단풍이 더욱 아름답게 물들어요. _____(가)_____ 아래보다 일찍 기온이 낮아지는 산의 꼭대기에 단풍이 먼저 들기 시작하여 산 아래로 내려오게 된답니다.

- **1단락 요약 :**
  1) ☐☐ 의 소개

- **2단락 요약 :**
  단풍이 드는 과정 ① 나무가 잎을 떨어뜨리려 함.

- **3단락 요약 :**
  단풍이 드는 과정 ②
  2) ☐☐☐ 파괴

- **4단락 요약 :**
  단풍과 3) ☐☐ 의 관계

낱말 따라 쓰기

- 습도와 온도가 매우 높아 찌는 듯 견디기 어렵게 덥다. :
  무 덥 다 ㉇ 교실 안은 찌는 듯 <u>무더웠다.</u>
- 빛깔이 스미거나 넓게 퍼지다. : 물 들 다
- 여러 가지 짙은 빛깔이 다른 빛깔들과 화려하게 뒤섞여 있는 모양을 나타낸다. : 울 긋 불 긋
- 몸·모습, 또는 마음을 전과 다르게 바꾸다. : 변 신 하다
- 어떤 일이 벌어지든가 변하여 가는 차례나 형편 : 과 정

- 많은 사람이 한 곳에 모여 매우 수선스럽게 들끓다. :
  북 적 이 다 ㉇ 시장은 사람들로 <u>북적였다.</u>
- 공기의 온도 : 기 온 [氣-기운 기, 溫-따뜻할 온]
- (식품에 들어 있는) 영양이 되는 성분 : 영 양 분
- 무엇에 섞이거나 스며 있는 물, 물의 성분 : 수 분
- 물체가 색깔을 띨 수 있게 하는 성분 : 색 소

STEP 4 단락 간의 관계 이해하기

빠른 정답 3쪽

★ 단락 간의 관계를 이해하는 방법 (이어 주는 말 확인)

· '그리고, 또, 또한, 마찬가지로' 등이 나오면 앞의 내용과 비슷한 내용이 이어질 것을 알 수 있어요.

· '그러나, 하지만, 그렇지만, 그럼에도' 등이 나오면 앞의 내용과 반대되거나 다른 방향의 내용이 이어질 것을 알 수 있어요.

· '그러므로, 그래서, 따라서' 등이 나오면 앞의 내용으로 인해 나타나는 결과가 이어질 것을 알 수 있어요.

· '즉, 정리하면' 등이 나오면 앞의 내용을 요약하거나, 다시 한번 말하면서 강조하는 내용이 이어질 것을 알 수 있어요.

· '이, 그, 저, 이러한' 등이 나오면 이 표현들이 앞의 내용 중 무엇을 가리키는지 살펴보세요.

1단락

가을에 단풍이 드는 모습을 이야기하면서 단풍의 뜻을 설명하고, 단풍이 드는 까닭을 궁금해하고 있어요. 그러므로 1단락을 요약하면 '단풍의 소개'입니다.

[단락 간의 관계] '그렇다면 왜 ¹⁾[|]에 나무들이 잎의 색을 바꾸는 걸까요?'라는 마지막 문장을 통해 뒤에 이어질 내용을 예상할 수 있어요.

2단락

단풍이 드는 까닭을 알아보기 위해 단풍이 드는 과정을 살피고 있어요. 여름에서 가을로 계절이 바뀌면서 나무가 영양분과 수분이 빠져나가는 것을 막기 위해 잎을 떨어뜨린다고 이야기하고 있네요. 그러므로 2단락을 요약하면 ²⁾[|]이/가 드는 과정 ① 나무가 잎을 떨어뜨리려 함.'입니다.

[단락 간의 관계] 2단락이 '먼저'라는 말로 시작하고, 단풍이 드는 과정을 설명하는 것을 통해 다음 단락에서도 2단락에 이어 단풍이 드는 과정을 설명할 것임을 짐작할 수 있어요.

3단락

나무가 잎을 떨어뜨리는 과정에서 엽록소가 파괴되고, 빨간색이나 노란색을 띠는 색소들이 나타나면서 단풍이 든다고 설명하고 있어요. 그러므로 3단락을 요약하면 '단풍이 드는 과정 ② 엽록소 파괴'입니다.

[단락 간의 관계] 2단락에 이어서 3단락에서도 단풍이 드는 과정을 이야기하면서, 단풍이 드는 까닭에 대해 설명하고 있네요.

4단락

기온 차가 클수록 단풍이 더 아름답게 물든다고 이야기하고 있으므로 4단락을 요약하면 '³⁾[|] 와/과 기온의 관계'입니다.

[단락 간의 관계] '이 색소들은'이라는 말로 시작하여 3단락에서 이야기한 내용에 덧붙여 단풍과 기온의 관계를 설명하고 있어요.

· 이 글은 1단락에서 글 전체의 중심 낱말인 '단풍'을 소개하고 있어요.

· 2단락과 3단락에서는 단풍이 드는 과정을 나무가 잎을 떨어뜨리고 그 과정에서 엽록소가 파괴되는 것으로 설명하고 있어요.

· 4단락에서는 단풍과 기온의 관계를 이야기하며 글을 마무리하고 있어요.

★ [단락 간의 관계] 정리

· 1단락: 단풍의 소개 ― 중심 낱말 소개

· 2단락: 단풍이 드는 과정 ① 나무가 잎을 떨어뜨리려 함. ┐ 중심 낱말의 과정 설명

· 3단락: 단풍이 드는 과정 ② 엽록소 파괴 ┘

· 4단락: 단풍과 기온의 관계 ― 중심 낱말과 기온의 관계 설명

빠른 정답 3쪽, 정답과 풀이 41~42쪽

01

각 단락에 대한 설명으로 알맞지 <u>않은</u> 것은 무엇인가요?　　　　　　(　　　)

① 1단락에서는 중심 낱말인 단풍을 소개하고 있다.
② 2단락에서는 나무가 잎을 떨어뜨리는 것을 설명하고 있다.
③ 3단락에서는 나무의 엽록소가 파괴되는 것을 설명하고 있다.
④ 4단락에서는 단풍이 들지 않는 나무를 소개하고 있다.

> 정답 콕콕 특강
>
> **01 단락 간의 관계 이해하기**
> 각 단락의 중심 내용과 단락 간의 관계를 떠올리며 문제를 풀어 보세요.

02

단풍이 드는 과정을 정리한 것입니다. ㉠~㉢에 들어가기에 알맞은 말을 쓰세요.

> 가을에 기온이 낮아져서 나무가 얻을 수 있는 햇빛, 물이 줄어듦. → 영양분, 수분이 빠져나가는 것을 막기 위해 나무가 (　㉠　)을/를 떨어뜨림. → 나무를 초록색으로 보이게 하는 색소인 (　㉡　)이/가 파괴됨. → 빨간색이나 노란색을 띠는 색소들이 나타남. → (　㉢　)이/가 듦.

㉠: (　　　　　　　　), ㉡: (　　　　　　　　), ㉢: (　　　　　　　　)

> **02 내용 이해하기**
> 2, 3단락에 거쳐 단풍이 드는 과정을 설명하고 있어요.

03

4단락의 밑줄 친 (가)에 들어갈 이어 주는 말로 가장 알맞은 것은 무엇인가요?

(　　　)

① 또한　　② 하지만　　③ 그리고　　④ 그래서　　⑤ 왜냐하면

> **03 올바른 접속어 찾기**
> 앞 문장과 뒤 문장의 관계를 살펴보면 올바른 접속어를 찾을 수 있어요.

04　서술형

밤낮의 기온차가 클수록 단풍이 아름답게 물드는 까닭을 이 글에서 찾아 쓰세요.

_____

_____

_____

> **04 내용 추론하기**
> 4단락에서 단풍과 기온의 관계를 설명하고 있어요.

--- 낱말 따라 쓰기

● 에너지를 태양으로부터 얻어서 광합성을 하는 식물의 녹색
요소 : | 엽 | 록 | 소 |

● 못 쓰게 부서지거나 깨뜨려져 헐리다. : | 파 | 괴 | 되 | 다 |

● (여러 사물을 비교했을 때 나타나는) 서로 다른 정도 : | 차 |

[01~04] 주어진 뜻풀이에 알맞은 낱말을 〈보기〉에서 찾아 쓰세요.

〈 보기 〉

과정   무덥다   북적이다   수분

01 많은 사람이 한 곳에 모여 매우 수선스럽게 들끓다. : _____

02 습도와 온도가 매우 높아 찌는 듯 견디기 어렵게 덥다. : _____

03 무엇에 섞이거나 스며 있는 물, 물의 성분 : _____

04 어떤 일이 벌어지든가 변하여 가는 차례나 형편 : _____

[05~09] 주어진 자음자와 뜻풀이를 보고, 빈칸에 알맞은 낱말을 쓰세요.

05 지구의 오존층이 ㅍ ㄱ 되고 있다.
못 쓰게 부서지거나 깨뜨려져 헐리다.

06 은행잎이 노랗게 ㅁ ㄷ ㄷ.
빛깔이 스미거나 넓게 퍼지다.

07 비빔밥은 ㅇ ㅇ ㅂ 이/가 풍부한 음식이다.
(식품에 들어 있는) 영양이 되는 성분

08 이 장난감은 자동차에서 로봇으로 ㅂ ㅅ 한다.
몸·모습, 또는 마음을 전과 다르게 바꾸다.

09 내일은 전국의 ㄱ ㅇ 이/가 영하로 떨어진다.
공기의 온도

DAY
21

배경지식

일 년 내내 푸른 나무도 있어요!

추운 날씨에도 아랑곳하지 않고 푸른 잎을 뽐내는 나무들이 있답니다. 어떤 나무들이 일 년 내내 푸른빛을 띠는지 알아볼까요?

먼저, 주변에서 흔히 볼 수 있는 소나무가 있어요. 우리나라 사람들이 좋아하는 나무 중 하나인 소나무는 사람에게 좋은 영향을 줍니다. 소나무는 다른 나무들에 비해 10배나 강한 '피톤치드'를 분비하는데, 이 피톤치드가 사람들에게 안정감을 준답니다.

다음으로, 동백나무가 있습니다. 동백나무는 주로 섬에서 자라요. 동백나무는 두껍고 넓은 잎을 가지고 있으며, 늦겨울과 초봄 사이에 빨간색 혹은 하얀색의 꽃을 피운답니다.

마지막으로, 사철나무는 햇빛이 거의 없어도 충분히 살아갈 수 있고, 어디서나 잘 적응하는 나무예요. 6 m까지 자랄 수 있고, 초여름에는 진하지 않은 누런색의 꽃이 핀답니다.

▲ 소나무

▲ 동백나무

[사회]

DAY 22

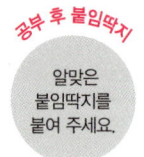
공부 후 붙임딱지
알맞은
붙임딱지를
붙여 주세요.

공부한 날	월	일

빠른 정답 3쪽

우리는 힘들고 귀찮은 일을 할 때, '누군가 대신해 줬으면……'하고 생각하기도 해요. 이렇게 사람들이 하기 힘들거나 귀찮은 일을 누군가에게 시키고 싶은 마음에서 만든 기계가 있습니다. 바로 '로봇'이지요. 로봇이라는 말은 체코의 작가인 차페크가 처음 사용했습니다. '힘들고 하기 싫은 일'이라는 뜻의 '로보타'에서 나온 말이에요. 우리 생활 곳곳에서 로봇이 어떻게 이용되고 있는지 알아볼까요?

의료 분야에서는 환자의 병을 살피거나 수술을 정확하게 도와주는 '의료용 로봇'이 이용되고 있어요. 우주 항공 분야에서는 인간이 가까이 가기 어려운 행성의 환경이나 상태를 조사하기 위해 '탐사 로봇'을 이용하고 있지요.

사람들이 하기 싫어하는 청소를 대신해 주는 로봇도 있어요. '로봇청소기'는 스스로 움직이면서 먼지를 빨아들이고, 물걸레 청소도 해 주지요. 또한 몸을 움직이기 어려운 장애인을 위해 만들어진 '휠체어 로봇'도 있어요. 로봇 팔이 계단 위로 휠체어의 앞바퀴를 올려놓아 주기 때문에 장애인도 어렵지 않게 계단을 오르내릴 수 있어요.

이처럼 로봇은 우리 생활 곳곳에서 유용하게 쓰이고, 우리 생활을 편리하게 해 줍니다. 과학 기술이 발전하면서 앞으로 더 많은 로봇이 만들어지면, 사람들의 생활은 더욱 편리해지겠지요?

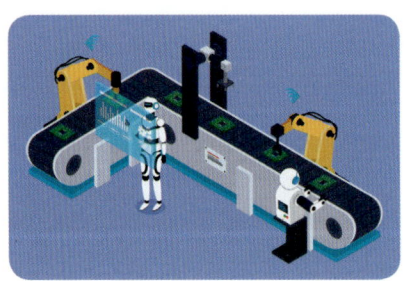

지문 확인

- 1단락 요약 :
  1) ☐☐ 의 소개

- 2단락 요약 :
  생활 속 로봇 ① 의료용 로봇,
  2) ☐☐ 로봇

- 3단락 요약 :
  생활 속 로봇 ② 로봇청소기, 휠체어 로봇

- 4단락 요약 :
  생활을 편리하게 해 주는
  3) ☐☐

낱말 따라 쓰기

- (무엇이) 성가시고 하기 싫게 느껴지다. : 귀 찮 다
- 남의 구실·기능·책임을 떠맡아 하다. : 대 신 하다
  [代-대신할 대, 身-몸 신]
  예 나는 밥을 대신하여 과일을 먹었다.
- (남에게 무슨 일을) 하게 하다. : 시 키 다
  예 형은 내게 주스를 가져오라고 시켰다.
- 서로 다른 기능이 있는 여러 부분들이 함께 일정한 일을 하도록, 동력으로 움직이는 장치 : 기 계

- 시·소설·연극·그림 등을 창작하는 사람 : 작 가
  [作-지을 작, 家-집 가]
- 여러 곳 : 곳 곳
- 필요에 맞게 이롭게 쓰이다. : 이 용 되 다
  [利-이로울 이, 用-쓸 용]
- 의술로 병을 치료하는 일 : 의 료
- 사회 활동의 여러 갈래 중의 하나 : 분 야
  [分-나눌 분, 野-구역 야]

빠른 정답 3쪽, 정답과 풀이 43~44쪽

✏ 뜻을 정확히 모르는
낱말들을 적어 보세요!

01

각 단락에 대한 설명으로 알맞지 <u>않은</u> 것은 무엇인가요?   (   )

① 1단락에서는 로봇을 소개하고, 우리 생활에 이용되는 로봇에 대해 질문을 던지고 있다.

② 2단락에서는 의료용 로봇과 탐사 로봇을 소개하고 있다.

③ 3단락에서는 로봇청소기와 휠체어 로봇을 소개하고 있다.

④ 4단락에서는 로봇의 좋은 점과 안 좋은 점을 설명하고 있다.

02

다음은 이 글에서 설명한 로봇의 특징을 정리한 것입니다. ㉮~㉰에 들어가기에 알맞은 말을 써 보세요.

의료용 로봇	병을 살피거나 수술을 정확하게 도와줌.
탐사 로봇	인간이 가까이 가기 어려운 (㉮)의 환경이나 상태를 조사함.
(㉯)	스스로 움직이면서 먼지를 빨아들이고, 물걸레 청소를 함.
휠체어 로봇	로봇 팔이 계단 위로 (㉰)의 앞바퀴를 올려놓아 줌.

㉮: (   ), ㉯: (   ), ㉰: (   )

DAY
22

낱말 따라 쓰기

● 바르고 확실하여 틀림이 없다. : 정 확 하다

● 비행기가 하늘을 날아다니는 것 : 항 공

● 태양의 둘레를 도는 별 : 행 성
　[行 - 돌아다닐 행, 星 - 별 성]

● 모르거나 분명하지 않은 일을 알기 위해 자세히 살피거나 찾아보다. : 조 사 하다

● 전에 가 보지 못한 곳을 자세히 조사하여 알아보는 것 :
　탐 사

● 몸이 불편하거나 장애가 있는 사람이 앉은 채로 다닐 수 있도록 바퀴를 단 의자 : 휠 체 어

● (어떤 데에) 쓸모가 있다. : 유 용 하다
　[有 - 있을 유, 用 - 쓸 용]

● 어떤 일을 하는 데 힘이 들지 않고 이용하기 쉽다. :
　편 리 하다 [便 - 편할 편, 利 - 이로울 리]

● 더 좋은 상태로 변하다. : 발 전 하다
　예 그 나라의 경제는 꾸준히 발전하고 있다.

● 생명이 있는 물체 : 생 명 체
　[生 - 살 생, 命 - 목숨 명, 體 - 몸 체]

● 세상의 온갖 것을 이루며, 보고 만질 수 있거나 과학적으로 다룰 수 있는 것 : 물 질

빠른 정답 3쪽, 정답과 풀이 44쪽

✏️ 뜻을 정확히 모르는
낱말들을 적어 보세요!

03

다음 중 이 글에 대한 알맞은 설명을 모두 고른 것은 무엇인가요?　(　　)

> ㉠ 여러 나라의 로봇들 간에 다른 점을 비교하고 있다.
> ㉡ 물음을 던지고 그 물음에 스스로 답하는 방법을 사용하고 있다.
> ㉢ 미래에 어떤 로봇이 나올 것인지 예측하며 글을 마무리하고 있다.
> ㉣ 네 종류의 로봇을 소개하고, 각각의 로봇이 무슨 일을 하는지 알려
> 　주고 있다.

① ㉠, ㉡　　　② ㉠, ㉢　　　③ ㉡, ㉢　　　④ ㉡, ㉣　　　⑤ ㉢, ㉣

04

〈보기〉는 로봇과 관련한 뉴스입니다. 이 글의 내용에 비추어 볼 때, 알맞지 <u>않은</u>
말을 한 사람의 이름을 쓰세요.

> 〈 보기 〉
> 　지난달에 화성 탐사선 '퍼서비어런스'가 화성에 갔습니다. 미국의
> 5번째 탐사 로봇인 퍼서비어런스는 화성에 생명체가 있는지를 찾고,
> 화성을 이루는 물질을 조사하는 일을 하게 됩니다.

> 진아: 퍼서비어런스는 의료 분야에서 사용되는 로봇이야.
> 승환: 퍼서비어런스와 같은 로봇은 우리 생활을 편리하게 해 줘.
> 정원: 퍼서비어런스는 인간이 가까이 가기 어려운 행성을 대신 조사해
> 　　　줄 수 있겠군.

(　　　　　　)

05　서술형

'로봇'이라는 말은 '로보타'에서 나왔습니다. '로보타'는 무슨 뜻인지 이 글에서 찾
아 쓰세요.

_____

_____

[01~04] 주어진 뜻풀이에 알맞은 낱말을 〈보기〉에서 찾아 쓰세요.

〈 보기 〉
편리하다   기계   발전하다   항공

01 비행기가 하늘을 날아다니는 것 :

_____

02 더 좋은 상태로 변하다. : _____

03 서로 다른 기능이 있는 여러 부분들이 함께 일정한 일을 하도록, 동력으로 움직이는 장치 : _____

04 어떤 일을 하는 데 힘이 들지 않고 이용하기 쉽다. : _____

[05~09] 주어진 자음자와 뜻풀이를 보고, 빈칸에 알맞은 낱말을 쓰세요.

05 자동차는 어디든 갈 수 있도록 해 주기 때문에 [ㅇ | ㅇ] 하다.
(어떤 데에) 쓸모가 있다.

06 친구가 나를 [ㄷ | ㅅ] 해서 심부름을 했다.
남의 구실·기능·책임을 떠맡아 하다.

07 우리 주변 [ㄱ | ㄱ] 에 도움이 필요한 분들이 많다.
여러 곳

08 우리는 공원에 있는 식물을 [ㅈ | ㅅ] 하기로 했다.
모르거나 분명하지 않은 일을 알기 위해 자세히 살피거나 찾아보다.

09 못 쓰는 식용유는 비누를 만드는 데 [ㅇ | ㅇ] 된다.
필요에 맞게 이롭게 쓰이다.

DAY
22

배경지식

로봇을 만들고 연구하고 싶다면?

지금의 로봇은 간단한 동작을 할 수 있는 정도이지만, 과학자들은 끊임없이 사람과 소통을 할 수 있는 똑똑한 로봇을 만들기 위해 노력하고 있답니다. 이렇게 로봇을 만들고 연구하는 사람들은 누구일까요?

먼저, 인공지능 로봇을 연구하고 개발하여 산업, 의료, 해저 탐사, 실생활 등 여러 분야에서 사용될 수 있도록 만드는 '로봇 기술자'가 있어요. 로봇 기술자가 되기 위해서는 기계 공학, 제어·계측 등을 공부해야 하고, 새로운 것에 대한 호기심과 창의성이 필요해요.

다음으로, 다양한 분야에서 이용할 수 있는 로봇을 연구하고 개발하는 일을 하는 '로봇 연구원'이 있어요. 로봇 연구원은 공장에서 물건을 만드는 과정이 자동으로 진행될 수 있도록 산업용 로봇과 설비를 설치하고 정비한답니다. 자동 제어나 전자회로, 로봇 설계 등에 대한 지식이 있어야 하고, 정확한 판단력과 분석력이 있으면 좋아요.

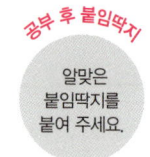
지문 확인

수영장에 놀러 간 지훈이는 양쪽 발에 기다란 신발 비슷한 것을 신고 수영하는 사람을 보았어요. 이 신발은 물속에서 헤엄을 더 잘 칠 수 있게 도와주는 '오리발'이었습니다. 오리발은 실제로 물에서 헤엄을 잘 치는 오리의 발에 있는 물갈퀴를 보고 만든 것이라고 해요. 지훈이는 오리발처럼 동물의 특징을 활용한 물건에 또 어떤 것들이 있는지 궁금해졌어요.

우리 주변에서 쉽게 볼 수 있는 칫솔걸이에도 동물의 특징이 숨겨져 있는데요, 어떤 동물일까요? 화장실의 벽이나 거울에 딱 붙어 떨어지지 않는 칫솔걸이는 잘 붙는 문어 빨판의 특징을 활용한 것이랍니다.

또, 껍질이 거북이 등껍질처럼 단단한 거북복은 1초당 몸길이의 여섯 배까지 헤엄칠 수 있는 특징이 있습니다. 이러한 거북복의 몸통 모양을 자동차에 적용하여 기름을 적게 사용하고도 멀리 갈 수 있는 자동차를 만들었어요.

길고 뾰족한 부리를 이용하여 빠르게 물고기를 잡아먹어서 '물고기 잡는 호랑이'라는 별명을 가지고 있는 물총새는 고속 열차의 시끄러운 소리를 줄이는 데 도움을 주었어요. 물총새가 물속으로 다이빙하여 물고기를 사냥할 때 물방울이 잘 튀지 않는 점을 활용하여 고속 열차의 앞부분을 물총새의 부리 모양처럼 바꾸었더니, 고속 열차의 소음이 많이 줄었답니다.

• 1단락 요약 :
1) ☐☐의 특징을 활용한 물건에 대한 궁금증

• 2단락 요약 :
2) ☐☐ 빨판을 활용한 칫솔걸이

• 3단락 요약 :
거북복의 모양을 적용한
3) ☐☐☐

• 4단락 요약 :
4) ☐☐☐의 부리를 활용한 고속 열차

낱말 따라 쓰기

● 물에서 앞으로 나아가려고 팔다리를 놀려 움직이는 것 :
☐헤 엄☐ 예 우리 강아지는 헤엄을 잘 친다.

● (발버둥·헤엄 등의 몸짓을) 하다. : ☐치 다☐

● 거짓이나 상상이 아니고 현실적으로 : ☐실 제 로☐

● 개구리·기러기·오리 등의 발가락 사이에 있어서 헤엄치기에 알맞은 얇은 막 : ☐물 갈 퀴☐

● (다른 것과 비교하여) 특별히 눈에 띄거나 두드러진 점 : ☐특 징☐

● 무엇이 지니고 있는 기능이나 능력을 제대로 잘 쓰다. :
☐활 용☐하다 [活-살 활, 用-쓸 용]
예 그 작가는 쓰레기를 활용해서 작품을 만들었다.

● 낙지·오징어 등의 발이나 거머리 등의 입과 같이, 다른 물건에 달라붙는 데 쓰는 기관 : ☐빨 판☐

● 어떤 원칙·이론·방법 등을 실제의 문제나 사실을 해결하거나 설명하는 데에 쓰다. : ☐적 용☐하다
예 모든 사람에게 공평하게 규칙을 적용해야 한다.

빠른 정답 3쪽, 정답과 풀이 45~46쪽

✎ 뜻을 정확히 모르는
낱말들을 적어 보세요!

01

각 단락을 정리할 때, (   ) 안에 들어가기에 알맞은 말에 ○표 하세요.

> 1단락에서는 (오리발 , 물안경)을 예시로 들어 동물의 특징을 활용한 물건에 대한 궁금증을 나타내고 있다. 2단락에서는 문어 빨판의 특징을 활용한 칫솔걸이, 3단락에서는 (거북이 , 거북복)의 특징을 활용한 자동차, 4단락에서는 물총새의 특징을 활용한 고속 열차를 소개하고 있다.

02

다음은 이 글에 나온 '동물의 특징을 활용한 물건'을 정리한 것입니다. ㉠~㉢에 들어가기에 알맞은 말을 쓰세요.

오리발	물에서 헤엄을 잘 치는 오리의 발에 있는 (㉠)을/를 보고 만듦.
칫솔걸이	잘 붙는 문어 (㉡)을/를 보고 만듦.
자동차	1초당 몸길이의 여섯 배까지 헤엄칠 수 있는 거북복의 몸통 모양을 보고 만듦.
고속 열차	물속으로 다이빙하여 물고기를 사냥할 때 물방울이 잘 튀지 않는 물총새의 (㉢)을/를 보고 만듦.

㉠: (   ), ㉡: (   ), ㉢: (   )

―― 낱말 따라 쓰기

● 본디 이름이 아니고 그 특징을 나타내도록 남들이 지어 부르는 다른 이름 : 별 명 [別-다를 별, 名-이름 명]

● 시속 200킬로미터 이상으로 매우 빠르게 달리는 전동 열차 : 고 속 열 차
[高-높을 고, 速-빠를 속, 列-벌일 열, 車-차 차]

● 높은 곳에서 물속으로 뛰어드는 운동, 또는 그런 일을 겨루는 경기 : 다 이 빙

● 힘센 짐승이 약한 짐승을 먹이로 잡다. : 사 냥 하다

● (작은 물건들이) 갑자기 세차게 흩어지거나 퉁겨지다. : 튀 다 ᅅ 버스가 지나가자 흙탕물이 벽에 튀었다.

● 시끄러운 소리 : 소 음

● 매우 궁금한 느낌 : 궁 금 증

● 보고 만질 수 있고 무게가 있는 물건 : 물 체
[物-물건 물, 體-몸 체]

● (짐이나 사람을) 다른 데로 옮기다. : 나 르 다
ᅅ 친구가 이삿짐을 나르는 것을 도와주었다.

DAY
23

빠른 정답 3쪽, 정답과 풀이 46쪽

✏️ 뜻을 정확히 모르는
낱말들을 적어 보세요!

03

이 글에 대한 설명으로 알맞은 것은 무엇인가요?　　　　　　(　　　)

① 동물을 사는 곳에 따라 나누어 설명하고 있다.
② 동물의 특징을 활용한 물건들을 소개하고 있다.
③ 동물과 식물의 특징을 활용한 물건을 비교하고 있다.
④ 동물마다 다른 특징을 가지게 된 까닭을 이야기하고 있다.
⑤ 동물과 함께 살아가기 위해 해야 할 노력을 설명하고 있다.

04

다음은 어떤 동물의 특징을 활용한 로봇에 대한 설명입니다. 그림과 설명을 참고
할 때, 빈칸에 들어가기에 알맞은 동물은 무엇인가요?　　　　　　(　　　)

여러 마리가 힘을 합해 무거운 물체를 나르
는 (　　　　　)의 특징을 활용한 로봇으로,
떼를 지어 함께 물건을 나르는 역할을 한다.

① 뱀　　　② 상어　　　③ 거북　　　④ 개미　　　⑤ 도마뱀

05 서술형

'물총새'의 별명과 이러한 별명이 생긴 까닭을 4단락에서 찾아 쓰세요.

(1) 별명: _____

(2) 까닭: _____

_____

_____

[01~05] 주어진 뜻풀이에 알맞은 낱말을 연결하세요.

01 (작은 물건들이) 갑자기 세차게 흩어지거나 퉁겨지다. • • ㉠ 헤엄

02 매우 궁금한 느낌 • • ㉡ 궁금증

03 (발버둥·헤엄 등의 몸짓을) 하다. • • ㉢ 튀다

04 물에서 앞으로 나아가려고 팔다리를 놀려 움직이는 것 • • ㉣ 치다

05 (짐이나 사람을) 다른 데로 옮기다. • • ㉤ 나르다

[06~10] 주어진 자음자와 뜻풀이를 보고, 빈칸에 알맞은 낱말을 쓰세요.

06 나는 텔레비전에서 사자가 ㅅ ㄴ 하는 것을 보았다.
힘센 짐승이 약한 짐승을 먹이로 잡다.

07 이웃 간의 층간 ㅅ ㅇ 은/는 심각한 사회 문제가 되었다.
시끄러운 소리

08 나는 피아노를 치면서 남는 시간을 ㅎ ㅇ 한다.
무엇이 지니고 있는 기능이나 능력을 제대로 잘 쓰다.

09 저 멀리에 반짝이는 ㅁ ㅊ 이/가 보인다.
보고 만질 수 있고 무게가 있는 물건

10 하마의 ㅌ ㅈ 은/는 입이 크다는 것이다.
(다른 것과 비교하여) 특별히 눈에 띄거나 두드러진 점

DAY 23

배경지식

식물의 특징을 활용한 물건도 있어요!

'벨크로'라고도 하는 찍찍이 테이프는 도꼬마리 열매의 특징을 활용해 만들었어요. 도꼬마리 열매에는 끝이 굽어 있는 날카로운 가시가 있어 동물의 털에 잘 달라붙지요. 이를 보고 찍찍이 테이프를 만들었답니다.

비행기 앞부분에 달린 프로펠러는 단풍나무의 열매를 보고 만들었어요. 단풍나무 열매가 바람에 날릴 때 빙글빙글 돌면서 떨어지는 모습에서 아이디어를 얻어 비행기가 날 수 있게 도와주는 프로펠러를 만들었지요.

물이 스며들지 않는 방수복은 연잎의 특징을 활용한 것입니다. 연잎의 표면에 물이 떨어지면 물이 묻지 않고 물방울이 되어 굴러다니는 모습을 볼 수 있어요. 연잎 표면에 있는 미세 돌기가 왁스로 덮여 있어 물이 스며들지 못하고 밀려나는 것이지요. 여기에서 아이디어를 얻어 물이 스며들지 않는 방수복을 만들었습니다.

▲ 연잎

DAY 24

[STEP 4]
독해력 완성 테스트

공부 후 붙임딱지
알맞은 붙임딱지를 붙여 주세요.

공부한 날   월   일

★★★ :상   ★★❀ :중   ★❀❀ :하

[01~05] 다음 글을 읽고, 물음에 답하세요.

여러분은 모르는 낱말이 생기면 어디서 낱말의 뜻을 찾아보나요? 인터넷에 검색하기도 하고, 휴대폰을 이용하기도 할 거예요. 또, 국어사전에서 낱말을 찾아볼 수도 있을 겁니다. 국어사전은 우리가 쓰는 낱말의 뜻을 설명해 놓은 책이에요. 그럼 국어사전에서 낱말을 찾는 방법을 알아봅시다.

국어사전에는 낱말을 이루고 있는 글자의 순서대로 낱말이 실려 있어요. 예를 들어, '가을'과 '하늘'의 첫 자음자를 살펴보면 '가을'은 'ㄱ'으로 시작하기 때문에 'ㅎ'으로 시작하는 '하늘'보다 국어사전에 먼저 실려 있지요.

국어사전에서 낱말을 찾기 위해서는 첫 번째 글자의 첫 자음자, 모음자, 받침의 순서대로 찾고, 다음 글자도 똑같은 순서대로 찾으면 됩니다. 예를 들어, '친구'를 국어사전에서 찾으려면 첫 자음자인 'ㅊ'을 먼저 찾고, 모음자인 'ㅣ', 받침인 'ㄴ'을 순서대로 찾은 다음, 두 번째 글자의 자음자인 'ㄱ', 모음자인 'ㅜ'를 찾으면 돼요.

형태가 바뀌는 낱말의 경우, 낱말에서 ⑦형태가 바뀌지 않는 부분에 '-다'를 붙인 ⑭ 기본형으로 찾습니다. 예를 들어 '먹고'를 찾으려면 기본형인 '먹다'로 바꾸어 찾아야 해요. 형태가 바뀌는 낱말이 너무 많아 국어사전에 모두 실을 수 없어서 기본형만 싣기 때문이에요.

---

01 ★★★

각 단락에 대한 설명으로 알맞지 <u>않은</u> 것은 무엇인가요?   (   )

① 1단락에서는 국어사전을 소개하고 있다.
② 2단락에서는 국어사전을 이용하면 좋은 점을 이야기하고 있다.
③ 3단락에서는 국어사전에서 낱말을 찾는 방법을 설명하고 있다.
④ 4단락에서는 국어사전에서 형태가 바뀌는 낱말을 찾는 방법을 설명하고 있다.

02 ★❀❀

다음은 국어사전에서 낱말의 뜻을 찾는 방법을 정리한 것입니다. ㉠~㉢에 들어가기에 알맞은 말을 쓰세요.

첫 번째 글자의 첫 (㉠)을/를 찾는다.
↓
첫 번째 글자의 (㉡)을/를 찾는다.
↓
첫 번째 글자의 (㉢)을/를 찾는다.
↓
다음 글자도 똑같은 순서대로 찾는다.

㉠: (   ), ㉡: (   )
㉢: (   )

03 ★★★✿

이 글에 대한 설명으로 알맞지 <u>않은</u> 것은 무엇인가요?
( )

① 물음을 던지며 글을 시작하고 있다.
② 국어사전에 낱말이 실려 있는 순서는 이야기하고 있지 않다.
③ 형태가 바뀌는 낱말을 국어사전에서 찾는 법을 설명하고 있다.
④ 국어사전에서 낱말의 뜻을 찾는 법을 예를 들어 설명하고 있다.
⑤ 물음을 던지고 그 물음에 스스로 답하는 방법을 사용하고 있다.

04 ★★★

이 글과 〈보기〉를 통해 볼 때, 다음의 낱말에서 (가)형태가 바뀌지 않는 부분과, (나)기본형이 무엇인지 쓰세요.

〈 보기 〉
• '먹고', '먹으니', '먹어'
 – 형태가 바뀌지 않는 부분: 먹
 – 기본형: 먹다

• '웃고', '웃으니', '웃어'
 – 형태가 바뀌지 않는 부분: _____
 – 기본형: _____

05 ★★✿ 서술형

국어사전에서 형태가 바뀌는 낱말을 찾을 때, 기본형으로 바꾸어 찾는 까닭을 이 글에서 찾아 쓰세요.

_____

_____

낱말 따라 쓰기

● 컴퓨터를 통하여 서로 정보 교환을 할 수 있도록 전 세계적으로 연결된 통신의 조직 : 인터넷
 예 우리는 <u>인터넷</u>에 가게의 광고를 올렸다.
● (컴퓨터로) 필요한 자료나 정보를 찾다. : 검색하다
 예 나는 숙제를 하기 위해 인터넷에 '동물'을 <u>검색</u>했다.
● 몸에 지니고 다니면서 통화를 하거나 문자를 주고받을 수 있는, 선 없는 작은 전화기 : 휴대폰
 예 고장 난 <u>휴대폰</u>을 버리고 새것을 샀다.
● 필요에 맞게 이롭게 쓰다. : 이용하다
 [利-이로울 이, 用-쓸 용]
 예 풍차는 바람을 <u>이용</u>하여 돌아간다.
● (무엇을 어떠한 상태로) 되게 하다. : 이루다
 예 숲은 작은 불씨로 인해 불바다를 <u>이루었</u>다.
● 정해져 있는 차례 : 순서
 [順-좇을 순, 序-차례 서]
 예 자신의 <u>순서</u>에 맞게 선물을 받아 가세요.
● (글이나 그림 등이 책이나 신문 등에) 인쇄되어 나오다. : 실리다
 예 이 책에는 글과 함께 귀여운 그림도 <u>실려</u> 있다.
● 일정한 구조를 갖춘 모양 : 형태
 예 이 자동차의 <u>형태</u>는 싱어를 닮았다.
● 전체를 이루는 여러 작은 쪽이나 요소들의 하나 : 부분
 [部-떼 부, 分-나눌 분]
 예 과일의 썩은 <u>부분</u>을 깎아 내고 먹었다.
● '먹다', '가다', '납작하다'처럼 어떤 말의 기본이 되는 꼴 : 기본형 [基-터 기, 本-근본 본, 形-모양 형]
● (글이나 그림 등을) 책이나 신문 등의 출판물에 인쇄하여 내다. : 싣다
 예 기자는 금메달을 딴 선수의 사진을 신문에 <u>실었</u>다.
● 어떤 사실을 설명하거나 증명하기 위해 보여 주는 것 : 예
 [例-보기 예]
 예 이번 일을 잘 설명할 만한 <u>예</u>를 찾기가 힘들다.
● 묻는 것, 또는 묻는 말 : 물음
 예 선생님의 <u>물음</u>에 학생들은 생각에 잠겼다.
● (물음에) 대답을 하다. : 답하다 [答-대답할 답]
 예 주미는 나의 질문에 <u>답하</u>지 않았다.

DAY
24

＊ '○○○자로 끝나는 말은?' 놀이를 하려고 합니다. 다음 뜻풀이에 해당하는 낱말을 빈칸에 쓰세요.

1 정 정 '정'자로 끝나는 말은?

(1) 마음속의 감정이 얼굴에 드러난 모습 : ☐ 정

(2) 어떤 일이 벌어지든가 변하여 가는 차례나 형편 : ☐ 정

2 분 분 '분'자로 끝나는 말은?

(1) (식품에 들어 있는) 영양이 되는 부분 : ☐ ☐ 분

(2) 무엇에 섞이거나 스며 있는 물, 물의 성분 : ☐ 분

(3) 전체를 이루는 여러 작은 쪽이나 요소들의 하나 : ☐ 분

3 소 소 '소'자로 끝나는 말은?

(1) 물체가 색깔을 띨 수 있게 하는 성분 : ☐ 소

(2) 에너지를 태양으로부터 얻어서 광합성을 하는 식물의 녹색 요소 : ☐ ☐ 소

4 체 체 '체'자로 끝나는 말은?

(1) 생명이 있는 물체 : ☐ ☐ 체

(2) 보고 만질 수 있고 무게가 있는 물건 : ☐ 체

5 음 음 '음'자로 끝나는 말은?

(1) 시끄러운 소리 : ☐ 음

(2) 묻는 것, 또는 묻는 말 : ☐ 음

STEP 5

글의 구조 이해하기

글의 구조를 이해하면 글의 내용을 어떤 상황에 적용하거나 내용을 짐작하는 문제도 쉽게 풀 수 있어요!

★ 글의 구조 이해란?

단락 간의 관계를 바탕으로 글의 짜임을 살펴보는 것입니다.

● 글의 구조를 이해해야 하는 이유

글의 구조를 이해하면 글쓴이가 무엇을 이야기하기 위해서, 어떤 방식으로 글을 썼는지 알 수 있어요.

글의 구조를 이해하는 방법

① 먼저, 각 단락의 내용을 요약하여 단락 간의 관계를 살펴보세요.

② 단락 간의 관계를 바탕으로 글의 구조를 따져 보고, 이를 구조도로 정리하세요.

– 단락마다 다른 이야기가 이어진다면 각 단락을 기차 모양으로 나란히 놓으세요.

– 앞 단락의 내용을 뒷 단락에서 자세히 설명하면 앞 단락과 뒷 단락을 나란히 놓으세요.

– 같은 종류의 내용을 다루는 단락 끼리는 묶을 수 있어요.

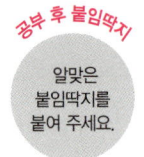
지문 확인

사람들은 같은 수를 여러 번 더할 때가 있어요. 그럴 때 덧셈으로는 여러 번 해야 할 계산을 곱셈으로 하면 간단하게 표현할 수 있습니다.

빵집에 갔을 때를 생각해 봅시다. 진열대에 1봉지에 2개의 빵이 들어있는 봉지가 3봉지 있다면 빵은 모두 몇 개일까요? 이를 묶어 세기로 나타내면 2개씩 묶여 있는 빵이 3묶음 있는 것이므로 '2+2+2'가 되어 빵은 모두 6개임을 알 수 있습니다.

몇씩 몇 묶음은 몇의 몇 배로 나타낼 수 있어요. 위의 단락에서 2개씩 묶여 있는 빵이 3묶음 있다고 했죠? 이때 3묶음의 빵, 즉 3봉지에 들어 있는 빵의 개수는 2의 3배가 됩니다.

이제 몇의 몇 배를 곱셈식으로 나타내는 것을 알아봐요. 빵이 2개씩 3묶음이 있는 것은 2의 3배가 되고, 이는 덧셈식으로 '2+2+2'로 표현해요. 이 덧셈식을 곱셈식으로 나타내면 '2×3'이 되는데, 이는 2가 3번 있다는 뜻이에요.

위에서 배운 내용을 토대로 과일 가게에 간 경우를 생각해 봅시다. 상자에 토마토가 4개씩 5줄이 놓여 있다면 상자 속의 토마토는 모두 몇 개일까요? 덧셈으로 계산하면 '4+4+4+4+4'가 되고, 이는 4씩 5묶음, 4의 5배입니다. 곱셈으로 계산하면 '4×5'가 되어 토마토는 20개임을 알 수 있어요.

- 1단락 중심 낱말 : 곱셈
- 2단락 중심 낱말 : 1) ☐☐ ☐☐
- 3단락 중심 낱말 : 배
- 4단락 중심 낱말 : 2) ☐☐☐
- 5단락 중심 낱말 : 곱셈

낱말 따라 쓰기

- 많은 수의 : [여][러]
- 수를 셈하는 것 : [계][산] [計-꾀 계, 算-셀 산]
- (내용이) 쉽고 짧으며 복잡하지 않다. : [간][단]하다
  예 하고 싶은 일을 <u>간단</u>하게 써 보자.
- 느낌이나 생각을 말, 글, 예술 작품 등으로 나타내다. :
  [표][현]하다 [表-겉 표, 現-나타날 현]
- 물건들을 잘 보이게 하려고 벌여 놓은 대 : [진][열][대]

- 여럿을 한데 모아서 묶어 놓은 뭉치 : [묶][음]
- 같은 수량을 여러 번 합한 만큼의 분량 : [배]
- 일의 바탕이나 기초 : [토][대]
- (어떠한 조건이 있는) 특별한 형편·사정·상황, 또는 실례 :
  [경][우]
  예 김밥이 많이 남을 <u>경우</u>에는 냉장고에 보관해라.

STEP 5 글의 구조 이해하기

빠른 정답 3쪽

글의 구조 이해하기는 단락 간의 관계를 바탕으로 글의 짜임을 살펴보는 것입니다.

★ 글의 구조를 이해하는 방법

① 먼저, 각 단락의 내용을 요약하여 단락 간의 관계를 살펴보세요.

② 단락 간의 관계를 바탕으로 글의 구조를 따져 보고, 이를 구조도로 정리하세요.

- 단락마다 다른 이야기가 이어진다면 각 단락을 기차 모양으로 나란히 놓으세요.
- 앞 단락의 내용을 뒷 단락에서 자세히 설명하면 앞 단락과 뒷 단락을 나란히 놓으세요.
- 같은 종류의 내용을 다루는 단락끼리는 묶을 수 있어요.

1단락

같은 수를 여러 번 더할 때, 곱셈을 이용해서 간단하게 표현할 수 있다고 했어요. 1단락을 요약하면 '덧셈을 간단히 표현할 수 있는 ¹⁾ [　][　]'입니다.

[단락 간의 관계]

1단락의 마지막 문장을 통해 이어지는 내용에서는 곱셈에 대해 설명할 것을 짐작할 수 있어요.

2단락

빵을 예로 들어 '묶어 세기'를 설명하고 있어요. 2단락을 요약하면 ²⁾ [　][　] [　][　] 의 예시'입니다.

3단락

묶어 세기는 '배'로 표현할 수 있다고 하며 2단락과 마찬가지로 빵을 예로 들어 '배'의 개념을 설명하고 있어요. 3단락을 요약하면 '³⁾ [　] 의 예시'입니다.

4단락

배를 곱셈식으로 나타내는 것을 설명하고 있어요. 따라서 4단락을 요약하면 '곱셈식의 예시'입니다.

[단락 간의 관계]

2~4단락에서는 곱셈을 하는 과정을 이야기하고 있어요.

5단락

토마토를 예시로 들어 2~4단락에서 설명한 내용을 정리하고 있어요. 그러므로 5단락을 요약하면 '곱셈의 정리'입니다.

[글의 구조]

- 1단락에서 이 글의 중심 낱말인 '곱셈'을 소개하고, 곱셈을 이용하면 간단하게 계산할 수 있다고 이야기하고 있어요.
- 2단락에서는 예시를 통해 '묶어 세기'를 설명하고 있어요.
- 3단락에서는 묶어 세기를 바탕으로 '배'를 설명하고 있어요.
- 4단락에서는 배를 바탕으로 '곱셈식'을 설명하고 있어요.
- 5단락에서는 또 다른 예시를 통해 곱셈에 대해 정리하고 있어요.

★ 글의 구조도를 그리면 다음과 같습니다.

1 단락: 덧셈을 간단히 표현할 수 있는 곱셈
↓
2 단락: 묶어 세기의 예시
↓
3 단락: 배의 예시
↓
4 단락: 곱셈식의 예시
↓
5 단락: 곱셈의 정리

DAY **25**

빠른 정답 3쪽, 정답과 풀이 49쪽

✏️ 뜻을 정확히 모르는
낱말들을 적어 보세요!

01

㉮~㉲는 각 단락을 정리한 문장입니다. ㉮~㉲를 단락의 순서에 맞게 쓰세요.

㉮ 배의 예시	㉯ 곱셈의 정리
㉰ 곱셈식의 예시	㉱ 묶어 세기의 예시
㉲ 덧셈을 간단히 표현할 수 있는 곱셈	

(   ) → (   ) → (   ) → (   ) → (   )

02

다음은 이 글이 알려 주는 내용입니다. 빈칸에 알맞은 말을 쓰세요.

(   ) 이해하기

(   )

03

글쓴이가 이 글을 쓴 까닭은 무엇인가요?   (   )

① 정보를 전달하기 위해   ② 행사를 홍보하기 위해
③ 감상을 표현하기 위해   ④ 잘못을 사과하기 위해
⑤ 상대방을 설득하기 위해

04

이 글의 내용에 비추어 볼 때, 〈보기〉를 바르게 이해한 사람의 이름을 쓰세요.

─〈 보기 〉─
우유 3개가 하나로 묶여 있고, 이러한 묶음이 4개이다.

하진: 〈보기〉는 배로 나타낼 수 없어.
한수: 〈보기〉를 곱셈식으로 나타내면 '3 × 4'야.
민수: 〈보기〉를 덧셈식으로 나타내면 '3+3+3'이야.

(   )

낱말 따라 쓰기

● 어떤 사실에 대한 지식 :
정	보

● 여럿이 어떤 목적과 계획
을 가지고 조직적인 모임
이나 절차를 진행하는 것,
또는 그러한 큰일 :
행	사
[行-갈 행, 事-일 사]

● 상품·사업·업적 등을 널
리 알리다. :
홍	보	하다

● 어떤 일에 대하여 마음
속에 일어나는 느낌이나
생각 :
감	상

● 잘 설명하거나 타일러서
이해시켜 따르게 하다. :
설	득	하다

문제 이해하고 풀기

01 글의 구조 이해하기

각 단락을 요약한 후 중심 내용 간에 어떤 관계가 있는지 따져 보면 글의 구조를 쉽게 이해할 수 있어요.

🌸 각 단락에서 어떤 이야기를 하고 있는지 볼까요?

1단락에서는 덧셈을 간단히 표현할 수 있는 곱셈을 소개하고 있어요.
2단락에서는 예를 들어 묶어 세기를 설명하고 있어요.
3단락에서는 예를 들어 배를 설명하고 있어요.
4단락에서는 예를 들어 곱셈식을 설명하고 있어요.
5단락에서는 2~4단락에서 설명한 곱셈에 대해 정리하고 있어요.

정답은 _____ → _____ → _____ → _____ → _____
입니다.

02 내용 이해하기

이 글이 알려 주는 내용이 무엇인지 고르는 문제입니다. 각 단락에서 중요하게 다루는 내용이 무엇인지 생각해 보세요.

＊ 근거 ①단락 ❷번째 문장: 그럴 때 덧셈으로는 여러 번 해야 할 계산을 곱셈으로 하면 간단하게 표현할 수 있습니다.

🍃 1단락에서 같은 수를 여러 번 더할 때 곱셈을 이용하면 간단하게 표현할 수 있다고 한 후, 2~4단락에 걸쳐 곱셈을 하는 과정을 설명하고, 5단락에서는 이를 정리하고 있어요.

정답은 _____ 입니다.

03 글쓴이의 의도 이해하기

① 정보를 전달하기 위해 (○)

🍃 1단락에서 덧셈을 간편하게 계산할 수 있는 곱셈을 소개하고, 2~5단락에 걸쳐 곱셈의 과정을 설명하며, 이해를 돕고 있어요. 따라서 이 글은 정보를 전달하고 있습니다.

② 행사를 홍보하기 위해 (×)
③ 감상을 표현하기 위해 (×)
④ 잘못을 사과하기 위해 (×)
⑤ 상대방을 설득하기 위해 (×)

🍃 ②~⑤는 모두 이 글에 나오지 않아요.

정답은 _____ 입니다.

04 내용 적용하기

· 〈보기〉: 〈보기〉는 우유 3개가 한 묶음으로 묶여 있고, 이러한 묶음이 4개라는 내용입니다.

즉 이 글의 내용을 바탕으로, 〈보기〉의 내용을 바르게 이해한 사람을 고르는 문제입니다.

🌸 각자가 말한 내용을 순서대로 살펴볼게요.

하진: 〈보기〉는 배로 ~~나타낼 수 없어.~~ (×)

＊ 근거 ③단락 ❶번째 문장: 몇씩 몇 묶음은 몇의 몇 배로 나타낼 수 있어요.

🍃 〈보기〉는 몇씩 몇 묶음으로 설명되어 있으므로, 배로 나타낼 수 있어요.

한수: 〈보기〉를 곱셈식으로 나타내면 '3×4'야. (○)

＊ 근거 ④단락 ❷번째 문장: 빵이 2개씩 3묶음이 있는 것은 2의 3배가 되고, 이는 덧셈식으로 '2+2+2'로 표현해요.

＊ 근거 ④단락 ❸번째 문장: 이 덧셈식을 곱셈식으로 나타내면 '2×3'이 되는데, 이는 2가 3번 있다는 뜻이에요.

🍃 이 글에 따르면 〈보기〉는 우유가 3개씩 4묶음이므로, 3의 4배가 되고, 이를 덧셈식으로 나타내면 '3+3+3+3', 곱셈식으로 나타내면 '3×4'예요.

민수: 〈보기〉를 덧셈식으로 나타내면 ~~'3+3+3'~~이야. (×)

＊ 근거 ④단락 ❷번째 문장: 빵이 2개씩 3묶음이 있는 것은 2의 3배가 되고, 이는 덧셈식으로 '2+2+2'로 표현해요.

🍃 이 글에 따르면 〈보기〉는 우유가 3개씩 4묶음이므로, 3의 4배가 되고, 이를 덧셈식으로 나타내면 '3+3+3+3'이에요.

정답은 _____ 입니다.

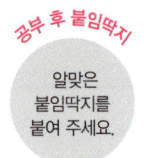
지문 확인

- **1단락 중심 낱말 :**

  1) [|] (이)나
  식물이 주인공인 이야기

- **2단락 중심 낱말 :**

  2) [|] 와/과 베짱이

동화를 읽다 보면 동물이나 식물이 주인공인 이야기를 보게 돼요. 이런 이야기 속에서는 동물이나 식물이 사람처럼 행동하고 이야기를 나누지요. 이러한 이야기 중에 대표적으로 〈개미와 베짱이〉라는 이솝 우화가 있습니다.

〈개미와 베짱이〉의 내용을 살펴볼까요? 날씨 맑은 어느 겨울날, 개미는 오랫동안 쏟아진 눈에 축축해진 ㉠그의 창고 안 옥수수를 말리느라 바빴어요. 그러던 중에 베짱이가 다가와 ㉡그에게 곡식을 좀 남겨 달라고 부탁하며 이렇게 말했어요.

"㉢저는 지금 배가 고파요."

개미는 잠시 일을 멈추고 베짱이에게 물어보았어요.

"지난여름 내내 당신은 무엇을 했나요? 왜 ㉣저처럼 겨울에 먹을 음식을 모으지 않았나요?"

"노래를 부르느라 바빠서 시간이 없었어요."

베짱이가 대답했습니다. 그러자 개미가 말했어요.

"당신이 여름에 노래를 부르느라 시간을 썼다면, 겨울에는 춤을 추면서 시간을 보내세요."

그렇게 개미는 베짱이를 비웃고는 ㉤자신의 일을 계속했습니다.

베짱이는 게을러서 여름 동안 겨울을 준비하지 않았지만, 개미는 여름부터 부지런히 겨울을 대비했어요. 이 이야기를 통해 우리도 미래를 준비해야 하고, 게으르면 안 된다는 교훈을 배울 수 있답니다.

- **3단락 중심 낱말 :**

  교훈

낱말 따라 쓰기

- 몸을 움직여 어떤 짓을 하거나 일을 하다. : [행|동]하다
  [行-갈 행, 動-움직일 동]
- 가장 두드러지거나 뛰어나 대표가 될 만한 것 : [대|표|적]

- 이솝이 지은 우화들을 모아 엮은 책, 또는 그 속에 들어 있는 이야기 : [이|솝|우|화]
- 한꺼번에 많이 떨어지다. : [쏟|아|지|다]

01

빠른 정답 4쪽, 정답과 풀이 50~51쪽

다음은 이 글의 구조를 정리한 것입니다. 빈칸에 들어가기에 알맞은 말을 쓰세요.

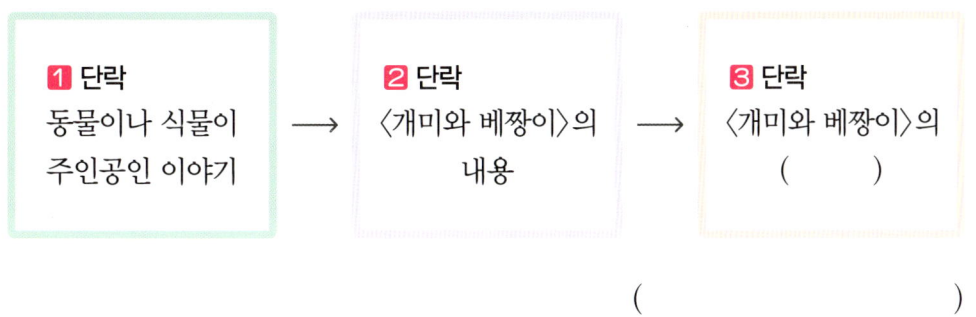

정답 콕콕 특강

01 글의 구조 이해하기

각 단락의 중심 낱말을 떠올리고, 그 중심 낱말에 대해 어떤 이야기를 하고 있는지 살펴보세요.

02

다음 괄호 안에 들어가기에 알맞은 말을 골라 ○표 하세요.

(1) 〈개미와 베짱이〉에서 베짱이는 겨울에 먹을 것이 (있고 , 없고), 개미는 겨울에 먹을 것이 (있다 , 없다).

(2) 〈개미와 베짱이〉에서 개미는 여름에 일을 (했고 , 안 했고), 베짱이는 여름에 (노래를 불렀다 , 춤을 췄다).

02 내용 이해하기

선택지와 글의 내용을 비교해 보고, 각각의 내용이 이 글의 어디에 나오는지 찾아보세요.

DAY
26

낱말 따라 쓰기

● 물기가 있어 젖어 있다. : 축 축 하다

● 물건을 저장하거나 보관하는 건물 : 창 고

● (물기를) 다 증발시켜 없어지게 하다. : 말 리 다

● 쌀·보리·밀·콩과 같은 먹을거리 : 곡 식

● 어떤 일을 해 달라고 청하고 맡기다. : 부 탁 하다

● 짧은 시간 동안(에) : 잠 시

● (정해진 기간 동안) 계속하여 : 내 내

● 흉을 보듯이 빈정거리거나 업신여기는 태도로 웃다. : 비 웃 다

● 일하기 싫어 몸짓이 느리고 열심이 없다. : 게 으 르 다

● 앞으로 해야 할 일에 필요한 것을 미리 갖추다. : 준 비 하다 예 엄마께서 재료를 준비하고 계신다.

● 게으르지 않고 열심히 꾸준하게 : 부 지 런 히

● 앞으로 있을지도 모를 힘들거나 어려운 일을 겪지 않기 위해서 미리 준비하다. : 대 비 하다

● 앞으로 올 때 : 미 래 **[未-아닐 미, 來-올 래]**

● 도움이 되거나 따를 만한 가르침 : 교 훈

03

이 글의 밑줄 친 ㉠~㉤ 중 의미하는 것이 <u>다른</u> 하나는 무엇인가요?　（　　　）

① ㉠　　　　　② ㉡　　　　　③ ㉢　　　　　④ ㉣　　　　　⑤ ㉤

03 내용 추론하기

㉠~㉤의 앞뒤 내용을 비교하며 읽어 보세요.

04

이 글에 대한 설명으로 알맞지 <u>않은</u> 것은 무엇인가요?　　　　　（　　　）

① 사람은 동물이나 식물과 다르다고 설명하고 있다.
② 동물이나 식물이 주인공인 이야기를 소개하고 있다.
③ 서로 다른 행동을 한 두 동물의 이야기를 하고 있다.
④ 동물이나 식물이 나오는 이야기를 예를 들어 설명하고 있다.
⑤ 이야기를 소개하고, 그 이야기를 통해 얻을 수 있는 교훈을 말하고 있다.

04 글쓰기 방식 이해하기

글쓰기 방식을 파악하려면 글에 쓰인 표현을 자세히 보아야 해요. 선택지에서 말하고 있는 내용과 표현이 글에 나오는지 확인해 보세요.

05 서술형

〈개미와 베짱이〉를 통해 얻을 수 있는 교훈을 이 글에서 찾아 쓰세요.

_____

_____

_____

05 내용 이해하기

〈개미와 베짱이〉의 교훈에 대해 마지막 단락에서 이야기하고 있네요.

[01~04] 주어진 뜻풀이에 알맞은 낱말을 〈보기〉에서 찾아 쓰세요.

〈 보기 〉

| 교훈 | 대표적 | 토대 | 비웃다 |

01 흉을 보듯이 빈정거리거나 업신여기는 태도로 웃다. : _____

02 도움이 되거나 따를 만한 가르침 : _____

03 가장 두드러지거나 뛰어나 대표가 될 만한 것 : _____

04 일의 바탕이나 기초 : _____

[05~09] 주어진 자음자와 뜻풀이를 보고, 빈칸에 알맞은 낱말을 쓰세요.

05 [ㅈ ㅇ ㄷ]에 각종 과일이 놓여 있다.
물건들을 잘 보이게 하려고 벌여 놓은 대

06 학교 앞 문구점에서는 색종이를 한 장씩 팔지 않고 [ㅁ ㅇ](으)로 판다.
여럿을 한데 모아서 묶어 놓은 뭉치

07 동생이 마음을 바꾸도록 계속 [ㅅ ㄷ]했다.
잘 설명하거나 타일러서 이해시켜 따르게 하다.

08 이 기계의 작동법은 [ㄱ ㄷ]하다.
(내용이) 쉽고 짧으며 복잡하지 않다.

09 같은 문제에 대해 나와 친구의 [ㄱ ㅅ] 방법이 다르다.
수를 셈하는 것

[10~13] 주어진 뜻풀이에 알맞은 낱말을 연결하세요.

10 앞으로 해야 할 일에 필요한 것을 미리 갖추다. •   • ㉠ 미래

11 어떤 일을 해 달라고 청하고 맡기다. •   • ㉡ 부탁하다

12 앞으로 올 때 •   • ㉢ 정보

13 어떤 사실에 대한 지식 •   • ㉣ 준비하다

[14~18] 주어진 문장의 빈칸에 알맞은 낱말을 〈보기〉에서 찾아 쓰세요.

〈 보기 〉

| 행동 | 말리 | 잠시 | 표현 | 내내 |

14 나는 생각한 대로 [   ]하는 성격이다.

15 친구는 선풍기 바람에 땀을 [   ]고 있는 중이다.

16 자신의 모습을 동물로 [   ]해 보세요.

17 안내원은 우리에게 [   ] 기다려 달라고 했다.

18 여름 방학 [   ] 나는 등산을 갔다.

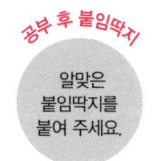
빠른 정답 4쪽

지문 확인

은정이는 주말에 삼촌의 결혼식에 갔어요. 삼촌과 숙모의 표정은 환하고 행복해 보였답니다. 은정이는 문득 오늘날의 결혼식이 옛날의 결혼식과 어떻게 다른지 궁금했어요.

• 1단락의 중심 문장에 표시해 보세요.

옛날에는 결혼하는 날 신랑이 신부의 집으로 가서 혼례를 치렀습니다. 신랑이 신부 쪽에 나무로 만든 기러기를 건네주면 혼례가 시작돼요. 신랑과 신부는 마주 보고 큰절을 올리고, 잔에 술을 부어 마시며 혼인이 이루어졌음을 알렸어요. 그리고 신랑이 신부의 집에서 며칠 지내다가 부부가 함께 신랑의 집으로 갔어요. 신랑의 집에 도착하면 새 식구가 되었음을 알리기 위해 폐백을 드렸답니다.

• 2단락의 중심 문장에 표시해 보세요.

오늘날에는 신랑과 신부가 결혼반지를 주고받고 가족과 친척들의 축하 속에서 부부가 돼요. 보통 결혼식장에서 결혼식을 하지만, 야외에서 하거나 전통 방식으로 하기도 해요. 또 신랑·신부가 부모님께 폐백을 드리기도 하고, 결혼식이 끝나면 부부가 신혼여행을 가지요. 이렇게 요즘은 다양한 모습으로 결혼을 하고 있습니다.

• 3단락의 중심 문장에 표시해 보세요.

옛날과 오늘날의 결혼식 모습에는 여러 가지 다른 점이 있지만 같은 점도 있어요. 사람들에게 두 사람이 부부가 되었음을 알리고, 가족과 친척이 모여 신랑과 신부의 행복한 미래를 축복해 주는 모습은 같답니다.

• 4단락의 중심 문장에 표시해 보세요.

낱말 따라 쓰기

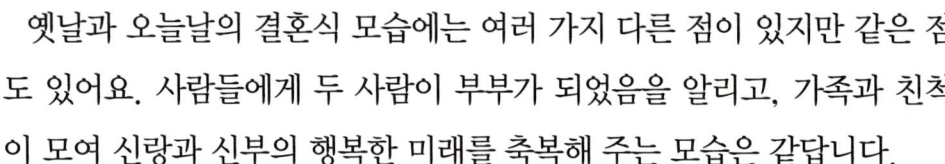

● 남녀가 정식으로 부부가 되는 의식 : 결 혼 식

● 결혼식과 같은 예식을 올리는 곳 : 식 장

● (표정이나 성격이) 밝고 맑다. : 환 하 다

● (생각이나 느낌이) 갑자기 떠올라 : 문 득

● 혼인을 하는 예식 : 혼 례

● (큰일을) 해내다. : 치 르 다

● 남자와 여자가 정식으로 부부가 되는 일 : 혼 인

● 결혼할 때 신부가 시댁 친척 어른과 시부모에게 음식을 바치며 절하는 것 : 폐 백

● 건물 밖 : 야 외 [野-들 야, 外-밖 외]

● (어떤 집단이나 공동체에서) 예전부터 이어 내려오는 사상·관습·행동 등의 양식, 또는 그것의 기본을 이루는 정신 : 전 통 [傳-전할 전, 統-줄기 통]

● 무엇을 제대로 하거나 알맞게 다루는 방법이나 형식 : 방 식 [方-방향 방, 式-법 식]

STEP 5 글의 구조 이해하기

빠른 정답 4쪽

★ 글의 구조를 이해하는 방법

① 먼저, 각 단락의 내용을 요약하여 단락 간의 관계를 살펴보세요.

② 단락 간의 관계를 바탕으로 글의 구조를 따져 보고, 이를 구조도로 정리하세요.

· 단락마다 다른 이야기가 이어진다면 각 단락을 기차 모양으로 나란히 놓으세요.

· 앞 단락의 내용을 뒷 단락에서 자세히 설명하면 앞 단락과 뒷 단락을 나란히 놓으세요.

· 같은 종류의 내용을 다루는 단락끼리는 묶을 수 있어요.

1단락

은정이 삼촌의 결혼식 모습을 보여 주며 옛날의 결혼식과 오늘날의 결혼식이 어떻게 다른지에 대한 궁금증을 드러내고 있어요. 그러므로 1단락을 요약하면 '옛날과 1) ☐☐☐ 의 결혼식에 대한 궁금증'입니다.

[단락 간의 관계]

1단락에서 옛날과 오늘날의 결혼식에 대한 궁금증을 나타내고 있어요.

2단락

옛날의 결혼식의 모습을 설명하고 있네요. 결혼식이 시작되는 모습부터 진행되는 과정, 결혼식이 끝난 후의 모습까지 설명하고 있으므로 2단락을 요약하면 '옛날의 2) ☐☐☐ 모습'입니다.

3단락

오늘날의 결혼식의 모습을 설명하고 있어요. 결혼식의 내용과 장소, 그리고 결혼식이 끝난 후의 모습까지 설명하고 있으므로 3단락을 요약하면 '오늘날의 3) ☐☐☐ 모습'입니다.

[단락 간의 관계]

2단락과 3단락에서 각각 옛날의 결혼식과 오늘날의 결혼식을 설명하고 있어요.

4단락

옛날과 오늘날 결혼식 모습의 같은 점을 이야기하며 글을 마무리하고 있네요. 그러므로 4단락을 요약하면 '옛날과 오늘날 결혼식의 4) ☐☐ 점'입니다.

[단락 간의 관계]

4단락에서는 옛날과 오늘날 결혼식의 같은 점을 이야기하고 있어요.

[글의 구조]

· 1단락에서 결혼식에 관한 생활 속 모습을 이야기하고 있어요.

· 2단락에서는 옛날의 결혼식 모습에 대해, 3단락에서는 오늘날의 결혼식 모습에 대해 설명하고 있어요.

★ 2단락과 3단락은 각각 옛날과 오늘날의 결혼식 모습을 다루고 있으므로 모두 결혼식에 대한 내용이에요. 따라서 두 단락을 묶을 수 있어요.

· 4단락에서는 이 글의 중심 낱말인 '옛날과 오늘날의 결혼식 모습'의 같은 점을 이야기하고 있어요.

★ 글의 구조도를 그리면 다음과 같습니다.

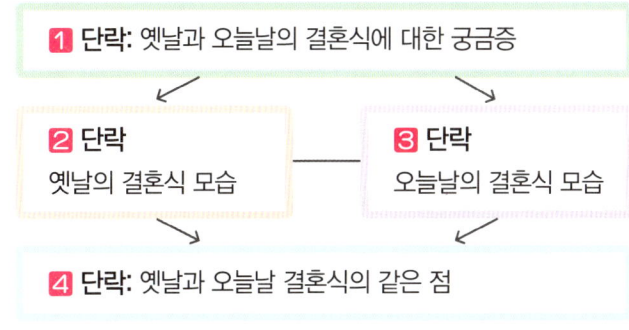

DAY **27**

01

빠른 정답 4쪽, 정답과 풀이 52~53쪽

㉮~㉺는 각 단락을 정리한 문장입니다. ㉮~㉺를 단락의 순서에 맞게 쓰세요.

> ㉮ 옛날의 결혼식 모습
> ㉯ 오늘날의 결혼식 모습
> ㉰ 옛날과 오늘날 결혼식의 같은 점
> ㉱ 옛날과 오늘날의 결혼식에 대한 궁금증

(   ) → (   ) → (   ) → (   )

정답 콕콕 특강

01 글의 구조 이해하기
단락의 중심 낱말을 먼저 찾고, 각 단락에서 어떤 이야기를 하고 있는지 떠올려 보세요.

02

다음 중 이 글에 나오지 <u>않는</u> 내용은 무엇인가요?   (   )

① 다른 나라의 결혼
② 옛날의 결혼 장소
③ 오늘날의 결혼 장소
④ 옛날의 결혼식 때 주고받는 것
⑤ 옛날과 오늘날 결혼식의 같은 점

02 내용 이해하기
각 선택지와 단락의 내용을 살펴보면 이 글에 나오지 않는 내용이 무엇인지 알 수 있어요.

03

다음은 이 글을 읽은 학생이 쓴 일기입니다. 글의 내용에 비추어 볼 때, 알맞은 내용은 무엇인가요?   (   )

> ○월 ○일 ○요일   날씨: 흐림
>
>   옛날에는 ① 신부가 신랑의 집으로 가서 혼례를 치렀다니! ② 신랑이 신부 쪽에 금으로 만든 기러기를 건네준 것은 왠지 부러웠다. ③ 신랑과 신부가 잔에 이슬을 부어 마셨다고 했는데, 무슨 맛일지 궁금하다. ④ 결혼하고 처음에는 신랑이 신부의 집에서 지낸 까닭을 찾아봐야겠다.

03 내용 적용하기
옛날의 결혼식 모습에 대한 내용은 2단락에 나와 있어요.

04 서술형

옛날과 오늘날 결혼식의 같은 점은 무엇인지 이 글에서 찾아 쓰세요.

04 내용 이해하기
옛날과 오늘날 결혼식의 같은 점은 4단락에 나와 있어요.

_____

_____

낱말 따라 쓰기

● 색깔·모양·내용 등이 서로 다른 것이 많다. : 다 양 하다
● (앞날의 행복을) 빌다. : 축 복 하다

[01~05] 주어진 뜻풀이에 알맞은 낱말을 〈보기〉에서 찾아 쓰세요.

〈 보기 〉
치르다 축복하다 문득 방식 다양하다

01 (앞날의 행복을) 빌다. : _____

02 색깔·모양·내용 등이 서로 다른 것이 많다. : _____

03 (큰일을) 해내다. : _____

04 무엇을 제대로 하거나 알맞게 다루는 방법이나 형식 : _____

05 (생각이나 느낌이) 갑자기 떠올라 : _____

[06~10] 주어진 자음자와 뜻풀이를 보고, 빈칸에 알맞은 낱말을 쓰세요.

06 우리를 바라보시는 선생님의 표정이 매우 ㅎ ㅎ ㄷ .
(표정이나 성격이) 밝고 맑다.

07 체육 시간에는 ㅇ ㅇ 에서 수업을 한다.
건물 밖

08 부모님께서 옛날 ㄱ ㅎ ㅅ 사진을 보여 주셨다.
남녀가 정식으로 부부가 되는 의식

09 이모는 구청에 ㅎ ㅇ 신고를 하러 갔다.
남자와 여자가 정식으로 부부가 되는 일

10 결혼식과 같은 예식을 올리는 곳
ㅅ ㅈ 에는 축하객들로 가득 차서 북적북적하다.

배경지식

다른 나라의 결혼식

프랑스의 결혼식을 살펴보면, 보통 신부 입장을 할 때 신부가 아버지와 팔짱을 끼고 들어오는 우리나라와 달리 프랑스에서는 어머니와 팔짱을 끼고 들어옵니다. 또한 축의금을 따로 받지 않고, 축의금 대신 신부가 원하는 것을 선물해 줘요. 그리고 결혼식이 끝나면 디너 파티를 열어 밤늦게까지 하객들과 춤을 추고, 대화하며 밤새 결혼을 축하한답니다.

독일에서는 결혼식 전날 밤에 파티를 여는데, 파티에 참석하는 사람들은 자신의 집에서 오래된 접시를 가져와 신랑·신부의 집 앞에서 깨뜨립니다. 이는 악마를 내쫓고, 신랑·신부에게 행운을 가져다주기를 바라는 마음을 담고 있답니다. 결혼식 당일에는 보통 결혼식장에서 식을 올려요.

인도에서는 앞으로의 결혼 생활에 대해 신랑·신부의 별자리로 점을 치고 결혼을 한다고 해요. 소를 신성하게 여기는 힌두교를 믿는 사람들이 많아서 신랑·신부에게 선물을 할 때 소로 만들어진 가방이나 지갑 등을 선물하지 않습니다. 또한, 인도의 장례식에서 사용하는 재스민도 선물로 주지 않아요.

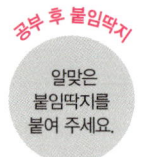

공부 후 붙임딱지

알맞은 붙임딱지를 붙여 주세요.

공부한 날	월	일

빠른 정답 4쪽

지문 확인

많은 사람들이 여행을 다닙니다. 여행을 다니면 많은 것을 보고 배우고 느낄 수 있기 때문이지요. 우리나라를 포함하여 세계 여러 나라에는 구경할 거리가 아주 많아요. 그럼 세계의 볼거리로 무엇이 있는지 알아볼까요?

멋진 건물로는 인도의 타지마할, 이집트의 피라미드, 이탈리아의 콜로세움이 있어요. 타지마할은 인도의 왕과 왕비의 무덤으로, 세계에서 가장 화려한 건물로 꼽혀요. 피라미드는 돌과 벽돌로 만들어진 사각뿔 모양인데, 왕의 무덤으로 쓰였어요. 콜로세움은 둥그런 모양으로 된 경기장이에요. 여기에 사람들이 모여 운동 경기를 관람했답니다.

아름다운 자연으로는 아프리카의 빅토리아 호수, 아이슬란드의 오로라, 스위스의 알프스 산맥이 있어요. 빅토리아 호수는 세계에서 3번째로 큰 호수예요. 오로라는 하늘에 알록달록한 색깔로 나타나는 빛이 아주 예쁘답니다. 알프스 산맥의 산봉우리는 1년 내내 눈에 덮여 있는 것으로 유명해요.

여러분은 어느 나라를 가서 무엇을 보고 싶나요? 위에서 소개한 것 말고도 세계의 볼거리는 많답니다. 볼거리뿐 아니라 세계의 먹을거리, 입을거리도 찾아보고 친구와 서로 찾은 내용을 나누며 이야기해 봅시다. 아마 세계 여행을 떠나고픈 마음이 들 거예요.

- 1단락의 중심 문장에 표시해 보세요.

- 2단락의 중심 문장에 표시해 보세요.

- 3단락의 중심 문장에 표시해 보세요.

- 4단락의 중심 문장에 표시해 보세요.

▲ 타지마할

▲ 피라미드

▲ 콜로세움

낱말 따라 쓰기

- 집을 떠나 이곳저곳을 두루 구경하며 다니는 일 : 여 행
  [旅-나그네 여, 行-갈 행]
- 무엇이 어떤 무리나 범위에 들어 있다. 무엇을 한 무리에 끼워 넣다. : 포 함 하다
  ㉠ 나는 장난감을 포함하여 가방을 다 챙겼다.
- 지구 위의 모든 국가 : 세 계
  [世-세상 세, 界-경계 계]

- 어떤 것을 재미가 있어서 보다. : 구 경 하다
- 어떤 일을 할 만한 핑계나, 일을 하는 데 쓸 재료 : 거 리
  ㉠ 나는 친구에게 부탁할 거리가 생겼다.
- 구경할 만한 것 : 볼 거 리
- 사람이 안에서 살거나 일을 하기 위해 지은 집 : 건 물
- 왕의 아내 : 왕 비

01

다음은 이 글의 구조를 정리한 것입니다. 빈칸에 들어가기에 알맞은 말을 쓰세요.

빠른 정답 4쪽, 정답과 풀이 54~55쪽

✏️ 뜻을 정확히 모르는
낱말들을 적어 보세요!

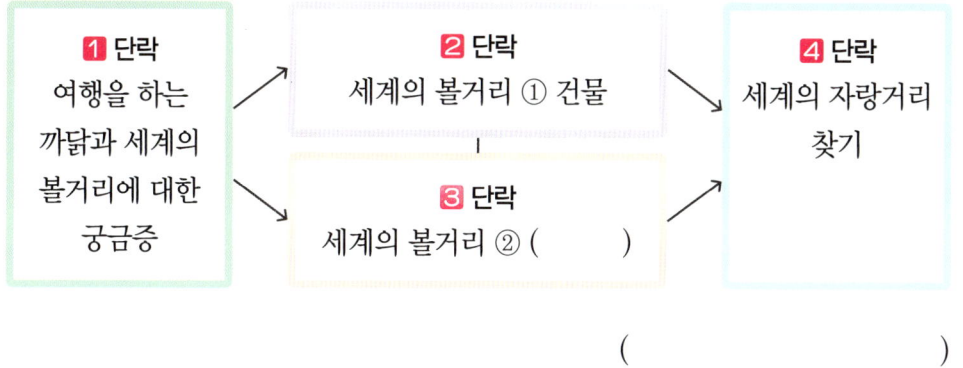

1 단락
여행을 하는
까닭과 세계의
볼거리에 대한
궁금증

2 단락
세계의 볼거리 ① 건물

3 단락
세계의 볼거리 ② (   )

4 단락
세계의 자랑거리
찾기

(   )

02

다음 중 이 글의 내용에 맞는 것은 ○표, 틀린 것은 ×표를 하세요.

(1) 피라미드는 이집트에 있다.   (   )
(2) 타지마할은 왕과 왕비의 무덤이다.   (   )
(3) 빅토리아 호수는 세계에서 제일 큰 호수이다.   (   )

DAY
28

낱말 따라 쓰기

● 죽은 사람을 땅에 묻고, 비석 등을 세워 표시해 놓은 곳 :
│무│덤│ 예 할머니의 무덤에 풀이 많이 자랐다.

● 눈이 부시게 아름답고 보기 좋다. : │화│려│하다

● (어떤 사실의 뛰어난 실례로) 지목을 받거나 인정되다. :
│꼽│히│다│
예 그 선수는 세계에서 3번째로 유명한 선수로 꼽혔다.

● 밑면이 사각형인 각뿔 : │사│각│뿔│

● 경기를 하기 위한 시설을 갖춘 장소 : │경│기│장│

● 전시된 유물·그림·조각이나 연극, 영화, 운동 경기 등을 구
경하다. : │관│람│하다

● 넓은 땅에 넓고 깊게 물이 괴어 있는 곳 : │호│수│

● 여러 산들이 길게 이어져 줄기를 이루고 있는 것 : │산│맥│

● 산에서 가장 높은 부분 : │산│봉│우│리│

● 이름이 널리 알려져 있다. : │유│명│하다

● (차이를 알아내려고) 여럿을 서로 견주어 보다. :
│비│교│하다 예 아이들을 비교하는 것은 좋지 않다.

03

다음 중 이 글의 설명 방법으로 알맞은 것의 기호를 쓰세요.

> ㉠ 반대되는 두 생각을 비교하고 있다.
> ㉡ 세계의 볼만한 건물과 자연을 이야기하고 있다.
> ㉢ 세계 여행을 할 때 조심해야 할 점을 알려 주고 있다.
> ㉣ 우리나라의 건물과 다른 나라의 건물을 비교하고 있다.

(   )

04

다음의 설명을 보고, (가), (나) 사진이 무엇인지 써 보세요.

(가)	(나)

– 하늘에 알록달록한 색깔로 나타나는 빛 – 아이슬란드에서 볼 수 있음.	– 둥그런 모양으로 된 경기장 – 이탈리아에 있음.

(가): (   ), (나): (   )

05 서술형

'알프스 산맥'이 무엇으로 유명한지 이 글에서 찾아 쓰세요.

_____

_____

_____

[01~04] 주어진 뜻풀이에 알맞은 낱말을 〈보기〉에서 찾아 쓰세요.

〈 보기 〉
꼽히다　　산봉우리　　거리　　세계

01 어떤 일을 할 만한 핑계나, 일을 하는 데 쓸 재료 : _____

02 산에서 가장 높은 부분 : _____

03 (어떤 사실의 뛰어난 실례로) 지목을 받거나 인정되다. : _____

04 지구 위의 모든 국가 : _____

[05~08] 주어진 자음자와 뜻풀이를 보고, 빈칸에 알맞은 낱말을 쓰세요.

05 여러 산들이 길게 이어져 줄기를 이루고 있는 것
태백 | ㅅ | ㅁ | 은/는 우리나라에서 가장 긴 산줄기이다.

06 나는 물건을 살 때 꼼꼼하게 | ㅂ | ㄱ | 한 뒤에 산다.
(차이를 알아내려고) 여럿을 서로 견주어 보다.

07 주희의 취미는 주말에 영화를 | ㄱ | ㄹ | 하는 것이다.
전시된 유물·그림·조각이나 연극, 영화, 운동 경기 등을 구경하다.

08 시장에는 이것저것 | ㄱ | ㄱ | 할 거리가 매우 많다.
어떤 것을 재미가 있어서 보다.

배경지식

우리나라 돈과 다른 나라 돈을 어떻게 바꿀까요?

　여러분이 다른 나라로 여행을 갔다고 생각해 봅시다. 맛있는 음식도 먹고, 예쁘고 신기한 물건도 사고, 편히 쉴 숙소도 있어야 하는데, 이 모든 것을 어떻게 계산할 수 있을까요? 우리나라는 천 원, 만 원 등 '원' 단위의 화폐를 사용하지만, 다른 나라는 나라마다 각각 다른 화폐를 사용해요. 예를 들어 미국은 '달러', 중국은 '위안', 일본은 '엔', 유럽 연합은 '유로'를 사용하지요.

　그래서 다른 나라로 여행을 갈 때는 그 나라의 화폐로 바꾸어야 한답니다. 이때 사용되는 것이 '환율'이에요. 환율은 돈과 돈을 바꿀 때 교환하는 비율을 말합니다. 서로 다른 나라의 돈을 바꿀 때 사용해요.

　대표적으로 '원·달러 환율'은 미국 화폐 1달러를 우리나라 화폐인 원으로 표시한 것이에요. 만약 원·달러 환율이 1000원이라면, 1달러와 1000원을 교환할 수 있다는 말이지요.

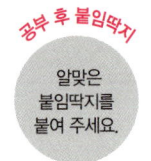
공부 후 붙임딱지

알맞은
붙임딱지를
붙여 주세요.

공부한 날   월   일

빠른 정답 4쪽

리듬 악기는 리듬을 연주하는 악기예요. 리듬 악기를 연주하면 같은 음을 길게 연주할 수도 있고, 짧게 연주할 수도 있어요. 또 소리를 크게 낼 수도 있고, 소리를 작게 낼 수도 있지요. 대신, 한 리듬 악기로 음을 높이거나 낮춰서 연주할 수는 없어요.

리듬 악기로는 탬버린, 윈드차임, 트라이앵글, 캐스터네츠 등이 있어요. 탬버린은 '통통', '챠라라라라'하는 소리가 나고, 윈드차임은 '쪼로로로롱', 캐스터네츠는 '딱딱', 트라이앵글은 '칭칭'하는 소리가 난

▲ 윈드차임

답니다. 여러 가지 리듬 악기를 함께 연주해서 다양한 소리를 낼 수 있어요.

하나의 리듬 악기를 다양한 방법으로 연주할 수도 있어요. ____(가)____ 탬버린의 북면을 치면 '통통'하는 소리가 나요. 그런데 탬버린의 테를 잡고 흔들면 '챠라라라라'하는 소리가 난답니다. 북도 다양한 방법으로 연주할 수 있어요. 북의 북면을 치면 '퉁퉁'하는 소리가 나요. 그런데 테를 치면 '탁'하는 소리가 나지요.

리듬 악기는 한 음만 낼 수 있지만, 다양한 연주법과 종류를 통해 다채로운 소리를 낼 수 있어요. 앞으로는 노래를 들을 때 노래의 느낌에 어울리게 리듬 악기로 소리를 내 봅시다. 그 노래의 맛을 더 잘 느끼게 될 거예요.

지문 확인

· 1단락 요약 :
1) ☐☐ ☐☐
의 특징

· 2단락 요약 :
2) ☐☐ ☐☐
의 종류와 소리

· 3단락 요약 :
3) ☐☐ ☐☐
의 연주법

· 4단락 요약 :
리듬 악기로 연주해 보기

낱말 따라 쓰기

● 소리의 높낮이와 세기가 일정한 사이를 두고 거듭되는 것 : 리듬

● 음악을 연주하는 데 쓰는, 소리 내는 기구 : 악기

● 청중 앞에서 악기를 다루어 음악을 들려주다. : 연주 하다

● 음악을 이루는 소리 : 음 [音-소리 음]

● 하기로 되어 있는 일을 하지 않고 다른 일로 그 자리를 채우는 것 : 대신 [代-대신할 대, 身-몸 신]

● 쇠붙이나 나무로 만든 둥근 테의 한쪽 면을 가죽으로 덮고 둘레에 작은 방울이나 쇳조각을 단 작은 서양 북 : 탬버린

● 모빌처럼 여러 개의 플라크가 줄에 매달려 있는 형태의 악기 : 윈드차임

● 강철 막대를 삼각형으로 구부려 한쪽 끝을 줄에 매달아 막대로 쳐서 소리를 내는 타악기 : 트라이앵글

01

다음은 이 글의 구조를 정리한 것입니다. 빈칸에 공통으로 들어가기에 알맞은 말을 쓰세요.

빠른 정답 4쪽, 정답과 풀이 56~57쪽

✏️ 뜻을 정확히 모르는 낱말들을 적어 보세요!

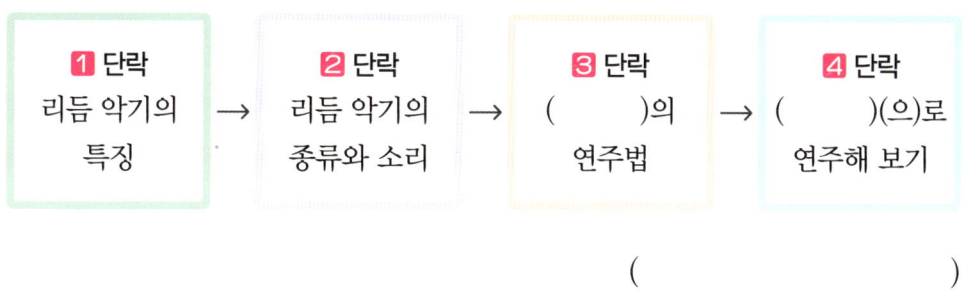

| **1** 단락
리듬 악기의
특징 | → | **2** 단락
리듬 악기의
종류와 소리 | → | **3** 단락
(   )의
연주법 | → | **4** 단락
(   )(으)로
연주해 보기 |

(   )

02

이 글의 내용으로 알맞지 <u>않은</u> 것은 무엇인가요?   (   )

① 하나의 리듬 악기를 다양한 방법으로 연주할 수 있다.
② 리듬 악기는 소리를 크게 낼 수도 있고, 작게 낼 수도 있다.
③ 여러 리듬 악기를 함께 연주해서 다양한 소리를 낼 수 있다.
④ 리듬 악기는 음을 길게 연주할 수도 있고, 짧게 연주할 수도 있다.
⑤ 한 리듬 악기로 음을 높여서 연주할 수도 있고, 낮춰서 연주할 수도
  있다.

DAY
29

─── **낱말 따라 쓰기**

● 나무·뼈·플라스틱 등으로 두 개의 조개껍데기 모양으로 만들어 엄지손가락과 가운뎃손가락에 끼워서 두 짝을 맞부딪쳐 소리를 내는 악기 :

  | 캐 | 스 | 터 | 네 | 츠 |

● 색깔·모양·내용 등이 서로 다른 것이 많다. : | 다 | 양 |하다

● 무엇을 하기 위한 방식이나 수단 : | 방 | 법 |

● 둥근 물건을 흩어지지 못하게 둘러 매는 줄이나 둘레를 이루는 부분 : | 테 |

● 여러 가지 빛깔·모양·종류 등이 어울려 화려하고 볼만하다. : | 다 | 채 | 롭 | 다 |

● 서로 조화를 이루다. : | 어 | 울 | 리 | 다 |

● 무엇을 제대로 하거나 알맞게 다루는 방법이나 형식 : | 방 | 식 | [方 – 방향 **방**, 式 – 법 **식**]

03

3단락의 밑줄 친 (가)에 들어갈 이어 주는 말로 가장 알맞은 것은 무엇인가요?

( )

① 또한   ② 하지만   ③ 그래서
④ 그러나   ⑤ 예를 들어

04

다음 중 이 글에 대한 설명으로 알맞은 것을 모두 고른 것은 무엇인가요?( )

⊙ 리듬 악기가 만들어진 방식을 시간 순서대로 설명하고 있다.
ⓛ 리듬 악기와 리듬 악기가 아닌 악기들을 같이 설명하고 있다.
ⓒ 다양한 리듬 악기와 그 악기의 소리를 예를 들어 설명하고 있다.
ⓔ 하나의 리듬 악기로 다른 소리를 내는 방법을 예를 들어 설명하고 있다.

① ⊙, ⓛ   ② ⊙, ⓒ   ③ ⊙, ⓔ   ④ ⓛ, ⓔ   ⑤ ⓒ, ⓔ

05 서술형

하나의 리듬 악기로 연주할 수 <u>없는</u> 방법을 이 글에서 찾아 쓰세요.

_____

_____

_____

[01~04] 주어진 뜻풀이에 알맞은 낱말을 연결하세요.

01 여러 가지 빛깔·모양·종류 등이 어울려 화려하고 볼만하다. • • ㉠ 어울리다

02 서로 조화를 이루다. • • ㉡ 대신

03 무엇을 제대로 하거나 알맞게 다루는 방법이나 형식 • • ㉢ 다채롭다

04 하기로 되어 있는 일을 하지 않고 다른 일로 그 자리를 채우는 것 • • ㉣ 방식

[05~09] 주어진 자음자와 뜻풀이를 보고, 빈칸에 알맞은 낱말을 쓰세요.

05 우리나라는 계절마다 ㄷ ㅇ 한 꽃이 핀다.
색깔·모양·내용 등이 서로 다른 것이 많다.

06 아이들은 ㅇ ㄱ 소리에 맞춰 노래를 불렀다.
음악을 연주하는 데 쓰는, 소리 내는 기구

07 친구는 빠른 ㄹ ㄷ 에 맞춰 춤을 췄다.
소리의 높낮이와 세기가 일정한 사이를 두고 거듭되는 것

08 나는 기타를 ㅇ ㅈ 해 보고 싶다.
청중 앞에서 악기를 다루어 음악을 들려주다.

09 분명히 이 문제를 풀 수 있는 ㅂ ㅂ 이/가 있을 것이다.
무엇을 하기 위한 방식이나 수단

배경지식

가락을 표현하는 가락 악기

일정한 음을 쳐서 가락을 내는 악기는 가락 악기라고 합니다. 가락 악기는 박자와 리듬을 표현하는 리듬 악기와 달리, 음을 높이거나 낮춰서 가락을 표현할 수 있어요. 가락 악기 중에서도 기타, 바이올린, 첼로, 가야금처럼 울림통에 줄이 매달려 있어서 줄로 가락을 연주하는 악기를 현악기라고 해요. 현악기는 손으로 줄을 튕기거나 활로 켜서 소리를 낸답니다.

또, 가락 악기에는 오르간, 피아노처럼 건반을 두드려서 소리를 내는 건반 악기도 있어요. 리코더, 단소, 피리처럼 관 모양으로 생기고, 관을 입으로 불어서 관 속의 공기를 진동시켜 소리를 내는 관악기도 가락 악기의 일종입니다.

DAY 30

[STEP 5]
독해력 완성 테스트

공부 후 붙임딱지
알맞은 붙임딱지를 붙여 주세요.

공부한 날   월   일

★★★ : 상   ★★✿ : 중   ★✿✿ : 하

[01~05] 다음 글을 읽고, 물음에 답하세요.

색의 종류는 셀 수 없이 많아요. 그리고 색깔이 우리에게 주는 느낌은 색마다 다릅니다. 어떤 색깔은 따뜻한 느낌을 주기도 하고, 어떤 색깔은 차가운 느낌을 주기도 하지요. 그럼 색깔에 따른 느낌이 어떠한지 알아볼까요?

빨간색, 주황색, 노란색은 따뜻한 느낌을 줍니다. 그래서 추운 곳에 있는 사람, 감정이 식거나 너무 조용한 사람, 운동 같은 활기찬 일을 하려는 사람에게 필요한 색깔이에요. 이러한 사람들은 따뜻한 느낌을 주는 색으로 방을 꾸미거나 옷을 입으면 좋습니다.

파란색과 보라색은 차가운 느낌을 줘요. 그래서 뜨겁거나 더운 곳에 있는 사람, 감정이 격하거나 차분해지고 싶은 사람, 공부를 하거나 조용한 환경이 필요한 사람에게 좋은 색깔입니다. 이러한 사람들은 차가운 느낌을 주는 색으로 방을 꾸미거나 옷을 입는 것이 좋겠죠?

그럼 초록색은 어떤 느낌일까요? 초록색은 자연을 떠올리게 하는 색이어서 편안하고 안정된 느낌을 줍니다. 그래서 피곤한 사람, 스트레스를 가라앉히고 싶은 사람에게 필요한 색이에요.

색에 따른 느낌을 알았으니, 지금 자신의 상태를 생각해 보고, 나에게 필요한 색깔이 무엇인지 떠올려 보세요. 그리고 그 색깔로 자기 주변을 색칠해 봐요!

01 ★✿✿

다음은 이 글의 구조를 정리한 것입니다. 빈칸에 공통으로 들어가기에 알맞은 말을 쓰세요.

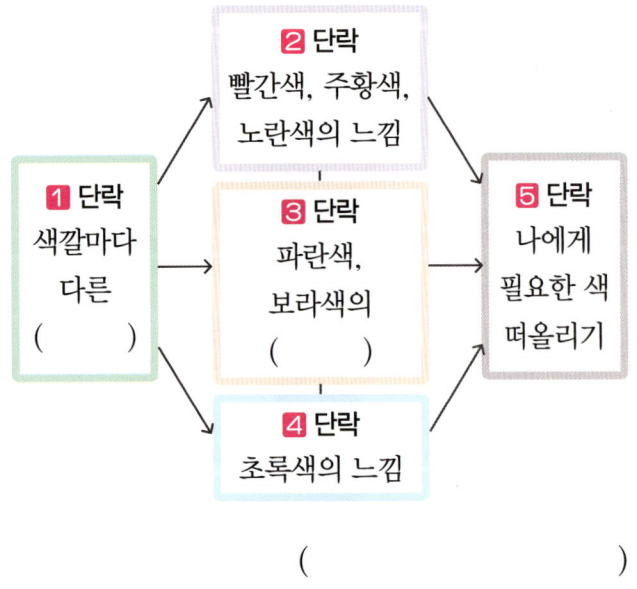

2 단락
빨간색, 주황색, 노란색의 느낌

1 단락
색깔마다 다른
(   )

3 단락
파란색, 보라색의
(   )

4 단락
초록색의 느낌

5 단락
나에게 필요한 색 떠올리기

(   )

02 ★✿✿

다음은 '따뜻한 느낌을 주는 색'과 '차가운 느낌을 주는 색'에 대해 정리한 내용입니다. ㉠, ㉡에 들어가기에 알맞은 말을 쓰세요.

따뜻한 느낌을 주는 색	– (㉠)에 있는 사람 – 감정이 식거나 조용한 사람 – 활기찬 일을 하려는 사람
차가운 느낌을 주는 색	– 뜨겁거나 더운 곳에 있는 사람 – 감정이 격하거나 차분해지고 싶은 사람 – (㉡)을/를 하거나 조용한 환경이 필요한 사람

㉠: (   ), ㉡: (   )

03 **✽✿

글쓴이가 이 글을 쓴 까닭은 무엇인가요? (   )

① 약속을 잡기 위해
② 행사를 홍보하기 위해
③ 정보를 전달하기 위해
④ 상대방을 설득하기 위해
⑤ 느낀 점을 표현하기 위해

04 ✽✽✽

이 글의 내용에 비추어 볼 때, 〈보기〉에 대해 알맞은 말을 한 사람은 누구인가요?   (   )

〈 보기 〉

정원이는 배를 타고 북극에 도착했어요. 북극에는 커다란 빙하가 있었지요. 하지만 북극은 너무 추워서 옷을 두껍게 입어도 몸이 덜덜 떨렸어요. 그래서 정원이는 다시 배 안으로 들어갔답니다.

① 예지: 빙하를 보니 빨간색이 떠오르는걸?
② 시연: 정원이의 옷이 파란색이라면 좋을 텐데.
③ 준오: 북극의 추운 온도는 노란색으로 표현할 수 있겠네.
④ 현우: 배 안이 주황색으로 칠해져 있다면 따뜻한 느낌을 받을 거야.
⑤ 유진: 추운 곳을 여행하는 배를 보라색으로 칠해야 따뜻한 느낌을 줄 수 있어.

05 ✽✽✿ [서술형]

'초록색'이 편안하고 안정된 느낌을 주는 까닭을 이 글에서 찾아 쓰세요.

_____

_____

낱말 따라 쓰기

● 어떤 기준에 따라 여러 가지 사물을 나눈 갈래 : 종 류

● 어떤 현상이나 사건에 대하여 일어나는 느낌 또는 마음 :
감 정 [感－느낄 감, 情－뜻 정]

● 더운 기가 없어지다. : 식 다

● 힘차게 움직이는 기운이 가득하다. : 활 기 차 다

● 꼭 있어야 하거나 갖추어야 할 바가 있다. : 필 요 하다
[必－반드시 필, 要－구할 요]

● (무엇을) 매만져 모양을 좋게 하다. : 꾸 미 다
㉠ 우리는 교실을 아름답게 꾸몄다.

● (성질이) 급하고 거세다. : 격 하 다
㉠ 도로의 자동차가 격하게 달리고 있다.

● (마음이나 분위기 등이) 가라앉아 조용하다. : 차 분 하다
㉠ 이 공원은 나를 차분하게 만들어 준다.

● 생활하고 있는 곳의 주변 상태 : 환 경

● 몸과 마음이 아무 어려움이 없이 좋다. : 편 안 하다
[便－편할 편, 安－편안할 안]

● 마음이나 몸이 흔들리지 않고 가만히 유지되다. :
안 정 되 다

● 지치고 힘들 때 몸으로 괴로움을 느끼다. : 피 곤 하다

● 몸에 해로운 정신적·육체적 자극을 심하게 받을 때 몸 안에서 일어나는 심리적·신체적 피로 : 스 트 레 스

● (무엇을) 가라앉게 하다. : 가 라 앉 히 다

● 어떤 때에 사물이 보여 주는 모양이나 놓여 있는 형편 :
상 태   ㉠ 민구는 지금 불안한 상태이다.

● 여럿이 어떤 목적과 계획을 가지고 조직적인 모임이나 절차를 진행하는 것, 또는 그러한 큰일 : 행 사

● 상품·사업·업적 등을 널리 알리다. : 홍 보 하다

● 어떤 사실에 대한 지식 : 정 보

● 잘 설명하거나 타일러서 이해시켜 따르게 하다. :
설 득 하다 ㉠ 아빠는 아이가 오이를 먹도록 설득했다.

● 지구의 가장 북쪽이 되는 지점, 또는 그 부근 : 북 극

● 높은 산이나 북쪽 지방에 오래 쌓인 눈이 얼음덩이가 되어 덮고 있는 것 : 빙 하

DAY
30

잠깐! 쉬어가기

✱ 다음 가로·세로 열쇠를 잘 읽고, 주어진 자음자를 참고하여 빈칸에 알맞은 답을 쓰세요.

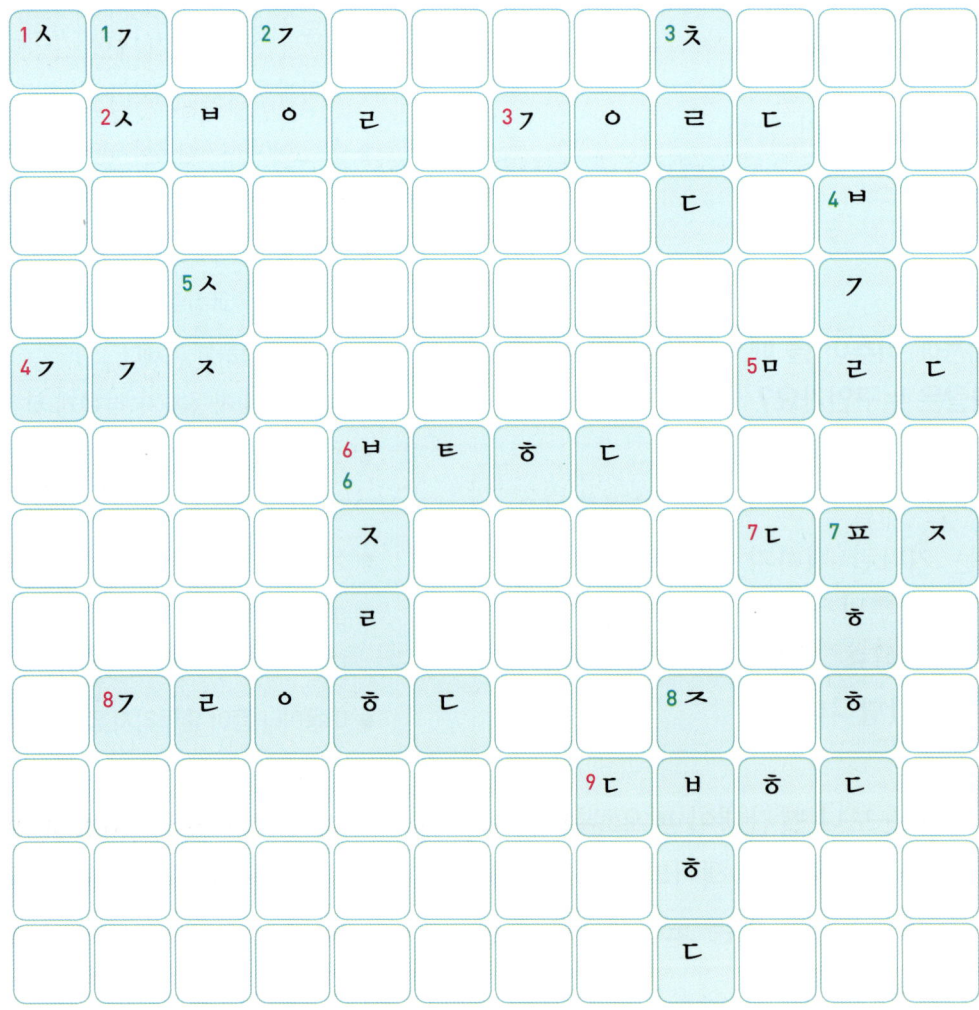

가로 열쇠

1 지구 위의 모든 국가
2 산에서 가장 높은 부분
3 일하기 싫어 몸짓이 느리고 열심이 없다.
4 경기를 하기 위한 시설을 갖춘 장소
5 (물기를) 다 증발시켜 없어지게 하다.
6 어떤 일을 해 달라고 청하고 맡기다.
7 가장 두드러지거나 뛰어나 대표가 될 만한 것
8 (무엇을) 가라앉게 하다.
9 앞으로 있을지도 모를 힘들거나 어려운 일을 겪지 않기 위해서 미리 준비하다.

세로 열쇠

1 수를 셈하는 것
2 (어떠한 조건이 있는) 특별한 형편·사정·상황, 또는 실례
3 (큰일을) 해내다.
4 구경할 만한 것
5 결혼식과 같은 예식을 올리는 곳
6 게으르지 않고 열심히 꾸준하게
7 느낌이나 생각을 말, 글, 예술 작품 등으로 나타내다.
8 앞으로 해야 할 일에 필요한 것을 미리 갖추다.

STEP 6
주제 알아보기

글의 주제를 알면 글쓴이의 의도를 이해하는 문제를 쉽게 풀 수 있어요!

★ **주제란?**

글쓴이가 한 편의 글을 통해 전달하고자 하는 중심 내용입니다

● **주제를 알아야 하는 이유**

주제를 아는 것은 곧 글의 핵심 내용을 이해하는 것이에요. 따라서 주제를 알아내면 글을 완벽히 독해했다고 할 수 있습니다.

🌟 **주제를 알아보는 방법**

① 각 단락을 요약하여 글의 구조를 알아보세요.
② 글의 구조를 바탕으로 글 전체에서 주로 이야기하는 내용이 무엇인지 살펴보세요.
③ 살펴본 내용을 글 전체의 중심 낱말을 포함한 간단한 말로 정리하면 글의 주제가 돼요.

[수학]

DAY
31

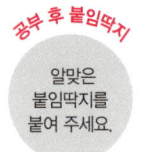

빠른 정답 4쪽

지문 확인

초등학교 2학년이 되면 학교에서 곱셈구구를 배우게 됩니다. 곱셈구구는 1에서 9까지의 두 수를 곱한 값을 정리하고 외워서 기억하기 쉽게 만든 것이에요. 이전에는 곱셈구구를 '구구단' 혹은 '구구법'이라고 불렀어요. 그렇다면 이름에 왜 '구구'라는 말이 들어갈까요?

곱셈구구의 역사는 2,000년 전부터 시작해요. 곱셈구구는 중국에서 시작한 것으로 알려져 있습니다. 그런데 그때는 곱셈구구를 외우는 것이 특별한 일이었답니다. 어린 학생들이 아니라 어른들이 곱셈구구를 외웠어요. 그리고 높은 신분의 사람들이 외우는 것이었다고 해요. 이 사람들은 곱셈구구를 소중히 여기며, 곱셈구구의 편리함을 아무한테나 알려 주지 않았습니다. 또 자신들이 곱셈구구를 외우는 것을 남들이 알아차리지 못하게 하고, 다른 사람들이 곱셈구구를 어렵게 느끼게 하려고 '9 곱하기 9'부터 외워 나갔다고 해요. (㉠) 이름에 '구구'가 들어간 것이에요.

이후로 곱셈구구는 우리나라의 고구려, 백제, 신라로 전해졌어요. 우리 조상들은 곱셈구구를 나무판에다 적어 놓은 다음, 보면서 외우기도 하고 계산이 틀렸을 때 다시 확인하기도 했다고 해요. 그리고 조선 시대 때 세종 대왕은 수학 공부가 중요하다고 생각하여 모든 관리들에게 곱셈구구를 외우게 했습니다.

• 1단락 중심 낱말 :
곱셈구구

• 2단락 중심 낱말 :
1) □□□□

• 3단락 중심 낱말 :
2) □□□□

낱말 따라 쓰기

• 일에서 구까지의 각 수를 서로 곱해서 나온 값을 나타내는 일 : 곱 셈 구 구

• (앞의 수를) 뒤의 수만큼 거듭해서 합치다. : 곱 하다

• (수학에서) 셈을 하여 얻은 수 : 값

• (말이나 글을) 머릿속에 기억하다 : 외 우 다
  예) 나는 그가 한 말을 잊지 않으려고 계속 외웠다.

• 마음이나 생각 속에 어떤 모습·사실·지식·경험 등이 잊히지 않고 남아 있다. : 기 억 하다

• 어떤 사물·인물·조직 등의 대상이 오늘에 이르기까지의 자취 : 역 사

• 보통과 다르게 아주 다르다. : 특 별 하다
  [特−특별할 특, 別−나눌 별]

• 개인이 자기가 속해 있는 사회 안에서 가지고 있는 역할이나 지위 : 신 분 [身−몸 신, 分−나눌 분]

• 매우 귀하고 중요하게 : 소 중 히
  [所−경우 소, 重−무거울 중]

STEP 6 주제 알아보기

빠른 정답 4쪽

주제란 글쓴이가 한 편의 글을 통해 전달하고자 하는 중심 내용입니다.

★ 주제를 알아보는 방법

① 각 단락을 요약하여 글의 구조를 알아보세요.

② 글의 구조를 바탕으로 글 전체에서 주로 이야기하는 내용이 무엇인지 살펴보세요.

③ 살펴본 내용을 글 전체의 중심 낱말을 포함한 간단한 말로 정리하면 글의 주제가 돼요.

1단락

곱셈구구에 대해 설명하고, 곱셈구구의 이름에 '구구'가 들어간 까닭을 궁금해하고 있어요. 이전에 '구구단' 또는 '구구법'이라고 불리던 곱셈구구는 1에서 9까지의 두 수를 곱한 값을 정리하고 외워서 기억하기 쉽게 만든 것입니다. 그러므로 1단락을 요약하면 '1) ☐☐☐☐의 뜻과 이름에 대한 궁금증' 입니다.

2단락

곱셈구구의 역사에 대해 설명하고 있어요. 오늘날과 달리 옛날에는 곱셈구구를 외우는 것이 특별한 일이었고, 높은 신분의 사람들끼리만 곱셈구구를 외우며, '9 곱하기 9'부터 외워서 이름에 '구구'가 들어가게 되었다고 해요. 그러므로 2단락을 요약하면 '곱셈구구의 2) ☐☐와/과 이름의 유래'입니다.

3단락

우리 조상들이 곱셈구구를 활용한 방법에 대해 설명하고 있으므로 3단락을 요약하면 '우리 3) ☐☐들의 곱셈구구 활용'입니다.

[글의 구조]

• 1단락에서 곱셈구구의 뜻을 설명하고, 이름에 '구구'라는 말이 들어간 까닭을 궁금해하고 있어요.

• 2단락에서는 중국에서 곱셈구구가 시작된 역사를 설명하며, 곱셈구구에 '구구'가 들어간 까닭을 알려 주고 있어요.

• 3단락에서는 우리나라의 고구려, 백제, 신라로 곱셈구구가 전해진 뒤, 우리 조상들이 이를 어떻게 활용했는지를 이야기하고 있어요.

★ 1~3단락의 내용은 모두 곱셈구구와 관련이 있어요. 다만 각 단락에서 곱셈구구에 대해 조금씩 다른 이야기가 이어지고 있어요.

★ 글의 구조도를 그리면 다음과 같습니다.

> **1** 단락: 곱셈구구의 뜻과 이름에 대한 궁금증
> ↓
> **2** 단락: 곱셈구구의 역사와 이름의 유래
> ↓
> **3** 단락: 우리 조상들의 곱셈구구 활용

[주제]

★ 이 글에 많이 나오는 말 중에서 가장 중심이 되는 말이 곱셈구구이므로, 이 글 전체의 중심 낱말은 '곱셈구구'입니다.

★ 이 글에서는 곱셈구구가 처음 중국에서 시작되어 우리나라로 전해진 내용과, 옛날 사람들이 곱셈구구를 활용한 모습에 대해 설명하고 있어요. 이 내용을 중심 낱말을 포함하는 말로 정리하면 주제가 됩니다. 그러므로 이 글의 주제는 '4) ☐☐☐☐의 역사'입니다.

01

다음은 이 글의 주제를 이해하는 과정입니다. 빈칸에 들어가기에 알맞은 말을 쓰세요.

> 이 글에서는 곱셈구구의 이름에 왜 '구구'가 들어가는지에 대한 궁금증을 말하고, 곱셈구구의 역사를 설명하고 있다. 따라서 이 글 전체의 중심 낱말은 '곱셈구구'이고, 주제는 '(   )의 역사'이다.

(   )

02

다음 괄호 안에 들어가기에 알맞은 말을 골라 ○표 하세요.

(1) 우리 조상들은 곱셈구구를 (나무판 , 철판)에 적어 놓았다.

(2) 옛날의 중국에서는 곱셈구구를 (1 곱하기 1 , 9 곱하기 9)부터 시작했다.

03

이 글에 대한 설명으로 알맞지 <u>않은</u> 것의 기호를 쓰세요.

> ㉮ 곱셈구구가 시작된 때를 알려 주고 있다.
> ㉯ 곱셈구구가 처음 시작된 곳을 알려 주고 있다.
> ㉰ 곱셈구구라는 이름이 생겨난 까닭을 설명하고 있다.
> ㉱ 곱셈구구를 1단부터 9단까지 나누어서 설명하고 있다.

(   )

04

2단락의 ㉠에 들어갈 이어 주는 말로 가장 알맞은 것은 무엇인가요?   (   )

① 또는   ② 그래서   ③ 하지만   ④ 그러나   ⑤ 왜냐하면

✏ 뜻을 정확히 모르는
낱말들을 적어 보세요!

-
-
-
-
-
-
-

낱말 따라 쓰기

- 어떤 일을 하는 데 힘이 들지 않고 이용하기 쉽다. :
  | 편 | 리 |하다
  [便-편할 편, 利-이로울 리]

- 눈치나 짐작으로 깨닫다. :
  | 알 | 아 | 차 | 리 | 다 |

- 지금 사람들보다 먼저 살던 사람들 : | 조 | 상 |
  [祖-할아비 조, 上-위 상]

- 틀림없는지를 알아보다.
  : | 확 | 인 |하다

- 관직에 있는 사람. 일한 대가를 받고 나라의 사무를 보는 사람 : | 관 | 리 |
  [官-벼슬 관, 吏-벼슬아치 리]

문제 이해하고 풀기

01 주제 알아보기

이 글의 주제를 이해할 수 있는 실마리로 중심 내용을 요약하여 제시해 놓았어요.

1단락에서는 곱셈구구의 뜻을 설명하고, 이름에 '구구'라는 말이 들어간 까닭을 궁금해하고 있어요.

2단락에서는 중국에서 곱셈구구가 시작된 역사를 설명하며, 곱셈구구에 '구구'가 들어간 까닭을 알려 주고 있어요.

3단락에서는 우리나라의 고구려, 백제, 신라로 곱셈구구가 전해진 뒤, 우리 조상들이 이를 어떻게 활용했는지를 설명하고 있어요.

정답은 ＿＿＿＿＿＿＿＿＿＿＿ 입니다.

02 내용 이해하기

🌸 각각의 내용이 이 글의 어느 부분에 나와 있는지 살펴볼까요?

＊ **근거** ③단락 ❷번째 문장: 우리 조상들은 곱셈구구를 나무판에다 적어 놓은 다음, ~ 확인하기도 했다고 해요.

🌿 우리 조상들이 곱셈구구를 나무판에 적어 놓았다고 했으므로 (1)번의 괄호 안에 들어가기에 알맞은 말은 '나무판'입니다.

＊ **근거** ②단락 ❼번째 문장: 또 자신들이 ~ '9 곱하기 9'부터 외워 나갔다고 해요.

🌿 과거 중국에서는 곱셈구구를 외우는 사람들이 자신이 곱셈구구 외우는 것을 남들이 알아차리지 못하도록 '9 곱하기 9'부터 외웠다고 했으므로 (2)번의 괄호 안에 들어가기에 알맞은 말은 '9 곱하기 9'입니다.

정답은 (1) ＿＿＿＿＿＿＿＿＿＿ ,

(2) ＿＿＿＿＿＿＿＿＿＿ 입니다.

03 글쓰기 방식 이해하기

🌸 각각의 선택지 내용을 순서대로 살펴볼게요.

㉮ 곱셈구구가 시작된 때를 알려 주고 있다. (○)

＊ **근거** ②단락 ❶번째 문장: 곱셈구구의 역사는 2,000년 전부터 시작해요.

㉯ 곱셈구구가 처음 시작된 곳을 알려 주고 있다. (○)

＊ **근거** ②단락 ❷번째 문장: 곱셈구구는 중국에서 시작한 것으로 알려져 있습니다.

㉰ 곱셈구구라는 이름이 생겨난 까닭을 설명하고 있다. (○)

＊ **근거** ②단락 ❼, ❽번째 문장: ~ '9 곱하기 9'부터 외워 나갔다고 해요. ~ 이름에 '구구'가 들어간 것이에요.

㉱ 곱셈구구를 ~~1단부터 9단까지 나누어서 설명하고 있~~다. (×)

🌿 이 글에서는 곱셈구구를 1단부터 9단까지 나누어서 설명하고 있지 않아요.

정답은 ＿＿＿＿＿＿ 입니다.

04 올바른 접속어 찾기

🌸 각각의 선택지 내용을 순서대로 살펴볼게요.

① 또는 (×)

🌿 '또는'은 앞 내용이거나 뒤 내용임을 나타낼 때 쓰는 이어 주는 말이에요.

② 그래서 (○)

🌿 ㉠의 앞 문장과 뒤 문장은 원인과 결과의 관계이므로 ㉠에는 '그래서'가 들어가야 합니다.

③ 하지만 (×)

🌿 '하지만'은 서로 같지 않은 사실을 나타내는 두 문장을 이어 주는 말이에요.

④ 그러나 (×)

🌿 '그러나'는 서로 반대되는 두 문장을 이어 주는 말이에요.

⑤ 왜냐하면 (×)

🌿 '왜냐하면'은 뒤 문장이 앞 문장의 원인이 될 때 쓰는 이어 주는 말이에요.

정답은 ＿＿＿＿＿＿ 입니다.

DAY
31

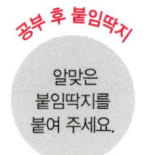
지문 확인

사람들은 어떤 낱말이나 문장을 줄일 때가 있어요. 그렇게 줄어든 말을 줄임말이라고 합니다. '보이다'를 '뵈다'라고 하거나, 요즘 젊은 사람들이 '갑자기 분위기 싸해지다.'를 줄여서 '갑분싸'라고 하는 것이 줄임말에 해당해요.

• 1단락의 중심 문장에 표시해 보세요.

사람들이 줄임말을 쓰는 까닭은 크게 두 가지가 있어요. 먼저 편리함 때문입니다. 긴 말을 짧게 줄여 쓰면 말을 하거나 글을 쓸 때 편리하고, 시간도 아낄 수 있어요. 두 번째로, 원래는 없던 줄임말을 만들어 쓰는 것이 재미있기 때문이에요.

• 2단락의 중심 문장에 표시해 보세요.

하지만 모든 말을 다 줄여서 써도 되는 걸까요? 줄임말에는 사용해도 되는 것이 있고, 사용하지 않는 게 좋은 것도 있어요. 사용해도 되는 줄임말로는 1단락에서 예로 든 '보이다 → 뵈다'가 있어요. '뵈다'는 국어사전에 "보이다'의 준말'이라고 나와 있습니다. 또 '아니에요'를 '아녜요'로, '(햇볕을) 쬐어요'를 '쫴요'로 쓸 수 있지요.

• 3단락의 중심 문장에 표시해 보세요.

반면 '갑분싸'의 경우는 요즘에 새로 생겨난 말인데, 몇몇 젊은 사람들 사이에서 주로 쓰여요. 그러다 보니 '갑분싸'를 모르는 사람들은 이 말을 사용하는 사람들과 대화하기가 어렵게 됩니다. 이렇게 생겨난 지 얼마 안 된 줄임말은 다른 사람과의 소통을 방해하므로 되도록 사용하지 않는 게 좋아요.

• 4단락의 중심 문장에 표시해 보세요.

낱말 따라 쓰기

● (무엇의 길이나 크기를) 줄게 하다. : 줄 이 다
  ㉔ 새로 산 바지가 길어서 밑단을 줄였다.

● 어떤 말의 어느 한 부분이 줄어서 된 말 : 줄 임 말

● 미리 준비할 사이도 없이. 급하게 : 갑 자 기
  ㉔ 범죄 현장에 경찰이 갑자기 들이닥쳤다.

● 어떤 곳에서 느껴지는 독특한 기운이나 기분 : 분 위 기

● 어떤 것이 아린 듯한 느낌이 있다. : 싸 하다

● 무엇에 잘 어울리거나 바로 들어맞다. : 해 당 하다
  ㉔ 밤과 대추는 과일에 해당한다.

● 어떤 일을 하는 데 힘이 들지 않고 이용하기 쉽다. :
  편 리 하다 [便-편할 편, 利-이로울 리]
  ㉔ 학교 갈 때 새로 생긴 길로 가면 편리하다.

● (무엇을) 아깝게 여겨서 함부로 다루거나 쓰지 않다. :
  아 끼 다 ㉔ 우리 형은 전기를 아껴 쓴다.

01

다음은 이 글의 주제를 이해하는 과정입니다. 빈칸에 공통으로 들어가기에 알맞은 말을 쓰세요.

> 이 글에서는 줄임말의 뜻과 사람들이 줄임말을 쓰는 까닭을 설명하고 있다. 그리고 줄임말을 사용해도 되는 경우와 사용하지 않는 게 좋은 경우를 이야기하고 있다. 따라서 이 글 전체의 중심 낱말은 '(   )'이고, 주제는 '(   )의 개념과 사용'이다.

(   )

정답 콕콕 특강

01 주제 알아보기

이 글의 중심 내용을 떠올려 보세요. 그것을 중심 낱말을 포함한 간단한 말로 정리하면 주제가 됩니다.

02

다음 중 이 글의 내용에 맞는 것은 ○표, 틀린 것은 ×표를 하세요.

(1) 모든 말은 다 줄여서 써도 된다.   (   )

(2) 줄임말은 어떤 낱말이나 문장이 줄어든 말이다.   (   )

(3) 사람들이 줄임말을 쓰는 까닭 중 하나는 편리함 때문이다. (   )

02 내용 이해하기

각 내용이 이 글의 어느 부분에 나오는지 찾고, 문제의 내용과 이 글의 내용을 서로 비교해 보세요.

DAY
32

낱말 따라 쓰기

- 처음 시작할 때의 것 : 원 래   [元-근본 원, 來-올 래]
- 물건을 필요한 일에 쓰다. : 사 용 하다
  [使-부릴 사, 用-쓸 용]
  예 농부들은 농사를 지을 때 거름을 사용한다.
- 우리말의 낱말들을 어떤 기준으로 모아서 그 낱말들의 발음·뜻·쓰임 등을 풀어서 설명한 책 : 국 어 사 전
- 낱말의 한 부분이 줄어서 된 말 : 준 말
- (햇빛이) 따갑게 비치다. : 쬐 다

- 아주 가까운 과거에서 지금에 이른 사이 : 요 즘
- (없던 것이) 있게 되다. : 생 겨 나 다
- 서로 이야기를 주고 받다. : 대 화 하다
  [對-대할 대, 話-말할 화]
- 의견이나 의사가 서로 잘 전달되는 것 : 소 통
  예 나는 영국 사람과 영어로 소통이 가능하다.
- 남의 일에 일부러 끼어들어 일이 제대로 되지 못하게 막고 괴롭히다. : 방 해 하다

03

다음 낱말이 줄어든 말로 알맞은 것을 연결해 보세요.

(1) 보이다 •

(2) 아니에요 •

(3) 쬐어요 •

• ㉠ 쫴요

• ㉡ 뵈다

• ㉢ 아녜요

03 내용 이해하기

3단락에서 선택지의 낱말들과 그 줄임말을 확인해 보세요.

04

이 글을 읽고, 글의 내용을 바르게 실천한 사람은 누구인가요? ( )

① 현준: 단어를 줄여서 말하면 절대로 안 돼.

② 이현: 이제부터 모든 단어를 줄여서 말할 거야.

③ 경희: 친구랑 새로운 줄임말을 계속해서 만들어야지.

④ 미정: '아니에요'를 편리하게 '아녜요'로 줄여서 써 봤어.

⑤ 규화: 다른 사람이랑 대화를 잘하려고 '갑분싸'를 사용했어.

04 알맞은 반응 찾기

학생들의 이야기 중 이 글의 내용과 맞는 것을 골라 보세요.

05 서술형

생겨난 지 얼마 안 된 줄임말은 되도록 사용하지 않는 게 좋은 까닭을 이 글에서 찾아 쓰세요.

05 내용 추론하기

4단락에 생겨난 지 얼마 안 된 줄임말을 사용하지 않는 게 좋은 까닭이 나와 있네요.

낱말 쑥쑥 테스트 DAY 31 + DAY 32 낱말

빠른 정답 4쪽

[01~04] 주어진 뜻풀이에 알맞은 낱말을 연결하세요.

01 (앞의 수를) 뒤의 수만큼 거듭해서 합치다. · · ㉠ 특별하다

02 의견이나 의사가 서로 잘 전달되는 것 · · ㉡ 곱하다

03 어떤 말의 어느 한 부분이 줄어서 된 말 · · ㉢ 소통

04 보통과 다르게 아주 다르다. · · ㉣ 줄임말

[05~08] 주어진 뜻풀이에 알맞은 낱말을 〈보기〉에서 찾아 쓰세요.

〈 보기 〉
생겨나다   관리   조상   사용하다

05 물건을 필요한 일에 쓰다. : _____

06 (없던 것이) 있게 되다. : _____

07 지금 사람들보다 먼저 살던 사람들 :
_____

08 관직에 있는 사람. 일한 대가를 받고 나라의 사무를 보는 사람 : _____

[09~12] 주어진 자음자와 뜻풀이를 보고, 빈칸에 알맞은 낱말을 쓰세요.

09 아주 가까운 과거에서 지금에 이른 사이
[ㅇ][ㅈ] 사람들은 작은 행복을 중요하게 생각한다.

10 윗집에서 들리는 시끄러운 소리가 나의 공부를 [ㅂ][ㅎ] 한다.
남의 일에 일부러 끼어들어 일이 제대로 되지 못하게 막고 괴롭히다.

11 조선 시대의 왕은 백성들보다 [ㅅ][ㅂ] 이/가 높았다.
개인이 자기가 속해 있는 사회 안에서 가지고 있는 역할이나 지위

12 어떤 곳에서 느껴지는 독특한 기운이나 기분
이곳의 [ㅂ][ㅇ][ㄱ] 은/는 너무 무거워서 온몸이 긴장된다.

[13~16] 주어진 문장의 빈칸에 알맞은 낱말을 〈보기〉에서 찾아 쓰세요.

〈 보기 〉
갑자기   기억   소중히   원래

13 노란색 지우개는 [   ] 연우 것이었다.

14 나는 어릴 때 본 고양이의 모습을 똑똑히 [   ] 한다.

15 [   ] 내린 소나기에 사람들은 실내로 들어갔다.

16 나영이는 자신의 강아지를 [   ] 생각한다.

빠른 정답 4쪽

지문 확인

여러분은 '비발디'라는 음악가를 아시나요? 비발디는 1678년 이탈리아에서 태어났으며, 〈사계〉라는 곡을 만든 것으로 유명해요. 여기서 '사계'는 봄·여름·가을·겨울의 사계절을 뜻합니다. 비발디는 〈사계〉로 사계절의 변화를 표현했어요.

〈사계〉 중 '봄'은 새소리와 싱그러운 햇살, 시냇물이 샘솟는 모습을 표현한 곡입니다. '봄'은 전체적으로 따뜻하고 부드러운 분위기를 풍겨요. 〈사계〉의 '여름'은 바람이 휘몰아치고 천둥과 번개가 내리치는 느낌으로 시작합니다. 타는 듯한 더위와 모기가 사람들을 괴롭히는 모습도 표현되어 있어요.

〈사계〉의 '가을'은 시원하고 화창한 가을 날씨와 수확을 기뻐하며 춤을 추는 농부의 모습을 그린 곡입니다. 개와 함께 사냥하는 모습과 느긋한 마음도 표현했다고 해요. 마지막으로 〈사계〉의 '겨울'은 휘몰아치는 눈과 바람을 표현하여 매서운 추위를 나타냈습니다. 여기에 아늑한 집과 다시 다가올 봄에 대한 기쁨도 표현했다고 해요.

비발디의 〈사계〉에는 '소네트'라는 짧은 시가 계절마다 붙어 있는데, 이것은 곡의 내용을 설명하고 있어요. 이 밖에도 개가 짖는 소리, 나뭇잎의 소리, 새가 우는 소리 등이 악보에 적혀 있습니다. 이런 점에서 〈사계〉는 음악을 실제와 가깝게 표현했다는 평가를 받아요.

- 1단락의 중심 문장에 표시해 보세요.

- 2단락의 중심 문장에 표시해 보세요.

- 3단락의 중심 문장에 표시해 보세요.

- 4단락의 중심 문장에 표시해 보세요.

낱말 따라 쓰기

- 음악을 전문적으로 하는 사람 : 음 악 가
  [音 – 소리 음, 樂 – 음악 악, 家 – 전문가 가]
- 음악 작품 : 곡
- 무엇의 성질이나 모양이 달라지는 것 : 변 화
- 싱싱하고 향기롭다. : 싱 그 럽 다
- 어떠한 감정이 솟아오르다. : 샘 솟 다
- 전체를 나타내는 것 : 전 체 적

- (어떤 분위기·느낌·인상을) 나타내다. : 풍 기 다
- (눈·비바람·폭풍 등이) 한곳으로 세차게 불어 대다. : 휘 몰 아 치 다
- (날씨가) 맑고 온화하다. : 화 창 하다
- 농작물·수산물·임산물 등을 거두어들이는 것, 또는 그 소득 : 수 확 예 농부들이 수확의 기쁨을 누리고 있다.
- (마음에) 여유가 있다. 급하지 않다. : 느 긋 하다

STEP 6 주제 알아보기

빠른 정답 4쪽

★ **주제를 알아보는 방법**

① 각 단락을 요약하여 글의 구조를 알아보세요.

② 글의 구조를 바탕으로 글 전체에서 주로 이야기하는 내용이 무엇인지 살펴보세요.

③ 살펴본 내용을 글 전체의 중심 낱말을 포함한 간단한 말로 정리하면 글의 주제가 돼요.

1단락

⟨사계⟩라는 곡을 만든 비발디에 대해 소개하고 있어요. 그러므로 1단락을 요약하면 '⟨사계⟩를 만든 1) ☐☐☐'입니다.

2단락

⟨사계⟩ 중 '봄'과 '여름'이 주는 느낌을 이야기하고 있어요. '봄'은 따뜻한 분위기, '여름'은 더운 날씨가 표현되어 있다고 설명하네요. 그러므로 2단락을 요약하면 '⟨사계⟩ 중 2) ☐', '여름'에 대한 소개'입니다.

3단락

⟨사계⟩ 중 '가을'과 '겨울'이 표현한 것을 이야기하고 있어요. '가을'은 화창한 날씨와 수확의 기쁨이, '겨울'은 매서운 추위와 다가올 봄에 대한 기쁨이 표현되어 있습니다. 그러므로 3단락을 요약하면 '⟨사계⟩ 중 3) ☐☐', '겨울'에 대한 소개'입니다.

4단락

⟨사계⟩가 실제와 가깝게 표현되도록 만들어 준 것을 설명하고 있어요. 여기에는 소네트, 악보에 적힌 각종 소리 등이 있습니다. 4단락을 요약하면 '⟨사계⟩를 4) ☐☐ 와/과 가깝게 만들어 준 것'입니다.

[글의 구조]

• 1단락에서 ⟨사계⟩를 만든 비발디를 소개하고 있어요.

• 2단락에서는 ⟨사계⟩ 중 '봄'과 '여름'을 설명하고 있어요.

• 3단락에서는 ⟨사계⟩ 중 '가을'과 '겨울'을 설명하고 있어요.

★ 2단락과 3단락은 모두 ⟨사계⟩에 표현된 것을 설명하는 내용이에요. 따라서 두 단락을 묶을 수 있어요.

• 4단락에서는 ⟨사계⟩가 실제와 가깝게 표현될 수 있도록 만들어 준 것을 이야기하고 있어요.

★ 글의 구조도를 그리면 다음과 같습니다.

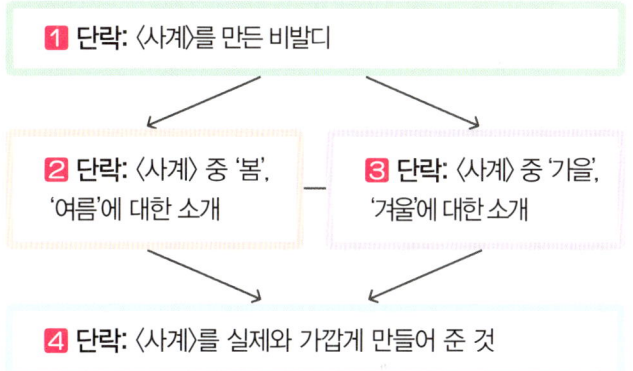

[주제]

★ 이 글에 많이 나오는 말 중에서 가장 중심이 되는 말이 사계이므로, 이 글 전체의 중심 낱말은 '⟨사계⟩'입니다.

★ 이 글에서는 비발디가 지은 ⟨사계⟩에 대해 소개하고 있습니다. 특히 ⟨사계⟩의 '봄', '여름', '가을', '겨울'이 어떻게 표현되었는지 자세히 설명하고 있어요. 이 내용을 중심 낱말을 포함하는 말로 정리하면 주제가 됩니다. 그러므로 이 글의 주제는 '사계절의 변화를 표현한 비발디의 ⟨사계⟩'입니다.

DAY
33

01

빠른 정답 4쪽, 정답과 풀이 63~64쪽

다음은 이 글의 주제입니다. 빈칸에 들어가기에 알맞은 말에 ○표 하세요.

> 사계절의 변화를 표현한 (슈베르트 , 비발디)의 〈사계〉

02

다음은 이 글을 읽고 〈사계〉를 정리한 내용입니다. ㉠, ㉡에 들어가기에 알맞은 말을 쓰세요.

> – '봄'은 따뜻하고 부드러운 분위기를 표현
> – '(㉠)'은/는 천둥·번개와 더위를 표현
> – '가을'은 시원한 날씨와 수확의 기쁨을 표현
> – '겨울'은 눈과 바람을 통해 매서운 (㉡)을/를 표현

㉠: (   ), ㉡: (   )

03

다음 중 이 글의 내용에 맞는 것은 ○표, 틀린 것은 ×표를 하세요.

(1) 〈사계〉가 받는 평가의 내용을 설명하고 있다.   (   )
(2) 〈사계〉를 감상하기 좋은 방법을 알려 주고 있다.   (   )
(3) 〈사계〉를 공간이 이동한 순서대로 설명하고 있다.   (   )

04 서술형

〈사계〉는 음악을 실제와 가깝게 표현했다는 평가를 받습니다. 〈사계〉에 '소네트'가 붙어 있는 것 말고도 어떤 까닭에서 그런 평가를 받는지 이 글에서 찾아 쓰세요.

_____

_____

정답 콕콕 특강

01 주제 알아보기
이 글의 중심 낱말을 통해 글의 주제를 알아보는 문제예요.

02 내용 이해하기
2, 3단락에서 봄, 여름, 가을, 겨울이 사계에서 어떻게 표현되었는지 찾아보세요.

03 글쓰기 방식 이해하기
글쓴이가 어떤 방식으로 사계에 대해 설명했는지 생각해 보세요.

04 내용 추론하기
4단락에 사계가 음악을 실제와 가깝게 표현했다는 평가를 받는 내용이 나와 있네요.

낱말 따라 쓰기

● (추위나 바람이) 매우 심하다. : 매 섭 다
● 조용하고 편안한 느낌이 있다. : 아 늑 하다
● 음악의 곡조를 일정한 기호를 써서 기록한 것 : 악 보
● 있는 그대로의 상태나 사실 : 실 제

01

✏️ 뜻을 정확히 모르는 낱말들을 적어 보세요!

다음은 이 글의 주제를 이해하는 과정입니다. 빈칸에 들어가기에 알맞은 말을 쓰세요.

> 이 글에서는 지구가 둥글다는 것을 알려 주고, 지구가 둥글다는 증거를 이야기하고 있다. 따라서 이 글 전체의 중심 낱말은 '지구'이고, 주제는 '(   )이/가 둥글다는 증거'이다.

(   )

02

글쓴이가 이 글을 쓴 까닭은 무엇인가요?   (   )

① 편지를 쓰기 위해
② 물건을 팔기 위해
③ 여행을 하기 위해
④ 교훈을 주기 위해
⑤ 정보를 전달하기 위해

낱말 따라 쓰기

● 바닷가에 배가 닿고 떠날 수 있도록 만든 시설이 있는 곳 :
  항 구 [港 – 항구 항, 口 – 입 구]

● 무엇의 모든 부분 : 전 체 [全 – 온전할 전, 體 – 몸 체]

● (어디에 모양이) 나타나 보이다. : 비 치 다
  예 산의 모습이 강물에 비쳤다.

● 물체가 빛을 가려서 그 반대쪽에 나타나는, 그 물체의 꼴을 닮은 검은 그늘 : 그 림 자

● (무엇을) 거치거나 이용하다. : 통 하다 [通 – 통할 통]

● 실제로는 없거나 보이지 않는 것의 모양을 생각 속에 꾸미다. : 상 상 하다

● 틀림없는지를 알아보다. : 확 인 하다

● 도움이 되거나 따를 만한 가르침 : 교 훈
  [敎 – 가르침 교, 訓 – 가르칠 훈]

● 어떤 사실에 대한 지식 : 정 보

● (무엇을) 받게 하다. : 전 달 하다
  [傳 – 전할 전, 達 – 다다를 달]

빠른 정답 4쪽, 정답과 풀이 66쪽

✏️ 뜻을 정확히 모르는
낱말들을 적어 보세요!

03

이 글의 내용에 비추어 볼 때, 다음 중 지구가 둥글다는 증거로 알맞지 <u>않은</u> 것의
기호를 쓰세요.

> ㉠ 달에 비친 지구의 그림자가 둥그렇다.
> ㉡ 땅이나 바다의 경계선이 편평해 보인다.
> ㉢ 멀리서 항구로 들어오는 배가 윗부분부터 보인다.
> ㉣ 지구에서 한쪽 방향으로 계속 가면 출발한 곳으로 다시 돌아온다.

(   )

04

밑줄 친 ⑺에 들어갈 이어 주는 말로 가장 알맞은 것은 무엇인가요?   (   )

① 또한   ② 그래서   ③ 그리고   ④ 하지만   ⑤ 왜냐하면

05 　서술형

다음은 달에 지구의 그림자가 드리운 모습입니다. 다음 사진을 통해 지구가 둥근
것을 알 수 있는 까닭을 2단락에서 찾아 쓰세요.

_____

_____

낱말 쑥쑥 테스트

빠른 정답 4쪽

[01~05] 주어진 뜻풀이에 알맞은 낱말을 연결하세요.

01 (어디에 모양이) 나타나 보이다. · · ㉠ 경계선

02 어떤 지역과 다른 지역이 맞닿는 선 · · ㉡ 비치다

03 땅바닥이 높고 낮음이 없이 고르고 반듯하다. · · ㉢ 통하다

04 (무엇을) 거치거나 이용하다. · · ㉣ 편평하다

05 목적지를 향해 길을 떠나다. · · ㉤ 출발하다

[06~10] 주어진 자음자와 뜻풀이를 보고, 빈칸에 알맞은 낱말을 쓰세요.

06 선생님께서는 학생들에게 공책을 [ㅈ | ㄷ] 하셨다.
(무엇을) 받게 하다.

07 확실한 [ㅈ | ㄱ] 없이 우겨서는 안 된다.
무엇이 사실이나 진실이라는 것을 증명할 수 있는 근거

08 어머니의 이야기는 내게 깊은 [ㄱ | ㅎ]을/를 주었다.
도움이 되거나 따를 만한 가르침

09 많은 [ㅈ | ㅂ] 중에서 자신에게 필요한 것만 고를 수 있어야 한다.
어떤 사실에 대한 지식

10 민희는 건후와 함께 놀이공원에 가는 일을 [ㅅ | ㅅ] 했다.
실제로는 없거나 보이지 않는 것의 모양을 생각 속에 꾸미다.

배경지식

태양계 행성

태양계에는 우리 지구뿐만 아니라 수성, 금성, 화성, 목성, 토성, 천왕성, 해왕성이라는 행성들이 있어요. 이들 각각은 서로 다른 특징을 가지고 있답니다.

먼저 수성은 태양에서 가장 가까운 행성으로, 겉면이 암석으로 둘러싸여 있어요. 금성도 겉면이 암석으로 둘러싸여 있습니다. 화성은 '위성'이라고 하는 화성 주위를 돌아다니는 물체가 있어요. 목성은 겉면이 기체로 되어 있으며 화성처럼 위성을 갖고, 행성 주위를 고리가 둘러싸고 있답니다.

토성은 목성과 마찬가지로 겉면이 기체이며, 위성과 고리를 갖는 것이 특징입니다. 천왕성도 이런 면에서 목성, 토성과 같은 성질을 가져요. 해왕성은 태양에서 가장 멀리 떨어져 있는 행성인 것이 특징이랍니다.

이렇게 많은 행성이 있지만 현재까지 생명체가 사는 것으로 확인된 행성은 지구밖에 없어요. 이것이 우리 지구가 특별한 행성인 이유겠죠?

DAY
34

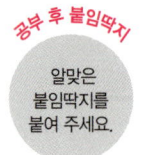
공부 후 붙임딱지
알맞은 붙임딱지를 붙여 주세요.

공부한 날	월	일

빠른 정답 4쪽

지문 확인

보현이는 학예회 때 친구들과 연극을 하기로 했습니다. 각자 맡은 역할을 위해 보현이와 친구들은 연습에 한창이에요. 연극은 배우가 무대 위에서 각본에 따라 말과 행동으로 이야기를 나타내는 예술입니다. 연극을 할 때는 배우가 연극 속의 등장인물을 실감 나게 표현하는 것이 중요해요.

등장인물을 실감 나게 표현하려면 우선 등장인물의 특성을 알아야 합니다. 예를 들어 자신이 악당 역할을 맡았다면 악당이 나쁜 성격이라는 것을 알아야 하겠죠. 또 동물이나 곤충 역할을 맡았다면 실제 그 동물이나 곤충이 움직이는 모습을 알아야 해요. 그래야 자신이 어떻게 말하고 행동할지를 미리 준비해서 연극에서 실감 나게 표현할 수 있어요.

이제 무대 위에서 등장인물을 실감 나게 표현하는 방법을 살펴봅시다. 연극은 관객에게 보여 주고 들려주는 것이기 때문에 관객이 제대로 보고 들을 수 있도록 하는 것이 중요해요. 따라서 또박또박 말해야 합니다. 또 등장인물에게 어울리는 목소리로 말해야 해요. 만약 자신이 착한 역할이라면 목소리를 부드럽고 친절하게 하면 되겠죠? 그리고 말과 행동이 잘 어울리게 표현하는 것이 중요해요. 예를 들어 목소리는 힘찬데 행동에 힘이 없고 약해 보이면 관객의 입장에서 실감이 나지 않게 돼요.

- 1단락 요약 :
1) [ ][ ]의 소개

- 2단락 요약 :
등장인물을 2) [ ][ ] 나게 표현하기 위한 것

- 3단락 요약 :
등장인물을 실감 나게 표현하는 3) [ ][ ]

낱말 따라 쓰기

● 학생들이 노래, 연극, 무용 등의 예능 발표를 하는 행사 : [학][예][회]

● (어떤 직분이나 역할을) 담당하다. : [맡][다]
예 영진이가 반장을 맡은 이상 책임을 다 할 것이다.

● 하기로 되어 있는 일, 또는 맡아서 하는 일 : [역][할]
예 그는 연극에서 경찰 역할을 맡았다.

● (예술·기술 등을) 익숙하게 되도록 되풀이하여 익히는 것 : [연][습] 예 꾸준한 연습은 성공의 밑거름이 된다.

● (어떠한 일이) 가장 기운차게 일어나는 때 : [한][창]
예 봄이 되니 화단에 진달래가 한창이다.

● 영화나 연극에서 일정한 역을 맡아 연기하는 사람 : [배][우]

● 연극·무용·음악 등을 공연하기 위하여 관람석 앞에 좀 높게 마련한 넓은 자리 : [무][대]

● 영화나 연극의 촬영이나 공연에서 쓰도록 대사와 동작과 장면 등을 자세하게 적어 놓은 글 : [각][본]

✏️ 뜻을 정확히 모르는 낱말들을 적어 보세요!

01

다음은 이 글의 주제입니다. 빈칸에 들어가기에 알맞은 말을 쓰세요.

( )에서 등장인물을 실감 나게 표현하기

( )

02

다음은 연극 속의 등장인물을 실감 나게 표현하는 방법을 정리한 것입니다. ㉠, ㉡에 들어가기에 알맞은 말을 쓰세요.

– 등장인물의 (㉠)을/를 알아야 함.
– 또박또박 말해야 함.
– 등장인물에게 어울리는 목소리로 말해야 함.
– 말과 (㉡)이/가 잘 어울리게 표현해야 함.

㉠: ( ), ㉡: ( )

──────── 낱말 따라 쓰기 🍬

● 생각하고 느끼는 바를 아름다운 형식으로 표현하거나 창조하는 것 : 예 술

● 연극·소설·영화 등에 나오는 인물 : 등 장 인 물
 [登-오를 등, 場-마당 장, 人-사람 인, 物-만물 물]

● 실제인 것처럼 느껴지다. : 실 감 나 다

● 어떤 사물에만 있거나 또는 그것의 특징을 나타내는 성질 :
 특 성 [特-특별할 특, 性-성품 성]

● 나쁜 짓을 일삼는, 사납고 악한 사람이나 무리 : 악 당

● 개인이 가지고 있는 남다른 성질 : 성 격

● 있는 그대로의 상태나 사실 : 실 제

● 연극·무용 등의 공연을 구경하는 사람 : 관 객

● 서로 조화를 이루다. : 어 울 리 다
 예 저 둘은 매우 잘 어울리는 한 쌍이다.

● 남을 대하는 태도가 다정하고 정성스럽다. : 친 절 하다
 예 학교 앞 떡볶이 집 사장님은 굉장히 친절하시다.

● 지금 자기가 놓여 있는 처지 : 입 장
 [立-설 입, 場-마당 장]

03

빠른 정답 4쪽, 정답과 풀이 68쪽

✏️ 뜻을 정확히 모르는
낱말들을 적어 보세요!

다음은 연극의 각본입니다. 이 글에 비추어 볼 때, 밑줄 친 ㈎를 실감 나게 표현
하는 방법으로 가장 알맞은 것은 무엇인가요?　　　　　　　　(　　　)

> 키키가 배를 타고 가던 중, 키키가 아끼는 목걸이가 바닷속에 빠진다.
>
> 　　키키: ㈎아악, 안돼! 내 목걸이!

① 놀란 목소리로 크게 말한다.
② 아픈 목소리로 느리게 말한다.
③ 반가운 표정으로 밝게 말한다.
④ 무시하는 듯한 목소리로 말한다.
⑤ 부드러운 목소리로 말끝을 올린다.

04

다음은 이 글을 읽고 나눈 대화입니다. 글의 내용에 비추어 볼 때, 알맞지 않은
말을 한 사람은 누구인가요?　　　　　　　　　　　　　　　(　　　)

① 가희: 연극은 무대 위에서 하는 예술이구나.
② 지혜: 연극을 할 때는 인물을 실감 나게 표현하는 게 중요해.
③ 영일: 나는 악당 역할이니까 말과 행동을 나빠 보이게 해야겠어.
④ 동우: 연극을 보러 온 관객이 별로 없으니 말끝을 흐려도 괜찮아.
⑤ 성원: 나는 나비 역할을 맡았으니까 나비의 날갯짓을 관찰할 거야.

05 서술형

다음은 이 글을 읽은 희주와 우찬이가 나눈 대화입니다. ㈏에 들어가기에 알맞은
내용을 이 글에서 찾아 쓰세요.

> 희주: 우찬아, 연극의 뜻이 뭐였지?
> 우찬: 연극은 ＿＿＿＿＿＿＿㈏＿＿＿＿＿＿＿(이)야.

_____

_____

[01~04] 주어진 뜻풀이에 알맞은 낱말을 〈보기〉에서 찾아 쓰세요.

〈 보기 〉

예술　　　역할　　　각본　　　배우

01 하기로 되어 있는 일, 또는 맡아서 하는 일 : _____

02 영화나 연극에서 일정한 역을 맡아 연기하는 사람 : _____

03 영화나 연극의 촬영이나 공연에서 쓰도록 대사와 동작과 장면 등을 자세하게 적어 놓은 글 : _____

04 생각하고 느끼는 바를 아름다운 형식으로 표현하거나 창조하는 것 : _____

[05~09] 주어진 자음자와 뜻풀이를 보고, 빈칸에 알맞은 낱말을 쓰세요.

05 소나무는 일년 내내 푸르다는 ㅌ ㅅ 을/를 가진다.
어떤 사물에만 있거나 또는 그것의 특징을 나타내는 성질

06 연극이 끝나자 ㄱ ㄱ 들은 엄청난 환호를 보냈다.
연극·무용 등의 공연을 구경하는 사람

07 영현이의 말에 민주의 ㅇ ㅈ 이/가 매우 난처해졌다.
지금 자기가 놓여 있는 처지

08 옆 동네에는 아파트 공사가 ㅎ ㅊ 이다.
(어떠한 일이) 가장 기운차게 일어나는 때

09 영화 속 ㅇ ㄷ 들은 착한 사람들을 괴롭힌다.
나쁜 짓을 일삼는, 사납고 악한 사람이나 무리

- 배경지식 - - -

영화의 탄생

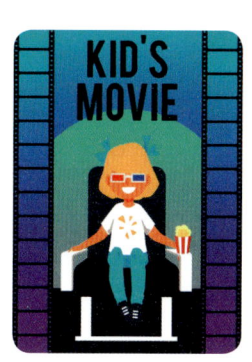

　영화는 정확히 언제 만들어졌는지를 알 수 있는 유일한 예술입니다. 음악, 미술, 조각 등은 그 시작이 언제인지 정확히 알 수 없을 정도로 오래되었지만, 영화는 현대의 기술을 활용하기 때문에 언제부터 영화가 시작되었는지를 알 수 있답니다.

　1895년 12월 28일이 최초의 영화가 상영된 날이에요. 이날 프랑스 파리의 그랑카페에서 뤼미에르 형제가 사람들 앞에 자신들의 '시네마토그래프'를 선보였어요. 시네마토그래프는 '움직임을 담은 기계'라는 뜻인데, 필름 카메라이면서 필름 영사기와 인화기이기도 했어요. 뤼미에르 형제의 시네마토그래프는 인류 역사상 처음으로 현실의 살아 있는 움직임과 똑같은 모습을 만들고, 이를 스크린을 통해 사람들 앞에 펼쳐 보이는 데 성공했다는 의미가 있습니다.

　최초의 영화들은 모두 그 시대 사람들의 자연스러운 일상생활을 담고 있어요. 이 영화들이 만들어질 때에는 오늘날과 같은 복잡한 기술은 없었습니다. 이 때문에 이러한 짤막한 영화들은 예술 작품이라기보다는 사람들의 단순한 일상과 풍경을 담은 신기한 구경거리에 가까웠답니다.

DAY 36

[STEP 6]
독해력 완성 테스트

공부 후 붙임딱지
알맞은
붙임딱지를
붙여 주세요.

공부한 날　　월　　일

✽✽✽ :상　✽✽❀ :중　✽❀❀ :하

[01~05] 다음 글을 읽고, 물음에 답하세요.

사람들은 겨울을 보내기 위해 두꺼운 옷을 입고 보일러를 틀어서 집을 따뜻하게 만들어요. 그러면 동물들은 겨울을 어떻게 보낼까요? 모든 동물이 그런 것은 아니지만 겨울잠을 자며 겨울을 보내는 동물들도 있습니다.

겨울잠을 자는 동물 중 체온이 일정한 동물로는 곰, 박쥐, 고슴도치, 너구리가 있어요. 이들은 먹이를 먹어서 체온을 유지합니다. 그런데 겨울에는 먹이를 구하기가 어렵기 때문에 겨울이 오기 전에 먹이를 많이 먹어 두고 겨울잠을 자는 거예요. 겨울잠은 낙엽으로 덮여 있는 곳이나 땅속의 따뜻한 곳으로 들어가서 잡니다. 이 동물들의 체온은 주변의 온도와 함께 내려가지만 어느 일정 온도 이하로는 내려가지 않아요.

겨울잠을 자는 동물 중 체온이 주위에 따라 바뀌는 동물로는 개구리, 뱀, 거북이가 있어요. 이들은 날씨가 너무 추우면 죽을 수 있기 때문에 겨울잠을 자요. 이 동물들도 땅속이나 나무 밑처럼 따뜻한 곳에 들어가서 겨울잠을 잡니다. 이들의 체온은 주변의 온도와 거의 같아지고, 죽은 것과 비슷한 상태로 잠을 자요.

사람은 동물처럼 겨울잠을 자지는 않아요. 하지만 따뜻하고 해가 떠 있는 시간이 긴 여름에 비해 춥고 해가 떠 있는 시간이 짧은 겨울에 잠을 더 많이 자기도 합니다.

01　✽✽✽

다음 중 이 글의 주제는 무엇인가요?　（　　）

① 겨울을 보내는 법
② 겨울잠을 자는 동물
③ 체온이 일정한 동물
④ 여름과 겨울의 차이
⑤ 땅속이나 나무의 환경

02　✽❀❀

다음 특성에 맞는 동물이나 사람을 연결해 보세요.

(1) 겨울잠을 자지 않는다.　　•　　• ㉠ 곰

(2) 죽은 것과 비슷한 상태로 잠을 잔다.　　•　　• ㉡ 개구리

(3) 겨울이 오기 전에 먹이를 많이 먹는다.　　•　　• ㉢ 사람

03 ✱❀❀

다음 괄호 안에 들어가기에 알맞은 말을 골라 ○표 하세요.

(1) 사람은 (여름 , 겨울)에 잠을 더 많이 자기도 한다.

(2) 박쥐는 먹이를 먹어서 (체온 , 몸무게)을/를 유지한다.

(3) 뱀은 땅속이나 나무 밑처럼 (차가운 , 따뜻한) 곳에서 겨울잠을 잔다.

04 ✱✱❀

이 글을 읽은 학생들의 반응으로 알맞지 <u>않은</u> 것은 무엇인가요?　　　　　　(　)

① 인호: 모든 동물들은 겨울잠을 자.

② 병철: 너구리는 체온이 일정하구나.

③ 창수: 겨울에는 먹이를 구하기가 어렵군.

④ 경호: 땅속이나 나무 밑은 바깥보다 따뜻한가 봐.

⑤ 주영: 어쩐지, 여름보다 겨울에 잠이 더 많이 오더라.

05 ✱✱✱ 서술형

이 글을 읽고, 체온이 주위 온도에 따라 바뀌는 동물들이 겨울잠을 자는 까닭을 써 보세요.

_____

_____

_____

낱말 따라 쓰기

● (때를) 지내다. : 보 내 다
　⑩ 이번 설날은 가족과 함께 <u>보냈다</u>.

● (넓적하고 부피가 있는 물건의) 한 면에서 다른 면까지의 길이가 길다. : 두 껍 다
　⑩ 방석을 <u>두껍게</u> 하기 위해 여러 겹을 깔았다.

● 온수 사용이나 난방을 위해 물을 데우는 시설 : 보 일 러

● (기계나 장치를) 작동시키다. : 틀 다
　⑩ 더울 때는 에어컨을 <u>틀면</u> 시원해진다.

● (동물이) 겨울에 활동을 멈추고, 봄이 올 때까지 땅속이나 물 밑에서 잠자는 상태로 있는 것 : 겨 울 잠
　⑩ 텔레비전에서 <u>겨울잠</u>을 자는 뱀을 보았다.

● 몸의 온도 : 체 온　[體 – 몸 체, 溫 – 따뜻할 온]

● (크기·모양·시간 등이) 한 가지로 정해져 있다. : 일 정 하다　[一 – 하나 일, 定 – 정해질 정]
　⑩ 나는 밀가루 반죽의 크기를 <u>일정하게</u> 잘라 놓았다.

● 어떤 상태나 현상을 그대로 이어 가거나 계속하다. : 유 지 하다
　⑩ 몸무게를 일정하게 <u>유지</u>하려면 꾸준히 운동해야 한다.

● (주로 가을에) 나무에서 잎이 떨어지는 것, 또는 떨어진 잎 : 낙 엽　[落 – 떨어질 낙, 葉 – 잎 엽]

● 다른 물건이 얹히거나 씌워져 가려지다. : 덮 이 다
　⑩ 냄비에는 뚜껑이 <u>덮여</u> 있었다.

● 어떤 대상의 둘레 부근 : 주 변
　⑩ 도둑은 <u>주변</u> 사람들을 뿌리치고 달아났다.

● 덥거나 찬 정도, 또는 그 정도를 나타내는 숫자 : 온 도　[溫 – 따뜻할 온, 度 – 법도 도]

● (크기·모양·시간 등이) 한 가지로 정해져 있는 : 일 정
　⑩ 물은 <u>일정</u> 온도를 넘어야 끓기 시작한다.

● 일정한 기준을 포함하여 그것보다 적거나 아래인 것 : 이 하　[以 – 부터 이, 下 – 아래 하]
　⑩ 물은 0℃ <u>이하</u>로 내려가면 얼음이 된다.

● 어떤 사람 주변의 환경 : 주 위
　⑩ 경수는 <u>주위</u>의 영향을 많이 받는다.

● 어떤 때에 사물이 보여 주는 모양이나 놓여 있는 형편 : 상 태　⑩ 지하철이 끊긴 <u>상태</u>에서 택시를 탔다.

✱ 주어진 자음자와 뜻풀이에 알맞은 낱말을 쓰고, 글자판에서 찾아 ○표를 하세요(가로, 세로).

(1) 매우 귀하고 중요하게 : | ㅅ | ㅈ | ㅎ |

(2) 눈치나 짐작으로 깨닫다. : | ㅇ | ㅇ | ㅊ | ㄹ | ㄷ |

(3) 미리 준비할 사이도 없이, 급하게 : | ㄱ | ㅈ | ㄱ |

(4) 의견이나 의사가 서로 잘 전달되는 것 : | ㅅ | ㅌ |

(5) 있는 그대로의 상태나 사실 : | ㅅ | ㅈ |

(6) 어떤 지역과 다른 지역이 맞닿는 선 : | ㄱ | ㄱ | ㅅ |

(7) 모양이 동그라미와 같거나 비슷하다. : | ㄷ | ㄱ | ㄷ |

(8) 지금 자기가 놓여 있는 처지 : | ㅇ | ㅈ |

(9) 다른 물건이 얹히거나 씌워져 가려지다. : | ㄷ | ㅇ | ㄷ |

소	중	히	교	알	통	분	갑	자	기
동	원	치	참	아	사	십	바	적	키
콩	드	상	지	차	반	실	제	입	서
카	속	태	겨	리	혀	꾸	라	없	혜
키	화	민	싸	다	하	니	미	재	경
으	준	정	수	억	있	기	중	산	계
일	율	절	효	양	간	문	현	압	선
러	둥	글	다	재	송	공	입	카	숙
불	찰	도	하	과	차	충	장	사	잉
과	인	안	덮	이	다	지	과	보	념

붙임딱지 활용법

★ 문제를 풀고 채점한 후에 알맞은 붙임딱지를 붙여 보세요.

다 맞았을 때

1문제 틀렸을 때

2문제 틀렸을 때

3문제 이상 틀렸을 때

⊙ (주)수경출판사의 모든 교재에는 **마인드 트리**가 있습니다.

⊙ 교재의 **마인드 트리** 5개를 모아서 보내 주시는 모든 분께 선물을 드립니다.

⊙ 각각 다른 교재의 **마인드 트리**를 보내 주셔야 합니다.

≫ 다빈치 융합 학습 만화 도서 중 1권을 드립니다.

*오려서 보내 주세요

자이스토리 초등 국어
독해력 쑥쑥+낱말 쑥쑥 2학년

자이스토리

Mind Tree

5개를 모아 보내 주세요!

(각각 다른 교재로)

풀이나 스카치 테이프를 이용해 붙여 주세요.

우 편 봉 함 엽 서

보내는 사람

*주소 _____

*이름 _____ *학년 (_____)

☐ ☐ ☐ ☐ ☐

우표

받는 사람

서울시 영등포구 양평로 21길 26(양평동 5가)
IS비즈타워 807호
(주)수경출판사 교재 기획실

☐0☐ ☐7☐ ☐2☐ ☐0☐ ☐7☐

자이스토리 초등 국어 **독해력 쑥쑥** + **낱말 쑥쑥** **2**학년

---

1. 이 책을 구입하게 된 동기는 무엇입니까? [교재명 :   ]

   ① 서점에서 다른 책들과 비교해 보고   ② 광고를 보고/듣고   ③ 학교/학원 보충 교재 [학교명(학원명):   ]
   ④ 선생님의 추천   ⑤ 친구/선배의 권유   ⑥ 기타 [   ]

2. 교재를 선택할 때 가장 큰 기준이 되는 것은?(복수 응답 가능)

   ① 유명 출판사   ② 교재 내용   ③ 디자인   ④ 난이도
   ⑤ 교재 분량   ⑥ 정답과 풀이   ⑦ 동영상 강의   ⑧ 기타 [   ]

3. 이 책의 전반적인 부분에 대한 질문입니다.

   ◆ 표지 디자인: 좋다 ☐   보통이다 ☐   좋지 않다 ☐   ◆ 본문 디자인: 좋다 ☐   보통이다 ☐   좋지 않다 ☐
   ◆ 문제 난이도: 어렵다 ☐   알맞다 ☐   쉽다 ☐   ◆ 교재의 분량: 많다 ☐   알맞다 ☐   적다 ☐

4. 이 책의 구성 요소를 평가한다면?

   · 교과 연계 지문 (   )   · 지문 술술 이해 (   )   · 정답 콕콕 특강 (   )
   · 낱말 따라 쓰기 (   )   · 낱말 쑥쑥 테스트 (   )   · 배경지식 (   )
   · 독해력 완성 테스트 (   )   · 낱말 쑥쑥 총정리 (   )

   ① 매우 만족   ② 만족   ③ 보통   ④ 불만   ⑤ 매우 불만

자이스토리 초등 국어
독해력 쑥쑥+낱말 쑥쑥 2학년

5. 이 책에서 추가되어야 할 점이 있다면 무엇입니까?

6. 최근 본인이 크게 도움을 받은 책이 있다면?(또는 가장 인기 있는 교재는?)

교재명 :   과목 :

7. 내가 원하는 교재가 있다면?

이름 :   연락처 :   이메일 :

학 교 :   학 년 :

Fighting!

국어를 공부하는 즐거움을
찾는 건 멋진 일이랍니다.

❄ **마인드 트리**를 붙이고 원하는 교재를 체크하세요.

| mind tree 1 | mind tree 2 | mind tree 3 | mind tree 4 | mind tree 5 |

※ 원하는 교재를 **1권** 체크

다빈치 융합 학습 만화

☐ 국어 3학년	☐ 국어 4학년	☐ 국어 5학년	☐ 국어 6학년
☐ 수학 3학년	☐ 수학 4학년	☐ 수학 5학년	☐ 수학 6학년
☐ 사회 3학년	☐ 사회 4학년	☐ 사회 5학년	☐ 사회 6학년
☐ 과학 3학년	☐ 과학 4학년	☐ 과학 5학년	☐ 과학 6학년

정답과 풀이

2 학년

수경출판사

이 책의 차례

이 책의 정답과 풀이

★ 글의 내용을 완벽히 이해시키는 **입체 첨삭 해설**

전체 중심 낱말

전체 중심 낱말을 확인 할 수 있습니다.
○ 표시

전체 중심 문장

글 전체에서 가장 중요 한 중심 문장을 알려 줍 니다. ▨ 표시

각 단락 중심 문장

각 단락의 중심 문장을 알아볼 수 있습니다.
[ ] 표시

각 단락 중심 낱말

각 단락의 중심 낱말을 확인할 수 있습니다.
○ 표시

글의 구조도

글 전체의 내용과 구조 를 한눈에 파악할 수 있 습니다.

단락 요약 각 단락의 중심 내용을 요약하여 알려 줍니다.

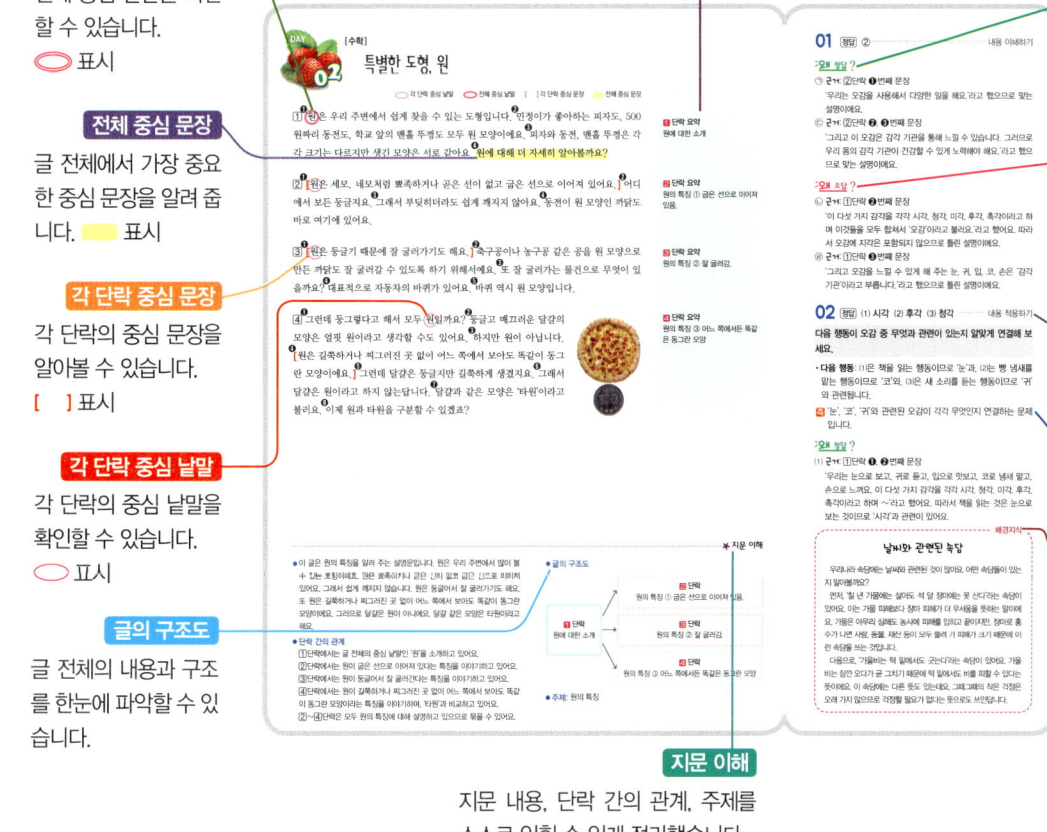

지문 이해

지문 내용, 단락 간의 관계, 주제를 스스로 익힐 수 있게 정리했습니다.

왜 정답?

정답인 이유를 근거와 함 께 알기 쉽고 자세하게 풀이했습니다.

왜 오답?

왜 틀렸는지 확실히 이 해할 수 있도록 근거와 함께 자세하게 설명했 습니다.

문제 유형

다양한 문제의 유형을 알려 줍니다.

문제 분석

어려운 유형의 문제를 쉽게 이해시켜 문제를 어떻게 풀어가야 하는 지 알려 줍니다.

배경지식

지문과 관련된 다양한 자료로 학습과 생각의 깊이를 더할 수 있습 니다.

빠른 정답

✱ 문제에 대한 정확하고 자세한 풀이는 Day별 정답과 풀이에서 확인할 수 있습니다.

DAY 01

지문 쏙쏙 이해 1) 교통안전 2) 공놀이 3) 안전벨트 4) 교통안전 5) 교통안전

문제 정답 ＋정답 콕콕 특강
01 안전 02 ⑤ 03 ⑤ 04 ③

DAY 02

지문 확인 1) 원 2) 원 3) 원 4) 원

문제 정답 01 원 02 ② 03 (1) 원 (2) 굽은 (3) 같다 04 (1) ⓒ (2) ㉠
05 예 원은 길쭉하거나 찌그러진 곳 없이 어느 쪽에서 보아도 똑같이 동그란 모양을 말하는데, 달걀을 둥글지만 길쭉하게 생겼기 때문이다.

낱말 쏙쏙 테스트

01 ㉣ 02 ㉡ 03 ㉠ 04 ㉢ 05 자세히 06 역시 07 대표적
08 구분 09 찌그러지다 10 깨지다 11 안전 12 타원 13 도형 14 굽
15 둥그렇 16 조심

DAY 03

지문 쏙쏙 이해 1) 소리 2) 뜻 3) 여러 4) 소리 5) 뜻

문제 정답 01 ㉠ 소리 ㉡ 뜻 02 (1) × (2) ○ 03 ① 04 예 상대방이 어떤 상황에서 말하고 있는지를 잘 살펴야 한다.

낱말 쏙쏙 테스트

01 ㉢ 02 ㉠ 03 ㉣ 04 ㉡ 05 ㉣ 06 상황 07 서로 08 주변
09 사과 10 구별

DAY 04

문제 정답 01 똥 02 ④ 03 비누 04 (1) ○ (2) × (3) ○ (4) ○
05 예 우리 조상님들은 농사를 지을 때 똥을 거름으로 만들어 사용했다.

낱말 쏙쏙 테스트

01 삶 02 농사 03 활용되다 04 세균 05 사막 06 귀 07 피
08 거름 09 도움

DAY 05

문제 정답 01 층간소음 02 ① 03 ③ 04 승민 05 예 바닥에 카펫을 깐다. / 푹신한 슬리퍼를 신고 걷는다. / 너무 늦거나 이른 시간에는 악기 연주를 하지 않고, 세탁기나 청소기도 사용하지 않는다.

낱말 쏙쏙 테스트

01 ㉣ 02 ㉠ 03 ㉡ 04 ㉤ 05 ㉢ 06 방해 07 반복 08 이르다
09 피해 10 소음

DAY 06

문제 정답 01 주생활 02 ㉠, ㉡ 03 ④ 04 ⑤ 05 예 북반구 지역은 집으로 들어오는 찬 바람을 막기 위해서, 남반구 지역은 날씨가 더우므로 바람을 잘 통하게 하기 위해서이다.

잠깐! 쉬어가기 ➤ 본문 32쪽

가로 열쇠 1 적응하다 2 횡단보도 3 그대로 4 농사 5 각각
6 자세히 7 둥그렇다 8 구분하다
세로 열쇠 1 적도 2 도로 3 대표적 4 심각하다 5 사과하다
6 세균 7 찌그러지다 8 곧다

DAY 07

지문 확인 1) 시간 2) 시간

지문 쏙쏙 이해 1) 차례 2) 시간 3) 시간 4) 차례

문제 정답 ＋정답 콕콕 특강 01 ③ 02 ② 03 시간을 나타내는 말 04 ③

DAY 08

지문 확인 1) 오감 2) 감각 기관 3) 눈, 귀, 입 4) 코, 손

문제 정답 01 ③ 02 ② 03 (1) ㉠ (2) ㉢ (3) ㉡ 04 ③
05 예 책이나 TV를 너무 가까이 보거나 오래 보지 않는다.

낱말 쏙쏙 테스트

01 피하다 02 유지하다 03 되도록 04 까닭 05 감각 기관 06 표현
07 차례 08 이해 09 먼저 10 정확 11 다양 12 종류 13 ㉡ 14 ㉠
15 ㉣ 16 ㉢

DAY 09

지문 확인 1) 돌잡이 2) 돌잡이 물건 3) 돌잡이 물건

지문 쏙쏙 이해 1) 돌잡이 2) 활, 실타래, 붓 3) 청진기, 마이크, 연필 4) 돌잡이 물건

문제 정답 01 ① 02 나영 03 (1) ○ (2) × 04 예 옛날과 오늘날의 생활이 달라졌기 때문이다.

낱말 쏙쏙 테스트

01 ㉣ 02 ㉡ 03 ㉠ 04 ㉢ 05 돌잔치 06 의미 07 생활 08 직업
09 실타래

DAY 10

지문 확인 1) 칠교놀이 2) 칠교도

문제 정답 01 ② 02 칠교놀이 03 ㈎ 칠교도 ㈏ 사각형 04 ③ 05 예 사각형을 둘러싸고 있는 네 개의 선의 길이가 모두 같은 사각형이다.

낱말 쏙쏙 테스트

01 세계 02 지혜 03 방법 04 글자 05 조각 06 소개 07 예
08 무려 09 황제

DAY 11

지문 확인 1) 테레사 수녀 2) 테레사 수녀 3) 테레사 수녀

문제 정답 01 ④ 02 인도 사람들 03 ⑤ 04 민석 05 예 집으로 돌아가 가족을 사랑해 준다.

낱말 쏙쏙 테스트

01 ㉡ 02 ㉠ 03 ㉣ 04 ㉢ 05 ㉤ 06 실천 07 결심 08 봉사
09 평생 10 종교

DAY 12

문제 정답 01 ② 02 (1) ○ (2) × (3) ○ 03 ④ 04 영인
05 예 봄 추위가 장독 깬다. / 봄바람에 여우가 눈물 흘린다.

잠깐! 쉬어가기 ➤ 본문 56쪽

(1) 먼저 (2) 정확하다 (3) 꼼꼼히 (4) 까닭 (5) 직업 (6) 지혜
(7) 실천하다 (8) 추위 (9) 거칠다

DAY 13

지문 확인

• 1단락 중심 문장: 2번째 문장   • 2단락 중심 문장: 4번째 문장
• 3단락 중심 문장: 5번째 문장   • 4단락 중심 문장: 2번째 문장

지문 쑥쑥 이해 1) 육각형 2) 까닭 3) 육각형 4) 육각형
문제 정답 + 정답 콕콕 특강
01 육각형 02 ③ 03 (1) ○ (2) × (3) ○ 04 예 6개의 곧은 선으로 둘러싸인 도형

DAY 14

지문 확인
• 1단락 중심 문장: 2번째 문장　　• 2단락 중심 문장: 4번째 문장
• 3단락 중심 문장: 1번째 문장　　• 4단락 중심 문장: 1번째 문장
문제 정답 01 ⑤ 02 (1) 의사 (2) 남한 (3) 슈바이처 03 ① 04 ③
05 예 자신이 다른 사람을 도우면 반드시 누군가 자신의 가족을 도울 것이라는 생각 때문이다.

──────── 낱말 쑥쑥 테스트

01 ㉠ 02 ㉣ 03 ㉢ 04 ㉡ 05 선택하다 06 곧다 07 자세히
08 면적 09 보관 10 빈틈 11 실력 12 과정 13 차지 14 도형 15 진료
16 벌집

DAY 15

지문 확인
• 1단락 중심 문장: 3번째 문장　　• 2단락 중심 문장: 1번째 문장
• 3단락 중심 문장: 3, 5번째 문장　　• 4단락 중심 문장: 2번째 문장
지문 쑥쑥 이해 1) 위치 2) 방향 3) 랜드마크 4) 지도
문제 정답 01 랜드마크 02 ① 03 혜선 04 예 우리 수경 초등학교 앞에서 만나자. / 우리 서울역 2번 출구 앞에서 만나자.

──────── 낱말 쑥쑥 테스트

01 ㉡ 02 ㉠ 03 ㉣ 04 ㉢ 05 ㉤ 06 출구 07 지역 08 활용
09 일반적

DAY 16

지문 확인
• 1단락 중심 문장: 2번째 문장　　• 2단락 중심 문장: 1번째 문장
• 3단락 중심 문장: 1번째 문장　　• 4단락 중심 문장: 2번째 문장
문제 정답 01 ㉠ 몸 ㉡ 세균 ㉢ 손 02 손 씻기 03 ㉣, ㉡, ㉮, ㉢
04 ⑤ 05 예 세균은 다른 생물의 몸에 살면서 병을 일으키거나 무언가를 썩게 한다.

──────── 낱말 쑥쑥 테스트

01 만약 02 문지르다 03 실천하다 04 생물 05 관리하다 06 건강
07 지저분 08 기본 09 중요 10 깨끗 11 유지

DAY 17

지문 확인
• 1단락 중심 문장: 1번째 문장　　• 2단락 중심 문장: 1번째 문장
• 3단락 중심 문장: 2, 3번째 문장　　• 4단락 중심 문장: 2, 3번째 문장
문제 정답 01 미지 02 ② 03 (1) 국경일 (2) 흰 바탕 (3) 파랑, 빨강
04 (1) ㉡ (2) ㉢ (3) ㉣ (4) ㉠ 05 예 태극기 면의 세로 너비만큼을 깃봉에서 내려서 달아야 한다.

──────── 낱말 쑥쑥 테스트

01 ㉡ 02 ㉠ 03 ㉢ 04 ㉣ 05 너비 06 조화 07 평화 08 위치
09 바탕

DAY 18

문제 정답 01 사회화 02 지유 03 ① 04 ③ 05 예 안나는 6살까지 다락방에 갇혀서 자라며 다른 사람들과 접하지 못했기 때문이다.

잠깐! 쉬어가기 ──────────────▶ 본문 80쪽
(1) 자세히 (2) 면적 (3) 가난하다 (4) 꿈꾸다 (5) 상황 (6) 중요하다
(7) 만약 (8) 기념일 (9) 사회적

DAY 19

지문 확인 1) 기분 2) 기분
지문 쑥쑥 이해 1) 기분 2) 기분 3) 기분 4) 생각
문제 정답 + 정답 콕콕 특강
01 좋은 점, 방법 02 ㉮ 대화 ㉯ 상황 03 ⑤ 04 ③

DAY 20

지문 확인 1) ÷ 2) ×
문제 정답 01 ① 02 ㉢ 03 (1) + (2) 하인리히 란 04 효민, 지희
05 예 '÷'가 등장하기 전에는 나누기를 모두 분수로 표시했기 때문이다.

──────── 낱말 쑥쑥 테스트

01 표정 02 무심코 03 진심 04 금세 05 편리 06 가르다 07 배려
08 신중히 09 표시 10 ㉣ 11 ㉠ 12 ㉢ 13 ㉡ 14 생활 15 풀
16 깜박 17 사과

DAY 21

지문 확인 1) 단풍 2) 엽록소 3) 기온
지문 쑥쑥 이해 1) 가을 2) 단풍 3) 단풍
문제 정답 01 ④ 02 ㉠ 잎 ㉡ 엽록소 ㉢ 단풍 03 ④ 04 예 나뭇잎에서 빨간색이나 노란색을 띤 색소들이 기온 차가 클수록 색이 더 밝아지기 때문이다.

──────── 낱말 쑥쑥 테스트

01 북적이다 02 무덥다 03 수분 04 과정 05 파괴 06 물들다
07 영양분 08 변신 09 기온

DAY 22

지문 확인 1) 로봇 2) 탐사 3) 로봇
문제 정답 01 ④ 02 ㉮ 행성 ㉯ 로봇청소기 ㉰ 휠체어 03 ④
04 진아 05 예 힘들고 하기 싫은 일

──────── 낱말 쑥쑥 테스트

01 항공 02 발전하다 03 기계 04 편리하다 05 유용 06 대신
07 곳곳 08 조사 09 이용

DAY 23

지문 확인 1) 동물 2) 문어 3) 자동차 4) 물총새
문제 정답 01 오리발, 거북복 02 ㉠ 물갈퀴 ㉡ 빨판 ㉢ 부리 03 ②
04 ④ 05 (1) 물고기 잡는 호랑이 (2) 예 길고 뾰족한 부리를 이용하여 빠르게 물고기를 잡아먹기 때문이다.

──────── 낱말 쑥쑥 테스트

01 ㉢ 02 ㉡ 03 ㉣ 04 ㉠ 05 ㉤ 06 사냥 07 소음 08 활용
09 물체 10 특징

DAY 24

문제 정답 01 ② 02 ㉠ 자음자 ㉡ 모음자 ㉢ 받침 03 ② 04 웃, 웃다
05 예 형태가 바뀌는 낱말이 너무 많아 국어사전에 모두 실을 수 없기 때문이다.

잠깐! 쉬어가기 ──────────────▶ 본문 104쪽
1 (1) 표 (2) 과　2 (1) 영양 (2) 수 (3) 부　3 (1) 색 (2) 엽록　4 (1) 생명
(2) 물　5 (1) 소 (2) 물

DAY 25

지문 확인 1) 묶어 세기 2) 곱셈식
지문 쑥쑥 이해 1) 곱셈 2) 묶어 세기 3) 배
문제 정답 + 정답 콕콕 특강
01 ㉰, ㉣, ㉮, ㉯, ㉡ 02 곱셈 03 ① 04 한수

지문 확인 **1)** 동물 **2)** 개미

문제 정답 **01** 교훈 **02** (1) 없고, 있다 (2) 했고, 노래를 불렀다 **03** ③
04 ① **05** 예 미래를 준비해야 하고, 게으르면 안 된다.

낱말 쑥쑥 테스트

01 비웃다 **02** 교훈 **03** 대표적 **04** 토대 **05** 진열대 **06** 묶음
07 설득 **08** 간단 **09** 계산 **10** ㄹ **11** ㄴ **12** ㄱ **13** ㄷ **14** 행동
15 말리 **16** 표현 **17** 잠시 **18** 내내

DAY 27

지문 확인
• 1단락 중심 문장: 3번째 문장　　• 2단락 중심 문장: 1번째 문장
• 3단락 중심 문장: 1번째 문장　　• 4단락 중심 문장: 2번째 문장
지문 쏙쏙 이해 **1)** 오늘날 **2)** 결혼식 **3)** 결혼식 **4)** 같은
문제 정답 **01** ㉣, ㉮, ㉯, ㉰ **02** ① **03** ④ **04** 예 사람들에게 두 사람
이 부부가 되었음을 알리고, 가족과 친척이 모여 신랑과 신부의 행복한
미래를 축복해 준다.

낱말 쑥쑥 테스트

01 축복하다 **02** 다양하다 **03** 치르다 **04** 방식 **05** 문득 **06** 환하다
07 야외 **08** 결혼식 **09** 혼인 **10** 식장

DAY 28

지문 확인
• 1단락 중심 문장: 3, 4번째 문장　　• 2단락 중심 문장: 1번째 문장
• 3단락 중심 문장: 1번째 문장　　• 4단락 중심 문장: 3번째 문장
문제 정답 **01** 자연 **02** (1) ○ (2) ○ (3) × **03** ㉡ **04** ㉮ 오로라
㉯ 콜로세움 **05** 예 알프스 산맥의 산봉우리가 1년 내내 눈에 덮여 있는
것으로 유명하다.

낱말 쑥쑥 테스트

01 거리 **02** 산봉우리 **03** 꼽히다 **04** 세계 **05** 산맥 **06** 비교
07 관람 **08** 구경

DAY 29

지문 확인 **1)** 리듬 악기 **2)** 리듬 악기 **3)** 리듬 악기
문제 정답 **01** 리듬 악기 **02** ⑤ **03** ⑤ **04** ⑤ **05** 예 한 리듬 악기로
음을 높이거나 낮춰서 연주할 수 없다.

낱말 쑥쑥 테스트

01 ㉢ **02** ㉠ **03** ㉣ **04** ㉡ **05** 다양 **06** 악기 **07** 리듬 **08** 연주
09 방법

DAY 30

문제 정답 **01** 느낌 **02** ㉠ 추운 곳 ㉡ 공부 **03** ③ **04** ④
05 예 초록색은 자연을 떠올리게 하는 색이기 때문이다.

잠깐! 쉬어가기 ━━━━━━━━━━━ ▶ 본문 128쪽

가로 열쇠 **1** 세계 **2** 산봉우리 **3** 게으르다 **4** 경기장 **5** 말리다
6 부탁하다 **7** 대표적 **8** 가라앉히다 **9** 대비하다
세로 열쇠 **1** 계산 **2** 경우 **3** 치르다 **4** 볼거리 **5** 식장 **6** 부지런히
7 표현하다 **8** 준비하다

DAY 31

지문 확인 **1)** 곱셈구구 **2)** 곱셈구구
지문 쏙쏙 이해 **1)** 곱셈구구 **2)** 역사 **3)** 조상 **4)** 곱셈구구
문제 정답 ＋정답 콕콕 특강
01 곱셈구구 **02** (1) 나무판 (2) 9 곱하기 9 **03** ㉑ **04** ②

DAY 32

지문 확인
• 1단락 중심 문장: 1, 2번째 문장　　• 2단락 중심 문장: 1번째 문장
• 3단락 중심 문장: 2번째 문장　　• 4단락 중심 문장: 3번째 문장
문제 정답 **01** 줄임말 **02** (1) × (2) ○ (3) ○ **03** (1) ㉡ (2) ㉢ (3) ㉠
04 ④ **05** 예 다른 사람과의 소통을 방해하기 때문이다.

낱말 쑥쑥 테스트

01 ㉡ **02** ㉢ **03** ㉣ **04** ㉠ **05** 사용하다 **06** 생겨나다 **07** 조상
08 관리 **09** 요즘 **10** 방해 **11** 신분 **12** 분위기 **13** 원래 **14** 기억
15 갑자기 **16** 소중히

DAY 33

지문 확인
• 1단락 중심 문장: 4번째 문장　　• 2단락 중심 문장: 1, 3번째 문장
• 3단락 중심 문장: 1, 3번째 문장　　• 4단락 중심 문장: 1, 2번째 문장
지문 쏙쏙 이해 **1)** 비발디 **2)** 봄 **3)** 가을 **4)** 실제
문제 정답 **01** 비발디 **02** ㉠ 여름 ㉡ 추위 **03** (1) ○ (2) × (3) ×
04 예 개가 짖는 소리, 나뭇잎의 소리, 새가 우는 소리 등이 악보에 적혀
있기 때문이다.

낱말 쑥쑥 테스트

01 ㉣ **02** ㉡ **03** ㉠ **04** ㉢ **05** 화창 **06** 실제 **07** 느긋 **08** 매섭
09 전체적

DAY 34

지문 확인 **1)** 지구 **2)** 증거 **3)** 지구
문제 정답 **01** 지구 **02** ⑤ **03** ㉡ **04** ② **05** 예 달에 비친 지구의 그
림자가 둥글기 때문이다.

낱말 쑥쑥 테스트

01 ㉡ **02** ㉠ **03** ㉣ **04** ㉢ **05** ㉤ **06** 전달 **07** 증거 **08** 교훈
09 정보 **10** 상상

DAY 35

지문 확인 **1)** 연극 **2)** 실감 **3)** 방법
문제 정답 **01** 연극 **02** ㉠ 특성 ㉡ 행동 **03** ① **04** ④ **05** 예 배우가
무대 위에서 각본에 따라 말과 행동으로 이야기를 나타내는 예술

낱말 쑥쑥 테스트

01 역할 **02** 배우 **03** 각본 **04** 예술 **05** 특성 **06** 관객 **07** 입장
08 한창 **09** 악당

DAY 36

문제 정답 **01** ② **02** (1) ㉢ (2) ㉡ (3) ㉠ **03** (1) 겨울 (2) 체온
(3) 따뜻한 **04** ① **05** 예 날씨가 너무 추우면 죽을 수 있기 때문이다.

잠깐! 쉬어가기 ━━━━━━━━━━━ ▶ 본문 152쪽

(1) 소중히 (2) 알아차리다 (3) 갑자기 (4) 소통 (5) 실제 (6) 경계선
(7) 둥글다 (8) 입장 (9) 덮이다

DAY 01

[봄 · 여름]

교통안전을 위해 꼭 지켜요.

⬭ 각 단락 중심 낱말   ⬭ 전체 중심 낱말   [ ] 각 단락 중심 문장   ▨ 전체 중심 문장

1 ❶오늘 아침 민수는 빠르게 달리는 차 때문에 다칠 뻔했어요. ❷여러분도 차 때문에 다칠 뻔한 적이 있나요? ❸[녹색 어머니회처럼 우리의 안전을 위해 도와주시는 분들도 있지만 우리 스스로도 조심해야 해요.]

*1단락 요약: 교통안전의 중요성

2 ❶그렇다면 ⬭교통안전⬭을 위해 꼭 지켜야 할 일은 무엇일까요? ❷[먼저 ⬭횡단보도⬭를 건널 때는 초록 불이 켜진 후, 양옆을 살피며 길을 건너요.] ❸왼쪽, 오른쪽 어디에서라도 차가 뛰어나올 수 있으니까요. ❹이때 손을 번쩍 들고 가면 차들이 우리를 알아보기 더 쉽겠죠? ❺⬭골목길⬭도 마찬가지예요. ❻[골목길에 들어서기 전에는 차가 오는지를 먼저 살피고 조심히 지나가야 합니다.]

*2단락 요약: 횡단보도와 골목길에서 조심할 점

3 ❶[⬭공놀이⬭를 할 때도 조심해야 한답니다.] ❷차도와 가까운 곳에서는 공놀이를 하면 안 돼요. ❸공이 차도로 넘어가면 큰 사고로 이어질 수 있어요. ❹도로 주변에서는 공을 공 주머니에 넣고 다니는 것이 안전한 방법이에요.

*3단락 요약: 공놀이를 할 때 조심할 점

4 ❶[⬭차⬭에서도 지켜야 할 것들이 있어요.] ❷차를 탈 때는 안전벨트를 꼭 매야 해요. ❸또 버스에서는 자리에 앉아 있다가 버스가 완전히 멈추면 일어서서 내려야 한답니다.

*4단락 요약: 차에서 조심할 점

5 ❶⬭교통안전⬭을 위한 규칙을 지켜야 우리 몸을 지킬 수 있어요. ❷횡단보도와 골목길, 차도를 조심하고, 차 안에서의 규칙도 지킨다면 다칠 일이 없겠죠?

*5단락 요약: 교통안전의 중요성

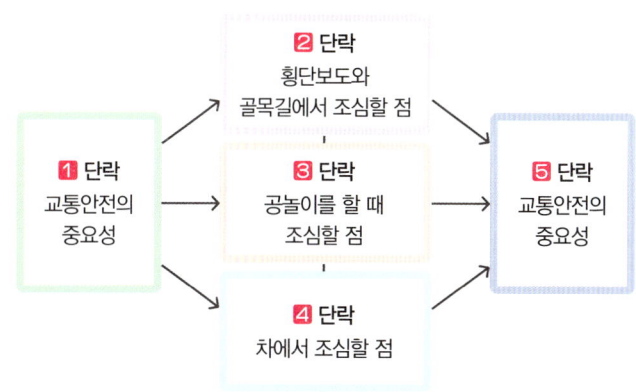

01 [정답] 안전

이 글은 교통안전을 위해 지켜야 할 것에 대한 설명문으로, 중심 낱말은 '교통안전'이에요. 따라서 빈칸에 들어갈 말은 '안전'이에요.

02 [정답] ⑤

2단락 ❷번째 문장에서 '먼저 횡단보도를 건널 때는 초록 불이 켜진 후, 양옆을 살피며 길을 건너요.'라고 했어요.

03 [정답] ⑤

이 글은 교통안전을 위해 지켜야 할 것을 알려 주고 있으므로 알맞은 제목은 '교통안전을 위해 꼭 지켜요'예요.

04 [정답] ③

2단락 ❻번째 문장에서 '골목길에 들어서기 전에는 차가 오는지를 먼저 살피고 조심히 지나가야 합니다.'라고 했어요.

✖ 지문 이해

● 이 글은 교통안전을 위해 지켜야 할 것을 알려 주는 설명문입니다. 교통안전을 위해 횡단보도에서는 초록 불이 켜진 후, 양옆을 살피며 길을 건너야 하고, 골목길에서도 차가 오는지를 살피고 조심히 지나가야 해요. 공놀이는 차도와 가까운 곳에서는 하면 안 되고, 차를 탈 때는 안전벨트를 꼭 매야 합니다.

● 단락 간의 관계
  1단락에서는 민수가 겪은 일을 예시로 들어 교통 상황에서의 안전의 중요성을 이야기하고 있어요.
  2단락에서는 횡단보도를 건널 때와 골목길에 들어설 때 조심해야 할 점을 알려 주고 있어요.
  3단락에서는 공놀이를 할 때 조심해야 할 점을 알려 주고 있어요.
  4단락에서는 차에서 지켜야 할 내용을 이야기하고 있어요.
  2~4단락은 모두 교통안전을 위해 지켜야 할 일을 알려 주는 내용이므로 묶을 수 있어요.
  5단락에서는 교통안전의 중요성을 다시 강조하며 글을 마무리하고 있어요.

● 글의 구조도

```
                    2 단락
                 횡단보도와
              골목길에서 조심할 점
                     ↓
1 단락  →       3 단락        →   5 단락
교통안전의      공놀이를 할 때        교통안전의
중요성          조심할 점            중요성
                     ↓
                  4 단락
              차에서 조심할 점
```

● 주제: 교통안전을 위해 지켜야 할 일

특별한 도형, 원

◯ 각 단락 중심 낱말 ◯ 전체 중심 낱말 [ ] 각 단락 중심 문장 ▨ 전체 중심 문장

1 ①원은 우리 주변에서 쉽게 찾을 수 있는 도형입니다. ②민정이가 좋아하는 피자도, 500원짜리 동전도, 학교 앞의 맨홀 뚜껑도 모두 원 모양이에요. ③피자와 동전, 맨홀 뚜껑은 각각 크기는 다르지만 생긴 모양은 서로 같아요. ④원에 대해 더 자세히 알아볼까요?

2 ①[원은 세모, 네모처럼 뾰족하거나 곧은 선이 없고 굽은 선으로 이어져 있어요.]②어디에서 보든 둥글지요. ③그래서 부딪히더라도 쉽게 깨지지 않아요. ④동전이 원 모양인 까닭도 바로 여기에 있어요.

3 ①[원은 둥글기 때문에 잘 굴러가기도 해요.]②축구공이나 농구공 같은 공을 원 모양으로 만든 까닭도 잘 굴러갈 수 있도록 하기 위해서예요. ③또 잘 굴러가는 물건으로 무엇이 있을까요? ④대표적으로 자동차의 바퀴가 있어요. ⑤바퀴 역시 원 모양입니다.

4 ①그런데 둥그렇다고 해서 모두 원일까요? ②둥글고 매끄러운 달걀의 모양은 얼핏 원이라고 생각할 수도 있어요. ③하지만 원이 아닙니다. ④[원은 길쭉하거나 찌그러진 곳 없이 어느 쪽에서 보아도 똑같이 동그란 모양이에요.]⑤그런데 달걀은 둥글지만 길쭉하게 생겼지요. ⑥그래서 달걀은 원이라고 하지 않는답니다. ⑦달걀과 같은 모양은 '타원'이라고 불러요. ⑧이제 원과 타원을 구분할 수 있겠죠?

	단락 요약

1 단락 요약
원에 대한 소개

2 단락 요약
원의 특징 ① 굽은 선으로 이어져 있음.

3 단락 요약
원의 특징 ② 잘 굴러감.

4 단락 요약
원의 특징 ③ 어느 쪽에서든 똑같은 동그란 모양

✱ 지문 이해

● 이 글은 원의 특징을 알려 주는 설명문입니다. 원은 우리 주변에서 많이 볼 수 있는 도형이에요. 원은 뾰족하거나 곧은 선이 없고 굽은 선으로 이어져 있어요. 그래서 쉽게 깨지지 않습니다. 원은 둥글어서 잘 굴러가기도 해요. 또 원은 길쭉하거나 찌그러진 곳 없이 어느 쪽에서 보아도 똑같이 동그란 모양이에요. 그러므로 달걀은 원이 아니에요. 달걀 같은 모양은 타원이라고 해요.

● 단락 간의 관계
1 단락에서는 글 전체의 중심 낱말인 '원'을 소개하고 있어요.
2 단락에서는 원이 굽은 선으로 이어져 있다는 특징을 이야기하고 있어요.
3 단락에서는 원이 둥글어서 잘 굴러간다는 특징을 이야기하고 있어요.
4 단락에서는 원이 길쭉하거나 찌그러진 곳 없이 어느 쪽에서 보아도 똑같이 동그란 모양이라는 특징을 이야기하며, '타원'과 비교하고 있어요.
2 ~ 4 단락은 모두 원의 특징에 대해 설명하고 있으므로 묶을 수 있어요.

● 글의 구조도

1 단락
원에 대한 소개

→ **2 단락**
원의 특징 ① 굽은 선으로 이어져 있음.

3 단락
원의 특징 ② 잘 굴러감.

4 단락
원의 특징 ③ 어느 쪽에서든 똑같은 동그란 모양

● 주제: 원의 특징

01 [정답] 원 .... 중심 낱말 찾기

>왜 정답?

1단락에서 원에 대해 소개하며 '원에 대해 더 자세히 알아볼까요?'
라고 했어요.
2~4단락에서는 원이 가지는 특징을 설명했어요.
그러므로 이 글에서 가장 중심이 되는 낱말은 '원'이에요.

02 [정답] ② .... 내용 이해하기

>왜 정답?

② 근거: 1단락 ❷번째 문장

'민정이가 좋아하는 피자도, 500원짜리 동전도, 학교 앞의 맨홀
뚜껑도 모두 원 모양이에요.'라고 했어요. 그러므로 피자는 타원
이 아니라 원 모양임을 알 수 있어요.

>왜 오답?

① 근거: 4단락 ❼번째 문장

'달걀과 같은 모양은 '타원'이라고 불러요.'라고 했으므로 알맞은
내용이에요.

③ 근거: 2단락 ❶번째 문장

'원은 세모, 네모처럼 뾰족하거나 곧은 선이 없고 굽은 선으로 이
어져 있어요.'라고 했으므로 알맞은 내용이에요.

④ 근거: 3단락 ❷번째 문장

'축구공이나 농구공 같은 공을 원 모양으로 만든 까닭도 잘 굴러
갈 수 있도록 하기 위해서예요.'라고 했으므로 알맞은 내용이에요.

⑤ 근거: 2단락 ❸, ❹번째 문장

'그래서 부딪히더라도 쉽게 깨지지 않아요. 동전이 원 모양인 까
닭도 바로 여기에 있어요.'라고 했으므로 알맞은 내용이에요.

03 [정답] (1) 원 (2) 굽은 (3) 같다 .... 내용 이해하기

>왜 정답?

(1) 근거: 3단락 ❹, ❺번째 문장

3단락에서 '대표적으로 자동차의 바퀴가 있어요. 바퀴 역시 원
모양입니다.'라고 했어요.

(2) 근거: 2단락 ❶번째 문장

2단락에서 '원은 세모, 네모처럼 뾰족하거나 곧은 선이 없고 굽
은 선으로 이어져 있어요.'라고 했어요.

(3) 근거: 1단락 ❸번째 문장

1단락에서 '피자와 동전, 맨홀 뚜껑은 각각 크기는 다르지만 생
긴 모양은 서로 같아요.'라고 했어요.

04 [정답] (1) ⓛ (2) ㉠ .... 내용 적용하기

다음 사진 속 물건이 어떤 모양인지 알맞게 연결해 보세요.

• 다음 사진 속 물건: 사진 (1)은 '농구공'이고, 사진 (2)는 '달걀'입
니다. 농구공에 대한 내용은 3단락에, 달걀에 대한 내용은 4
단락에 나와 있습니다.

[즉] 농구공과 달걀이 '원'과 '타원' 중 무엇에 해당하는지를 묻는
문제입니다.

>왜 정답?

(1) 근거: 3단락 ❷번째 문장

'축구공이나 농구공 같은 공을 원 모양으로 만든 까닭도 잘 굴러갈
수 있도록 하기 위해서예요.'라고 했으므로 농구공은 '원'이에요.

(2) 근거: 4단락 ❼번째 문장

'달걀과 같은 모양은 '타원'이라고 불러요.'라고 했으므로 달걀은
'타원'이에요.

05 [정답] [예] 원은 길쭉하거나 찌그러진 곳 없이 어느 쪽에
서 보아도 똑같이 동그란 모양을 말하는데, 달걀은 둥글
지만 길쭉하게 생겼기 때문이다.

[서술형] 채점 기준 – 근거: 4단락 ❹~❻번째 문장

'원은 길쭉하거나 찌그러진 곳 없이 어느 쪽에서 보아도 똑같이 동
그란 모양이에요. 그런데 달걀은 둥글지만 길쭉하게 생겼지요. 그래
서 달걀은 원이라고 하지 않는답니다.'라고 했어요.
따라서 '원은 길쭉하거나 찌그러진 곳 없이 어느 쪽에서 보아도 똑
같이 동그란 모양을 말하는데, 달걀은 둥글지만 길쭉하게 생겼다.'라
는 내용이 들어가면 정답이에요.

배경지식

'구'에 대해 알아봐요.

'구(球)'는 반원의 지름을 회전축으로 하여 1회전 시킨 입체도형
입니다. 우리 주변의 구 모양을 가진 사물로는 축구공, 농구공, 구
슬, 사탕 등이 있어요. 구의 지름은 항상 원의 중심을 지나므로 반
원의 중심은 구의 중심이 되고, 반원의 반지름은 구의 반지름이 됩
니다. 만약 반원의 반을 1회전 하면 구의 반쪽만 만들어지겠죠? 이
런 도형을 반구라고 해요. 구는 어떤 방향으로 잘라도 그 단면은
항상 원입니다. 이때, 구의 중심을 지나는 평면으로 잘랐을 때 가
장 큰 원이 만들어진답니다.

같은 소리라고 뜻이 같지는 않다고!

⬭ 각 단락 중심 낱말　◯ 전체 중심 낱말　[ ] 각 단락 중심 문장　🟨 전체 중심 문장

1 빨간 사과를 좋아하는 대경이는 지윤이에게 어제 잘못한 일을 사과했어요. ❷ 빨간 '사과'와 지윤이가 받은 '사과'는 같은 뜻일까요? ❸ 우리 주변에는 이처럼 같은 소리가 나지만 뜻이 다른 말이 있어요.

2 ❶[소리가 같지만 뜻이 다른 말로는 대표적으로 '배'가 있어요.] ❷'배'는 뜻을 세 개나 가지고 있습니다. ❸ 우리 몸에 있는 배, 과일 배, 물에서 타는 배. ❹ 모두 '배'가 가지고 있는 서로 다른 뜻이에요.

3 ❶[소리는 같지만 뜻을 여러 개 가진 말로는 '쓰다', '눈'도 있어요.] ❷'쓰다'는 글씨를 쓴다는 뜻과 맛이 쓰다는 뜻, 그리고 모자나 가발 등 머리에 무언가를 쓴다는 뜻이 있어요. ❸'눈'은 하늘에서 내리는 하얀 눈과 사람의 몸에 있는 눈, 이렇게 두 개의 뜻을 가집니다.

4 ❶[그럼 이런 말들을 구별하기 위해서는 어떻게 해야 할까요? ❷상대방이 어떤 상황에서 말하고 있는지를 잘 살펴야 해요.] ❸예를 들어 '다리'에는 두 가지 뜻이 있어서 '다리'라는 말만 보았을 때는 무슨 뜻인지 알기가 힘들어요. ❹그런데 만약 누군가가 "나 다리가 아파."라고 말했다면 이때의 다리는 무슨 뜻일까요? ❺몸에 있는 다리라는 뜻이 되겠죠. ❻강에 놓여 있는 다리는 아플 수가 없기 때문이에요. ❼이야기의 상황을 잘 살핀다면 헷갈리지 않을 수 있겠죠?

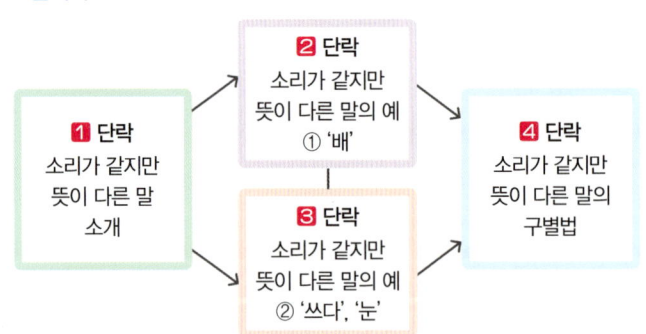

1 단락 요약
소리가 같지만 뜻이 다른 말 소개

2 단락 요약
소리가 같지만 뜻이 다른 말의 예
① '배'

3 단락 요약
소리가 같지만 뜻이 다른 말의 예
② '쓰다', '눈'

4 단락 요약
소리가 같지만 뜻이 다른 말의 구별법

✖ **지문 이해**

● 이 글은 소리가 같지만 뜻이 다른 말에 대해 알려 주는 설명문입니다. 이런 말에는 대표적으로 '사과', '배', '쓰다', '눈'이 있어요. '사과'는 과일 사과와 미안한 일을 사과하는 뜻이 있고, '배'는 우리 몸에 있는 배, 과일 배, 물에서 타는 배의 뜻이 있어요. '쓰다'는 글씨를 쓴다는 뜻과 맛이 쓰다, 머리에 무언가를 쓴다는 뜻이 있어요. '눈'은 하늘에서 내리는 눈과 사람의 몸에 있는 눈이라는 뜻이 있어요. 이런 말들을 구별하기 위해서는 상대방이 어떤 상황에서 말하고 있는지를 잘 살펴야 합니다.

● **단락 간의 관계**
1단락에서는 '사과'를 예로 들어 같은 소리가 나지만 뜻이 다른 말을 소개하고 있어요.
2단락에서는 소리가 같지만 뜻이 다른 말의 예로 '배'를, 3단락에서는 '쓰다'와 '눈'을 설명하고 있으므로 두 단락을 묶을 수 있어요.
4단락에서는 소리가 같지만 뜻이 다른 말의 구별법을 알려 주며 글을 마무리하고 있어요.

● **글의 구조도**

```
              ┌─ 2 단락 ─┐
              │ 소리가 같지만 │
              │ 뜻이 다른 말의 예 │
  ┌─ 1 단락 ─┐│   ① '배'   │┌─ 4 단락 ─┐
  │ 소리가 같지만 │─┤         ├─│ 소리가 같지만 │
  │ 뜻이 다른 말 │ │    │    │ │ 뜻이 다른 말의 │
  │   소개    │ │┌─ 3 단락 ─┐│ │   구별법   │
  └─────────┘ ││ 소리가 같지만 ││ └─────────┘
              ││ 뜻이 다른 말의 예 ││
              ││  ② '쓰다', '눈' ││
              │└─────────┘│
              └─────────┘
```

● **주제:** 소리가 같지만 뜻이 다른 말

01 [정답] ㉠ 소리 ㉡ 뜻 ·················· 중심 낱말 찾기

>**왜 정답 ?**

①단락에서 '우리 주변에는 이처럼 같은 소리가 나지만 뜻이 다른 말이 있어요.'라고 했어요.

②단락에서는 '소리가 같지만 뜻이 다른 말로는 대표적으로 '배'가 있어요.'라고 했고, ③단락에서는 '소리는 같지만 뜻을 여러 개 가진 말로는 '쓰다', '눈'도 있어요.'라고 했어요.

④단락에서는 소리가 같지만 뜻이 다른 말을 구별하는 방법을 설명하고 있어요.

그러므로 ㉠에 들어갈 말은 '소리'이고, ㉡에 들어갈 말은 '뜻'이에요.

02 [정답] (1) × (2) ○ ·················· 내용 이해하기

>**왜 정답 ?**

(1) **근거**: ③단락 ❶, ❸번째 문장

③단락에서 '소리는 같지만 뜻을 여러 개 가진 말로는 '쓰다', '눈'도 있어요.', "눈'은 하늘에서 내리는 하얀 눈과 사람의 몸에 있는 눈, 이렇게 두 개의 뜻을 가집니다.'라고 했으므로 틀린 설명이에요.

(2) **근거**: ②단락 ❶번째 문장

②단락에서 '소리가 같지만 뜻이 다른 말로는 대표적으로 '배'가 있어요.'라고 했으므로 맞는 설명이에요.

03 [정답] ① ·················· 내용 적용하기

다음 중 〈보기〉 속에 쓰인 '쓰다'의 뜻과 다른 것은 무엇인가요?

• 〈보기〉 속에 쓰인 '쓰다': '일기를 또박또박 쓰는'이라는 예문입니다. ③단락에서 '쓰다'는 '글씨를 쓰다', '맛이 쓰다', '머리에 무언가를 쓰다'라는 뜻이 있다고 했습니다. 따라서 〈보기〉의 '쓰는'은 '글씨를 쓰다'의 뜻으로 사용되었음을 알 수 있습니다.

[즘] 〈보기〉 속의 '일기를 또박또박 쓰는'의 '쓰다'와 다른 뜻으로 쓰인 '쓰다'를 고르는 문제입니다.

>**왜 정답 ?**

① **근거**: ③단락 ❷번째 문장

"쓰다'는 글씨를 쓴다는 뜻과 맛이 쓰다는 뜻, 그리고 모자나 가발 등 머리에 무언가를 쓴다는 뜻이 있어요.'라고 했어요. 〈보기〉 속의 '일기를 또박또박 쓰는'은 글씨를 쓴다는 뜻이에요. 반면 '모자를 써요'는 머리에 무언가를 쓴다는 뜻이에요.

>**왜 오답 ?**

② **근거**: ③단락 ❷번째 문장

"쓰다'는 글씨를 쓴다는 뜻과 맛이 쓰다는 뜻, 그리고 모자나 가발 등 머리에 무언가를 쓴다는 뜻이 있어요.'라고 했어요. '글씨를 썼어요'는 글씨를 쓴다는 뜻이에요.

③ **근거**: ③단락 ❷번째 문장

"쓰다'는 글씨를 쓴다는 뜻과 맛이 쓰다는 뜻, 그리고 모자나 가발 등 머리에 무언가를 쓴다는 뜻이 있어요.'라고 했어요. '이름을 쓰고'는 글씨를 쓴다는 뜻이에요.

④ **근거**: ③단락 ❷번째 문장

"쓰다'는 글씨를 쓴다는 뜻과 맛이 쓰다는 뜻, 그리고 모자나 가발 등 머리에 무언가를 쓴다는 뜻이 있어요.'라고 했어요. '한글 쓰기'는 글씨를 쓴다는 뜻이에요.

⑤ **근거**: ③단락 ❷번째 문장

"쓰다'는 글씨를 쓴다는 뜻과 맛이 쓰다는 뜻, 그리고 모자나 가발 등 머리에 무언가를 쓴다는 뜻이 있어요.'라고 했어요. '공책에 써'는 글씨를 쓴다는 뜻이에요.

04 [정답] 예 상대방이 어떤 상황에서 말하고 있는지를 잘 살펴야 한다.

[서술형] 채점 기준 – **근거**: ④단락 ❶, ❷번째 문장

'그럼 이런 말들을 구별하기 위해서는 어떻게 해야 할까요? 상대방이 어떤 상황에서 말하고 있는지를 잘 살펴야 해요.'라고 했으므로 이러한 내용이 들어가면 정답이에요.

--------- 배경지식

'묻다'의 세 가지 뜻

소리가 같지만 뜻이 다른 말을 한자로 '동음이의어(同音異議語)'라고 해요. 우리나라 말에는 동음이의어가 참 많습니다. 그 중에서 '묻다'에 대해 살펴볼까요?

'묻다'는 세 가지 뜻이 있습니다. 먼저, 가루, 풀, 물 등이 그보다 큰 다른 물체에 들러붙거나 흔적이 남게 된다는 뜻이 있어요. 예를 들어 '손에 기름이 묻다.', '옷에 흙이 묻다.' 등에서 쓰인 '묻다'이지요.

다음으로, 물건을 흙이나 다른 물건 속에 넣어 보이지 않게 쌓아 덮는다는 뜻이 있어요. 예를 들어 '화단에 거름을 묻다.', '과자를 이불 속에 묻다.' 등에서 쓰인 '묻다'이지요.

마지막으로, 무엇을 밝히거나 알아내기 위하여 상대편의 대답이나 설명을 요구하는 내용으로 말한다는 뜻이 있어요. 예를 들어 '지나가는 사람에게 길을 묻다.', '친구에게 정답을 묻다.' 등에서 쓰인 '묻다'입니다.

똥을 이용한다고?

◯ 각 단락 중심 낱말   ◯ 전체 중심 낱말   [ ] 각 단락 중심 문장   ▨ 전체 중심 문장

1 ❶여러분들은 똥이라고 하면 무슨 생각이 드나요? ❷혹시 똥은 더러워서 피하고 싶다는 생각만 드나요? ❸그런데 똥은 우리에게 도움이 되기도 한답니다.

2 ❶[먼저, 똥은 거름으로 활용될 수 있어요.] ❷거름은 풀이나 나무가 잘 자라게 땅에 뿌려 주는 것입니다. ❸우리 조상님들은 농사를 지을 때 똥으로 만든 거름을 사용했어요. ❹그래서 똥이 귀하게 생각되었고, 남의 집에서 똥을 누는 건 혼날 만한 일이었어요.

3 ❶[코끼리 똥으로는 종이를 만들 수도 있어요.] ❷코끼리는 큰 덩치만큼 많은 똥을 눈답니다. ❸코끼리 똥으로 종이를 만들기 위해서는 먼저 코끼리의 똥을 모아 끓여 줘야 하는데, 이는 세균을 없애기 위해서예요. ❹그런 다음 코끼리 똥에서 종이로 만들 수 있는 부분을 뽑아 색소를 넣어 말리면 종이가 돼요. ❺코끼리가 하루에 누는 똥으로는 종이 660장 정도를 만들 수 있다고 하니 정말 놀랍지요?

4 ❶[똥은 에너지가 되기도 해요.] ❷똥에서 나오는 가스를 통해 에너지를 만들어 전기로 사용하고, 버스를 움직이게 할 수도 있습니다. ❸또 사막에 사는 사람들은 동물의 똥을 말려서 땔감으로 쓰기도 한답니다.

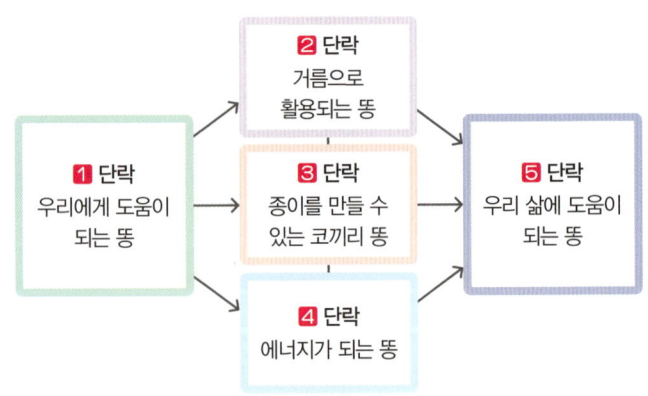

5 ❶[이렇게 거름부터 종이, 에너지, 그리고 땔감까지 똥은 우리 삶에 많은 도움이 될 수 있어요.] ❷이제는 똥을 바라보는 눈빛이 조금 달라지겠죠?

1 단락 요약
우리에게 도움이 되는 똥

2 단락 요약
거름으로 활용되는 똥

3 단락 요약
종이를 만들 수 있는 코끼리 똥

4 단락 요약
에너지가 되는 똥

5 단락 요약
우리 삶에 도움이 되는 똥

✱ 지문 이해

● 이 글은 우리 생활에서 똥을 활용하는 것에 대해 알려 주는 설명문입니다. 똥은 우리에게 도움이 되기도 하는데, 먼저 똥은 거름으로 활용할 수 있어요. 그래서 예전에 농사를 지을 때는 똥이 귀하게 생각되었습니다. 또, 코끼리 똥으로는 종이를 만들 수도 있어요. 다음으로, 똥은 에너지가 되기도 해요. 똥에서 나오는 가스로 전기를 만들어 사용하고, 똥을 말려서 땔감으로 쓰기도 해요.

● **단락 간의 관계**
  1단락에서는 글 전체의 중심 낱말인 '똥'을 소개하고, 우리에게 도움이 되는 똥에 대해 이야기할 것임을 말하고 있어요.
  2단락에서는 거름으로 활용되는 똥에 대해 설명하고 있어요.
  3단락에서는 종이를 만들 수 있는 코끼리 똥에 대해 설명하고 있어요.
  4단락에서는 에너지로 이용되는 똥에 대해 설명하고 있어요.
  2~4단락은 모두 우리에게 도움이 되는 똥의 쓰임에 대해 설명하고 있으므로 묶을 수 있어요.
  5단락에서는 2~4단락의 내용을 정리하며 글을 마무리하고 있어요.

● **글의 구조도**

```
                    2 단락
                    거름으로
                    활용되는 똥

1 단락              3 단락              5 단락
우리에게 도움이      종이를 만들 수      우리 삶에 도움이
되는 똥             있는 코끼리 똥       되는 똥

                    4 단락
                    에너지가 되는 똥
```

● **주제:** 똥의 다양한 쓰임새

01 [정답] 똥 ································· 중심 낱말 찾기

>왜 정답?

1단락에서 '그런데 똥은 우리에게 도움이 되기도 한답니다.'라고 하며 글 전체의 중심 낱말인 '똥'을 소개하고, 똥의 활용을 이야기할 것임을 알려 주고 있어요.
2단락에서는 '먼저, 똥은 거름으로 활용될 수 있어요.'라고 했고, 3단락에서는 '코끼리 똥으로는 종이를 만들 수도 있어요.'라고 했어요. 그리고 4단락에서는 '똥은 에너지가 되기도 해요.'라고 했어요. 그러므로 빈칸에 공통으로 들어갈 말은 '똥'이에요.

02 [정답] ④ ································· 내용 이해하기

>왜 정답?

④ 1단락에서 똥이 우리에게 도움이 된다고 한 후, 2~4단락에서는 우리에게 도움이 되는 똥의 다양한 쓰임을 설명하고 있어요. 마지막으로 5단락에서는 2~4단락에서 설명한 똥의 쓰임을 정리하며 글을 마무리하고 있어요.
따라서 이 글이 알려 주는 내용은 '똥의 다양한 쓰임새'예요.

>왜 오답?

① 이 글은 '종이의 쓰임새'를 알려 주고 있지 않아요.
② 이 글은 '똥을 누는 까닭'을 알려 주고 있지 않아요.
③ 이 글은 '여러 동물의 똥'을 알려 주고 있지 않아요.
⑤ 이 글은 '똥에서 냄새가 나는 까닭'을 알려 주고 있지 않아요.

03 [정답] 비누 ································· 내용 이해하기

>왜 정답?

* 근거: 2단락 ❶번째 문장, 3단락 ❶번째 문장,
　　　 4단락 ❶, ❸번째 문장
2단락에서 '먼저, 똥은 거름으로 활용될 수 있어요.'라고 했고, 3단락에서 '코끼리 똥으로는 종이를 만들 수도 있어요.'라고 했고, 4단락에서 '똥은 에너지가 되기도 해요.', '또 사막에 사는 사람들은 동물의 똥을 말려서 땔감으로 쓰기도 한답니다.'라고 했어요. 하지만 이 글에 똥의 쓰임새로 '비누'는 나오지 않아요.

04 [정답] (1) ○ (2) × (3) ○ (4) ○ ······· 내용 이해하기

>왜 정답?

(1) 근거: 4단락 ❶번째 문장
'똥은 에너지가 되기도 해요.'라고 했으므로 맞는 설명이에요.
(2) 근거: 3단락 ❸번째 문장
'코끼리 똥으로 종이를 만들기 위해서는 먼저 코끼리의 똥을 모아 끓여 줘야 하는데, 이는 세균을 없애기 위해서예요.'라고 했어요. 따라서 코끼리 똥에는 세균이 있음을 알 수 있으므로 틀린 설명이에요.
(3) 근거: 4단락 ❸번째 문장
'또 사막에 사는 사람들은 동물의 똥을 말려서 땔감으로 쓰기도 한답니다.'라고 했으므로 맞는 설명이에요.
(4) 근거: 3단락 ❹번째 문장
'그런 다음 코끼리 똥에서 종이로 만들 수 있는 부분을 뽑아 색소를 넣어 말리면 종이가 돼요.'라고 했으므로 맞는 설명이에요.

05 [정답] 예) 우리 조상님들은 농사를 지을 때 똥을 거름으로 만들어 사용했다.

[서술형] 채점 기준 - 근거: 2단락 ❸번째 문장
'우리 조상님들은 농사를 지을 때 똥으로 만든 거름을 사용했어요.'라고 했어요.
따라서 '우리 조상님들은 농사를 지을 때 똥을 거름으로 만들어 사용했다.'라는 내용이 들어가면 정답이에요.

---- 배경지식

'똥'이 들어간 속담

우리나라 속담 가운데는 '똥'이 들어간 것이 많아요. 어떤 것이 있는지 살펴볼까요?
먼저, '똥 누고 밑 아니 씻은 것 같다'라는 속담이 있어요. 이는 뒤처리가 깨끗하지 않아 마음에 꺼림칙하다는 뜻이에요.
다음으로, '똥이 무서워 피하나 더러워 피하지'라는 속담이 있어요. 이는 나쁘거나 같잖은 사람을 상대하지 않고 피하는 것은 그 사람이 무서워서가 아니라 상대할 가치가 없어서 피하는 것이라는 뜻이에요.
마지막으로, '개똥도 약에 쓰려면 없다'라는 속담이 있어요. 이는 평소에 흔하던 것도 막상 급하게 쓰려고 구하면 없다는 뜻입니다.

[가을·겨울]
보이지 않는 오염, 층간소음

◯ 각 단락 중심 낱말   ◯ 전체 중심 낱말   [   ] 각 단락 중심 문장   ▨ 전체 중심 문장

1 '쿵쿵쿵' 민지는 윗집에서 들리는 큰 소리에 잠에서 깼어요. ❷ 여러분도 이런 경험이 있나요? ❸ 이렇게 한 층에서 발생한 소음이 다른 층에도 전해지는 것을 층간소음이라고 해요.

| 1 단락 요약 |
| 층간소음의 개념 |

2 층간소음에는 어떤 것들이 있을까요? ❷[아이들이 뛰는 소리, 문을 세게 닫는 소리, 너무 늦거나 이른 시간에 세탁기나 청소기를 사용하는 소리, 강아지가 짖는 소리 등이 모두 층간소음이 될 수 있어요.]

| 2 단락 요약 |
| 층간소음의 종류 |

3 층간소음은 어떤 문제를 일으킬까요? ❷[층간소음은 이웃에게 피해를 주게 됩니다.]❸ 층간소음을 겪는 사람은 집중력이 떨어지고, 신경이 예민해질 수 있어요. ❹ 또 일, 공부, 잠자기처럼 꼭 해야 하는 일들을 방해 받을 수도 있답니다. ❺ 이런 일들이 반복되면 큰 병에 걸릴 수도 있어요. ❻ 요즘에는 아파트처럼 공동 주택에 사는 사람들이 늘어나면서 층간소음이 더욱 심각한 문제가 되고 있어요.

| 3 단락 요약 |
| 층간소음이 일으킬 수 있는 문제 |

4 층간소음을 막기 위해서 우리는 어떤 노력을 해야 할까요? ❷[먼저, 바닥에 카펫을 깔면 걸을 때 나는 소음을 줄일 수 있어요. ❸ 푹신한 슬리퍼를 신고 걷는 것 역시 소음을 줄여 준답니다. ❹ 너무 늦거나 이른 시간에는 악기 연주를 하지 않고, 세탁기나 청소기도 사용하지 않아야 해요.]❺ 주변 이웃에게 피해가 되는 층간소음, 이제는 조심해야겠죠?

| 4 단락 요약 |
| 층간소음을 막기 위한 방법 |

✱ 지문 이해

● 이 글은 층간소음의 개념과 층간소음이 일으키는 문제 및 층간소음을 막는 방법을 알려 주는 설명문입니다. 층간소음은 한 층에서 발생한 소음이 다른 층에도 전해지는 것을 말해요. 층간소음에는 뛰는 소리, 문을 세게 닫는 소리, 전자 제품을 사용하는 소리, 강아지가 짖는 소리 등이 해당돼요. 층간소음은 이웃에게 피해를 주게 되는데, 층간소음을 겪는 사람은 큰 병에 걸릴 수도 있어요. 층간소음을 막기 위해서는 바닥에 카펫을 깔고, 푹신한 슬리퍼를 신는 것이 도움이 됩니다. 또, 너무 늦거나 이른 시간에는 악기 연주나, 세탁기·청소기 사용을 하지 않아야 해요.

● 단락 간의 관계
1단락에서는 글 전체의 중심 낱말인 '층간소음'을 소개하고 있어요.
2단락에서는 층간소음이 될 수 있는 소리들을 이야기하고 있어요.
3단락에서는 층간소음이 일으킬 수 있는 문제를 설명하고 있어요.
4단락에서는 층간소음을 막기 위한 방법을 알려 주며 글을 마무리하고 있어요.

● 글의 구조도

| 1 단락 |
| 층간소음의 개념 |

↓

| 2 단락 |
| 층간소음의 종류 |

↓

| 3 단락 |
| 층간소음이 일으킬 수 있는 문제 |

↓

| 4 단락 |
| 층간소음을 막기 위한 방법 |

● 주제: 층간소음의 개념과 층간소음을 막기 위한 방법

01 정답 층간소음 ·················· 중심 낱말 찾기

>왜 정답?

①단락에서 층간소음의 뜻을 설명하고 있어요.
②단락에서는 '층간소음에는 어떤 것들이 있을까요?'라고 하며 층간소음의 종류를 설명했어요.
③단락에서는 '층간소음은 어떤 문제를 일으킬까요?'라고 하며 층간소음이 일으키는 문제를 설명했어요.
④단락에서는 '층간소음을 막기 위해서 우리는 어떤 노력을 해야 할까요?'라고 하며 층간소음을 막기 위한 방법을 설명했어요.
그러므로 이 글에서 가장 중심이 되는 낱말은 '층간소음'이에요.

02 정답 ① ·················· 내용 이해하기

>왜 정답?

① **근거:** ②단락 ❷번째 문장

'~ 문을 세게 닫는 소리, ~ 등이 모두 층간소음이 될 수 있어요.'라고 했으므로 문을 세게 닫는 소리는 층간소음임을 알 수 있어요.

>왜 오답?

② **근거:** ②단락 ❷번째 문장

'~ 강아지가 짖는 소리 등이 모두 층간소음이 될 수 있어요.'라고 했으므로 맞는 내용이에요.

③ **근거:** ③단락 ❸번째 문장

'층간소음을 겪는 사람은 집중력이 떨어지고, 신경이 예민해질 수 있어요.'라고 했으므로 맞는 내용이에요.

④ **근거:** ④단락 ❸번째 문장

'푹신한 슬리퍼를 신고 걷는 것 역시 소음을 줄여 준답니다.'라고 했으므로 맞는 내용이에요.

⑤ **근거:** ①단락 ❸번째 문장

'이렇게 한 층에서 발생한 소음이 다른 층에도 전해지는 것을 '층간소음'이라고 해요.'라고 했으므로 맞는 내용이에요.

03 정답 ③ ·················· 글쓰기 방식 이해하기

>왜 정답?

③ 이 글에서 층간소음과 다른 소음을 비교하는 내용은 나오지 않아요.

>왜 오답?

① **근거:** ③단락 ❶번째 문장

③단락에서 '층간소음은 어떤 문제를 일으킬까요?'라고 하며 층간소음의 문제점을 이야기하고 있으므로 맞는 설명이에요.

② **근거:** ②단락 ❶번째 문장

②단락에서 '층간소음에는 어떤 것들이 있을까요?'라고 하며 층간소음의 종류를 설명하고 있으므로 맞는 설명이에요.

④ **근거:** ④단락 ❶번째 문장

'층간소음을 막기 위해서 우리는 어떤 노력을 해야 할까요?'라고 하며 층간소음을 줄일 수 있는 방법을 이야기하고 있으므로 맞는 설명이에요.

⑤ **근거:** ③단락 ❻번째 문장

'요즘에는 아파트처럼 공동 주택에 사는 사람들이 늘어나면서 층간소음이 더욱 심각한 문제가 되고 있어요.'라고 했으므로 맞는 설명이에요.

04 정답 승민 ·················· 알맞은 반응 찾기

다음은 이 글을 읽고 나눈 대화입니다. 글의 내용에 비추어 볼 때, 알맞지 않은 말을 한 사람의 이름을 쓰세요.

• **이 글을 읽고 나눈 대화:** 민주, 성훈, 수진, 승민 네 사람이 층간소음에 대한 글을 읽고 나눈 대화 내용입니다.

• **글의 내용:** 이 글은 층간소음의 개념과 층간소음이 일으키는 문제, 층간소음을 막을 수 있는 방법을 설명하고 있습니다.

줌 대화를 하는 네 사람 중 이 글의 내용과 맞지 않은 말을 한 사람을 고르는 문제입니다.

>왜 정답?

승민 **근거:** ④단락 ❹번째 문장

'너무 늦거나 이른 시간에는 악기 연주를 하지 않고, ~'라고 했으므로 늦은 밤에 피아노를 연주하면 이웃이 좋아할 것이라는 내용은 알맞지 않아요.

>왜 오답?

민주 **근거:** ④단락 ❸번째 문장

'푹신한 슬리퍼를 신고 걷는 것 역시 소음을 줄여 준답니다.'라고 했으므로 맞는 내용이에요.

성훈 **근거:** ③단락 ❺번째 문장

'이런 일들이 반복되면 큰 병에 걸릴 수도 있어요.'라고 했으므로 맞는 내용이에요.

수진 **근거:** ②단락 ❷번째 문장

'아이들이 뛰는 소리, ~ 등이 모두 층간소음이 될 수 있어요.'라고 했으므로 맞는 내용이에요.

05 정답 예 바닥에 카펫을 깐다. / 푹신한 슬리퍼를 신고 걷는다. / 너무 늦거나 이른 시간에는 악기 연주를 하지 않고, 세탁기나 청소기도 사용하지 않는다.

서술형 채점 기준 – 근거: ④단락 ❷~❹번째 문장

'먼저, 바닥에 카펫을 깔면 걸을 때 나는 소음을 줄일 수 있어요. 푹신한 슬리퍼를 신고 걷는 것 역시 소음을 줄여 준답니다. 너무 늦거나 이른 시간에는 악기 연주를 하지 않고, 세탁기나 청소기도 사용하지 않아야 해요.'라고 했으므로 이 중에서 하나를 찾아 쓰면 정답이에요.

[사회]

자연환경에 따른 주생활 모습

◯ 각 단락 중심 낱말   ◯ 전체 중심 낱말   [ ] 각 단락 중심 문장   ▨ 전체 중심 문장

① 여러분은 ◯자연환경◯이라는 말을 들어보셨나요? 자연환경은 사람이 만들지 않은, 자연 그대로의 것을 말해요. ❸그런데 이 자연환경에 따라 사람들이 사는 집의 모습, 즉 ◯주생활 모습◯도 크게 다르답니다. 한번 살펴볼까요?

② [우리는 '적도'라는 가상의 선을 기준으로 지구를 ◯북반구와 남반구◯로 구분해요.] ❷적도의 위쪽은 북반구, 아래쪽은 남반구라고 부릅니다. 북반구에 있는 나라에는 한국, 미국, 프랑스 등이 있고, 남반구에 있는 나라에는 브라질, 남아프리카 공화국 등이 있어요.

③ [◯북반구와 남반구◯는 자연환경이 다르고, 그에 따라 집의 모양도 차이가 납니다.] ❷북반구는 남반구에 비해 온도가 낮고 추운 지역이 많아요. ❸반면 남반구는 북반구에 비해 주로 온도가 높고 따뜻한 지역이 많습니다.

④ [이에 따라 달라지는 대표적인 주생활 모습으로는 ◯창문의 크기와 모양◯이 있어요.] ❷북반구의 추운 지역에서는 집으로 들어오는 찬 바람을 막기 위해 창문을 작게, 그리고 적게 만들어요. ❸반대로 ◯남반구◯의 따뜻한 지역에서는 더운 날씨 탓에 바람을 잘 통하게 하기 위해서 창문을 크게, 많이 만듭니다. ❹이처럼 사람들은 자신이 사는 곳의 자연환경에 따라 주생활 모습을 달리해요. ❺이는 자연환경에 슬기롭게 적응하기 위한 사람들의 노력입니다.

1 단락 요약
자연환경과 주생활 모습

2 단락 요약
북반구와 남반구의 나라

3 단락 요약
북반구와 남반구의 자연환경

4 단락 요약
북반구와 남반구의 주생활 모습
– 창문의 크기와 모양

.... ✦ 지문 이해

● 이 글은 자연환경에 따라 사람들의 주생활 모습이 다르다는 것을 알려 주는 설명문입니다. 자연환경은 자연 그대로의 것을 말하는데, 이런 자연환경에 따라 사람들이 사는 집의 모습인 주생활 모습이 달라요. 주생활 모습 중 창문의 크기와 모양을 대표적으로 살펴보면, 온도가 낮고 추운 북반구에서는 창문을 작게, 적게 만들어요. 반대로 온도가 높고 따뜻한 남반구에서는 창문을 크게, 많이 만들어요. 이는 자연환경에 적응하기 위한 사람들의 노력이에요.

● **단락 간의 관계**
①단락에서는 글 전체의 중심 낱말인 '자연환경'과 '주생활 모습'을 소개하고, 둘의 관련성을 말하고 있어요.
②단락에서는 북반구와 남반구에 있는 나라를 이야기하고 있어요.
③단락에서는 북반구와 남반구의 자연환경을 이야기하고 있어요.
④단락에서는 북반구와 남반구의 주생활 모습을 창문을 예로 들어 설명하며 글을 마무리하고 있어요.

● **글의 구조도**

┌─────────────────────────────────────┐
│ 1 단락: 자연환경과 주생활 모습   │
└─────────────────────────────────────┘
              ↓
┌─────────────────────────────────────┐
│ 2 단락: 북반구와 남반구의 나라   │
└─────────────────────────────────────┘
              ↓
┌─────────────────────────────────────┐
│ 3 단락: 북반구와 남반구의 자연환경   │
└─────────────────────────────────────┘
              ↓
┌───┐
│ 4 단락: 북반구와 남반구의 주생활 모습 – 창문의 크기와 모양 │
└───┘

● **주제:** 자연환경에 따른 주생활 모습

01 [정답] 주생활 .... 중심 낱말 찾기

>왜 정답?

* 근거: ④단락 ❷~❺번째 문장

　④단락에서 '북반구의 추운 지역에서는 집으로 들어오는 찬 바람을 막기 위해 창문을 작게, 그리고 적게 만들어요. 반대로 남반구의 따뜻한 지역에서는 더운 날씨 탓에 바람을 잘 통하게 하기 위해서 창문을 크게, 많이 만듭니다.'라고 했어요. 또, '이처럼 사람들은 자신이 사는 곳의 자연환경에 따라 주생활 모습을 달리해요. 이는 자연환경에 슬기롭게 적응하기 위한 사람들의 노력입니다.'라고 했어요.

　그러므로 빈칸에 들어갈 말은 '주생활'이에요.

02 [정답] ㉠, ㉡ .... 글쓰기 방식 이해하기

>왜 정답?

㉠ 근거: ③단락 ❷, ❸번째 문장

　'북반구는 남반구에 비해 온도가 낮고 추운 지역이 많아요. 반면 남반구는 북반구에 비해 주로 온도가 높고 따뜻한 지역이 많습니다.'라고 하며 북반구와 남반구의 자연환경의 차이를 설명하고 있으므로 맞는 설명이에요.

㉡ 근거: ④단락 ❷, ❸번째 문장

　'북반구의 추운 지역에서는 집으로 들어오는 찬 바람을 막기 위해 창문을 작게, 그리고 적게 만들어요. 반대로 남반구의 따뜻한 지역에서는 더운 날씨 탓에 바람을 잘 통하게 하기 위해서 창문을 크게, 많이 만듭니다.'라고 하며 북반구와 남반구의 주생활 모습의 차이를 설명하고 있으므로 맞는 설명이에요.

>왜 오답?

㉢ 근거: ①단락 ❸번째 문장

　'그런데 이 자연환경에 따라 사람들이 사는 집의 모습, 즉 주생활 모습도 크게 다르답니다.'라고 했으므로 주생활 모습과 자연환경은 관련이 있음을 알 수 있어요.

㉣ 이 글은 북반구와 남반구에서 사용하는 언어에 대해 이야기하고 있지 않아요.

03 [정답] ④ .... 내용 적용하기

>왜 정답?

④ 근거: ②단락 ❸번째 문장

　'북반구에 있는 나라에는 한국, 미국, 프랑스 등이 있고, 남반구에 있는 나라에는 브라질, 남아프리카 공화국 등이 있어요.'라고 했어요. 따라서 한국은 남반구가 아니라 북반구에 있으므로 틀린 내용이에요.

>왜 오답?

① 근거: ②단락 ❷번째 문장

　'적도의 위쪽은 북반구, 아래쪽은 남반구라고 부릅니다.'라고 했으므로 맞는 내용이에요.

② 근거: ④단락 ❹번째 문장

　'이처럼 사람들은 자신이 사는 곳의 자연환경에 따라 주생활 모습을 달리해요.'라고 했으므로 맞는 내용이에요.

③ 근거: ④단락 ❸번째 문장

　'반대로 남반구의 따뜻한 지역에서는 더운 날씨 탓에 바람을 잘 통하게 하기 위해서 창문을 크게, 많이 만듭니다.'라고 했으므로 맞는 내용이에요.

04 [정답] ⑤ .... 내용 이해하기

>왜 정답?

⑤ 이 글은 북반구와 남반구의 자연환경의 다른 점을 설명하고 있을 뿐, 이 글에 둘의 비슷한 점은 나오지 않아요.

>왜 오답?

① 근거: ①단락 ❷번째 문장

　'자연환경은 사람이 만들지 않은, 자연 그대로의 것을 말해요.'라고 하며 자연환경의 뜻을 설명하고 있어요.

②, ③ 근거: ②단락 ❸번째 문장

　'북반구에 있는 나라에는 한국, 미국, 프랑스 등이 있고, 남반구에 있는 나라에는 브라질, 남아프리카 공화국 등이 있어요.'라고 하며 북반구에 있는 나라와 남반구에 있는 나라를 설명하고 있어요.

④ 근거: ②단락 ❶번째 문장

　'우리는 '적도'라는 가상의 선을 기준으로 지구를 북반구와 남반구로 구분해요.'라고 하며 북반구와 남반구를 구분하는 기준을 설명하고 있어요.

05 [정답] 예 북반구 지역은 집으로 들어오는 찬 바람을 막기 위해서, 남반구 지역은 날씨가 더우므로 바람을 잘 통하게 하기 위해서이다.

[서술형] 채점 기준 – 근거: ④단락 ❷, ❸번째 문장

'북반구의 추운 지역에서는 집으로 들어오는 찬 바람을 막기 위해 창문을 작게, 그리고 적게 만들어요. 반대로 남반구의 따뜻한 지역에서는 더운 날씨 탓에 바람을 잘 통하게 하기 위해서 창문을 크게, 많이 만듭니다.'라고 했어요.

따라서 '북반구 지역은 집으로 들어오는 찬 바람을 막기 위해서, 남반구 지역은 날씨가 더우므로 바람을 잘 통하게 하기 위해서'라는 내용이 들어가면 정답이에요.

시간을 나타내는 말

DAY 07

○ 각 단락 중심 낱말   ○ 전체 중심 낱말   [ ] 각 단락 중심 문장   ▨ 전체 중심 문장

① 우리는 줄을 설 때 ②차례를 지키죠. [그런데 줄을 설 때뿐만 아니라 있었던 일을 이야 기하거나 재미난 이야기를 들려줄 때도 차례를 지키는 것이 중요해요.]

*1단락 요약: 차례를 지키는 것의 중요성

② 이렇게 일이 일어난 차례를 나타낼 때는 시간을 나타내는 말을 사용해야 합니다. (가) 여기에는 '어제', '아침', '오늘', '낮' 등이 있어요. ③예를 들어 현수가 어제 아침에 떡볶이 를 먹었고 오늘 낮에 피자를 먹었다면, 떡볶이를 먹은 일이 피자를 먹은 일보다 먼저 일 어났다는 것을 알 수 있죠? [이렇게 시간을 나타내는 말은 일의 순서, 즉 차례를 알게 해 줘요.]

*2단락 요약: 시간을 나타내는 말 소개

③ 시간을 나타내는 말은 위에서 살펴본 것 말고도 '이튿날', '지금', '내일', '일요일', '여 름' 등이 더 있습니다. [(나) 이런 말들은 차례를 알 수 있게 해 줄 뿐만 아니라, 내 이야기 를 다른 사람이 잘 이해할 수 있게 도와줘요.] ③한 가지 예를 들어 볼까요? ④내가 내일 바다 를 간다고 말하고 싶을 때 "나 바다에 가."라고 표현하는 것보다 "나 내일 바다에 가."라 고 표현하는 것이 더 정확하겠죠?

*3단락 요약: 시간을 나타내는 말의 좋은 점

④ ▨이렇듯 일의 차례를 나타내기 위해서는 시간을 나타내는 말 을 알맞게 사용해야 합니다.▨ ②앞으로는 내가 말을 할 때든, 다른 사람의 말을 들을 때든 시간을 나타내는 말에 신경 써서 대화 해 보아요.

*4단락 요약: 시간을 나타내는 말을 사용하는 것의 중요성

01 정답 ③

②단락에서는 시간을 나타내는 말이 차례를 알게 해 준다고 설명하고 있어요. 따라서 ②단락 의 중심 문장은 '이렇게 시간을 나타내는 말은 일의 순서, 즉 차례를 알게 해 줘요.'예요.

02 정답 ②

㉠은 ②단락 ❷번째 문장과 ③ 단락 ❶번째 문장에, ㉡은 ④단락 ❶번째 문장에 설명되어 있어요.

03 정답 시간을 나타내는 말

(가)의 앞 문장에서 '이렇게 ~ 시간을 나타내는 말을 사용해야 합니다.'라고 했고, (나)의 앞 문장에서 '시간을 나타내는 말은 ~ 등이 더 있습니다.'라고 했어요.

04 정답 ③

④단락 ❷번째 문장에서 '~ 다른 사람의 말을 들을 때든 시간을 나타내는 말에 신경 써서 대화해 보아요.'라고 했어요.

★ 지문 이해

● 이 글은 시간을 나타내는 말에 대해 알려 주는 설명문입니다. 일이 일어난 차례를 나타낼 때는 시간을 나타내는 말을 사용해야 해요. 시간을 나타내는 말은 일의 순서, 즉 차례를 알게 해 줘요. 또 차례를 알 수 있게 해 줄 뿐만 아니라, 내 이야기를 다른 사람이 잘 이해할 수 있게 도와줘요. 그러므로 일 의 차례를 나타내기 위해서는 시간을 나타내는 말을 알맞게 사용해야 합니 다. 앞으로는 시간을 나타내는 말에 신경 써서 대화해 보아요.

● 단락 간의 관계

① 단락에서는 차례를 지키는 것의 중요성에 대해 이야기하고 있어요.
② 단락에서는 시간을 나타내는 말을 소개하고 있어요.
③ 단락에서는 시간을 나타내는 말을 사용했을 때의 좋은 점을 설명하고 있 어요.
④ 단락에서는 시간을 나타내는 말을 알맞게 사용하는 것의 중요함에 대해 이야기하며 글을 마무리하고 있어요.

● 글의 구조도

1 단락: 차례를 지키는 것의 중요성

↓

2 단락: 시간을 나타내는 말 소개

↓

3 단락: 시간을 나타내는 말의 좋은 점

↓

4 단락: 시간을 나타내는 말을 사용하는 것의 중요성

● 주제: 일의 차례를 나타내기 위해 사용하는 시간을 나타내는 말

[봄·여름]

DAY 08

오감을 깨워라!

○ 각 단락 중심 낱말 ◯ 전체 중심 낱말 [ ] 각 단락 중심 문장 ▨ 전체 중심 문장

1 ❶ 우리는 눈으로 보고, 귀로 듣고, 입으로 맛보고, 코로 냄새 맡고, 손으로 느껴요. ❷[이 다섯 가지 감각을 각각 시각, 청각, 미각, 후각, 촉각이라고 하며 이것들을 모두 합쳐서 오감이라고 불러요. ❸그리고 오감을 느낄 수 있게 해 주는 눈, 귀, 입, 코, 손은 감각 기관 이라고 부릅니다.]

| **1 단락 요약** |
| 오감과 감각 기관 소개 |

2 ❶우리는 오감을 사용해서 다양한 일을 해요. ❷그리고 이 오감은 감각 기관을 통해 느낄 수 있습니다. 그러므로 우리 몸의 감각 기관이 건강할 수 있게 노력해야 해요. ❹감각 기관 이 건강하지 않다면 오감을 잘 사용할 수 없기 때문이죠. ❺그렇다면 감각 기관을 건강하게 유지하는 방법에는 어떤 것들이 있을까요?

| **2 단락 요약** |
| 감각 기관을 건강하게 유지해야 하는 까닭 |

3 ❶[먼저, 눈을 건강하게 유지하기 위해서는 책이나 TV를 너무 가까이 보거나 오래 보지 않아야 해요. ❷귀를 건강하게 유지하기 위해서는 너무 큰 소리로 음악을 듣지 않는 것이 좋아요. ❸입을 건강하게 유지하기 위해서는 하루 세 번 이를 꼼꼼히 닦고, 너무 뜨겁거나 차가운 음식은 되도록 피하는 게 좋아요.]

| **3 단락 요약** |
| 눈, 귀, 입을 건강하게 유지하는 방법 |

4 ❶[코를 건강하게 유지하기 위해서는 코를 너무 세게 풀거나 자 주 후비지 않아야 해요. ❷마지막으로 손을 건강히 유지하기 위해 서는 손을 깨끗이 씻고, 손을 다치지 않게 조심해야 합니다.]❸우 리의 오감을 열어 두기 위해 감각 기관을 잘 관리하도록 해요.

| **4 단락 요약** |
| 코, 손을 건강하게 유지하는 방법 |

✖ 지문 이해

● 이 글은 오감과 감각 기관을 소개하고, 감각 기관을 건강하게 유지하는 방법을 알려 주는 설명문입니다. 오감은 시각, 청각, 미각, 후각, 촉각의 다섯 가지 감각을 말해요. 그리고 오감을 느낄 수 있게 해 주는 눈, 귀, 입, 코, 손을 감각 기관이라고 불러요. 감각 기관이 건강하지 않다면 오감을 잘 사용할 수 없으므로 우리 몸의 감각 기관이 건강할 수 있게 노력해야 해요. 눈, 귀, 입, 코, 손을 잘 관리해서 우리의 오감을 열어 두도록 해요.

● **단락 간의 관계**
　1단락에서는 글 전체의 중심 낱말인 '오감'과 '감각 기관'을 소개하고 있어요.
　2단락에서는 감각 기관을 건강하게 유지해야 하는 까닭을 이야기하고, 감각 기관을 건강하게 유지하는 방법에 대해 질문하고 있어요.
　3단락에서는 눈, 귀, 입을 건강하게 유지하는 방법을, 4단락에서는 코, 손을 건강하게 유지하는 방법을 알려 주므로 두 단락을 묶을 수 있어요.

● **글의 구조도**

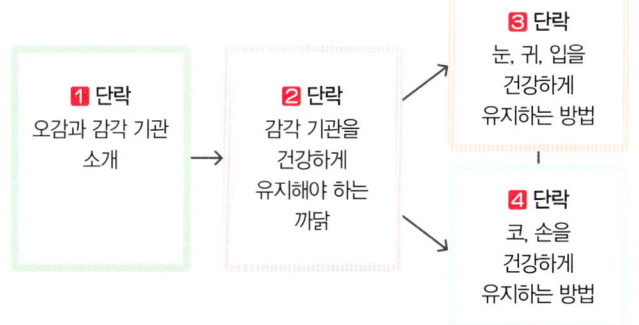

| **1 단락** 오감과 감각 기관 소개 | → | **2 단락** 감각 기관을 건강하게 유지해야 하는 까닭 | → | **3 단락** 눈, 귀, 입을 건강하게 유지하는 방법 |
| | | | ↘ | **4 단락** 코, 손을 건강하게 유지하는 방법 |

● **주제:** 감각 기관을 건강하게 유지하는 방법

01 [정답] ③ .... 중심 문장 찾기

왜 정답?

③ 근거: ②단락 ❸번째 문장

②단락은 감각 기관을 건강하게 유지해야 한다는 것이 주요 내용이에요. 그러므로 ②단락의 중심 문장은 '그러므로 우리 몸의 감각 기관이 건강할 수 있게 노력해야 해요.'예요.

02 [정답] ② .... 내용 이해하기

왜 정답?

㉠ 근거: ②단락 ❶번째 문장

'우리는 오감을 사용해서 다양한 일을 해요.'라고 했으므로 맞는 설명이에요.

㉢ 근거: ②단락 ❷, ❸번째 문장

'그리고 이 오감은 감각 기관을 통해 느낄 수 있습니다. 그러므로 우리 몸의 감각 기관이 건강할 수 있게 노력해야 해요.'라고 했으므로 맞는 설명이에요.

왜 오답?

㉡ 근거: ①단락 ❷번째 문장

'이 다섯 가지 감각을 각각 시각, 청각, 미각, 후각, 촉각이라고 하며 이것들을 모두 합쳐서 '오감'이라고 불러요.'라고 했어요. 따라서 오감에 지각은 포함되지 않으므로 틀린 설명이에요.

㉣ 근거: ①단락 ❸번째 문장

'그리고 오감을 느낄 수 있게 해 주는 눈, 귀, 입, 코, 손은 '감각 기관'이라고 부릅니다.'라고 했으므로 틀린 설명이에요.

03 [정답] (1) ㉠ (2) ㉢ (3) ㉡ .... 내용 적용하기

다음 행동이 오감 중 무엇과 관련이 있는지 알맞게 연결해 보세요.

• 다음 행동: (1)은 책을 읽는 행동이므로 '눈'과, (2)는 빵 냄새를 맡는 행동이므로 '코'와, (3)은 새 소리를 듣는 행동이므로 '귀'와 관련됩니다.

즉 '눈', '코', '귀'와 관련된 오감이 각각 무엇인지 연결하는 문제입니다.

왜 정답?

(1) 근거: ①단락 ❶, ❷번째 문장

'우리는 눈으로 보고, 귀로 듣고, 입으로 맛보고, 코로 냄새 맡고, 손으로 느껴요. 이 다섯 가지 감각을 각각 시각, 청각, 미각, 후각, 촉각이라고 하며 ~'라고 했어요. 따라서 책을 읽는 것은 눈으로 보는 것이므로 '시각'과 관련이 있어요.

(2) 근거: ①단락 ❶, ❷번째 문장

'우리는 눈으로 보고, 귀로 듣고, 입으로 맛보고, 코로 냄새 맡고, 손으로 느껴요. 이 다섯 가지 감각을 각각 시각, 청각, 미각, 후각, 촉각이라고 하며 ~'라고 했어요. 따라서 빵 냄새를 맡는 것은 코로 냄새를 맡는 것이므로 '후각'과 관련이 있어요.

(3) 근거: ①단락 ❶, ❷번째 문장

'우리는 눈으로 보고, 귀로 듣고, 입으로 맛보고, 코로 냄새 맡고, 손으로 느껴요. 이 다섯 가지 감각을 각각 시각, 청각, 미각, 후각, 촉각이라고 하며 ~'라고 했어요. 따라서 새 소리를 듣는 것은 귀로 듣는 것이므로 '청각'과 관련이 있어요.

04 [정답] ③ .... 글쓰기 방식 이해하기

왜 정답?

③ 이 글은 오감이 없어도 괜찮은 까닭을 설명하고 있지 않아요.

왜 오답?

① 근거: ①단락 ❸번째 문장

'그리고 오감을 느낄 수 있게 해 주는 눈, 귀, 입, 코, 손은 '감각 기관'이라고 부릅니다.'라고 하며 감각 기관의 뜻을 설명하고 있으므로 맞는 설명이에요.

② 근거: ①단락 ❷번째 문장

'이 다섯 가지 감각을 각각 시각, 청각, 미각, 후각, 촉각이라고 하며 이것들을 모두 합쳐서 '오감'이라고 불러요.'라고 하며 오감의 종류에 대해 설명하고 있으므로 맞는 설명이에요.

④ 근거: ②단락 ❺번째 문장

②단락에서 '그렇다면 감각 기관을 건강하게 유지하는 방법에는 어떤 것들이 있을까요?'라고 한 후, ③, ④단락에 걸쳐 감각 기관을 건강하게 유지하는 방법을 설명하고 있으므로 맞는 설명이에요.

⑤ 근거: ②단락 ❸, ❹번째 문장

'그러므로 우리 몸의 감각 기관이 건강할 수 있게 노력해야 해요. 감각 기관이 건강하지 않다면 오감을 잘 사용할 수 없기 때문이죠.'라고 하며 감각 기관을 건강하게 유지해야 하는 까닭을 설명하고 있으므로 맞는 설명이에요.

05 [정답] 예 **책이나 TV를 너무 가까이 보거나 오래 보지 않는다.**

서술형 채점 기준 – 근거: ③단락 ❶번째 문장

'먼저, 눈을 건강하게 유지하기 위해서는 책이나 TV를 너무 가까이 보거나 오래 보지 않아야 해요.'라고 했으므로 '책이나 TV를 너무 가까이 보거나 오래 보지 않는다.'라는 내용이 들어가면 정답이에요.

[사회]

무엇을 잡아야 어른들이 좋아할까요?

⬭ 각 단락 중심 낱말   ◯ 전체 중심 낱말   [ ] 각 단락 중심 문장   ▨ 전체 중심 문장

1 ❶ 아기가 태어난 지 일 년이 되면 돌잔치를 해요. ❷ 그리고 이때 돌잡이를 합니다. ❸ 돌잡이는 돌상을 차리고 아기에게 마음대로 골라잡게 하는 일이에요. ❹ [돌잡이에는 아기가 앞으로 어떤 사람이 될지 판단하는 의미가 담겨 있어요.] ❺ 여러분은 돌잡이 때 무엇을 잡았는지 기억하나요?

2 ❶ 돌잡이 물건으로 어떤 것을 돌상에 차릴까요? ❷ 옛날에는 활, 실타래, 붓 등을 차렸습니다. ❸ 활은 아이가 무술이 굉장히 뛰어난 장수가 될 것이라는 뜻을, 실타래는 아이가 오래 살 것이라는 뜻을 담고 있어요. ❹ 붓은 공부를 잘하는 사람이 될 것이라는 뜻을 가집니다.

3 ❶ 오늘날에는 돌잡이 물건으로 청진기, 마이크, 연필 등을 사용해요. ❷ 청진기는 아이가 커서 의사가, 마이크는 가수가 될 것이라는 뜻을 가지지요. ❸ 연필은 공부를 잘하는 사람이 될 것이라는 뜻이에요.

4 ❶ [시간이 지나며 돌잡이 물건이 달라진 까닭은 무엇일까요? ❷ 바로 옛날과 오늘날의 생활이 달라졌기 때문이에요.] ❸ 옛날에는 무술을 하는 장수가 있었고, 사람들의 수명이 짧았어요. ❹ 그래서 활과 실타래가 돌잡이 물건으로 놓인 것이지요. ❺ 요즘은 다양한 직업이 생기고 수명이 길어지면서 청진기, 마이크 등이 새로 생기고 활과 실타래는 사라졌어요. ❻ 돌잡이 물건으로 어떤 것이 더 있는지 알아보면 재미있을 거예요.

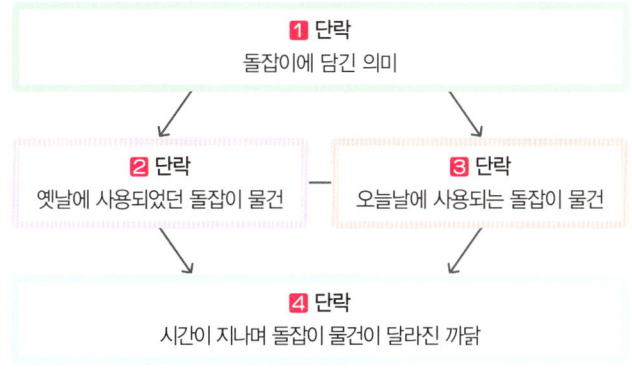

1 단락 요약
돌잡이에 담긴 의미

2 단락 요약
옛날에 사용되었던 돌잡이 물건

3 단락 요약
오늘날에 사용되는 돌잡이 물건

4 단락 요약
시간이 지나며 돌잡이 물건이 달라진 까닭

✱ 지문 이해

● 이 글은 돌잡이에 담긴 의미를 설명하고, 옛날에 사용되었던 돌잡이 물건과 오늘날에 사용되는 돌잡이 물건에 대해 이야기하는 설명문입니다. 돌잡이는 돌상을 차리고 아기에게 마음대로 골라잡게 하는 일이에요. 돌잡이에는 아기가 앞으로 어떤 사람이 될지 판단하는 의미가 담겨 있어요. 옛날에는 돌상에 활, 실타래, 붓 등을 차렸어요. 오늘날에는 돌잡이 물건으로 청진기, 마이크, 연필 등을 사용해요. 시간이 지나며 돌잡이 물건이 달라진 까닭은 옛날과 오늘날의 생활이 달라졌기 때문이에요.

● 단락 간의 관계
   1 단락에서는 돌잡이의 뜻과 돌잡이에 담긴 의미에 대해 이야기하고 있어요. 2 단락에서는 옛날에 사용되었던 돌잡이 물건을, 3 단락에서는 오늘날에 사용되는 돌잡이 물건을 소개하고 있으므로 두 단락을 묶을 수 있어요. 4 단락에서는 시간이 지나며 돌잡이 물건이 달라진 까닭에 대해 설명하며 글을 마무리하고 있어요.

● 글의 구조도

```
          [1 단락]
        돌잡이에 담긴 의미
         ↙        ↘
  [2 단락]          [3 단락]
옛날에 사용되었던   오늘날에 사용되는
  돌잡이 물건    —    돌잡이 물건
         ↘        ↙
          [4 단락]
  시간이 지나며 돌잡이 물건이 달라진 까닭
```

● 주제: 돌잡이 물건에 담긴 의미

01 정답 ① ·· 중심 문장 찾기

왜 정답?

① 근거: ③단락 ❶번째 문장

③단락의 중심 내용은 오늘날에 사용되는 돌잡이 물건을 소개하고, 각 물건에 담긴 의미를 알려 주는 것이에요. 따라서 이 내용이 담겨 있는 중심 문장은 '오늘날에는 돌잡이 물건으로 청진기, 마이크, 연필 등을 사용해요.'예요.

02 정답 나영 ·· 알맞은 반응 찾기

다음 중 이 글의 내용에 비추어 볼 때, 알맞지 <u>않은</u> 말을 한 사람의 이름을 쓰세요.

• 다음: 영호, 세희, 나영이가 돌잡이에 대해 나눈 대화입니다.

📕 영호, 세희, 나영이 중에서 돌잡이에 대해 이 글의 내용과 맞지 않은 말을 한 사람을 고르는 문제입니다.

왜 정답?

나영 근거: ④단락 ❶, ❷번째 문장

'시간이 지나며 돌잡이 물건이 달라진 까닭은 무엇일까요? 바로 옛날과 오늘날의 생활이 달라졌기 때문이에요.'라고 했으므로 돌잡이에 쓰이는 물건들이 시간이 지나도 변하지 않는다는 것은 틀린 내용이에요.

왜 오답?

영호 근거: ①단락 ❶, ❷번째 문장

'아기가 태어난 지 일 년이 되면 돌잔치를 해요. 그리고 이때 돌잡이를 합니다.'라고 했으므로 맞는 내용이에요.

세희 근거: ②단락 ❹번째 문장, ③단락 ❸번째 문장

②단락에서 '붓은 공부를 잘하는 사람이 될 것이라는 뜻을 가집니다.'라고 했고, ③단락에서 '연필은 공부를 잘하는 사람이 될 것이라는 뜻이에요.'라고 했으므로 맞는 내용이에요.

03 정답 (1) ○ (2) × ································ 내용 이해하기

왜 정답?

(1) 근거: ①단락 ❹번째 문장

'돌잡이에는 아기가 앞으로 어떤 사람이 될지 판단하는 의미가 담겨 있어요.'라고 했으므로 맞는 설명이에요.

(2) 근거: ④단락 ❺번째 문장

'요즘은 ~ 수명이 길어지면서 청진기, 마이크 등이 새로 생기고 활과 실타래는 사라졌어요.'라고 했어요. 사람들의 수명이 짧아지면서가 아니라 수명이 길어지면서 돌잡이 물건에서 실타래가 빠진 것이므로 틀린 설명이에요.

04 정답 예 옛날과 오늘날의 생활이 달라졌기 때문이다.

다음은 이 글을 읽고 나눈 대화입니다 ㈎에 들어가기에 알맞은 내용을 이 글에서 찾아 쓰세요.

• 대화: 선생님과 형진이가 돌잡이에 대한 글을 읽고 나눈 대화입니다.

• ㈎: ㈎에는 선생님의 질문에 대한 형진이의 대답이 들어가야 합니다. 선생님은 시간이 지나면서 돌잡이 물건이 달라진 까닭을 묻고 있습니다.

📕 시간이 지나면서 돌잡이 물건이 달라진 까닭을 쓰는 문제입니다.

서술형 채점 기준 – 근거: ④단락 ❶, ❷번째 문장

'시간이 지나며 돌잡이 물건이 달라진 까닭은 무엇일까요? 바로 옛날과 오늘날의 생활이 달라졌기 때문이에요.'라고 했어요.
그러므로 '옛날과 오늘날의 생활이 달라졌다.'라는 내용이 들어가면 정답이에요.

[수학]

DAY 10

도형으로 여러 가지 모양을 만드는 칠교놀이

○ 각 단락 중심 낱말   ◎ 전체 중심 낱말   [　] 각 단락 중심 문장   ▨ 전체 중심 문장

1 ❶ 여러분은 (칠교놀이)를 해 본 적 있나요? ❷ 칠교놀이는 정사각형을 일곱 개로 나눈 조각인 칠교도를 가지고 동물, 식물, 글자 등 다양한 모양을 만드는 놀이예요. ❸ 여기서 정사각형은 사각형을 둘러싸고 있는 네 개의 선의 길이가 모두 같은 사각형을 말합니다. ❹ ⊙이 놀이를 하면 지혜가 생긴다고 해서 '지혜판'이라는 이름을 갖고 있기도 해요. ❺ 그럼 칠교놀이에 대해 더 알아볼까요?

2 ❶ [(칠교놀이)는 맨 처음 중국에서 만들어졌지만, 우리나라에서도 아주 오래전부터 칠교놀이를 즐겼어요.] ❷ 중국과 우리나라뿐만 아니라 세계의 여러 사람들이 칠교놀이를 즐겼는데, 그중에는 프랑스의 황제인 나폴레옹도 있답니다.

3 ❶ 앞서 말했듯 칠교놀이를 위해서는 정사각형을 일곱 개의 도형으로 나눈 조각인 (칠교도)가 필요해요. ❷ 칠교도는 둘러싸고 있는 선의 수에 따라 선의 수가 3개인 삼각형과 4개인 사각형이 있어요. ❸ [칠교도는 큰 삼각형 둘, 중간 삼각형 하나, 작은 삼각형 둘, 정사각형 하나, 평행 사변형 하나로 이루어져 있답니다.]

4 ❶ [이 일곱 개의 조각으로 숫자, 한글, 집, 토끼 등 등 다양한 모양을 만들 수 있어요.] ❷ 칠교도로 만들 수 있는 모양이 무려 일만 가지가 넘는다니, 정말 놀랍죠? ❸ 여러분도 친구들과 (칠교놀이)로 다양한 모양을 만들어 보세요!

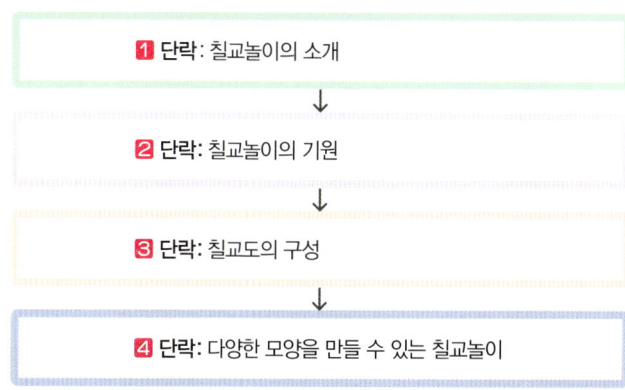

1 단락 요약
칠교놀이의 소개

2 단락 요약
칠교놀이의 기원

3 단락 요약
칠교도의 구성

4 단락 요약
다양한 모양을 만들 수 있는 칠교놀이

✱ 지문 이해

● 이 글은 칠교놀이에 대해 설명하는 설명문입니다. 칠교놀이는 정사각형을 일곱 개로 나눈 조각인 칠교도를 가지고 동물, 식물, 글자 등 다양한 모양을 만드는 놀이예요. 이 놀이를 하면 지혜가 생긴다고 해서 '지혜판'이라고 부르기도 해요. 칠교놀이는 맨 처음 중국에서 만들어졌고, 우리나라를 비롯한 세계의 여러 사람들이 칠교놀이를 즐겼어요. 칠교도는 큰 삼각형 둘, 중간 삼각형 하나, 작은 삼각형 둘, 정사각형 하나, 평행 사변형 하나로 이루어져 있어요. 이 일곱 개의 조각으로 일만 가지가 넘는 모양을 만들 수 있어요.

● 단락 간의 관계
1 단락에서는 글 전체의 중심 낱말인 '칠교놀이'에 대해 소개하고 있어요.
2 단락에서는 칠교놀이의 기원에 대해 설명하고 있어요.
3 단락에서는 칠교놀이를 위한 칠교도의 구성을 알려 주고 있어요.
4 단락에서는 다양한 모양을 만들 수 있는 칠교놀이를 이야기하며 글을 마무리하고 있어요.

● 글의 구조도

┌─────────────────────────┐
│ 1 단락: 칠교놀이의 소개 │
└─────────────────────────┘
↓
┌─────────────────────────┐
│ 2 단락: 칠교놀이의 기원 │
└─────────────────────────┘
↓
┌─────────────────────────┐
│ 3 단락: 칠교도의 구성 │
└─────────────────────────┘
↓
┌─────────────────────────────────────┐
│ 4 단락: 다양한 모양을 만들 수 있는 칠교놀이 │
└─────────────────────────────────────┘

● 주제: 칠교놀이의 소개

01 [정답] ② ···················· 중심 문장 찾기

＞왜 정답？

② 근거: 1단락 ❷번째 문장

　1단락의 중심 내용은 칠교놀이에 대해 소개하는 것이에요. 따라서 이 내용이 담겨 있는 중심 문장은 '칠교놀이는 정사각형을 일곱 개로 나눈 조각인 칠교도를 가지고 동물, 식물, 글자 등 다양한 모양을 만드는 놀이예요.'입니다.

02 [정답] 칠교놀이 ···················· 내용 추론하기

이 글에서 밑줄 친 ㉠이 가리키는 것에 ○표 하세요.

• ㉠: ㉠은 '이 놀이'입니다. ㉠이 가리키는 것을 찾기 위해서는 ㉠의 앞 내용을 살펴야 합니다. ㉠의 앞에서는 칠교놀이에 대해 소개하고 있습니다.

즉 ㉠인 '이 놀이'가 가리키는 것을 찾는 문제입니다.

＞왜 정답？

＊ 근거: 1단락 ❶, ❷번째 문장

　㉠의 앞 내용을 살펴보면 ㉠이 가리키는 것이 무엇인지 알 수 있어요. ㉠의 앞에서 '여러분은 칠교놀이를 해 본 적 있나요? 칠교놀이는 정사각형을 일곱 개로 나눈 조각인 칠교도를 가지고 동물, 식물, 글자 등 다양한 모양을 만드는 놀이예요.'라고 했어요. 따라서 ㉠ '이 놀이'가 가리키는 것은 앞 내용에 나온 '칠교놀이'예요.

03 [정답] (가) 칠교도 (나) 사각형 ············· 내용 이해하기

＞왜 정답？

(가) 근거: 1단락 ❷번째 문장, 3단락 ❶번째 문장

　1단락에서 '칠교놀이는 정사각형을 일곱 개로 나눈 조각인 칠교도를 가지고 ~ 다양한 모양을 만드는 놀이예요.'라고 했고, 3단락에서 '앞서 말했듯 칠교놀이를 위해서는 정사각형을 일곱 개의 도형으로 나눈 조각인 칠교도가 필요해요.'라고 했어요. 따라서 (가)에 들어가기에 알맞은 말은 '칠교도'예요.

(나) 근거: 3단락 ❷번째 문장

　'칠교도는 둘러싸고 있는 선의 수에 따라 선의 수가 3개인 삼각형과 4개인 사각형이 있어요.'라고 했으므로 (나)에 들어가기에 알맞은 말은 '사각형'이에요.

04 [정답] ③ ···················· 글쓰기 방식 이해하기

＞왜 정답？

③ 이 글은 칠교놀이를 잘할 수 있는 방법을 알려 주고 있지 않아요.

＞왜 오답？

① 근거: 1단락 ❷번째 문장

　'칠교놀이는 정사각형을 일곱 개로 나눈 조각인 칠교도를 가지고 동물, 식물, 글자 등 다양한 모양을 만드는 놀이예요.'라고 하며 칠교놀이가 무엇인지 설명하고 있으므로 맞는 설명이에요.

② 근거: 1단락 ❹번째 문장

　'이 놀이를 하면 지혜가 생긴다고 해서 '지혜판'이라는 이름을 갖고 있기도 해요.'라고 하며 칠교놀이의 또 다른 이름을 소개하고 있으므로 맞는 설명이에요.

④ 근거: 4단락 ❶번째 문장

　'이 일곱 개의 조각으로 숫자, 한글, 집, 토끼 등등 다양한 모양을 만들 수 있어요.'라고 하며 칠교놀이로 만들 수 있는 모양의 예를 들고 있으므로 맞는 설명이에요.

⑤ 근거: 3단락 ❸번째 문장

　'칠교도는 큰 삼각형 둘, 중간 삼각형 하나, 작은 삼각형 둘, 정사각형 하나, 평행사변형 하나로 이루어져 있답니다.'라고 하며 칠교놀이에서 볼 수 있는 도형들을 설명하고 있으므로 맞는 설명이에요.

05 [정답] 예 사각형을 둘러싸고 있는 네 개의 선의 길이가 모두 같은 사각형이다.

서술형 채점 기준 – 근거: 1단락 ❸번째 문장

'여기서 정사각형은 사각형을 둘러싸고 있는 네 개의 선의 길이가 모두 같은 사각형을 말합니다.'라고 했으므로 이러한 내용이 들어가면 정답이에요.

배경지식
지금도 하는 민속놀이가 있어요.

　우리 조상들은 여러 가지 놀이를 즐겼어요. 예부터 백성들 사이에서 전해져 내려오는 놀이를 '민속놀이'라고 합니다. 지금까지 전해져 내려오는 민속놀이에는 어떤 것들이 있을까요?

　먼저, 제기차기입니다. 제기차기는 제기가 바닥으로 떨어지지 않도록 발로 툭툭 차는 놀이예요. 제기차기를 하다 보면 다리 힘도 길러지고, 몸의 중심을 잡는 연습도 됩니다.

　다음으로 동글동글하고 작은 돌멩이들을 공중에 던졌다 받았다 하는 공기놀이예요. 돌을 떨어뜨리지 않고 오래 할수록 많은 점수를 얻습니다. 공기놀이를 하면서 자연스럽게 질서와 규칙을 배우고 셈하는 방법도 알 수 있어요.

　마지막으로 종이를 접어 만든 딱지를 쳐서 상대방의 딱지를 넘기는 놀이인 딱지치기가 있습니다. 먼저 가위바위보를 해서 진 사람이 자기 딱지를 바닥에 내려놓으면, 이긴 사람이 자기 딱지로 상대방의 딱지를 힘껏 내리쳐요. 이때 상대 딱지가 뒤집히면 딱지를 가져가는 것이고, 뒤집히지 않으면 치는 순서를 바꿔서 다시 쳐요.

나눔과 봉사를 실천한 테레사 수녀

◯ 각 단락 중심 낱말 ◯ 전체 중심 낱말 [ ] 각 단락 중심 문장 ▨ 전체 중심 문장

① ❶세상에는 다른 사람을 위해 나눔과 봉사를 실천한 사람이 많아요. ❷테레사 수녀도 그중 한 분이랍니다. ❸테레사 수녀의 삶에 대해 살펴볼까요?

1 단락 요약
테레사 수녀 소개

② ❶테레사 수녀는 유럽의 평범한 집에서 태어났어요. ❷어릴 적부터 종교에 대한 믿음이 강했던 그녀는 수녀가 되기로 결심했습니다. ❸그 후 테레사 수녀는 인도의 한 학교에서 학생을 가르쳤어요. ❹그러던 어느 날 그녀는 기차 안에서 고통 받는 가난한 사람들을 도우라는 신의 목소리를 들었다고 합니다. ❺[이후 인도의 콜카타에 '사랑의 선교 수녀회'를 만들고, 가난하고 병든 사람을 위해 평생 봉사하고 나누며 살았어요.]

2 단락 요약
테레사 수녀의 성장

③ ❶테레사 수녀는 인도 사람들에게 다가가기 위해 (가)그들이 입는 전통 의상을 입고, 아픈 사람들을 보살폈어요. ❷특히 그녀는 사람들이 피하고 싫어했던 한센병 환자도 정성을 다해 돌보아 주었습니다. ❸[이런 나눔과 봉사 덕에 테레사 수녀는 1979년에 노벨 평화상을 받았어요.] ❹그녀는 노벨상 상금을 모두 가난한 사람을 돕는 데 썼습니다.

3 단락 요약
나눔과 봉사를 실천하며 노벨 평화상을 받은 테레사 수녀

④ ❶[테레사 수녀는 "세계 평화를 위해 어떤 일을 할 수 있을까요?"라는 질문에 "집으로 돌아가 가족을 사랑해 주세요."라고 말했습니다.] ❷여러분도 테레사 수녀의 말처럼 가족과 이웃에게 따뜻한 사랑을 실천해 보는 게 어떨까요?

▲ 테레사 수녀
(출처: 위키피디아 common)

4 단락 요약
세계 평화를 위해 가족을 사랑하라고 한 테레사 수녀

┄┄ ✱ 지문 이해

● 이 글은 테레사 수녀의 삶을 소개하는 설명문입니다. 테레사 수녀는 유럽의 평범한 집에서 태어나 수녀가 되었어요. 테레사 수녀는 인도의 콜카타에 '사랑의 선교 수녀회'를 만들고, 가난하고 병든 사람을 위해 평생 봉사하고 나누며 살았어요. 또 인도 사람들에게 다가가기 위해 인도 사람들이 입는 전통 의상을 입고, 아픈 사람들을 보살폈어요. 이런 나눔과 봉사 덕에 테레사 수녀는 1979년에 노벨 평화상을 받았어요. 테레사 수녀는 세계 평화를 위해 가족을 사랑해 주라는 말을 남겼습니다.

● **단락 간의 관계**
① 단락에서는 글 전체의 중심 낱말인 '테레사 수녀'를 소개하고 있어요.
② 단락에서는 테레사 수녀의 탄생과 성장, 그리고 가난하고 병든 사람을 위해 평생 봉사하고 나누며 산 테레사 수녀에 대해 이야기하고 있어요.
③ 단락에서는 아픈 사람들을 보살피고, 노벨 평화상을 받은 테레사 수녀에 대해 이야기하고 있어요.
④ 단락에서는 세계 평화를 위해 가족을 사랑하라고 한 테레사 수녀에 대해 이야기하며 글을 마무리하고 있어요.

● **글의 구조도**

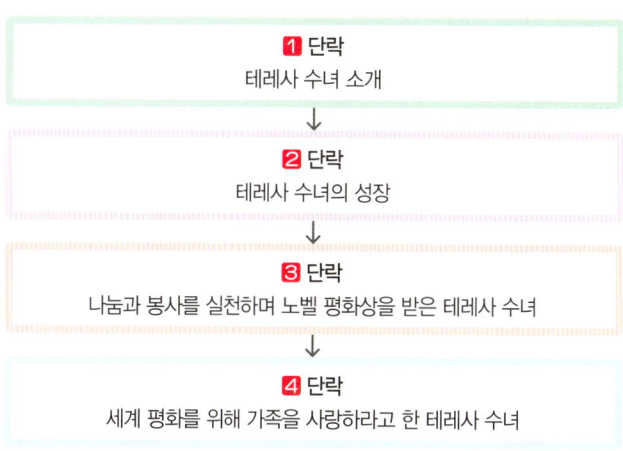

1 단락
테레사 수녀 소개
↓
2 단락
테레사 수녀의 성장
↓
3 단락
나눔과 봉사를 실천하며 노벨 평화상을 받은 테레사 수녀
↓
4 단락
세계 평화를 위해 가족을 사랑하라고 한 테레사 수녀

● **주제:** 테레사 수녀의 삶

01 [정답] ④ ··· 중심 문장 찾기

왜 정답?

④ 근거: ②단락 ❺번째 문장

②단락의 중심 내용은 테레사 수녀의 성장과, 그녀가 가난하고 병든 사람을 위해 평생 봉사하고 나누며 살았다는 것이에요. 따라서 이 내용이 담겨 있는 중심 문장은 '이후 인도의 콜카타에 '사랑의 선교 수녀회'를 만들고, 가난하고 병든 사람을 위해 평생 봉사하고 나누며 살았어요.'예요.

02 [정답] 인도 사람들 ································· 내용 추론하기

왜 정답?

* 근거: ③단락 ❶번째 문장

(가)의 앞 내용을 살펴보면 (가)가 가리키는 것이 무엇인지 알 수 있어요. ③단락에서 (가)가 포함된 문장을 보면 '테레사 수녀는 인도 사람들에게 다가가기 위해 (가) 그들이 입는 전통 의상을 입고, 아픈 사람들을 보살폈어요.'라고 했어요. 따라서 (가) '그들'이 가리키는 것은 앞에 나온 '인도 사람들'이에요.

03 [정답] ⑤ ··· 내용 이해하기

왜 정답?

ⓒ 근거: ①단락 ❶, ❷번째 문장

'세상에는 다른 사람을 위해 나눔과 봉사를 실천한 사람이 많아요. 테레사 수녀도 그중 한 분이랍니다.'라고 했으므로 맞는 설명이에요.

ⓔ 근거: ②단락 ❺번째 문장

'이후 인도의 콜카타에 '사랑의 선교 수녀회'를 만들고, 가난하고 병든 사람을 위해 평생 봉사하고 나누며 살았어요.'라고 했으므로 맞는 설명이에요.

왜 오답?

ⓐ 근거: ③단락 ❸번째 문장

'이런 나눔과 봉사 덕에 테레사 수녀는 1979년에 노벨 평화상을 받았어요.'라고 했어요. 노벨 평화상을 받은 것은 2000년이 아니라 1979년이므로 틀린 설명이에요.

ⓑ 근거: ②단락 ❶, ❺번째 문장

②단락 ❶번째 문장에서 '테레사 수녀는 유럽의 평범한 집에서 태어났어요.'라고 했고, ❺번째 문장에서 '이후 인도의 콜카타에 '사랑의 선교 수녀회'를 만들고, 가난하고 병든 사람을 위해 평생 봉사하고 나누며 살았어요.'라고 했어요. 테레사 수녀는 인도에서 평생 봉사하고 나누며 살았지만, 태어난 곳은 인도가 아니라 유럽이므로 틀린 설명이에요.

04 [정답] 민석 ································· 알맞은 반응 찾기

왜 정답?

민석 근거: ④단락

'테레사 수녀는 ~ "집으로 돌아가 가족을 사랑해 주세요."라고 말했습니다. 여러분도 테레사 수녀의 말처럼 가족과 이웃에게 따뜻한 사랑을 실천해 보는 게 어떨까요?'라고 했어요. 따라서 가족이나 이웃보다 나를 먼저 생각할 것이라는 말은 이 글의 내용과 맞지 않아요.

왜 오답?

영주 근거: ①단락 ❶, ❷번째 문장

'세상에는 다른 사람을 위해 나눔과 봉사를 실천한 사람이 많아요. 테레사 수녀도 그중 한 분이랍니다.'라고 했으므로 알맞은 말이에요.

성주 근거: ③단락 ❷번째 문장

'특히 그녀는 사람들이 피하고 싫어했던 한센병 환자도 정성을 다해 돌보아 주었습니다.'라고 했으므로 알맞은 말이에요.

05 [정답] 예 집으로 돌아가 가족을 사랑해 준다.

서술형 채점 기준 – 근거: ④단락 ❶번째 문장

'테레사 수녀는 "세계 평화를 위해 어떤 일을 할 수 있을까요?"라는 질문에 "집으로 돌아가 가족을 사랑해 주세요."라고 말했습니다.'라고 했으므로 '집으로 돌아가 가족을 사랑해 준다.'라는 내용이 들어가면 정답이에요.

배경지식

수녀의 삶

수녀는 가톨릭 교회 및 정교회의 여성 수도자를 말합니다. 예수의 생활과 성모 마리아의 생활을 본받아 정결, 청빈, 순명을 서약한 여성들로서, 일반 사회를 등지고 수도 생활을 해요. 이들은 재산과 가정 생활을 포기하고, 경우에 따라서 여러 가지 고행과 집중적인 기도를 하게 됩니다. 시대와 지역에 따라 각 수녀회가 제시하는 생활 규범에는 약간의 차이가 있어요. 수녀를 지망하는 사람은 원하는 수녀회에 들어가서 일정한 교육을 받은 뒤 그 수녀회에서 공동생활을 하게 됩니다.

우리나라 최초의 수녀회는 성바오로회예요. 성바오로회는 1888년에 우리나라에 들어온 뒤, 한국인 처녀들을 모아 수녀를 양성하는 동시에 그 설립 목적에 따라 자선 사업과 사회사업에 힘썼습니다. 그 뒤 각국에서 여러 수녀회가 우리나라에 들어오고, 한국인 수녀회도 많이 창립되었어요. 현재 우리나라에는 약 10,170명의 수녀가 있습니다.

봄 날씨를 담은 속담들

◯ 각 단락 중심 낱말　◯ 전체 중심 낱말　[　] 각 단락 중심 문장　▮ 전체 중심 문장

① 봄은 따뜻해지는 때이지만 가끔 꽃샘추위가 찾아오기도 합니다. ② 또 건조하고 따사로운 햇살이 내리쬐기도 하죠. ③ 이러한 봄 날씨를 담고 있는 속담들이 있답니다. ④ 봄과 관련된 속담을 한번 알아볼까요?

1 단락 요약
봄 날씨를 담고 있는 속담에 대한 궁금증

② [① 먼저 '봄 추위가 장독 깬다.'가 있습니다.] ② 봄이 왔더라도 아직은 쌀쌀하다고 느낄 때가 있지요? ③ 이 속담은 그런 봄의 날씨를 담고 있어요. ④ 추운 겨울이 끝나고 이제 따뜻한 봄이 왔다고 생각했는데 생각지 못한 추위가 있다는 말이에요. ⑤ [비슷한 속담으로는 '봄바람에 여우가 눈물 흘린다.'가 있어요.] ⑥ 여우의 모습을 한번 떠올려 보세요. ⑦ 여우는 따뜻한 털로 덮여 있죠? ⑧ 그런데 그런 여우마저도 눈물을 흘릴 정도로 봄바람이 차다는 뜻으로 사용하는 속담입니다.

2 단락 요약
봄 날씨를 담고 있는 속담 ①

③ [① '봄비는 쌀비'라는 속담도 있습니다.] ② 봄은 서쪽의 육지에서 오는 공기 때문에 날씨가 건조해요. ③ 건조하면 농작물이 잘 자라지 않겠죠. ④ 그래서 건조한 봄철에 비가 오면 농사에 도움이 되어 풍년이 든다는 뜻으로 '봄비는 쌀비'라는 속담을 쓴답니다.

3 단락 요약
봄 날씨를 담고 있는 속담 ②

④ ① 봄의 햇살을 나타내는 속담도 있어요. ② [바로 '봄볕에 그을리면 보던 임도 몰라본다.'라는 속담인데요, 봄볕에 쬐이면 자신도 모르는 사이에 까맣게 그을림을 뜻하는 말입니다.] ③ 봄볕은 건조하고 따가워서 살갗이 타고 거칠어지기 때문이에요.

4 단락 요약
봄 날씨를 담고 있는 속담 ③

······· ✱ 지문 이해

● 이 글은 봄 날씨를 담고 있는 속담에 대해 소개하는 설명문입니다. '봄 추위가 장독 깬다.'와 '봄바람에 여우가 눈물 흘린다.'라는 속담은 봄의 쌀쌀한 추위와 찬 바람을 뜻하는 속담이에요. 그리고 '봄비는 쌀비'라는 속담은 건조한 봄철에 비가 오면 농사에 도움이 되어 풍년이 든다는 뜻이에요. 또 봄의 햇살을 나타내는 속담으로는 '봄볕에 그을리면 보던 임도 몰라본다.'라는 속담이 있어요. 봄볕에 쬐이면 자신도 모르는 사이에 까맣게 그을림을 뜻하는 말이에요.

● **단락 간의 관계**
① 단락에서는 글 전체의 중심 낱말인 '봄 날씨를 담고 있는 속담'에 대한 궁금증을 드러내고 있어요.
② 단락에서는 봄 날씨를 담고 있는 속담 중 '봄 추위가 장독 깬다.'와 '봄바람에 여우가 눈물 흘린다.'를 소개하고 있어요.
③ 단락에서는 봄 날씨를 담은 속담 중 '봄비는 쌀비'를 소개하고 있어요.
④ 단락에서는 봄 날씨를 담은 속담 중 '봄볕에 그을리면 보던 임도 몰라본다.'를 소개하고 있어요.
② ~ ④ 단락은 모두 봄 날씨를 담은 속담을 소개하고 있으므로 묶을 수 있어요.

● **글의 구조도**

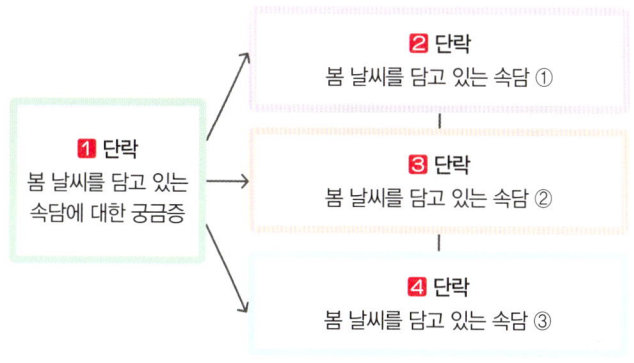

1 단락
봄 날씨를 담고 있는 속담에 대한 궁금증

2 단락
봄 날씨를 담고 있는 속담 ①

3 단락
봄 날씨를 담고 있는 속담 ②

4 단락
봄 날씨를 담고 있는 속담 ③

● **주제:** 봄 날씨를 담은 속담

01 [정답] ② ·· 중심 문장 찾기

▶왜 정답?

② 근거: ④단락 ❷번째 문장

　④단락의 중심 내용은 봄 날씨와 관련된 속담인 '봄볕에 그을리면 보던 임도 몰라본다.'를 소개하는 것이에요. 따라서 이 내용이 담겨 있는 중심 문장은 '바로 '봄볕에 그을리면 보던 임도 몰라본다.'라는 속담인데요, 봄볕에 쬐이면 자신도 모르는 사이에 까맣게 그을림을 뜻하는 말입니다.'예요.

02 [정답] (1) ○ (2) × (3) ○ ·········· 내용 이해하기

▶왜 정답?

(1) 근거: ①단락 ❸번째 문장

　①단락에서 '이러한 봄 날씨를 담고 있는 속담들이 있답니다.'라고 하고, ②~④단락에 걸쳐 봄 날씨와 관련된 속담을 설명하고 있으므로 맞는 내용이에요.

(2) 근거: ③단락 ❹번째 문장

　'그래서 건조한 봄철에 비가 오면 농사에 도움이 되어 풍년이 든다는 뜻으로 '봄비는 쌀비'라는 속담을 쓴답니다.'라고 했어요. 봄에 내리는 비가 쌀 모양을 닮았다는 뜻이 아니므로 틀린 내용이에요.

(3) 근거: ②단락 ❶, ❹번째 문장

　②단락 ❶번째 문장에서 '먼저 '봄 추위가 장독 깬다.'가 있습니다.'라고 했고, ❹번째 문장에서 '추운 겨울이 끝나고 이제 따뜻한 봄이 왔다고 생각했는데 생각지 못한 추위가 있다는 말이에요.'라고 했으므로 맞는 내용이에요.

03 [정답] ④ ····························· 글쓴이의 의도 이해하기

▶왜 정답?

④ 근거: ①단락 ❸, ❹번째 문장

　①단락에서 '이러한 봄 날씨를 담고 있는 속담들이 있답니다. 봄과 관련된 속담을 한번 알아볼까요?'라고 하고, ②~④단락에 걸쳐 봄 날씨와 관련된 속담을 소개하고 있으므로 글쓴이는 봄 날씨와 관련된 속담을 소개하기 위해 이 글을 쓴 것이에요.

▶왜 오답?

① 이 글은 사계절의 모습을 비교하고 있지 않아요.
② 이 글은 봄에 왜 추운지를 알려 주고 있지 않아요.
③ 이 글은 봄의 아름다움을 이야기하고 있지 않아요.
⑤ 이 글은 열심히 공부해야 한다고 이야기하고 있지 않아요.

04 [정답] 영인 ······························· 알맞은 반응 찾기

▶왜 정답?

영인 근거: ④단락 ❷, ❸번째 문장

　'바로 '봄볕에 그을리면 보던 임도 몰라본다.'라는 속담인데요, 봄볕에 쬐이면 자신도 모르는 사이에 까맣게 그을림을 뜻하는 말입니다. 봄볕은 건조하고 따가워서 살갗이 타고 거칠어지기 때문이에요.'라고 했으므로 봄볕이 강함을 알 수 있어요.

▶왜 오답?

지윤 근거: ③단락 ❹번째 문장

　'그래서 건조한 봄철에 비가 오면 농사에 도움이 되어 풍년이 든다는 뜻으로 '봄비는 쌀비'라는 속담을 쓴답니다.'라고 했으므로 맞는 내용이에요.

승희 근거: ②단락 ❶, ❺번째 문장

　②단락 ❶번째 문장에서 '먼저 '봄 추위가 장독 깬다.'가 있습니다.'라고 했고, ❺번째 문장에서 '비슷한 속담으로는 '봄바람에 여우가 눈물 흘린다.'가 있어요.'라고 했으므로 맞는 내용이에요.

05 [정답] 예 봄 추위가 장독 깬다. / 봄바람에 여우가 눈물 흘린다.

[서술형] 채점 기준 – 근거: ②단락 ❶, ❹, ❺, ❽번째 문장

　②단락 ❶번째 문장에서 '먼저 '봄 추위가 장독 깬다.'가 있습니다.'라고 했고, ❹번째 문장에서 '～ 생각지 못한 추위가 있다는 말이에요.'라고 했어요. ❺번째 문장에서 '비슷한 속담으로는 '봄바람에 여우가 눈물 흘린다.'가 있어요.'라고 했고, ❽번째 문장에서 '～ 봄바람이 차다는 뜻으로 사용하는 속담입니다.'라고 했으므로 <u>봄 추위가 장독 깬다.</u>'와 '<u>봄바람에 여우가 눈물 흘린다.</u>'를 써야 정답이에요.

---- 배경지식

날씨와 관련된 속담

　우리나라 속담에는 날씨와 관련된 것이 많아요. 어떤 속담들이 있는지 알아볼까요?

　먼저, '칠 년 가뭄에는 살아도 석 달 장마에는 못 산다'라는 속담이 있어요. 이는 가뭄 피해보다 장마 피해가 더 무서움을 뜻하는 말이에요. 가뭄은 아무리 심해도 농사에 피해를 입히고 끝이지만, 장마로 홍수가 나면 사람, 동물, 재산 등이 모두 쓸려 가 피해가 크기 때문에 이런 속담을 쓰는 것입니다.

　다음으로, '가을비는 턱 밑에서도 긋는다'라는 속담이 있어요. 가을비는 잠깐 오다가 곧 그치기 때문에 턱 밑에서도 비를 피할 수 있다는 뜻이에요. 이 속담에는 다른 뜻도 있는데요, 그때그때의 작은 걱정은 오래 가지 않으므로 걱정할 필요가 없다는 뜻으로도 쓰인답니다.

집을 육각형 모양으로 만든다고?

○ 각 단락 중심 낱말   ◎ 전체 중심 낱말   [ ] 각 단락 중심 문장   ▨ 전체 중심 문장

1 ❶ 여러분은 (벌집)을 본 적이 있나요? ❷ [벌집을 자세히 살펴보면 벌집이 (육각형) 모양으로 이루어져 있는 것을 발견할 수 있을 거예요. ❸ 이때 육각형은 6개의 곧은 선으로 둘러싸인 도형을 말해요.

*1단락 요약: 육각형 모양의 벌집

2 ❶ 꿀벌이 집을 (육각형) 모양으로 짓는 까닭은 무엇일까요? ❷ 육각형을 붙여 놓으면 빈틈이 없기 때문이에요. ❸ 원과 같은 모양과 다르게 육각형은 여러 개를 붙여 놓아도 빈틈이 생기지 않아요. ❹ [그래서 꿀벌은 벌집에 빼곡하게 꿀을 모을 수 있도록 육각형 모양으로 집을 짓는 것이랍니다.]

*2단락 요약: 꿀벌이 육각형 모양의 집을 짓는 까닭

3 ❶ 그런데 잠깐, 삼각형이나 사각형도 여러 개를 붙였을 때 빈틈이 없지 않냐고요? ❷ 맞아요. ❸ 그런데 이렇게 빈틈이 없는 삼각형과 사각형, 그리고 (육각형)을 비교해 봤을 때, 육각형의 면적이 가장 크답니다. ❹ 여기서 면적은 어떤 도형이 차지하는 공간의 크기를 말해요. ❺ [그렇기 때문에 벌집을 삼각형이나 사각형으로 짓는 것보다 육각형으로 지었을 때 꿀을 가장 많이 모을 수 있습니다.] ❻ 이것이 바로 꿀벌이 육각형 모양으로 집을 짓는 까닭이에요.

*3단락 요약: 꿀벌이 육각형 모양의 집을 짓는 까닭

4 ❶ 꿀벌은 여럿이 모여서 사는 곤충입니다. ❷ 여럿이 함께 집을 짓고 그 집에 꿀을 보관해야 하므로, 가장 꿀을 많이 모아 놓을 수 있는 (육각형) 모양의 집을 선택하게 된 것이죠. ❸ 이제는 꿀벌의 집이 육각형인 까닭을 알겠나요?

*4단락 요약: 꿀벌의 집이 육각형인 까닭

01 [정답] 육각형

3단락 ❺번째 문장에서 '~ 벌집을 삼각형이나 사각형으로 짓는 것보다 육각형으로 지었을 때 꿀을 가장 많이 모을 수 있습니다.'라고 했어요.

02 [정답] ③

ㄱ 1단락 ❸번째 문장을 근거로 알맞은 설명이에요.
ㄹ 2단락 ❷, ❹번째 문장을 근거로 알맞은 설명이에요.

03 [정답] (1) ○ (2) ✕ (3) ○

(1) 1단락 ❸번째 문장을 근거로 맞는 설명이에요.
(2) 3단락 ❺번째 문장을 근거로 틀린 설명이에요.
(3) 4단락 ❷번째 문장을 근거로 맞는 설명이에요.

04 [정답] 예 6개의 곧은 선으로 둘러싸인 도형

1단락 ❸번째 문장에 육각형의 뜻이 나와 있어요.

✦ 지문 이해

● 이 글은 꿀벌의 집이 육각형인 까닭에 대해 설명하는 설명문입니다. 육각형은 여러 개를 붙여 놓았을 때 빈틈이 생기지 않아요. 삼각형과 사각형도 여러 개를 붙였을 때 빈틈이 없지만, 육각형의 면적이 가장 크기 때문에 벌집을 육각형으로 지었을 때 꿀을 가장 많이 모을 수 있어요. 또 꿀벌은 여럿이 모여서 사는 곤충이기 때문에 여럿이 함께 집을 짓고 그 집에 꿀을 보관하기 위해서 꿀을 가장 많이 모아 놓을 수 있는 육각형 모양의 집을 선택하게 된 것이에요.

● 단락 간의 관계

1단락에서는 육각형 모양의 벌집을 소개하고 있어요.
2, 3단락에서는 꿀벌이 육각형 모양으로 벌집을 짓는 까닭을 설명하고 있어요.
4단락에서는 꿀벌의 집이 육각형인 까닭을 다시 설명하며 글을 마무리하고 있어요.

● 글의 구조도

┌─────────────────────┐
│ **1 단락**   │
│ 육각형 모양의 벌집   │
└─────────────────────┘
          ↓
┌─────────────────────────────┐
│ **2 단락**   │
│ 꿀벌이 육각형 모양의 집을 짓는 까닭 │
└─────────────────────────────┘
          ↓
┌─────────────────────────────┐
│ **3 단락**   │
│ 꿀벌이 육각형 모양의 집을 짓는 까닭 │
└─────────────────────────────┘
          ↓
┌─────────────────────────────┐
│ **4 단락**   │
│ 꿀벌의 집이 육각형인 까닭   │
└─────────────────────────────┘

● 주제: 꿀벌이 육각형 모양으로 집을 짓는 까닭

한국의 슈바이처, 장기려 선생님

◯ 각 단락 중심 낱말   ⬭ 전체 중심 낱말   [ ] 각 단락 중심 문장   ▨ 전체 중심 문장

1️⃣ ❶ 여러분들은 한국의 슈바이처라고 불리는 장기려 선생님을 아시나요? ❷ 장기려 선생님은 일생을 가난하고 아픈 사람들을 도우며 보낸 분입니다.

2️⃣ ❶ 어릴 때부터 의사를 꿈꾸었던 장기려 선생님은 의과 대학을 졸업하고 의사로 일하기 시작했어요. ❷ 그러던 중, 한국 전쟁이 일어나 어쩔 수 없이 가족을 북한에 남겨 둔 채 남한으로 내려오게 되었습니다. ❸ 가족을 볼 수 없게 된 장기려 선생님은 항상 북에 있는 가족을 그리워했어요. ❹ [그리고 자신이 다른 사람을 도우면 반드시 누군가 자신의 가족을 도울 것이라는 생각으로 가난하고 아픈 사람을 도우며 살기 시작했어요.]

3️⃣ ❶ [이런 믿음으로 장기려 선생님은 가난한 사람을 위해 공짜로 진료를 받을 수 있는 병원을 세우고, 수많은 환자를 돌보았습니다.] ❷ 뿐만 아니라 장기려 선생님은 당시 우리나라 외과 의사 가운데 최고의 실력을 갖추고 있었어요.

4️⃣ ❶ [환자를 생각하는 장기려 선생님의 마음을 잘 보여 주는 이야기가 있습니다.] ❷ 장기려 선생님의 병원에 돈이 없어서 병원비를 내지 못하는 환자가 있었는데, 그 환자가 장기려 선생님께 병원 밖으로 나갈 수 있도록 부탁을 했어요. ❸ 나가서 돈을 벌어야 병원비를 낼 수 있기 때문이었지요. ❹ 환자의 사정을 들은 선생님은 환자가 밤에 나갈 수 있도록 도와주었답니다. ❺ 여러분도 장기려 선생님처럼 주변 사람들을 따뜻한 마음으로 돌보면 좋겠죠?

1️⃣ 단락 요약
장기려 선생님 소개

2️⃣ 단락 요약
가난하고 아픈 사람을 도운 장기려 선생님

3️⃣ 단락 요약
가난한 사람을 위한 병원을 세우고 환자를 돌본 장기려 선생님

4️⃣ 단락 요약
환자를 생각하는 장기려 선생님의 일화

✱ **지문 이해**

● 이 글은 일생을 가난하고 아픈 사람을 도운 장기려 선생님을 소개하는 설명문입니다. 장기려 선생님은 의사로 일하다 한국 전쟁이 일어나 가족과 헤어져 남한으로 내려오게 되었어요. 장기려 선생님은 자신이 다른 사람을 도우면 반드시 누군가 자신의 가족을 도울 것이라는 생각으로 가난하고 아픈 사람을 도우며 살았어요. 가난한 사람을 위해 공짜로 진료를 받을 수 있는 병원을 세우고, 수많은 환자를 돌보았습니다. 장기려 선생님은 돈이 없어서 병원비를 내지 못하는 환자가 밤에 병원 밖으로 나갈 수 있도록 도와주기도 했어요.

● **단락 간의 관계**
　1️⃣단락에서는 글 전체의 중심 낱말인 '장기려 선생님'을 소개하고 있어요.
　2️⃣단락에서는 가난하고 아픈 사람을 도운 장기려 선생님에 대해 이야기하고 있어요.
　3️⃣단락에서는 가난한 사람을 위한 병원을 세우고 환자를 돌본 장기려 선생님에 대해 이야기하고 있어요.
　4️⃣단락에서는 환자를 생각하는 장기려 선생님의 일화를 소개하며 글을 마무리하고 있어요.

● **글의 구조도**

┌─────────────────────────┐
│ **1️⃣ 단락** │
│ 장기려 선생님 소개 │
└─────────────────────────┘
↓
┌─────────────────────────┐
│ **2️⃣ 단락** │
│ 가난하고 아픈 사람을 도운 장기려 선생님 │
└─────────────────────────┘
↓
┌─────────────────────────┐
│ **3️⃣ 단락** │
│ 가난한 사람을 위한 병원을 세우고 환자를 돌본 장기려 선생님 │
└─────────────────────────┘
↓
┌─────────────────────────┐
│ **4️⃣ 단락** │
│ 환자를 생각하는 장기려 선생님의 일화 │
└─────────────────────────┘

● **주제:** 가난하고 아픈 사람을 도운 장기려 선생님

01 [정답] ⑤ ⋯⋯⋯⋯⋯⋯⋯⋯⋯⋯⋯⋯⋯⋯ 단락 요약하기

>왜 정답?

⑤ 근거: 4단락 ❶번째 문장

　4단락에서는 '환자를 생각하는 장기려 선생님의 마음을 잘 보여 주는 이야기가 있습니다.'라고 하며 장기려 선생님의 일화를 소개하고 있어요. 따라서 4단락을 알맞게 요약한 것은 '환자를 생각하는 장기려 선생님의 일화'예요.

>왜 오답?

① 이 글에 장기려 선생님의 탄생에 대한 내용은 나오지 않아요.

② 근거: 2단락 ❷, ❸번째 문장

　2단락에 가족에 대한 장기려 선생님의 마음이 나오기는 하지만, 이는 4단락의 내용과는 관련이 없어요.

③ 근거: 3단락 ❶번째 문장

　3단락에서 '～ 가난한 사람을 위해 공짜로 진료를 받을 수 있는 병원을 세우고, ～'라고 하며 장기려 선생님이 세운 병원이 나오기는 하지만, 이는 4단락의 내용과는 관련이 없어요.

④ 근거: 3단락 ❷번째 문장

　3단락에서 '～ 장기려 선생님은 당시 우리나라 외과 의사 가운데 최고의 실력을 갖추고 있었어요.'라고 하며 장기려 선생님의 뛰어난 실력이 나오기는 하지만, 이는 4단락의 내용과는 관련이 없어요.

02 [정답] (1) 의사 (2) 남한 (3) 슈바이처 ⋯⋯⋯⋯ 내용 이해하기

>왜 정답?

(1) 근거: 2단락 ❶번째 문장

　'～ 장기려 선생님은 의과 대학을 졸업하고 의사로 일하기 시작했어요.'라고 했어요.

(2) 근거: 2단락 ❷번째 문장

　'그러던 중, 한국 전쟁이 일어나 어쩔 수 없이 가족을 북한에 남겨 둔 채 남한으로 내려오게 되었습니다.'라고 했어요.

(3) 근거: 1단락 ❶번째 문장

　'여러분들은 한국의 슈바이처라고 불리는 장기려 선생님을 아시나요?'라고 했어요.

03 [정답] ① ⋯⋯⋯⋯⋯⋯⋯⋯⋯⋯⋯⋯⋯⋯⋯⋯⋯⋯ 내용 추론하기

>왜 정답?

① 근거: 3단락 ❶번째 문장, 4단락 ❹번째 문장

　3단락에서 '～ 장기려 선생님은 가난한 사람을 위해 공짜로 진료를 받을 수 있는 병원을 세우고, 수많은 환자를 돌보았습니다.'라고 했고, 4단락에서 '환자의 사정을 들은 선생님은 환자가 밤에 나갈 수 있도록 도와주었답니다.'라고 했어요. 따라서 장기려 선생님의 성격으로 가장 알맞은 것은 '자상하다'예요.

04 [정답] ③ ⋯⋯⋯⋯⋯⋯⋯⋯⋯⋯⋯⋯⋯ 알맞은 반응 찾기

>왜 정답?

③ 근거: 2단락 ❹번째 문장, 3단락 ❶번째 문장

　'그리고 자신이 다른 사람을 도우면 반드시 누군가 자신의 가족을 도울 것이라는 생각으로 가난하고 아픈 사람을 도우며 살기 시작했어요. 이런 믿음으로 장기려 선생님은 가난한 사람을 위해 공짜로 진료를 받을 수 있는 병원을 세우고, 수많은 환자를 돌보았습니다.'라고 했어요.

　따라서 장기려 선생님이 돈이 많아서 공짜로 진료를 하셨다는 말은 알맞지 않아요.

>왜 오답?

① 근거: 2단락 ❶번째 문장

　'어릴 때부터 의사를 꿈꾸었던 장기려 선생님은 의과 대학을 졸업하고 의사로 일하기 시작했어요.'라고 했으므로 알맞은 내용이에요.

② 근거: 4단락 ❶번째 문장

　'환자를 생각하는 장기려 선생님의 마음을 잘 보여 주는 이야기가 있습니다.'라고 하며 환자를 생각하는 장기려 선생님의 이야기를 보여 주고 있으므로 알맞은 내용이에요.

④ 근거: 2단락 ❸번째 문장

　'가족을 볼 수 없게 된 장기려 선생님은 항상 북에 있는 가족을 그리워했어요.'라고 했으므로 알맞은 내용이에요.

⑤ 근거: 1단락 ❷번째 문장

　'장기려 선생님은 일생을 가난하고 아픈 사람들을 도우며 보낸 분입니다.'라고 했으므로 알맞은 내용이에요.

05 [정답] 예 자신이 다른 사람을 도우면 반드시 누군가 자신의 가족을 도울 것이라는 생각 때문이다.

서술형 채점 기준 – 근거: 2단락 ❹번째 문장

'그리고 자신이 다른 사람을 도우면 반드시 누군가 자신의 가족을 도울 것이라는 생각으로 가난하고 아픈 사람을 도우며 살기 시작했어요.'라고 했어요.

따라서 '자신이 다른 사람을 도우면 반드시 누군가 자신의 가족을 도울 것이라는 생각 때문이다.'라는 내용이 들어가면 정답이에요.

[사회]

위치를 나타내는 이런 방법, 저런 방법

⬭ 각 단락 중심 낱말 　◯ 전체 중심 낱말 　[ ] 각 단락 중심 문장 　▨ 전체 중심 문장

1 ❶우리는 살면서 어떤 것의 (위치)를 말할 때가 있어요. ❷위치는 어떠한 곳에 자리를 차지하는 것, 또는 그 자리를 뜻하는 말이에요. ❸위치를 나타내는 방법에는 여러 가지가 있는데, 그때의 상황에 맞게 위치를 표현하는 것이 중요합니다. ❹그럼 우리가 일상생활 속에서 위치를 어떻게 나타낼 수 있는지 살펴볼까요?

1 단락 요약
위치를 표현하는 것의 중요함

2 ❶[먼저 간단하게는 오른쪽, 왼쪽 등 (방향)을 통해 나타낼 수 있어요.] ❷위치를 나타내고자 하는 대상이 가까이 있을 때는 "민지는 지후의 오른쪽에 있어."처럼 방향을 통해 나타내는 것이 일반적이에요.

2 단락 요약
위치를 나타내는 방법 ① 방향

3 ❶그렇다면 조금 먼 곳의 위치를 정할 때는 어떻게 해야 할까요? ❷여러분이 친구를 만나기 위해 장소를 정할 때를 떠올려 봅시다. ❸[주로 잘 알려진 건물을 중심으로 이야기하지 않나요?] ❹"우리 수경 초등학교 앞에서 만나자."라고 하거나, "우리 서울역 2번 출구 앞에서 만나자."라고 말이에요. ❺[이러한 경우는 (랜드마크)를 이용해서 위치를 나타냈다고 할 수 있어요.] ❻랜드마크란 어떤 지역을 대표하는 지형이나 건물 등을 말해요.

3 단락 요약
위치를 나타내는 방법 ② 랜드마크

4 ❶하지만 같은 동네에 살지 않는 친구에게는 랜드마크를 이용해서 위치를 말해도 친구가 잘 모를 수 있어요. ❷[이런 경우는 (지도)를 활용해서 위치를 나타낼 수 있습니다.] ❸지도는 우리가 사는 곳을 작게 줄여서 알기 쉽게 나타낸 그림이에요.

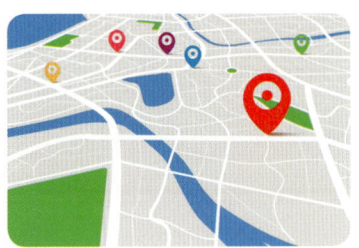

4 단락 요약
위치를 나타내는 방법 ③ 지도

✱ **지문 이해**

● 이 글은 위치를 나타내는 다양한 방법에 대해 알려 주는 설명문입니다. 위치는 어떠한 곳에 자리를 차지하는 것, 또는 그 자리를 뜻하는 말이에요. 상황에 맞게 위치를 표현하는 것은 중요해요. 먼저 오른쪽, 왼쪽 등 방향을 통해 위치를 나타낼 수 있어요. 조금 먼 곳의 위치를 정할 때는 랜드마크를 이용해서 나타낼 수 있습니다. 또 지도를 활용해서 위치를 나타낼 수도 있어요.

● **단락 간의 관계**
1단락에서는 글 전체의 중심 낱말인 '위치'의 뜻과, 위치를 표현하는 것의 중요함에 대해 이야기하고 있어요. 2단락에서는 방향을 통해 위치를 나타내는 방법을, 3단락에서는 랜드마크를 통해 위치를 나타내는 방법을, 4단락에서는 지도를 통해 위치를 나타내는 방법을 설명하고 있으므로 세 단락을 묶을 수 있어요.

● **글의 구조도**

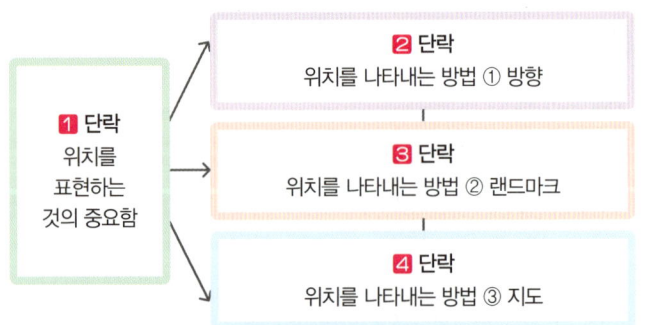

1 단락
위치를 표현하는 것의 중요함

↗ **2 단락**
위치를 나타내는 방법 ① 방향

→ **3 단락**
위치를 나타내는 방법 ② 랜드마크

↘ **4 단락**
위치를 나타내는 방법 ③ 지도

● **주제:** 위치를 나타내는 다양한 방법

01 [정답] 랜드마크 ·············· 단락 요약하기

﹥왜 정답 ?

＊ 근거: ③단락 ❶, ❺번째 문장

③단락에서 '그렇다면 조금 먼 곳의 위치를 정할 때는 어떻게 해야 할까요?'라고 하고, '이러한 경우는 랜드마크를 이용해서 위치를 나타냈다고 할 수 있어요.'라고 했어요. ③단락에서는 랜드마크를 이용해서 위치를 나타내는 방법을 설명하고 있으므로 빈칸에 들어가기에 알맞은 말은 '랜드마크'예요.

02 [정답] ① ·············· 내용 이해하기

﹥왜 정답 ?

① 근거: ②단락 ❶번째 문장

'먼저 간단하게는 오른쪽, 왼쪽 등 방향을 통해 나타낼 수 있어요.'라고 했으므로 방향을 통해서 위치를 나타낼 수 없다고 한 것은 틀린 내용이에요.

﹥왜 오답 ?

② 근거: ①단락 ❸번째 문장

'위치를 나타내는 방법에는 여러 가지가 있는데, 그때의 상황에 맞게 위치를 표현하는 것이 중요합니다.'라고 했으므로 맞는 내용이에요.

③ 근거: ①단락 ❸번째 문장

'위치를 나타내는 방법에는 여러 가지가 있는데, 그때의 상황에 맞게 위치를 표현하는 것이 중요합니다.'라고 했으므로 맞는 내용이에요.

④ 근거: ③단락 ❸, ❺번째 문장

③단락 ❸번째 문장에서 '주로 잘 알려진 건물을 중심으로 이야기하지 않나요?'라고 했고, ❺번째 문장에서 '이러한 경우는 랜드마크를 이용해서 위치를 나타냈다고 할 수 있어요.'라고 했으므로 맞는 내용이에요.

⑤ 근거: ①단락 ❷번째 문장

'위치는 어떠한 곳에 자리를 차지하는 것, 또는 그 자리를 뜻하는 말이에요.'라고 했으므로 맞는 내용이에요.

03 [정답] 혜선 ·············· 내용 적용하기

﹥왜 정답 ?

혜선 근거: ④단락 ❶, ❷번째 문장

'하지만 같은 동네에 살지 않는 친구에게는 랜드마크를 이용해서 위치를 말해도 친구가 잘 모를 수 있어요. 이런 경우는 지도를 활용해서 위치를 나타낼 수 있습니다.'라고 했어요.

따라서 지도를 활용하여 위치를 표현하는 것이 좋지 않다는 말은 알맞지 않아요.

﹥왜 오답 ?

인선 근거: ②단락 ❷번째 문장

'위치를 나타내고자 하는 대상이 가까이 있을 때는 "민지는 지후의 오른쪽에 있어."처럼 방향을 통해 나타내는 것이 일반적이에요.'라고 했으므로 알맞은 내용이에요.

준호 근거: ③단락 ❷, ❸, ❺번째 문장

③단락 ❷, ❸번째 문장에서 '여러분이 친구를 만나기 위해 장소를 정할 때를 떠올려 봅시다. 주로 잘 알려진 건물을 중심으로 이야기하지 않나요?'라고 했고, ❺번째 문장에서 '이러한 경우는 랜드마크를 이용해서 위치를 나타냈다고 할 수 있어요.'라고 했으므로 알맞은 내용이에요.

04 [정답] [예] 우리 수경 초등학교 앞에서 만나자. / 우리 서울역 2번 출구 앞에서 만나자.

[서술형] 채점 기준 – 근거: ③단락 ❹, ❺번째 문장

'"우리 수경 초등학교 앞에서 만나자."라고 하거나, "우리 서울역 2번 출구 앞에서 만나자."라고 말이에요. 이러한 경우는 랜드마크를 이용해서 위치를 나타냈다고 할 수 있어요.'라고 했으므로 '우리 수경 초등학교 앞에서 만나자.'와 '우리 서울역 2번 출구 앞에서 만나자.'를 써야 정답이에요.

배경지식

옛날 사람들은 왜 지도를 사용했을까?

우리는 모르는 길을 찾을 때 지도를 유용하게 사용해요. 또 지도를 통해 어떤 곳을 직접 가 보지 않고도 그 지역의 위치와 정보를 쉽게 알 수 있지요.

지도는 미지의 세계를 여행하거나 탐험할 때 반드시 필요해요. 콜럼버스가 아메리카 대륙을 발견한 데에도 지도가 큰 역할을 했습니다. 콜럼버스는 지도를 보고, 서쪽으로 계속 가다 보면 인도에 도착할 수 있을 것이라고 생각했기 때문이지요.

또 지도는 군사적인 목적으로도 중요하게 쓰였어요. 군인들이 작전을 펼치는 데 없어서는 안 될 것이 바로 지도였지요. 옛날에는 전쟁을 벌이기 전에 먼저 적들이 있는 지역의 산과 강, 마을과 성의 위치를 정확히 알아 오도록 했답니다.

우리나라의 지도로는 조선 시대 초에 만들어진 '혼일강리역대국도지도'가 있어요. 이 지도는 동양에서 가장 오래된 세계 지도이지요. 그리고 조선 후기에 지리학자인 김정호가 만든 '대동여지도'가 있는데, 이 지도는 오늘날 위성 사진으로 찍은 것처럼 정확하고 자세해요.

[봄·여름]

건강을 위해 몸을 깨끗이

◯ 각 단락 중심 낱말　◯ 전체 중심 낱말　[ ] 각 단락 중심 문장　▨ 전체 중심 문장

① 상희는 놀이터에서 모래 장난을 하고 집에 와서 샤워를 했어요. ❷이렇게 몸을 깨끗이 관리해야 병에 쉽게 걸리지 않고 건강하게 살 수 있답니다. ❸몸이 지저분하면 병에 걸리기 쉽고, 냄새가 날 수 있어요. ❹그러므로 몸을 깨끗하게 유지하는 것은 우리에게 아주 중요합니다.

| 1 단락 요약 |
| 깨끗한 몸의 중요성 |

② [몸을 깨끗이 하는 것은 세균과 관련이 있어요.]❷세균은 눈에 보이지 않는 아주 작은 생물이에요. ❸세균은 다른 생물의 몸에 살면서 병을 일으키거나 무언가를 썩게 해요. ❹만약 우리가 이를 닦지 않으면, 세균이 우리 이를 썩게 한답니다. ❺따라서 세균이 우리 몸을 아프게 하지 않으려면 몸을 깨끗하게 유지해야 해요.

| 2 단락 요약 |
| 세균과 우리 몸의 관련성 |

③ [깨끗한 몸을 유지하는 것의 기본은 손 씻기입니다.]❷올바른 손 씻기 방법은 다음과 같아요. ❸우선, 손바닥과 손바닥을 마주 대고 문질러 줍니다. ❹그다음으로는 손등을 반대편 손바닥에 대고 문질러 주고, 양손으로 손깍지를 끼고 문질러 줘요. ❺마지막으로, 손가락 끝을 반대편 손바닥에 놓고 문지르며 손톱 밑을 씻어야 해요. ❻이렇게 깨끗이 손을 씻어야 세균이 손에서 떨어질 수 있어요.

| 3 단락 요약 |
| 올바른 손 씻기 방법 |

④ 올바른 방법으로 손을 씻는 것은 건강하고 깨끗한 몸을 만드는 데 큰 도움이 된답니다. ❷[앞으로는 여러분도 위의 방법대로 손 씻기를 실천하고, 우리 몸을 깨끗이 유지하도록 노력해 보세요!]

| 4 단락 요약 |
| 깨끗한 몸 유지하기 |

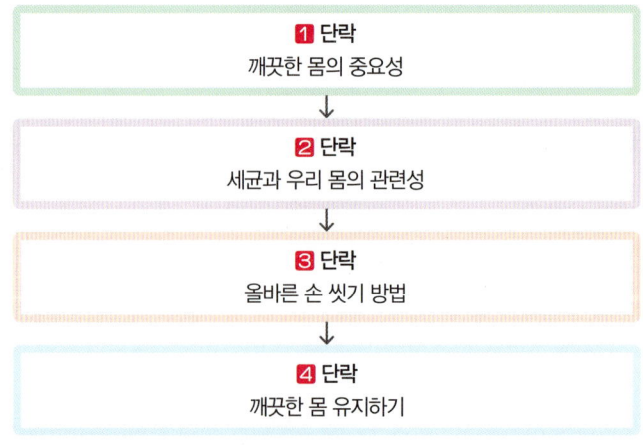

✱ 지문 이해

● 이 글은 깨끗한 몸을 유지하는 것에 대해 설명하는 설명문입니다. 몸을 깨끗이 관리해야 병에 쉽게 걸리지 않고 건강하게 살 수 있기 때문에 몸을 깨끗하게 유지하는 것은 우리에게 아주 중요해요. 세균이 우리 몸을 아프게 하지 않으려면 몸을 깨끗하게 해야 합니다. 깨끗한 몸을 유지하기 위해서는 무엇보다 올바른 손 씻기 방법을 지키도록 해요.

● 단락 간의 관계

1단락에서는 몸을 깨끗하게 관리하는 것이 중요하다는 이야기를 하고 있어요.
2단락에서는 몸을 깨끗이 하는 것과 세균과의 관련성을 설명하고 있어요.
3단락에서는 깨끗한 몸을 유지하기 위한 올바른 손 씻기 방법을 알려 주고 있어요.
4단락에서는 몸을 깨끗하게 하기 위한 노력을 다시 강조하며 글을 마무리하고 있어요.

● 글의 구조도

| 1 단락 |
| 깨끗한 몸의 중요성 |

↓

| 2 단락 |
| 세균과 우리 몸의 관련성 |

↓

| 3 단락 |
| 올바른 손 씻기 방법 |

↓

| 4 단락 |
| 깨끗한 몸 유지하기 |

● 주제: 깨끗한 몸 유지하기

01 정답 ㉠ 몸 ㉡ 세균 ㉢ 손 ·········· 단락 요약하기

왜 정답?

㉠ **근거:** 1단락 ❷, ❹번째 문장

1단락 ❷번째 문장에서 '이렇게 몸을 깨끗이 관리해야 병에 쉽게 걸리지 않고 건강하게 살 수 있답니다.'라고 했고, ❹번째 문장에서 '~ 몸을 깨끗하게 유지하는 것은 우리에게 아주 중요합니다.'라고 했으므로 ㉠에 들어가기에 알맞은 말은 '몸'이에요.

㉡ **근거:** 2단락 ❶번째 문장

'몸을 깨끗이 하는 것은 세균과 관련이 있어요.'라고 했으므로 ㉡에 들어가기에 알맞은 말은 '세균'이에요.

㉢ **근거:** 3단락 ❶, ❷번째 문장

'깨끗한 몸을 유지하는 것의 기본은 손 씻기입니다. 올바른 손 씻기 방법은 다음과 같아요.'라고 하며 올바른 손 씻기 방법에 대해 설명하고 있으므로 ㉢에 들어가기에 알맞은 말은 '손'이에요.

02 정답 손 씻기 ·········· 내용 이해하기

왜 정답?

＊ **근거:** 3단락 ❶번째 문장

3단락에서 '깨끗한 몸을 유지하는 것의 기본은 손 씻기입니다.'라고 했어요.
따라서 '손 씻기'에 ○표 해야 해요.

왜 오답?

'잠자기', '먹기', '놀기'에 대한 내용은 이 글에 나오지 않아요.

03 정답 ㉰, ㉯, ㉮, ㉱ ·········· 내용 적용하기

왜 정답?

3단락에서 올바른 손 씻기 방법을 순서대로 설명하고 있으므로 글의 전개 순서에 따라 ㉮~㉱를 써야 해요.

㉰ **근거:** 3단락 ❸번째 문장

'우선, 손바닥과 손바닥을 마주 대고 문질러 줍니다.'라고 했으므로 ㉰가 제일 처음이에요.

㉯ **근거:** 3단락 ❹번째 문장

'그다음으로는 손등을 반대편 손바닥에 대고 문질러 주고, ~'라고 했으므로 ㉯가 두 번째예요.

㉮ **근거:** 3단락 ❹번째 문장

'~ 양손으로 손깍지를 끼고 문질러 줘요.'라고 했으므로 ㉮가 세 번째예요.

㉱ **근거:** 3단락 ❺번째 문장

'마지막으로, 손가락 끝을 반대편 손바닥에 놓고 문지르며 손톱 밑을 씻어야 해요.'라고 했으므로 ㉱가 마지막이에요.

04 정답 ⑤ ·········· 알맞은 반응 찾기

왜 정답?

⑤ **근거:** 1단락 ❷번째 문장

'이렇게 몸을 깨끗이 관리해야 병에 쉽게 걸리지 않고 건강하게 살 수 있답니다.'라고 했으므로 올바른 행동이에요.

왜 오답?

① **근거:** 2단락 ❹번째 문장

'만약 우리가 이를 닦지 않으면, 세균이 우리 이를 썩게 한답니다.'라고 했으므로 자기 전에 이를 닦지 않는 것은 올바르지 않은 행동이에요.

② **근거:** 3단락 ❸~❺번째 문장

'우선, 손바닥과 손바닥을 마주 대고 문질러 줍니다. 그다음으로는 손등을 반대편 손바닥에 대고 문질러 주고, 양손으로 손깍지를 끼고 문질러 줘요. 마지막으로, 손가락 끝을 반대편 손바닥에 놓고 문지르며 손톱 밑을 씻어야 해요.'라고 하며 올바른 손 씻기 방법을 설명했으므로 손을 씻을 때 손에 물만 묻힌 것은 올바르지 않은 행동이에요.

③ **근거:** 3단락 ❶번째 문장

'깨끗한 몸을 유지하는 것의 기본은 손 씻기입니다.'라고 했으므로 집에 들어와서 손을 씻지 않는 것은 올바르지 않은 행동이에요.

④ **근거:** 1단락 ❸번째 문장, 2단락 ❺번째 문장

1단락에서 '몸이 지저분하면 병에 걸리기 쉽고, 냄새가 날 수 있어요.'라고 했고, 2단락에서 '따라서 세균이 우리 몸을 아프게 하지 않으려면 몸을 깨끗하게 유지해야 해요.'라고 했으므로 세균이 생기지 않게 몸을 지저분하게 했다는 것은 올바르지 않은 행동이에요.

05 정답 예 세균은 다른 생물의 몸에 살면서 병을 일으키거나 무언가를 썩게 한다.

서술형 **채점 기준 – 근거:** 2단락 ❶, ❸, ❺번째 문장

'몸을 깨끗이 하는 것은 세균과 관련이 있어요.', '세균은 다른 생물의 몸에 살면서 병을 일으키거나 무언가를 썩게 해요.', '따라서 세균이 우리 몸을 아프게 하지 않으려면 몸을 깨끗하게 유지해야 해요.'라고 했으므로 '세균은 다른 생물의 몸에 살면서 병을 일으키거나 무언가를 썩게 한다.'라는 내용이 들어가면 정답이에요.

집집마다 태극기가 펄럭입니다.

◯ 각 단락 중심 낱말   ◯ 전체 중심 낱말   [ ] 각 단락 중심 문장   ▨ 전체 중심 문장

1 ① 우리나라의 국기인 태극기는 흰색 바탕 가운데 위치한 태극 무늬와 네 모서리에 있는 건, 곤, 감, 리의 4괘로 이루어져 있습니다.

1 단락 요약
태극기 소개

2 ① [태극기에는 여러 가지 의미가 들어 있어요.] ② 우선, 흰 바탕은 밝음과 순수, 평화를 사랑하는 우리의 민족성을 뜻해요. ③ 그리고 가운데의 태극 문양은 파랑인 '음'과 빨강인 '양'의 조화를 뜻하는 것으로, 우주의 모든 것이 잘 어울린다는 자연의 진리를 나타낸 것입니다. ④ 마지막으로 4괘 중 왼쪽 위에 있는 '건괘'는 '하늘'을, 오른쪽 아래에 있는 '곤괘'는 '땅'을, 오른쪽 위에 있는 '감괘'는 '물'을, 왼쪽 아래에 있는 '이(리)괘'는 '불'을 뜻해요.

2 단락 요약
태극기에 담긴 의미

3 ① 그렇다면 태극기를 달아야 하는 날은 언제일까요? ② [태극기는 국경일인 '3·1절, 제헌절, 광복절, 개천절, 한글날'과 기념일인 '현충일, 국군의 날'에 달아요. ③ 이 밖에도 나라에서 정한 날에 답니다.]

3 단락 요약
태극기를 다는 날

4 ① 그런데 여러분은 태극기를 다는 날에 따라 태극기를 다는 방법이 다르다는 사실을 알고 있나요? ② [국경일이나 국군의 날과 같은 기념일에 태극기를 달 때는 깃봉과 태극기의 면 사이를 떼지 않고 달아요. ③ 그러나 현충일과 같이 슬픔을 표하는 날에는 태극기 면의 세로 너비만큼을 깃봉에서 내려서 달아야 합니다.] ④ 이렇게 다는 것을 '조기'라고 해요.

4 단락 요약
태극기를 다는 방법

✱ 지문 이해

● 이 글은 태극기에 담긴 의미를 소개하고, 태극기를 다는 날과 방법에 대해 알려 주는 설명문입니다. 태극기는 흰색 바탕 가운데 위치한 태극 무늬와 네 모서리에 있는 건, 곤, 감, 리의 4괘로 이루어져 있어요. 태극기는 국경일과 기념일, 그 밖에 나라에서 정한 날에 달아요. 국경일이나 현충일을 제외한 기념일에 태극기를 달 때는 깃봉과 태극기의 면 사이를 떼지 않고 달고, 현충일과 같이 슬픔을 표하는 날에는 태극기 면의 세로 너비만큼 내려서 다는 '조기'를 달아요.

● 단락 간의 관계
1 단락에서는 글 전체의 중심 낱말인 '태극기'를 소개하고 있어요.
2 단락에서는 태극기에 담긴 의미에 대해 설명하고 있어요.
3 단락에서는 태극기를 다는 날에 대해 설명하고 있어요.
4 단락에서는 태극기를 다는 방법에 대해 설명하고 있어요.

● 글의 구조도

1 단락
태극기 소개
↓
2 단락
태극기에 담긴 의미
↓
3 단락
태극기를 다는 날
↓
4 단락
태극기를 다는 방법

● 주제: 태극기에 담긴 의미와 태극기를 다는 방법

01 [정답] 미지 ··· 단락 요약하기

왜 정답?

미지 근거: ②단락 ❶번째 문장

'태극기에는 여러 가지 의미가 들어 있어요.'라고 하며 ②단락에서는 태극기에 담긴 의미에 대해 설명하고 있어요. 따라서 ②단락을 알맞게 요약한 사람은 '태극기에 담긴 의미를 소개하고 있어.'라고 말한 '미지'예요.

왜 오답?

영주 근거: ③단락 ❶번째 문장

'그렇다면 태극기를 달아야 하는 날은 언제일까요?'라고 하며 ③단락에서 태극기를 다는 날을 설명하고 있어요.

지성 근거: ④단락 ❶번째 문장

'그런데 여러분은 태극기를 다는 날에 따라 태극기를 다는 방법이 다르다는 사실을 알고 있나요?'라고 하며 ④단락에서 태극기를 다는 방법을 설명하고 있어요.

혜주: 이 글은 태극기가 생겨난 까닭을 알려 주고 있지 않아요.

02 [정답] ② ··· 내용 이해하기

왜 정답?

② 근거: ②단락 ❶번째 문장

'태극기에는 여러 가지 의미가 들어 있어요.'라고 했으므로 태극기에 한 가지 의미만 들어 있다는 내용은 틀려요.

왜 오답?

① 근거: ①단락 ❶번째 문장

'우리나라의 국기인 태극기는 ~'이라고 했으므로 알맞은 내용이에요.

③ 근거: ④단락 ❸, ❹번째 문장

'그러나 현충일과 같이 슬픔을 표하는 날에는 ~ 이렇게 다는 것을 '조기'라고 해요.'라고 했으므로 알맞은 내용이에요.

④ 근거: ③단락 ❷, ❸번째 문장

'태극기는 국경일인 '3·1절, 제헌절, 광복절, 개천절, 한글날'과 기념일인 '현충일, 국군의 날'에 달아요. 이 밖에도 나라에서 정한 날에 답니다.'라고 했으므로 알맞은 내용이에요.

⑤ 근거: ④단락 ❶번째 문장

'그런데 여러분은 태극기를 다는 날에 따라 태극기를 다는 방법이 다르다는 사실을 알고 있나요?'라고 했으므로 알맞은 내용이에요.

03 [정답] (1) 국경일 (2) 흰 바탕 (3) 파랑, 빨강
··· 내용 이해하기

왜 정답?

(1) 근거: ③단락 ❷번째 문장

'태극기는 국경일인 '3·1절, 제헌절, 광복절, 개천절, 한글날'과 ~'라고 했으므로 괄호 안에 들어갈 말은 '국경일'이에요.

(2) 근거: ②단락 ❷번째 문장

'우선, 흰 바탕은 밝음과 순수, 평화를 사랑하는 우리의 민족성을 뜻해요.'라고 했으므로 괄호 안에 들어갈 말은 '흰 바탕'이에요.

(3) 근거: ②단락 ❸번째 문장

'그리고 가운데의 태극 문양은 파랑인 '음'과 빨강인 '양'의 조화를 뜻하는 것으로, ~'라고 했으므로 괄호 안에 들어갈 말은 차례대로 '파랑'과 '빨강'이에요.

04 [정답] (1) ㉡ (2) ㉢ (3) ㉣ (4) ㉠ ············· 내용 이해하기

왜 정답?

(1) 근거: ②단락 ❹번째 문장

'~ 4괘 중 왼쪽 위에 있는 '건괘'는 '하늘'을, ~'이라고 했어요.

(2) 근거: ②단락 ❹번째 문장

'~ 4괘 중 ~ 오른쪽 아래에 있는 '곤괘'는 '땅'을, ~'이라고 했어요.

(3) 근거: ②단락 ❹번째 문장

'~ 4괘 중 ~ 오른쪽 위에 있는 '감괘'는 '물'을, ~'이라고 했어요.

(4) 근거: ②단락 ❹번째 문장

'~ 4괘 중 ~ 왼쪽 아래에 있는 '이(리)괘'는 '불'을 뜻해요.'라고 했어요.

05 [정답] 예 태극기 면의 세로 너비만큼을 깃봉에서 내려서 달아야 한다.

[서술형] 채점 기준 – 근거: ④단락 ❸번째 문장

'그러나 현충일과 같이 슬픔을 표하는 날에는 태극기 면의 세로 너비만큼을 깃봉에서 내려서 달아야 합니다.'라고 했으므로 이러한 내용이 들어가면 정답이에요.

--------- 배경지식

태극기 관리법

태극기를 관리하는 데에도 지켜야 할 방법이 있습니다. 어떻게 태극기를 관리해야 하는지 알아볼까요?

태극기는 각 지자체(시·군·구청 및 읍·면·동 주민센터 등) 민원실이나 구내매점, 인터넷 우체국 또는 가까운 우체국의 '우체국쇼핑'을 이용하거나, 인터넷 태극기 판매 업체 등을 통해 구입할 수 있어요.

태극기는 제작·보존·판매·사용을 할 때 그 존엄성이 유지되어야 하며, 훼손된 국기를 계속 게양하거나 부러진 깃대 등을 방치해서는 안 됩니다. 태극기가 훼손되었을 때는 이를 방치하거나 다른 용도에 사용하지 말고 즉시 버려야 해요.

태극기에 때가 묻거나 구겨진 경우에는 태극기가 훼손되지 않는 한에서 이를 세탁하거나 다려서 다시 사용할 수 있습니다.

인간은 사회적 동물

◯ 각 단락 중심 낱말   ⬭ 전체 중심 낱말   [ ] 각 단락 중심 문장   🟨 전체 중심 문장

1 여러분은 숟가락으로 밥을 먹고, 연필로 글씨를 쓰고, 옷을 입고, 사람들과 소통을 하면서 살아가고 있지요? 🟨우리는 이렇게 사회에서 다른 사람들과 함께 살아가기 위한 방법을 배워 나갑니다. 이런 과정을 사회화라고 해요.🟨

> **1 단락 요약**
> 사회화 소개

2 [조금 더 자세히 살펴보면, 사회화란 사회에 필요한 지식이나 가치가 전달되는 과정, 또는 사회생활에 필요한 지식이나 행동 등을 다른 사람들과 함께 살아가며 배우는 과정을 말해요.] 사회화 과정을 잘 거쳐야만 사회 속에서 다른 사람들과 함께 잘 어울려 살 수 있답니다.

> **2 단락 요약**
> 사회화의 개념

3 그렇다면 사람이 사회화가 되지 못하면 무슨 일이 일어날까요? '안나'라는 소녀는 6살까지 다락방에 갇혀서 자랐다고 해요. 안나는 사람들에게 발견된 후, 시카고 대학교의 병원으로 옮겨졌는데, 병원 직원을 물고, 짜증이 날 때 이를 드러내 보이는 등 야생 동물과 같은 행동을 보였어요. [이는 안나가 다른 사람들과 접하지 못해 사회화가 이루어지지 않았기 때문이라고 할 수 있습니다.]

> **3 단락 요약**
> 사회화가 이루어지지 않은 '안나'의 이야기

4 안나와 같은 아주 특수한 경우를 뺀다면 대부분의 사람들은 사회화를 거치며 살아갑니다. ['인간은 사회적 동물'이라는 말이 있듯이, 우리는 사회 속에서 다른 사람들과 함께 생활하며 살아가게 돼요. 그렇기 때문에 사회화는 아주 중요하답니다.]

> **4 단락 요약**
> 사회화의 중요성

.... ✱ 지문 이해

● 이 글은 사회화에 대해 설명하는 설명문입니다. 사회화는 사회에 필요한 지식이나 가치가 전달되는 과정, 또는 사회생활에 필요한 지식이나 행동 등을 다른 사람들과 함께 살아가며 배우는 과정을 말해요. 다른 사람들과 접하지 못해 사회화가 이루어지지 않은 안나는 병원 직원을 물고, 짜증이 날 때 이를 드러내 보이는 등 야생 동물과 같은 행동을 보였어요. '인간은 사회적 동물'이라는 말이 있듯이, 우리는 사회 속에서 다른 사람들과 함께 생활하며 살아가기 때문에 사회화는 아주 중요해요.

● 단락 간의 관계
   1 단락에서는 글 전체의 중심 낱말인 '사회화'를 소개하고 있어요.
   2 단락에서는 사회화의 개념에 대해 자세히 설명하고 있어요.
   3 단락에서는 사회화가 이루어지지 않은 '안나'의 이야기를 소개하고 있어요.
   4 단락에서는 사회화의 중요성에 대해 이야기하며 글을 마무리하고 있어요.

● 글의 구조도

> **1 단락**
> 사회화 소개
> ↓
> **2 단락**
> 사회화의 개념
> ↓
> **3 단락**
> 사회화가 이루어지지 않은 '안나'의 이야기
> ↓
> **4 단락**
> 사회화의 중요성

● 주제: 사회화의 개념과 중요성

01 [정답] 사회화 ··· 단락 요약하기

>왜 정답?

* 근거: ③단락 ❶번째 문장

'그렇다면 사람이 사회화가 되지 못하면 무슨 일이 일어날까요?' 라고 하며 ③단락에서 사회화가 이루어지지 않은 안나의 이야기를 소개하고 있어요. 따라서 빈칸에 들어가기에 알맞은 말은 '사회화'예요.

02 [정답] 지유 ··· 알맞은 반응 찾기

>왜 정답?

지유 근거: ①단락

'여러분은 숟가락으로 밥을 먹고, ~ 살아가고 있지요? 우리는 이렇게 사회에서 다른 사람들과 함께 살아가기 위한 방법을 배워 나갑니다. 이런 과정을 '사회화'라고 해요.'라고 했어요. 따라서 숟가락으로 밥을 먹는 법을 배우는 것은 사회화에 해당해요.

>왜 오답?

유민 근거: ①단락 ❷, ❸번째 문장, ④단락 ❶번째 문장

①단락에서 '우리는 이렇게 사회에서 다른 사람들과 함께 살아가기 위한 방법을 배워 나갑니다. 이런 과정을 '사회화'라고 해요.'라고 했고, ④단락에서 '~ 대부분의 사람들은 사회화를 거치며 살아갑니다.'라고 했으므로 알맞은 내용이에요.

범기 근거: ②단락 ❷번째 문장

'사회화 과정을 잘 거쳐야만 사회 속에서 다른 사람들과 함께 잘 어울려 살 수 있답니다.'라고 했으므로 알맞은 내용이에요.

03 [정답] ① ··· 글쓴이의 의도 이해하기

>왜 정답?

① 근거: ④단락 ❷, ❸번째 문장

①~③단락에 걸쳐 사회화에 대해 설명하고, ④단락에서 "인간은 사회적 동물'이라는 말이 있듯이, 우리는 사회 속에서 다른 사람들과 함께 생활하며 살아가게 돼요. 그렇기 때문에 사회화는 아주 중요하답니다.'라고 했으므로 글쓴이는 '사람에게 사회화는 아주 중요하다.'라는 말을 하고 싶은 거예요.

>왜 오답?

② 이 글에 사람과 동물의 다른 점은 나오지 않아요.

③ ③단락에서 사회화가 되지 않은 안나에 대해 이야기하고 있지만, 사회화가 되지 않은 사람을 더 알아보자는 내용은 이 글에 나오지 않아요.

④ 이 글에 사회화 과정을 잘 거치기 위한 비법은 나오지 않아요.

⑤ 근거: ②단락 ❷번째 문장

'사회화 과정을 잘 거쳐야만 사회 속에서 다른 사람들과 함께 잘 어울려 살 수 있답니다.'라고 했으므로 글쓴이가 하고 싶은 말이 아니에요.

04 [정답] ③ ··· 내용 이해하기

>왜 정답?

③ 근거: ②단락 ❶번째 문장

'~ 사회화란 사회에 필요한 지식이나 가치가 전달되는 과정, 또는 사회생활에 필요한 지식이나 행동 등을 다른 사람들과 함께 살아가며 배우는 과정을 말해요.'라고 했으므로 다른 사람 없이 혼자만의 노력으로 사회화를 거칠 수 있다는 것은 틀린 내용이에요.

>왜 오답?

① 근거: ③단락 ❹번째 문장

'이는 안나가 다른 사람들과 접하지 못해 사회화가 이루어지지 않았기 때문이라고 할 수 있습니다.'라고 했으므로 맞는 내용이에요.

② 근거: ④단락 ❶번째 문장

'~ 대부분의 사람들은 사회화를 거치며 살아갑니다.'라고 했으므로 맞는 내용이에요.

④ 근거: ②단락 ❷번째 문장

'사회화 과정을 잘 거쳐야만 사회 속에서 다른 사람들과 함께 잘 어울려 살 수 있답니다.'라고 했으므로 맞는 내용이에요.

⑤ 근거: ①단락 ❷, ❸번째 문장

'우리는 이렇게 사회에서 다른 사람들과 함께 살아가기 위한 방법을 배워 나갑니다. 이런 과정을 '사회화'라고 해요.'라고 했으므로 맞는 내용이에요.

05 [정답] 예 안나는 6살까지 다락방에 갇혀서 자라며 다른 사람들과 접하지 못했기 때문이다.

'안나'의 사회화가 이루어지지 못한 까닭을 이 글에서 찾아 쓰세요.

- **'안나'**: '안나'에 대한 내용은 ③단락에 나와 있습니다. 안나는 6살까지 다락방에 갇혀 자란 소녀인데, 사회화가 이루어지지 못하고 야생 동물과 같은 행동을 보였습니다.

- 즘 '안나'가 사회화를 겪지 못한 까닭을 ③단락에서 찾아 쓰는 문제입니다.

서술형 채점 기준 – 근거: ③단락 ❷, ❹번째 문장

③단락 ❷번째 문장에서 '안나'라는 소녀는 6살까지 다락방에 갇혀서 자랐다고 해요.'라고 했고, ❹번째 문장에서 '이는 안나가 다른 사람들과 접하지 못해 사회화가 이루어지지 않았기 때문이라고 할 수 있습니다.'라고 했어요.

따라서 '안나는 6살까지 다락방에 갇혀서 자라며 다른 사람들과 접하지 못했기 때문이다.'라는 내용이 들어가면 정답이에요.

아 다르고 어 다른 말의 중요성

◯ 각 단락 중심 낱말   ◯ 전체 중심 낱말   [ ] 각 단락 중심 문장   ▮ 전체 중심 문장

1 깜박하고 필통을 놓고 온 지민이가 나영이에게 연필을 빌렸어요. 2 수업이 다 끝나고 지민이가 나영이에게 빌린 연필을 돌려주려고 하는데, 연필을 그만 잃어버리고 말았습니다. 3 지민이는 "나영아, 미안해."라고 진심으로 사과했지만, 나영이는 "빌려준 걸 잃어버리면 어떻게 해!"라며 화를 냈어요. 4 나영이는 듣는 사람의 기분을 생각하지 않고 말을 한 거예요.

*1단락 요약: 듣는 사람의 기분을 생각하지 않고 말한 경우

2 1 대화할 때 듣는 사람의 기분을 생각하며 말하는 것은 중요합니다. 2 [듣는 사람의 기분을 생각하며 말하면, 자신이 하고 싶은 말을 듣는 사람의 기분이 나쁘지 않게 전달할 수 있어요.] 3 이러면 즐거운 대화가 가능해지고, 듣는 사람과도 더 친해질 수 있답니다.

*2단락 요약: 듣는 사람의 기분을 생각하며 말하면 좋은 점

3 1 그럼 어떻게 듣는 사람의 기분을 생각하며 말할 수 있을까요? 2 [먼저, 듣는 사람의 상황이 어떠한지 생각해 보아야 합니다.] 3 (㉠) 듣는 사람을 진심으로 위하는 마음가짐이 필요해요. 4 [말을 할 때는 신중히 생각해서 말하고, 상황에 어울리는 표정으로 말하면 더욱 좋겠지요.]

*3단락 요약: 듣는 사람의 기분을 생각하며 말하는 방법

4 1 다시 지민이와 나영이의 대화로 가 봅시다. 2 나영이에게 미안한 마음을 갖고 사과하는 지민이의 기분을 생각한다면 나영이는 어떻게 말할 수 있을까요? 3 ["괜찮아. 실수로 잃어버린 건데, 뭘."이라고 말하며 지민이를 배려하는 마음을 보여 준다면 좋겠죠?]

*4단락 요약: 듣는 사람의 기분을 생각하고 말한 경우

01 [정답] 좋은 점, 방법

2단락에서는 듣는 사람의 기분을 생각하며 말하면 좋은 점을, 3단락에서는 듣는 사람의 기분을 생각하며 말하는 방법을 설명하고 있어요.

02 [정답] ㉮ 대화 ㉯ 상황

2단락 3번째 문장과 3단락 2번째 문장을 근거로 ㉮와 ㉯에 들어갈 말은 각각 '대화'와 '상황'이에요.

03 [정답] ⑤

3단락 1, 2번째 문장을 근거로 두 사람은 듣는 사람의 기분을 생각하지 않고 말했으므로 듣는 사람의 상황을 생각하지 않은 거예요.

04 [정답] ③

㉠의 앞 문장과 뒤 문장 모두 듣는 사람의 기분을 생각하며 말하는 방법을 설명하고 있으므로, 비슷한 내용의 두 문장을 이어 주는 '그리고'가 들어가야 해요.

✱ 지문 이해

● 이 글은 듣는 사람의 기분을 생각하며 말하는 것에 대해 설명하는 설명문입니다. 듣는 사람의 기분을 생각하며 말하면 자신이 하고 싶은 말을 듣는 사람의 기분이 나쁘지 않게 전달할 수 있어요. 이러면 즐거운 대화가 가능해지고, 듣는 사람과도 더 친해질 수 있어요. 듣는 사람의 기분을 생각하며 말하기 위해서는 듣는 사람의 상황이 어떠한지 생각해 보고, 듣는 사람을 진심으로 위하는 마음가짐을 가져야 해요. 또 말을 할 때는 신중히 생각해서 말하고, 상황에 어울리는 표정으로 말해야 합니다.

● 단락 간의 관계
1단락에서는 듣는 사람의 기분을 생각하지 않고 말한 경우를 보여 주고 있어요.
2단락에서는 듣는 사람의 기분을 생각하며 말하면 좋은 점을, 3단락에서는 듣는 사람의 기분을 생각하며 말하는 방법을 설명하고 있어요.
4단락에서는 1단락에서 보인 경우를 듣는 사람의 기분을 생각하고 말한 경우로 바꿔서 보여 주며 글을 마무리하고 있어요.

● 글의 구조도

| **1 단락** |
| 듣는 사람의 기분을 생각하지 않고 말한 경우 |

↓

| **2 단락** |
| 듣는 사람의 기분을 생각하며 말하면 좋은 점 |

↓

| **3 단락** |
| 듣는 사람의 기분을 생각하며 말하는 방법 |

↓

| **4 단락** |
| 듣는 사람의 기분을 생각하고 말한 경우 |

● 주제: 듣는 사람의 기분을 생각하며 말하기

[수학]

곱셈과 나눗셈 기호는 어디에서 왔을까?

⬭ 각 단락 중심 낱말   ⬭ 전체 중심 낱말   [ ] 각 단락 중심 문장   ▨ 전체 중심 문장

① ❶ 은서는 여러 개의 곱셈식과 나눗셈식을 풀어 보았습니다. ❷ '4×5=□', '8÷2=□' 등을 풀다 보니 은서는 곱셈 기호인 '×(곱하기)'와 나눗셈 기호인 '÷(나누기)'가 어디에서 왔는지 궁금해졌어요. ❸ [쓰기도 쉽고 모양도 재미나게 생긴 '×'와 '÷'는 어디에서 왔을까요?]

② ❶ 곱셈 기호인 '×'를 처음 사용한 사람은 영국의 수학자인 오트레드입니다. ❷ 오트레드는 원래 십자가 모양의 '+'를 곱하기를 뜻하는 기호로 쓰려고 했지만, '+'는 이미 더하기를 뜻하는 기호로 사용되고 있었어요. ❸ 따라서 오트레드는 '+'를 눕힌 모양인 '×'를 곱한다는 뜻으로 사용하기 시작했습니다.

③ ❶ 나눗셈 기호인 '÷'는 스위스의 수학자인 하인리히 란이 처음 사용한 기호로 알려져 있습니다. ❷ '÷'가 등장하기 전에는 나누기를 모두 분수로 표시했어요. ❸ 따라서 분수의 모양을 따라 나누기를 뜻하는 기호인 '÷'를 만들었답니다. ❹ '÷'의 가운데 선은 분수에서 분자와 분모를 가르는 선을 의미하고, 위와 아래에 있는 점은 각각 분자와 분모를 뜻해요.

④ ❶ ['×'와 '÷'를 이용하면 셈을 간단하게 표현할 수 있으며, 문제의 뜻을 금세 알아차릴 수 있어요.] ❷ 그동안 무심코 썼던 '×'와 '÷'가 우리 생활을 편리하게 해 준 기호라니, 기특하죠?

1 단락 요약
'×'와 '÷'의 유래에 대한 궁금증

2 단락 요약
'×'의 유래

3 단락 요약
'÷'의 유래

4 단락 요약
'×'와 '÷'를 이용하면 좋은 점

·· ✱ 지문 이해

● 이 글은 곱셈 기호인 '×'와 나눗셈 기호인 '÷'의 유래에 대해 설명하는 설명문입니다. 곱셈 기호인 '×'를 처음 사용한 사람은 영국의 수학자 오트레드예요. 오트레드는 '+'를 눕힌 모양인 '×'를 곱한다는 뜻으로 사용하기 시작했어요. 나눗셈 기호인 '÷'는 스위스의 수학자 하인리히 란이 처음 사용했어요. 하인리히 란은 분수의 모양을 따라 나누기를 뜻하는 기호인 '÷'를 만들었어요. '×'와 '÷'를 이용하면 셈을 간단하게 표현할 수 있고, 문제의 뜻을 금세 알아차릴 수 있어요.

● **단락 간의 관계**
① 단락에서는 곱셈식과 나눗셈식에 관한 이야기를 하며 '×'와 '÷'의 유래에 대한 궁금증을 드러내고 있어요.
② 단락에서는 곱셈 기호 '×'의 유래에 대해, ③ 단락에서는 나눗셈 기호 '÷'의 유래에 대해 설명하고 있으므로 묶을 수 있어요.
④ 단락에서는 '×'와 '÷'를 이용하면 좋은 점을 이야기하며 글을 마무리하고 있어요.

● **글의 구조도**

1 단락
'×'와 '÷'의 유래에 대한 궁금증

↓   ↓

2 단락   **3 단락**
'×'의 유래   '÷'의 유래

↓   ↓

4 단락
'×'와 '÷'를 이용하면 좋은 점

● **주제:** '×'와 '÷'의 유래

01 [정답] ① ··········· 단락 간의 관계 이해하기

>왜 정답?

① 근거: ①단락 ❸번째 문장

　①단락에서는 '쓰기도 쉽고 모양도 재미나게 생긴 '×'와 '÷'는 어디에서 왔을까요?'라고 하며 이 글 전체의 중심 낱말인 "×'와 '÷'의 유래에 대한 궁금증을 드러내고 있어요.
　그렇지만 곱셈과 나눗셈을 하는 방법을 이야기하고 있지는 않아요.

02 [정답] © ··········· 글쓴이의 의도 이해하기

>왜 정답?

© 근거: ①단락 ❸번째 문장

　①단락에서 '쓰기도 쉽고 모양도 재미나게 생긴 '×'와 '÷'는 어디에서 왔을까요?'라고 묻고, ②, ③단락에서 각각 '×'의 유래와 '÷'의 유래에 대해 설명하고 있어요.
　따라서 글쓴이가 이 글을 쓴 까닭은 "×'와 '÷'가 어떻게 생겨났는지를 알려 주기 위해'가 알맞아요.

>왜 오답?

㉠ 이 글에 수학자가 되는 과정은 나오지 않아요.
㉡ 이 글에 곱셈과 나눗셈의 중요함은 나오지 않아요.
㉣ 이 글에 '×'와 '÷'를 올바르게 쓰는 방법은 나오지 않아요.

03 [정답] (1) + (2) 하인리히 란 ··········· 내용 이해하기

>왜 정답?

(1) 근거: ②단락 ❸번째 문장

　'따라서 오트레드는 '+'를 눕힌 모양인 '×'를 곱한다는 뜻으로 사용하기 시작했습니다.'라고 했어요.

(2) 근거: ③단락 ❶번째 문장

　'나눗셈 기호인 '÷'는 스위스의 수학자인 하인리히 란이 처음 사용한 기호로 알려져 있습니다.'라고 했어요.

04 [정답] 효민, 지희 ··········· 내용 적용하기

>왜 정답?

효민 근거: ④단락 ❶번째 문장

　"×'와 '÷'를 이용하면 셈을 간단하게 표현할 수 있으며, ~'라고 했으므로 알맞은 내용이에요.

지희 근거: ④단락 ❶번째 문장

　"×'와 '÷'를 이용하면 ~ 문제의 뜻을 금세 알아차릴 수 있어요.'라고 했으므로 알맞은 내용이에요.

>왜 오답?

해영 근거: ④단락 ❶번째 문장

　④단락에서 "×'와 '÷'를 이용하면 셈을 간단하게 표현할 수 있으며, 문제의 뜻을 금세 알아차릴 수 있어요.'라고 하며 '×'와 '÷'를 이용했을 때의 좋은 점에 대해 설명하고 있어요. 그렇지만 이 글에 '×'와 '÷'를 이용하면 암산을 빨리 할 수 있다는 내용은 나오지 않아요.

05 [정답] 예 '÷'가 등장하기 전에는 나누기를 모두 분수로 표시했기 때문이다.

[서술형] 채점 기준 – 근거: ③단락 ❷, ❸번째 문장

　"÷'가 등장하기 전에는 나누기를 모두 분수로 표시했어요. 따라서 분수의 모양을 따라 나누기를 뜻하는 기호인 '÷'를 만들었답니다.'라고 했어요.
　따라서 "<u>÷'가 등장하기 전에는 나누기를 모두 분수로 표시했다.</u>'라는 내용이 들어가면 정답이에요.

---- 배경지식 ----

느낌표도 수학 기호로 쓰여요!

　수학 기호는 아주 다양해요. 우리에게 익숙한 수학 기호로는 '+', '−', '×', '÷', '=' 등이 있지요. 그런데 우리가 문장을 쓸 때 자주 사용하는 느낌표(!)도 수학 기호로 쓰인다는 사실, 알고 있었나요?
　수학에서 쓰는 '!' 기호는 문장에서 쓰는 느낌표와 이름도 다르고 쓰임도 달라요. 수학 기호 '!'의 이름은 '팩토리얼'이라고 한답니다. 팩토리얼은 1808년에 프랑스 사람인 크람프가 처음 생각해 낸 기호예요.
　팩토리얼은 수를 단계적으로 곱하는 것을 뜻해요. 어떤 수에 '!' 기호를 쓰면, 1부터 어떤 수까지 차례대로 곱하는 것이지요. 예를 들어 '3!'은 '1×2×3'을 뜻하고, '5!'은 '1×2×3×4×5'를 뜻합니다.
　우리에게는 문장 부호로 쓰이는 느낌표가 더 익숙하지만, 사실 '!' 기호는 수학에서 먼저 사용된 기호예요. 나중에 문장에도 쓰이면서 느낌표가 된 것이랍니다.

[가을 · 겨울]

DAY
21

나뭇잎은 왜 가을에 옷을 갈아입을까?

◯ 각 단락 중심 낱말   ◯ 전체 중심 낱말   [   ] 각 단락 중심 문장   ▨ 전체 중심 문장

1 ❶무더운 여름이 지나고, 가을이 오면 날씨가 시원해지고 낮이 짧아집니다. ❷초록색이던 나뭇잎이 빨갛게, 노랗게 물들어 가고, 울긋불긋 예쁘게 변신한 산에는 단풍놀이를 즐기러 온 사람들로 북적이지요. ❸이렇게 가을이 되어 나무의 잎이 노란색, 붉은색 등으로 변하는 것을 단풍이라고 합니다. ❹그렇다면 왜 가을에 나무들이 잎의 색을 바꾸는 걸까요?

1 단락 요약
단풍의 소개

2 ❶[먼저 단풍이 드는 과정을 살펴보면, 나무가 잎을 떨어뜨리려는 것에서 시작해요.]❷가을에는 기온이 낮아지고, 여름과 달리 비도 많이 내리지 않아서 나무가 얻을 수 있는 햇빛과 물이 줄어듭니다. ❸그래서 영양분과 수분이 빠져나가는 것을 막기 위해 나무는 잎을 떨어뜨리려 하지요.

2 단락 요약
단풍이 드는 과정 ① 나무가 잎을 떨어뜨리려 함.

3 ❶[이 과정에서 나무를 초록색으로 보이게 하는 색소인 엽록소가 파괴돼요.]❷엽록소가 파괴되면서 그동안 보이지 않았던 빨간색이나 노란색을 띠는 색소들이 나타나게 됩니다. ❸엽록소의 파괴로 등장한 이 색소들이 나뭇잎을 빨갛고 노랗게 물들이기 때문에 단풍이 들게 되는 거예요.

3 단락 요약
단풍이 드는 과정 ② 엽록소 파괴

4 ❶[이 색소들은 기온 차가 클수록 색이 더 밝아지기 때문에 밤낮의 기온 차가 클수록 단풍이 더욱 아름답게 물들어요.]❷_____(가)_____ 아래보다 일찍 기온이 낮아지는 산의 꼭대기에 단풍이 먼저 들기 시작하여 산 아래로 내려오게 된답니다.

4 단락 요약
단풍과 기온의 관계

✱ **지문 이해**

● 이 글은 단풍이 드는 과정을 알려 주는 설명문입니다. 단풍은 가을이 되어 나무의 잎이 노란색, 붉은색 등으로 변하는 것을 말해요. 단풍이 드는 과정을 살펴보면, 나무가 영양분과 수분이 빠져나가는 것을 막기 위해 잎을 떨어뜨리려는 것에서 시작해요. 이 과정에서 나무를 초록색으로 보이게 하는 색소인 엽록소가 파괴되고, 그동안 보이지 않았던 빨간색이나 노란색을 띠는 색소들이 나타나 나뭇잎을 물들여요. 이 색소들은 기온 차가 클수록 더 밝아지기 때문에 밤낮의 기온 차가 클수록 단풍이 더욱 아름답게 물들어요.

● **단락 간의 관계**
1단락에서는 글 전체의 중심 낱말인 '단풍'을 소개하고, 단풍이 드는 까닭을 궁금해하고 있어요.
2단락에서는 단풍이 드는 과정 중 나무가 잎을 떨어뜨리려 하는 것에 대해 설명하고 있어요.
3단락에서는 단풍이 드는 과정 중 엽록소가 파괴되는 것에 대해 설명하고 있어요.
4단락에서는 단풍과 기온의 관계에 대해 이야기하며 글을 마무리하고 있어요.

● **글의 구조도**

1 단락
단풍의 소개

↓

2 단락
단풍이 드는 과정 ① 나무가 잎을 떨어뜨리려 함.

↓

3 단락
단풍이 드는 과정 ② 엽록소 파괴

↓

4 단락
단풍과 기온의 관계

● **주제:** 단풍이 드는 과정

01 [정답] ④ ⸻⸻⸻⸻⸻⸻⸻ 단락 간의 관계 이해하기

✏왜 정답?

④ 근거: ④단락 ❶번째 문장

④단락에서는 '이 색소들은 기온 차가 클수록 색이 더 밝아지기 때문에 밤낮의 기온 차가 클수록 단풍이 더욱 아름답게 물들어요.'라고 하며 단풍과 기온의 관계에 대해 이야기하고 있어요.

하지만 ④단락에서 단풍이 들지 않는 나무를 소개하고 있지는 않아요.

02 [정답] ㉠ 잎 ㉡ 엽록소 ㉢ 단풍 ⸻⸻⸻ 내용 이해하기

✏왜 정답?

㉠ 근거: ②단락 ❸번째 문장

'그래서 영양분과 수분이 빠져나가는 것을 막기 위해 나무는 잎을 떨어뜨리려 하지요.'라고 했으므로 ㉠에 들어가기에 알맞은 말은 '잎'이에요.

㉡ 근거: ③단락 ❶번째 문장

'이 과정에서 나무를 초록색으로 보이게 하는 색소인 엽록소가 파괴돼요.'라고 했으므로 ㉡에 들어가기에 알맞은 말은 '엽록소'예요.

㉢ 근거: ③단락 ❸번째 문장

'엽록소의 파괴로 등장한 이 색소들이 나뭇잎을 빨갛고 노랗게 물들이기 때문에 단풍이 들게 되는 거예요.'라고 했으므로 ㉢에 들어가기에 알맞은 말은 '단풍'이에요.

03 [정답] ④ ⸻⸻⸻⸻⸻⸻⸻ 올바른 접속어 찾기

✏왜 정답?

④ 근거: ④단락 ❶, ❷번째 문장

㉮의 앞뒤에 나온 문장이 어떤 관계인지 알아야 해요. ㉮의 앞 문장은 '이 색소들은 기온 차가 클수록 색이 더 밝아지기 때문에 밤낮의 기온 차가 클수록 단풍이 더욱 아름답게 물들어요.'이고, 뒤 문장은 '아래보다 일찍 기온이 낮아지는 산의 꼭대기에 단풍이 먼저 들기 시작하여 산 아래로 내려오게 된답니다.'예요. ㉮의 앞 문장이 원인, 뒤 문장이 결과를 나타내므로 ㉮에는 '그래서'가 들어가야 해요.

✏왜 오답?

① '또한'은 앞 문장과 비슷한 내용의 말을 더할 때 쓰는 이어 주는 말이에요.
② '하지만'은 서로 같지 않은 사실을 나타내는 두 문장을 이어 주는 말이에요.
③ '그리고'는 비슷한 내용의 두 문장을 이어 주는 말이에요.
⑤ '왜냐하면'은 뒤 문장이 앞 문장의 원인이 될 때 쓰는 이어 주는 말이에요.

04 [정답] 예 나뭇잎에서 빨간색이나 노란색을 띤 색소들이 기온 차가 클수록 색이 더 밝아지기 때문이다.

서술형 채점 기준 – 근거: ③단락 ❷번째 문장, ④단락 ❶번째 문장

④단락에서 '이 색소들은 기온 차가 클수록 색이 더 밝아지기 때문에 밤낮의 기온 차가 클수록 단풍이 더욱 아름답게 물들어요.'라고 했어요. 여기서 말하는 '이 색소들'은 ③단락의 '~ 빨간색이나 노란색을 띠는 색소들이 ~'에서 '빨간색이나 노란색을 띠는 색소들'을 의미해요.

따라서 '나뭇잎에서 빨간색이나 노란색을 띤 색소들이 기온 차가 클수록 색이 더 밝아지기 때문이다.'라는 내용이 들어가면 정답이에요.

⸻⸻⸻ 배경지식

낙엽을 가지고 놀아 봐요!

가을이 되면 빨갛고 노랗게 단풍이 드는 모습을 볼 수 있어요. 우리는 단풍을 구경하러 산이나 공원에 가기도 하지요. 그런데 단풍이 든 나무들은 겨울을 준비하기 위해 곧 나뭇잎을 떨어뜨려요. 이렇게 말라서 나무에서 떨어진 나뭇잎을 '낙엽'이라고 합니다.

낙엽은 나무가 겨울을 나기 위해서 준비하는 과정으로, 물이 부족한 겨울철에 잎을 통해 물이 빠져나가는 것을 막기 위해 나무가 잎을 떨어뜨리면서 생겨요. 그래서 가을과 겨울 사이에 대부분의 잎이 떨어진답니다.

낙엽으로 친구들과 여러 가지 활동을 할 수 있습니다. 바닥에 떨어져 있는 낙엽들을 한데 모아서 발로 밟으면 바스락 바스락 재미있는 소리가 나요. 또 누가 가장 낙엽을 많이 모으는지 시합해 볼 수도 있을 거예요.

낙엽들을 주워서 머리 위로 높이 뿌리며 친구들과 신나게 놀 수도 있어요. 그리고 여러 가지 낙엽을 주워 도화지의 아래에 놓고 크레파스, 색연필 등을 이용해서 낙엽의 모양을 본뜨면, 도화지에도 알록달록 예쁜 단풍이 들 거예요.

[사회]

로봇과 함께하는 우리 생활

○ 각 단락 중심 낱말   ○ 전체 중심 낱말   [ ] 각 단락 중심 문장   🟨 전체 중심 문장

❶ 우리는 힘들고 귀찮은 일을 할 때, '누군가 대신해 줬으면…….'하고 생각하기도 해요.
❷[이렇게 사람들이 하기 힘들거나 귀찮은 일을 누군가에게 시키고 싶은 마음에서 만든 기계가 있습니다. ❸ 바로 로봇이지요.]❹로봇이라는 말은 체코의 작가인 차페크가 처음 사용했습니다. ❺'힘들고 하기 싫은 일'이라는 뜻의 '로보타'에서 나온 말이에요. ❻우리 생활 곳곳에서 로봇이 어떻게 이용되고 있는지 알아볼까요?

2 ❶[의료 분야에서는 환자의 병을 살피거나 수술을 정확하게 도와주는 의료용 로봇이 이용되고 있어요. ❷우주 항공 분야에서는 인간이 가까이 가기 어려운 행성의 환경이나 상태를 조사하기 위해 탐사 로봇을 이용하고 있지요.]

3 ❶사람들이 하기 싫어하는 청소를 대신해 주는 로봇도 있어요. ❷[로봇청소기는 스스로 움직이면서 먼지를 빨아들이고, 물걸레 청소도 해 주지요. ❸또한 몸을 움직이기 어려운 장애인을 위해 만들어진 휠체어 로봇도 있어요.]❹로봇 팔이 계단 위로 휠체어의 앞바퀴를 올려놓아 주기 때문에 장애인도 어렵지 않게 계단을 오르내릴 수 있어요.

4 ❶이처럼 로봇은 우리 생활 곳곳에서 유용하게 쓰이고, 우리 생활을 편리하게 해 줍니다. ❷과학 기술이 발전하면서 앞으로 더 많은 로봇이 만들어지면, 사람들의 생활은 더욱 편리해지겠지요?

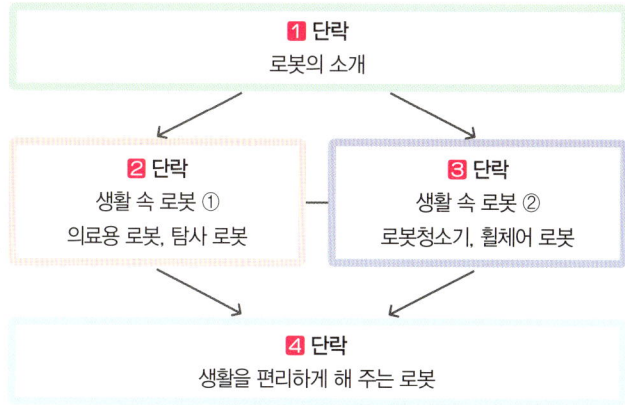

1 단락 요약
로봇의 소개

2 단락 요약
생활 속 로봇 ① 의료용 로봇, 탐사 로봇

3 단락 요약
생활 속 로봇 ② 로봇청소기, 휠체어 로봇

4 단락 요약
생활을 편리하게 해 주는 로봇

✱ 지문 이해

● 이 글은 우리 생활 속에서 이용되는 로봇에 대해 설명하는 설명문입니다. 로봇은 사람들이 하기 힘들거나 귀찮은 일을 누군가에게 시키고 싶은 마음에서 만든 기계예요. 로봇은 '힘들고 하기 싫은 일'이라는 뜻의 '로보타'에서 나온 말입니다. 의료용 로봇은 환자의 병을 살피거나 수술을 정확하게 도와주고, 탐사 로봇은 인간이 가까이 가기 어려운 행성의 환경이나 상태를 조사하기 위해 이용되고 있어요. 또 로봇청소기는 스스로 움직이면서 청소를 하고, 휠체어 로봇은 장애인이 계단을 오르내릴 수 있도록 도와줘요. 이처럼 로봇은 우리 생활 곳곳에서 유용하게 쓰이고, 우리 생활을 편리하게 해 줘요.

● **단락 간의 관계**
  1단락에서는 글 전체의 중심 낱말인 '로봇'을 소개하며 우리 생활에 이용되는 로봇에 대한 질문을 던지고 있어요.
  2단락에서는 우리 생활 속 로봇 중 의료용 로봇과 탐사 로봇에 대해, 3단락에서는 우리 생활 속 로봇 중 로봇청소기와 휠체어 로봇에 대해 설명하고 있어요. 두 단락 모두 생활 속 로봇에 대해 설명하므로 묶을 수 있어요.
  4단락에서는 로봇이 우리 생활을 편리하게 해 준다고 이야기하며 글을 마무리하고 있어요.

● **글의 구조도**

```
          ┌─────────────────────────┐
          │      1 단락             │
          │      로봇의 소개        │
          └─────────────────────────┘
             ↓                    ↓
┌──────────────────┐    ┌──────────────────┐
│   2 단락         │────│   3 단락         │
│ 생활 속 로봇 ①   │    │ 생활 속 로봇 ②   │
│ 의료용 로봇,     │    │ 로봇청소기,      │
│ 탐사 로봇        │    │ 휠체어 로봇      │
└──────────────────┘    └──────────────────┘
             ↓                    ↓
          ┌─────────────────────────┐
          │      4 단락             │
          │ 생활을 편리하게 해 주는 로봇 │
          └─────────────────────────┘
```

● **주제:** 우리 생활을 편리하게 해 주는 로봇의 쓰임

01 [정답] ④ ·········· 단락 간의 관계 이해하기

>왜 정답?
1단락에서는 로봇을 소개하며 우리 생활에 이용되는 로봇에 대한 질문을 던지고 있어요.
2단락에서는 우리 생활 속 로봇 중 의료용 로봇과 탐사 로봇에 대해, 3단락에서는 우리 생활 속 로봇 중 로봇청소기와 휠체어 로봇에 대해 설명하고 있어요.
4단락에서는 로봇이 우리 생활을 편리하게 해 준다는 이야기를 하고 있어요. 하지만 로봇의 안 좋은 점에 대해서는 설명하고 있지 않아요.

02 [정답] ㉮ 행성 ㉯ 로봇청소기 ㉰ 휠체어
내용 이해하기

>왜 정답?
㉮ 근거: 2단락 ❷번째 문장
'우주 항공 분야에서는 인간이 가까이 가기 어려운 행성의 환경이나 상태를 조사하기 위해 '탐사 로봇'을 이용하고 있지요.'라고 했으므로 ㉮에 들어가기에 알맞은 말은 '행성'이에요.
㉯ 근거: 3단락 ❷번째 문장
"로봇청소기'는 스스로 움직이면서 먼지를 빨아들이고, 물걸레 청소도 해 주지요.'라고 했으므로 ㉯에 들어가기에 알맞은 말은 '로봇청소기'예요.
㉰ 근거: 3단락 ❹번째 문장
'로봇 팔이 계단 위로 휠체어의 앞바퀴를 올려놓아 주기 때문에 장애인도 어렵지 않게 계단을 오르내릴 수 있어요.'라고 했으므로 ㉰에 들어가기에 알맞은 말은 '휠체어'예요.

03 [정답] ④ ·········· 글쓰기 방식 이해하기

>왜 정답?
㉡ 근거: 1단락 ❻번째 문장
1단락에서 '우리 생활 곳곳에서 로봇이 어떻게 이용되고 있는지 알아볼까요?'라며 물음을 던지고, 2, 3단락에서 우리 생활 속에서 이용되는 로봇들을 소개하며 물음에 답하고 있으므로 알맞은 설명이에요.
㉣ 근거: 2, 3단락
2단락에서는 '의료 분야에서는 ~ '의료용 로봇'이 이용되고 있어요. 우주 항공 분야에서는 ~ '탐사 로봇'을 이용하고 있지요.'라고 하며 의료용 로봇과 탐사 로봇을 소개하고, 이 로봇들이 하는 일을 설명하고 있어요. 3단락에서는 "로봇청소기'는 ~ 해 주지요. 또한 몸을 움직이기 어려운 장애인을 위해 만들어진 '휠체어 로봇'도 있어요.'라고 하며 로봇청소기와 휠체어 로봇을 소개하고, 이 로봇들이 하는 일을 설명하고 있어요. 따라서 알맞은 설명이에요.

>왜 오답?
㉠ 이 글은 여러 나라의 로봇들 간에 다른 점을 비교하고 있지 않아요.
㉢ 근거: 4단락 ❷번째 문장
4단락에서 '과학 기술이 발전하면서 앞으로 더 많은 로봇이 만들어지면, 사람들의 생활은 더욱 편리해지겠지요?'라고 하며 로봇으로 인해 사람들의 생활이 더 편리해질 것이라고 예측하며 글을 마무리하고 있어요. 그렇지만 미래에 어떤 로봇이 나올 것인지는 이야기하지 않았어요.

04 [정답] 진아 ·········· 내용 적용하기
〈보기〉는 로봇과 관련한 뉴스입니다. 이 글의 내용에 비추어 볼 때, 알맞지 않은 말을 한 사람의 이름을 쓰세요.

• 〈보기〉: 화성 탐사선 '퍼서비어런스'에 관한 뉴스 내용입니다. 퍼서비어런스는 행성인 화성을 조사하는 일을 하는 로봇입니다. 행성을 조사하는 로봇에 관한 내용은 2단락에 나와 있습니다.
[즉] 〈보기〉의 '퍼서비어런스'에 대해 잘못 이해한 사람을 고르는 문제입니다.

>왜 정답?
진아 근거: 2단락 ❷번째 문장
'우주 항공 분야에서는 인간이 가까이 가기 어려운 행성의 환경이나 상태를 조사하기 위해 '탐사 로봇'을 이용하고 있지요.'라고 했으므로 〈보기〉의 퍼서비어런스는 '의료 분야'가 아니라 '우주 항공 분야'에서 사용되는 탐사 로봇이에요.

>왜 오답?
승환 근거: 4단락 ❶번째 문장
'이처럼 로봇은 우리 생활 곳곳에서 유용하게 쓰이고, 우리 생활을 편리하게 해 줍니다.'라고 했으므로 알맞은 내용이에요.
정원 근거: 2단락 ❷번째 문장
'우주 항공 분야에서는 인간이 가까이 가기 어려운 행성의 환경이나 상태를 조사하기 위해 '탐사 로봇'을 이용하고 있지요.'라고 했으므로 알맞은 내용이에요.

05 [정답] 예 힘들고 하기 싫은 일

[서술형] 채점 기준 – 근거: 1단락 ❹, ❺번째 문장
'로봇이라는 말은 체코의 작가인 차페크가 처음 사용했습니다. '힘들고 하기 싫은 일'이라는 뜻의 '로보타'에서 나온 말이에요.'라고 했으므로 '힘들고 하기 싫은 일'이라는 내용이 들어가면 정답이에요.

[과학]

동물의 특징을 활용한 생활용품

1 ❶수영장에 놀러 간 지훈이는 양쪽 발에 기다란 신발 비슷한 것을 신고 수영하는 사람을 보았어요. ❷이 신발은 물속에서 헤엄을 더 잘 칠 수 있게 도와주는 '오리발'이었습니다. ❸오리발은 실제로 물에서 헤엄을 잘 치는 오리의 발에 있는 물갈퀴를 보고 만든 것이라고 해요. ❹지훈이는 오리발처럼 동물의 특징을 활용한 물건에 또 어떤 것들이 있는지 궁금해졌어요.

1 단락 요약
동물의 특징을 활용한 물건에 대한 궁금증

2 ❶우리 주변에서 쉽게 볼 수 있는 칫솔걸이에도 동물의 특징이 숨겨져 있는데요, 어떤 동물일까요? ❷[화장실의 벽이나 거울에 딱 붙어 떨어지지 않는 칫솔걸이는 잘 붙는 문어 빨판의 특징을 활용한 것이랍니다.]

2 단락 요약
문어 빨판을 활용한 칫솔걸이

3 ❶또, 껍질이 거북이 등껍질처럼 단단한 거북복은 1초당 몸길이의 여섯 배까지 헤엄칠 수 있는 특징이 있습니다. ❷[이러한 거북복의 몸통 모양을 자동차에 적용하여 기름을 적게 사용하고도 멀리 갈 수 있는 자동차를 만들었어요.]

3 단락 요약
거북복의 모양을 적용한 자동차

4 ❶길고 뾰족한 부리를 이용하여 빠르게 물고기를 잡아먹어서 '물고기 잡는 호랑이'라는 별명을 가지고 있는 물총새는 고속 열차의 시끄러운 소리를 줄이는 데 도움을 주었어요. ❷[물총새가 물속으로 다이빙하여 물고기를 사냥할 때 물방울이 잘 튀지 않는 점을 활용하여 고속 열차의 앞부분을 물총새의 부리 모양처럼 바꾸었더니, 고속 열차의 소음이 많이 줄었답니다.]

4 단락 요약
물총새의 부리를 활용한 고속 열차

✱ 지문 이해

● 이 글은 우리 생활 속에서 동물의 특징을 활용한 물건을 소개하는 설명문입니다. 오리발은 물에서 헤엄을 잘 치는 오리의 발에 있는 물갈퀴를 보고 만든 것이고, 칫솔걸이는 잘 붙는 문어 빨판의 특징을 활용하여 만든 것이에요. 또 1초당 몸길이의 여섯 배까지 헤엄칠 수 있는 거북복의 몸통 모양을 자동차에 적용하여 기름을 적게 사용하고도 멀리 갈 수 있는 자동차를 만들었어요. 그리고 물총새가 물속으로 다이빙하여 물고기를 사냥할 때 물방울이 잘 튀지 않는 점을 활용하여 고속 열차의 앞부분을 물총새의 부리 모양처럼 바꾸어 고속 열차의 소음을 줄였어요.

● **단락 간의 관계**
1 단락에서는 오리발을 예시로 들며, 동물의 특징을 활용한 물건에 대해 궁금증을 드러내고 있어요.
2 단락에서는 문어 빨판을 활용한 칫솔걸이를, 3 단락에서는 거북복의 모양을 적용한 자동차를, 4 단락에서는 물총새의 부리를 활용한 고속 열차를 소개하고 있으므로 2 ~ 4 단락은 묶을 수 있어요.

● **글의 구조도**

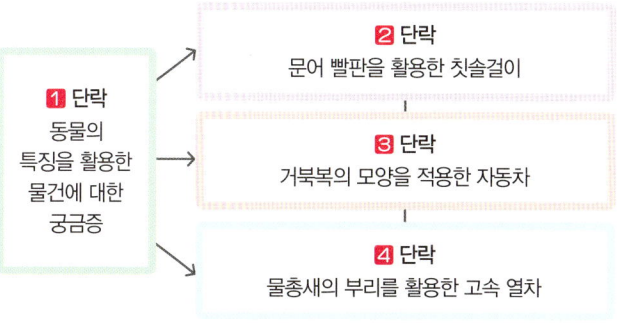

1 단락
동물의 특징을 활용한 물건에 대한 궁금증

2 단락
문어 빨판을 활용한 칫솔걸이

3 단락
거북복의 모양을 적용한 자동차

4 단락
물총새의 부리를 활용한 고속 열차

● **주제**: 동물의 특징을 활용한 물건

01 [정답] 오리발, 거북복 ·········· 단락 간의 관계 이해하기

>왜 정답?

* 근거: ①단락 ❸, ❹번째 문장, ③단락 ❷번째 문장

①단락에서는 '오리발은 실제로 물에서 헤엄을 잘 치는 오리의 발에 있는 물갈퀴를 보고 만든 것이라고 해요. 지훈이는 오리발처럼 동물의 특징을 활용한 물건에 또 어떤 것들이 있는지 궁금해졌어요.'라고 하며 오리발을 예시로 들어 동물의 특징을 활용한 물건에 대한 궁금증을 드러내고 있어요. ③단락에서는 '이러한 거북복의 몸통 모양을 자동차에 적용하여 기름을 적게 사용하고도 멀리 갈 수 있는 자동차를 만들었어요.'라고 하며 거북복의 특징을 활용한 자동차를 소개하고 있어요. 따라서 괄호 안에 들어가기에 알맞은 말은 차례대로 '오리발', '거북복'이에요.

02 [정답] ㉠ 물갈퀴 ㉡ 빨판 ㉢ 부리 ········· 내용 이해하기

>왜 정답?

㉠ 근거: ①단락 ❸번째 문장

'오리발은 실제로 물에서 헤엄을 잘 치는 오리의 발에 있는 물갈퀴를 보고 만든 것이라고 해요.'라고 했으므로 ㉠에 들어가기에 알맞은 말은 '물갈퀴'예요.

㉡ 근거: ②단락 ❷번째 문장

'화장실의 벽이나 거울에 딱 붙어 떨어지지 않는 칫솔걸이는 잘 붙는 문어 빨판의 특징을 활용한 것이랍니다.'라고 했으므로 ㉡에 들어가기에 알맞은 말은 '빨판'이에요.

㉢ 근거: ④단락 ❷번째 문장

'물총새가 물속으로 다이빙하여 물고기를 사냥할 때 물방울이 잘 튀지 않는 점을 활용하여 고속 열차의 앞부분을 물총새의 부리 모양처럼 바꾸었더니, 고속 열차의 소음이 많이 줄었답니다.'라고 했으므로 ㉢에 들어가기에 알맞은 말은 '부리'예요.

03 [정답] ② ·················· 글쓰기 방식 이해하기

>왜 정답?

② 근거: ①단락 ❹번째 문장

①단락에서 '지훈이는 오리발처럼 동물의 특징을 활용한 물건에 또 어떤 것들이 있는지 궁금해졌어요.'라고 한 후, ②~④단락에 걸쳐 동물의 특징을 활용한 물건들을 소개하고 있으므로 알맞은 설명이에요.

>왜 오답?

① 이 글은 동물을 사는 곳에 따라 나누어 설명하고 있지 않아요.

③ 이 글은 동물의 특징을 활용한 물건만 설명할 뿐, 식물의 특징을 활용한 물건은 설명하고 있지 않아요.

④ 이 글은 동물마다 다른 특징을 가지게 된 까닭을 이야기하고 있지 않아요.

⑤ 이 글은 동물과 함께 살아가기 위해 해야 할 노력을 설명하고 있지 않아요.

04 [정답] ④ ·················· 내용 적용하기

>왜 정답?

④ 여러 마리가 힘을 합해 무거운 물체를 나른다는 특징과 그림을 통해 볼 때, 빈칸에 들어가기에 알맞은 동물은 '개미'예요.

05 [정답] (1) 물고기 잡는 호랑이 (2) 예) 길고 뾰족한 부리를 이용하여 빠르게 물고기를 잡아먹기 때문이다.

서술형 **채점 기준** – 근거: ④단락 ❶번째 문장

(1) '~ '물고기 잡는 호랑이'라는 별명을 가지고 있는 물총새는 ~'이라고 했으므로 '물고기 잡는 호랑이'라고 써야 정답이에요.

(2) '길고 뾰족한 부리를 이용하여 빠르게 물고기를 잡아먹어서 ~'라고 했으므로 '길고 뾰족한 부리를 이용하여 빠르게 물고기를 잡아먹기 때문이다.'라는 내용이 들어가면 정답이에요.

배경지식

살아남기 위해 모습을 바꾸는 동물

동물들은 처음부터 우리가 지금 보는 모습과 똑같은 모습이었을까요? 아니에요. 동물들은 살아남기 위해서 사는 곳이나 먹이, 기온 등 주변 환경에 따라 모습을 바꾸어 왔답니다. 이처럼 동물들이 오랜 시간 동안 자신이 살아가는 환경에 맞추어 변화하는 과정을 '진화'라고 해요.

여우의 모습을 살펴볼까요? 더운 사막에 사는 사막여우는 몸에 비해 아주 큰 귀를 가지고 있어요. 큰 귀 주변에는 혈관이 넓게 뻗어 있어서 몸의 열을 쉽게 내보내는 역할을 하지요. 반대로 추운 극지방에 사는 북극여우는 귀가 작고 뭉툭하며, 털이 빽빽하게 나 있어서 몸의 열을 쉽게 빼앗기지 않아요.

새들의 부리는 먹이에 따라 모습이 변했어요. 왜가리의 길고 뾰족한 부리는 물고기를 찌르듯이 사냥하는 데 좋게 진화했습니다. 반면 씨앗이나 벌레를 먹는 붉은머리오목눈이의 부리는 짧고 두껍답니다.

▲ 사막여우

낱말을 국어사전에서 찾는 방법

◯ 각 단락 중심 낱말　◯ 전체 중심 낱말　[ ] 각 단락 중심 문장　▨ 전체 중심 문장

1 ❶ 여러분은 모르는 낱말이 생기면 어디서 낱말의 뜻을 찾아보나요? ❷ 인터넷에 검색하기도 하고, 휴대폰을 이용하기도 할 거예요. ❸ 또, 국어사전에서 낱말을 찾아볼 수도 있을 겁니다. ❹ 국어사전은 우리가 쓰는 낱말의 뜻을 설명해 놓은 책이에요. ❺ 그럼 국어사전에서 낱말을 찾는 방법을 알아봅시다.

1 단락 요약
국어사전의 소개

2 ❶ [국어사전에는 낱말을 이루고 있는 글자의 순서대로 낱말이 실려 있어요.] ❷ 예를 들어, '가을'과 '하늘'의 첫 자음자를 살펴보면 '가을'은 'ㄱ'으로 시작하기 때문에 'ㅎ'으로 시작하는 '하늘'보다 국어사전에 먼저 실려 있지요.

2 단락 요약
국어사전에 낱말이 실려 있는 순서

3 ❶ [국어사전에서 낱말을 찾기 위해서는 첫 번째 글자의 첫 자음자, 모음자, 받침의 순서대로 찾고, 다음 글자도 똑같은 순서대로 찾으면 됩니다.] ❷ 예를 들어, '친구'를 국어사전에서 찾으려면 첫 자음자인 'ㅊ'을 먼저 찾고, 모음자인 'ㅣ', 받침인 'ㄴ'을 순서대로 찾은 다음, 두 번째 글자의 자음자인 'ㄱ', 모음자인 'ㅜ'를 찾으면 돼요.

3 단락 요약
국어사전에서 낱말을 찾는 방법

4 ❶ [형태가 바뀌는 낱말의 경우, 낱말에서 ㈎ 형태가 바뀌지 않는 부분에 '-다'를 붙인 ㈏ 기본형으로 찾습니다.] ❷ 예를 들어 '먹고'를 찾으려면 기본형인 '먹다'로 바꾸어 찾아야 해요. ❸ 형태가 바뀌는 낱말이 너무 많아 국어사전에 모두 실을 수 없어서 기본형만 싣기 때문이에요.

4 단락 요약
국어사전에서 형태가 바뀌는 낱말을 찾는 방법

✱ 지문 이해

● 이 글은 국어사전에서 낱말을 찾는 방법을 알려 주는 설명문입니다. 국어사전은 우리가 쓰는 낱말의 뜻을 설명해 놓은 책이에요. 국어사전에는 낱말을 이루고 있는 글자의 순서대로 낱말이 실려 있어요. 국어사전에서 낱말을 찾기 위해서는 첫 번째 글자의 첫 자음자, 모음자, 받침 순서대로 찾고, 다음 글자도 똑같은 순서대로 찾아요. 형태가 바뀌는 낱말의 경우, 낱말에서 형태가 바뀌지 않는 부분에 '-다'를 붙인 기본형으로 찾아요. 형태가 바뀌는 낱말이 너무 많아 국어사전에 모두 실을 수 없어서 기본형만 싣기 때문이에요.

● 단락 간의 관계
　1단락에서는 국어사전을 소개하고, 국어사전에서 낱말을 찾는 방법을 알아보자고 이야기하고 있어요.
　2단락에서는 국어사전에 낱말이 실려 있는 순서를 설명하고 있어요.
　3단락에서는 국어사전에서 낱말을 찾는 방법을 설명하고 있어요.
　4단락에서는 국어사전에서 형태가 바뀌는 낱말을 찾는 방법을 설명하고 있어요.

● 글의 구조도

1 단락
국어사전의 소개
↓
2 단락
국어사전에 낱말이 실려 있는 순서
↓
3 단락
국어사전에서 낱말을 찾는 방법
↓
4 단락
국어사전에서 형태가 바뀌는 낱말을 찾는 방법

● 주제: 국어사전에서 낱말을 찾는 방법

01 [정답] ② ·········· 단락 간의 관계 이해하기

>**왜 정답?**

② 근거: ②단락 ❶번째 문장

　②단락에서는 '국어사전에는 낱말을 이루고 있는 글자의 순서대로 낱말이 실려 있어요.'라고 하며 국어사전에 낱말이 실려 있는 순서를 설명하고 있어요. 하지만 국어사전을 이용하면 좋은 점에 대해서는 이야기하고 있지 않아요.

02 [정답] ㉠ 자음자 ㉡ 모음자 ㉢ 받침 ······ 내용 이해하기

>**왜 정답?**

㉠ 근거: ③단락 ❶번째 문장

　'국어사전에서 낱말을 찾기 위해서는 첫 번째 글자의 첫 자음자, 모음자, 받침의 순서대로 찾고, 다음 글자도 똑같은 순서대로 찾으면 됩니다.'라고 했어요. 따라서 맨 처음에 찾아야 할 것은 '첫 자음자'이므로 ㉠에 들어갈 말은 '자음자'예요.

㉡ 근거: ③단락 ❶번째 문장

　'국어사전에서 낱말을 찾기 위해서는 첫 번째 글자의 첫 자음자, 모음자, 받침의 순서대로 찾고, 다음 글자도 똑같은 순서대로 찾으면 됩니다.'라고 했어요. 따라서 두 번째로 찾아야 할 것은 '모음자'이므로 ㉡에 들어갈 말은 '모음자'예요.

㉢ 근거: ③단락 ❶번째 문장

　'국어사전에서 낱말을 찾기 위해서는 첫 번째 글자의 첫 자음자, 모음자, 받침의 순서대로 찾고, 다음 글자도 똑같은 순서대로 찾으면 됩니다.'라고 했어요. 따라서 세 번째로 찾아야 할 것은 '받침'이므로 ㉢에 들어갈 말은 '받침'이에요.

03 [정답] ② ·········· 글쓰기 방식 이해하기

>**왜 정답?**

② 근거: ②단락 ❶번째 문장

　'국어사전에는 낱말을 이루고 있는 글자의 순서대로 낱말이 실려 있어요.'라고 했으므로 국어사전에 낱말이 실려 있는 순서를 이야기하고 있지 않다는 설명은 틀려요.

>**왜 오답?**

① 근거: ①단락 ❶번째 문장

　'여러분은 모르는 낱말이 생기면 어디서 낱말의 뜻을 찾아보나요?'라고 물음을 던지며 글을 시작하고 있어요.

③ 근거: ④단락 ❶번째 문장

　'형태가 바뀌는 낱말의 경우, 낱말에서 형태가 바뀌지 않는 부분에 '-다'를 붙인 기본형으로 찾습니다.'라고 하며 형태가 바뀌는 낱말을 국어사전에서 찾는 법을 설명하고 있어요.

④ 근거: ③단락 ❷번째 문장

　'예를 들어, '친구'를 국어사전에서 찾으려면 첫 자음자인 'ㅊ'을 먼저 찾고, ~ 모음자인 'ㅜ'를 찾으면 돼요.'라고 하며 국어사전에서 낱말의 뜻을 찾는 법을 예를 들어 설명하고 있어요.

⑤ 근거: ①단락 ❶, ❷번째 문장

　'여러분은 모르는 낱말이 생기면 어디서 낱말의 뜻을 찾아보나요? 인터넷에 검색하기도 하고, 휴대폰을 이용하기도 할 거예요.'라고 하며 물음을 던지고 그 물음에 스스로 답하는 방법을 사용하고 있어요.

04 [정답] 웃, 웃다 ·········· 내용 적용하기

이 글과 〈보기〉를 통해 볼 때, 다음의 낱말에서 (가) 형태가 바뀌지 않는 부분과, (나) 기본형이 무엇인지 쓰세요.

• 이 글: ④단락에 형태가 바뀌는 낱말을 국어사전에서 찾는 방법이 나와 있습니다. 낱말에서 형태가 바뀌지 않는 부분에 '-다'를 붙인 것이 기본형입니다.

• 〈보기〉: '먹고, 먹으니, 먹어'의 형태가 바뀌지 않는 부분과 기본형을 보여 주고 있습니다.

[즉] 이 글과 〈보기〉의 예시를 통해 형태가 바뀌는 낱말을 이해하고, '웃고, 웃으니, 웃어'에서 형태가 바뀌지 않는 부분과 기본형을 찾는 문제입니다.

>**왜 정답?**

* 근거: ④단락 ❶번째 문장, 〈보기〉

　④단락에서 '형태가 바뀌는 낱말의 경우, 낱말에서 형태가 바뀌지 않는 부분에 '-다'를 붙인 기본형으로 찾습니다.'라고 했어요. 그리고 〈보기〉에서 '먹고, 먹으니, 먹어'의 형태가 바뀌지 않는 부분은 '먹', 기본형은 '먹다'라고 했어요.
　따라서 '웃고', '웃으니', '웃어'에서 형태가 바뀌지 않는 부분은 '웃'이고, 기본형은 형태가 바뀌지 않는 부분에 '-다'를 붙인 '웃다'예요.

05 [정답] 예 형태가 바뀌는 낱말이 너무 많아 국어사전에 모두 실을 수 없기 때문이다.

[서술형] 채점 기준 - 근거: ④단락 ❶, ❸번째 문장

'형태가 바뀌는 낱말의 경우, ~ 기본형으로 찾습니다.', '형태가 바뀌는 낱말이 너무 많아 국어사전에 모두 실을 수 없어서 기본형만 싣기 때문이에요.'라고 했어요.
따라서 '형태가 바뀌는 낱말이 너무 많아 국어사전에 모두 실을 수 없다.'라는 내용이 들어가면 정답이에요.

[수학]

곱셈으로 계산해 봐요.

⬭ 각 단락 중심 낱말   ⬯ 전체 중심 낱말   [   ] 각 단락 중심 문장   ▨ 전체 중심 문장

①❶ 사람들은 같은 수를 여러 번 더할 때가 있어요. ❷ <mark>그럴 때 덧셈으로는 여러 번 해야 할 계산을 곱셈으로 하면 간단하게 표현할 수 있습니다.</mark>   *1단락 요약: 덧셈을 간단히 표현할 수 있는 곱셈

②❶ 빵집에 갔을 때를 생각해 봅시다. 진열대에 1봉지에 2개의 빵이 들어 있는 봉지가 3봉지 있다면 빵은 모두 몇 개일까요? ❸[이를 묶어 세기로 나타내면 2개씩 묶여 있는 빵이 3묶음 있는 것이므로 '2+2+2'가 되어 빵은 모두 6개임을 알 수 있습니다.]   *2단락 요약: 묶어 세기의 예시

③❶[몇씩 몇 묶음은 몇의 몇 배로 나타낼 수 있어요.]❷ 위의 단락에서 2개씩 묶여 있는 빵이 3묶음 있다고 했죠? ❸ 이때 3묶음의 빵, 즉 3봉지에 들어있는 빵의 개수는 2의 3배가 됩니다.   *3단락 요약: 배의 예시

④❶[이제 몇의 몇 배를 곱셈식으로 나타내는 것을 알아봐요.]❷ 빵이 2개씩 3묶음이 있는 것은 2의 3배가 되고, 이는 덧셈식으로 '2+2+2'로 표현해요. ❸ 이 덧셈식을 곱셈식으로 나타내면 '2×3'이 되는데, 이는 2가 3번 있다는 뜻이에요.   *4단락 요약: 곱셈식의 예시

⑤❶[위에서 배운 내용을 토대로 과일 가게에 간 경우를 생각해 봅시다.]❷ 상자에 토마토가 4개씩 5줄이 놓여 있다면 상자 속의 토마토는 모두 몇 개일까요? ❸ 덧셈으로 계산하면 '4+4+4+4+4'가 되고, 이는 4씩 5묶음, 4의 5배입니다. ❹ 곱셈으로 계산하면 '4×5'가 되어 토마토는 20개임을 알 수 있어요.   *5단락 요약: 곱셈의 정리

01 정답 ⑰, ⑭, ㉮, ㉰, ㉯

①단락에서는 덧셈을 간단히 표현할 수 있는 곱셈을 소개하고, ②단락에서는 묶어 세기를, ③단락에서는 배를, ④단락에서는 곱셈식을 설명하고 있어요. ⑤단락에서는 곱셈에 대해 정리하고 있어요.

02 정답 곱셈

①단락에서 같은 수를 여러 번 더할 때 곱셈을 이용하면 간단하게 표현할 수 있다고 한 후, ②~⑤단락에 걸쳐 곱셈을 하는 과정을 설명하고 있어요.

03 정답 ①

이 글은 곱셈을 소개하고, 곱셈을 하는 과정에 대한 정보를 전달하고 있어요.

04 정답 한수

④단락 ❷, ❸번째 문장을 근거로 〈보기〉를 곱셈식으로 나타내면 '3×4'임을 알 수 있어요.

✱ 지문 이해

● 이 글은 곱셈에 대해 설명하는 설명문입니다. 곱셈은 덧셈으로 여러 번 해야 할 계산을 간단하게 표현할 수 있어요. 우선 물건의 수를 셀 때 '몇씩 몇 묶음'처럼 묶어 세기로 셀 수 있어요. 묶어 세기는 '몇의 몇 배'로 나타낼 수도 있는데, 이러한 배는 곱셈식으로 표현할 수 있습니다. 예를 들어, 빵이 '2개씩 3묶음' 있으면 '2의 3배'가 되고, '2×3'으로 나타낼 수 있어요.

● 단락 간의 관계
  ①단락에서는 덧셈을 간단히 표현할 수 있는 곱셈에 대해 소개하고 있어요.
  ②단락에서는 예를 들어 묶어 세기에 대해 설명하고 있어요.
  ③단락에서는 예를 들어 배에 대해 설명하고 있어요.
  ④단락에서는 예를 들어 곱셈식에 대해 설명하고 있어요.
  ⑤단락에서는 ②~④단락에서 설명한 곱셈의 과정에 대해 정리하며 글을 마무리하고 있어요.

● 글의 구조도

1 단락: 덧셈을 간단히 표현할 수 있는 곱셈
↓
2 단락: 묶어 세기의 예시
↓
3 단락: 배의 예시
↓
4 단락: 곱셈식의 예시
↓
5 단락: 곱셈의 정리

● 주제: 곱셈 이해하기

동식물이 주인공인 이야기

○ 각 단락 중심 낱말   ⬭ 전체 중심 낱말   [ ] 각 단락 중심 문장   ▨ 전체 중심 문장

1 ❶ 동화를 읽다 보면 동물이나 식물이 주인공인 이야기를 보게 돼요. ❷ 이런 이야기 속에서는 동물이나 식물이 사람처럼 행동하고 이야기를 나누지요. ❸ 이러한 이야기 중에 대표적으로 개미와 베짱이라는 이솝 우화가 있습니다.

2 ❶ [〈개미와 베짱이〉의 내용을 살펴볼까요?] ❷ 날씨 맑은 어느 겨울날, 개미는 오랫동안 쏟아진 눈에 축축해진 ㉠그의 창고 안 옥수수를 말리느라 바빴어요. ❸ 그러던 중에 베짱이가 다가와 ㉡그에게 곡식을 좀 남겨 달라고 부탁하며 이렇게 말했어요.
❹ "㉢저는 지금 배가 고파요."
❺ 개미는 잠시 일을 멈추고 베짱이에게 물어보았어요.
❻ "지난여름 내내 당신은 무엇을 했나요? ❼ 왜 ㉣저처럼 겨울에 먹을 음식을 모으지 않았나요?"
❽ "노래를 부르느라 바빠서 시간이 없었어요."
❾ 베짱이가 대답했습니다. ❿ 그러자 개미가 말했어요.
⓫ "당신이 여름에 노래를 부르느라 시간을 썼다면, 겨울에는 춤을 추면서 시간을 보내세요."
⓬ 그렇게 개미는 베짱이를 비웃고는 ㉤자신의 일을 계속했습니다.

3 ❶ 베짱이는 게을러서 여름 동안 겨울을 준비하지 않았지만, 개미는 여름부터 부지런히 겨울을 대비했어요. ❷ [이 이야기를 통해 우리도 미래를 준비해야 하고, 게으르면 안 된다는 교훈을 배울 수 있답니다.]

1 단락 요약
동물이나 식물이 주인공이 이야기

2 단락 요약
〈개미와 베짱이〉의 내용

3 단락 요약
〈개미와 베짱이〉의 교훈

✖ 지문 이해

● 이 글은 동물이나 식물이 주인공인 이야기를 소개하는 설명문입니다. 동물이나 식물이 주인공인 이야기 중 대표적으로 〈개미와 베짱이〉라는 이솝 우화가 있어요. 게으른 베짱이는 여름 동안 놀기만 하며 겨울을 준비하지 않았지만, 부지런한 개미는 여름부터 겨울을 대비해 일을 했어요. 이 이야기를 통해 우리도 미래를 준비해야 하고, 게으르면 안 된다는 교훈을 배울 수 있습니다.

● **단락 간의 관계**
1단락에서는 동물이나 식물이 주인공인 이야기를 소개하고 있어요.
2단락에서는 글 전체의 중심 낱말인 '〈개미와 베짱이〉'의 내용을 이야기하고 있어요.
3단락에서는 〈개미와 베짱이〉를 통해 얻을 수 있는 교훈을 이야기하며 글을 마무리하고 있어요.

● **글의 구조도**

1 단락
동물이나 식물이 주인공인 이야기

↓

2 단락
〈개미와 베짱이〉의 내용

↓

3 단락
〈개미와 베짱이〉의 교훈

● **주제**: 동물이나 식물이 주인공인 이야기인 〈개미와 배짱이〉 소개

01 [정답] 교훈 ·························· 글의 구조 이해하기

▷왜 정답?

①단락에서는 동물이나 식물이 주인공인 이야기를 소개하고, 그 예로 〈개미와 베짱이〉를 들고 있어요.

②단락에서는 〈개미와 베짱이〉의 내용을 이야기하고 있어요.

③단락에서는 〈개미와 베짱이〉를 통해 얻을 수 있는 교훈을 이야기하고 있어요.

따라서 빈칸에 들어가기에 알맞은 말은 '교훈'이에요.

02 [정답] (1) 없고, 있다 (2) 했고, 노래를 불렀다

·························· 내용 이해하기

▷왜 정답?

(1) 근거: ②단락 ❷~❹번째 문장

'~ 개미는 오랫동안 쏟아진 눈에 축축해진 그의 창고 안 옥수수를 말리느라 바빴어요. 그러던 중에 베짱이가 다가와 그에게 곡식을 좀 남겨 달라고 부탁하며 이렇게 말했어요. "저는 지금 배가 고파요."'라고 했어요.

따라서 베짱이는 겨울에 먹을 곡식이 없고, 개미는 겨울에 먹을 곡식이 있으므로 괄호 안에 들어가기에 알맞은 말은 각각 '없고'와 '있다'예요.

(2) 근거: ②단락 ❻~❽번째 문장

개미는 베짱이에게 "'지난여름 내내 당신은 무엇을 했나요? 왜 저처럼 겨울에 먹을 음식을 모으지 않았나요?'"라고 했고, 베짱이는 "'노래를 부르느라 바빠서 시간이 없었어요.'"라고 했어요.

따라서 개미는 여름 내내 겨울에 먹을 음식을 모으며 일을 했고, 베짱이는 노래를 부르느라 일을 하지 않았으므로 괄호 안에 들어가기에 알맞은 말은 각각 '했고'와 '노래를 불렀다'예요.

03 [정답] ③ ·························· 내용 추론하기

▷왜 정답?

③ 근거: ②단락 ❸, ❹번째 문장

'그러던 중에 베짱이가 다가와 ~ 이렇게 말했어요. "저는 지금 배가 고파요."'라고 했으므로 여기서 '저'는 앞 문장에 나온 '베짱이'를 의미해요.

▷왜 오답?

① 근거: ②단락 ❷번째 문장

'~ 개미는 오랫동안 쏟아진 눈에 축축해진 그의 창고 안 옥수수를 말리느라 바빴어요.'라고 했으므로 여기서 '그'는 앞에 나온 '개미'를 의미해요.

② 근거: ②단락 ❷, ❸번째 문장

'~ 개미는 ~ 옥수수를 말리느라 바빴어요. 그러던 중에 베짱이가 다가와 그에게 곡식을 좀 남겨 달라고 부탁하며 ~'라고 했으므로 여기서 '그'는 앞 문장에 나온 '개미'를 의미해요.

④ 근거: ②단락 ❺~❼번째 문장

'개미는 잠시 일을 멈추고 베짱이에게 물어보았어요. "지난여름 내내 당신은 무엇을 했나요? 왜 저처럼 ~ 모으지 않았나요?"'라고 했으므로 여기서 '저'는 앞에 나온 '개미'를 의미해요.

⑤ 근거: ②단락 ❿번째 문장

'그렇게 개미는 베짱이를 비웃고는 자신의 일을 계속했습니다.'라고 했으므로 여기서 '자신'은 앞에 나온 '개미'를 의미해요.

04 [정답] ① ·························· 글쓰기 방식 이해하기

▷왜 정답?

① 이 글은 사람이 동물이나 식물과 다르다고 설명하고 있지 않아요.

▷왜 오답?

② 근거: ①단락 ❶, ❷번째 문장

'동화를 읽다 보면 동물이나 식물이 주인공인 이야기를 보게 돼요. 이런 이야기 속에서는 동물이나 식물이 사람처럼 행동하고 이야기를 나누지요.'라고 하며 동물이나 식물이 주인공인 이야기를 소개하고 있으므로 맞는 설명이에요.

③ 근거: ③단락 ❶번째 문장

'베짱이는 게을러서 여름 동안 겨울을 준비하지 않았지만, 개미는 여름부터 부지런히 겨울을 대비했어요.'라고 하며 서로 다른 행동을 한 두 동물의 이야기를 하고 있으므로 맞는 설명이에요.

④ 근거: ①단락 ❶, ❸번째 문장

'동화를 읽다 보면 동물이나 식물이 주인공인 이야기를 보게 돼요.', '이러한 이야기 중에 대표적으로 〈개미와 베짱이〉라는 이솝 우화가 있습니다.'라고 하며 동물이나 식물이 나오는 이야기인 〈개미와 베짱이〉를 예로 들어 설명하고 있으므로 맞는 설명이에요.

⑤ 근거: ③단락 ❷번째 문장

'이 이야기를 통해 우리도 미래를 준비해야 하고, 게으르면 안 된다는 교훈을 배울 수 있답니다.'라고 하며 이야기를 소개하고, 그 이야기를 통해 얻을 수 있는 교훈을 말하고 있으므로 맞는 설명이에요.

05 [정답] 예 미래를 준비해야 하고, 게으르면 안 된다.

서술형 채점 기준 - 근거: ③단락 ❷번째 문장

'이 이야기를 통해 우리도 미래를 준비해야 하고, 게으르면 안 된다는 교훈을 배울 수 있답니다.'라고 했어요.

따라서 '미래를 준비해야 하고, 게으르면 안 된다.'라는 내용이 들어가면 정답이에요.

옛날과 오늘날의 결혼 풍습

◯ 각 단락 중심 낱말　◯ 전체 중심 낱말　[ ] 각 단락 중심 문장　▦ 전체 중심 문장

[1] ❶은정이는 주말에 삼촌의 결혼식에 갔어요. ❷삼촌과 숙모의 표정은 환하고 행복해 보였답니다. ❸은정이는 문득 오늘날의 결혼식이 옛날의 결혼식과 어떻게 다른지 궁금했어요.

[2] ❶[옛날에는 결혼하는 날 신랑이 신부의 집으로 가서 혼례를 치렀습니다.] ❷신랑이 신부 쪽에 나무로 만든 기러기를 건네주면 혼례가 시작돼요. ❸신랑과 신부는 마주 보고 큰절을 올리고, 잔에 술을 부어 마시며 혼인이 이루어졌음을 알렸어요. ❹그리고 신랑이 신부의 집에서 며칠 지내다가 부부가 함께 신랑의 집으로 갔어요. ❺신랑의 집에 도착하면 새 식구가 되었음을 알리기 위해 폐백을 드렸답니다.

[3] ❶[오늘날에는 신랑과 신부가 결혼반지를 주고받고 가족과 친척들의 축하 속에서 부부가 돼요.] ❷보통 결혼식장에서 결혼식을 하지만, 야외에서 하거나 전통 방식으로 하기도 해요. ❸또 신랑·신부가 부모님께 폐백을 드리기도 하고, 결혼식이 끝나면 부부가 신혼여행을 가지요. ❹이렇게 요즘은 다양한 모습으로 결혼을 하고 있습니다.

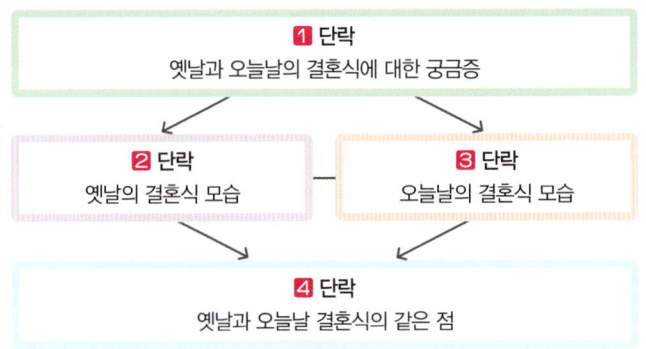

[4] ❶옛날과 오늘날의 결혼식 모습에는 여러 가지 다른 점이 있지만 같은 점도 있어요. ❷[사람들에게 두 사람이 부부가 되었음을 알리고, 가족과 친척이 모여 신랑과 신부의 행복한 미래를 축복해 주는 모습은 같답니다.]

1 단락 요약
옛날과 오늘날의 결혼식에 대한 궁금증

2 단락 요약
옛날의 결혼식 모습

3 단락 요약
오늘날의 결혼식 모습

4 단락 요약
옛날과 오늘날 결혼식의 같은 점

✱ 지문 이해

● 이 글은 옛날과 오늘날의 결혼식 모습에 대해 설명하는 설명문입니다. 옛날에는 결혼하는 날 신랑이 신부의 집으로 가서 혼례를 치렀어요. 그리고 신랑이 신부의 집에서 며칠 지내다가 부부가 함께 신랑의 집으로 갔지요. 오늘날에는 다양한 모습으로 결혼을 하는데, 보통 신랑과 신부가 결혼반지를 주고받고 가족들과 친척들의 축하 속에서 부부가 돼요. 옛날과 오늘날의 결혼 모습에는 다른 점도 있지만, 사람들에게 두 사람이 부부가 되었음을 알리고, 가족과 친척이 모여 신랑과 신부의 행복한 미래를 축복해 주는 모습은 같아요.

● **단락 간의 관계**
[1]단락에서는 은정이 삼촌의 결혼식을 이야기하며 옛날과 오늘날의 결혼식에 대한 궁금증을 드러내고 있어요.
[2]단락에서는 옛날의 결혼식 모습에 대해, [3]단락에서는 오늘날의 결혼식 모습에 대해 설명하고 있으므로 두 단락을 묶을 수 있어요.
[4]단락에서는 옛날과 오늘날의 결혼식의 같은 점에 대해 설명하며 글을 마무리하고 있어요.

● **글의 구조도**

```
        [1] 단락
옛날과 오늘날의 결혼식에 대한 궁금증
       ↙            ↘
  [2] 단락          [3] 단락
옛날의 결혼식 모습 ─ 오늘날의 결혼식 모습
       ↘            ↙
        [4] 단락
옛날과 오늘날 결혼식의 같은 점
```

● **주제:** 옛날과 오늘날의 결혼식 모습

01 정답 ㉣, ㉠, ㉡, ㉢ ·········· 글의 구조 이해하기

>왜 정답?

①단락에서는 옛날과 오늘날의 결혼식에 대한 궁금증을 드러내고 있어요.

②단락에서는 옛날의 결혼식 모습에 대해 설명하고 있어요.

③단락에서는 오늘날의 결혼식 모습에 대해 설명하고 있어요.

④단락에서는 옛날과 오늘날의 결혼식의 같은 점에 대해 설명하고 있어요.

따라서 ㉠~㉣를 단락의 순서에 맞게 쓰면 '㉣ → ㉠ → ㉡ → ㉢'예요.

02 정답 ① ·········· 내용 이해하기

>왜 정답?

① 이 글에 다른 나라의 결혼에 대해서는 나오지 않아요.

>왜 오답?

② 근거: ②단락 ❶번째 문장

'옛날에는 결혼하는 날 신랑이 신부의 집으로 가서 혼례를 치렀습니다.'라고 하며 옛날의 결혼 장소를 설명하고 있어요.

③ 근거: ③단락 ❶, ❷번째 문장

'오늘날에는 ~ 보통 결혼식장에서 결혼식을 하지만, 야외에서 하거나 전통 방식으로 하기도 해요.'라고 하며 오늘날의 결혼 장소를 설명하고 있어요.

④ 근거: ②단락 ❷번째 문장

'신랑이 신부 쪽에 나무로 만든 기러기를 건네주면 혼례가 시작돼요.'라고 하며 옛날의 결혼식 때 주고받는 것을 설명하고 있어요.

⑤ 근거: ④단락 ❷번째 문장

'사람들에게 두 사람이 부부가 되었음을 알리고, 가족과 친척이 모여 신랑과 신부의 행복한 미래를 축복해 주는 모습은 같답니다.'라고 하며 옛날과 오늘날 결혼식의 같은 점을 설명하고 있어요.

03 정답 ④ ·········· 내용 적용하기

다음은 이 글을 읽은 학생이 쓴 일기입니다. 글의 내용에 비추어 볼 때, 알맞은 내용은 무엇인가요?

• **학생이 쓴 일기**: 옛날과 오늘날의 결혼식에 대해 설명한 글을 읽고 학생이 쓴 일기입니다. 일기에는 옛날의 결혼식에 대해 느낀 점이 적혀 있습니다.

즉 학생의 일기 내용 중에서 이 글에서 설명한 옛날의 결혼식 모습과 맞는 것을 고르는 문제입니다.

>왜 정답?

④ 근거: ②단락 ❹번째 문장

'그리고 신랑이 신부의 집에서 며칠 지내다가 부부가 함께 신랑의 집으로 갔어요.'라고 했으므로 알맞은 내용이에요.

>왜 오답?

① 근거: ②단락 ❶번째 문장

'옛날에는 결혼하는 날 신랑이 신부의 집으로 가서 혼례를 치렀습니다.'라고 했으므로 신부가 신랑의 집으로 가서 혼례를 치렀다는 것은 틀린 내용이에요.

② 근거: ②단락 ❷번째 문장

'신랑이 신부 쪽에 나무로 만든 기러기를 건네주면 혼례가 시작돼요.'라고 했으므로 신랑이 신부 쪽에 금으로 만든 기러기를 건네주었다는 것은 틀린 내용이에요.

③ 근거: ②단락 ❸번째 문장

'신랑과 신부는 마주 보고 큰절을 올리고, 잔에 술을 부어 마시며 혼인이 이루어졌음을 알렸어요.'라고 했으므로 신랑과 신부가 잔에 이슬을 부어 마셨다는 것은 틀린 내용이에요.

04 정답 예 사람들에게 두 사람이 부부가 되었음을 알리고, 가족과 친척이 모여 신랑과 신부의 행복한 미래를 축복해 준다.

서술형 채점 기준 – 근거: ④단락

'옛날과 오늘날의 결혼식 모습에는 여러 가지 다른 점이 있지만 같은 점도 있어요. 사람들에게 두 사람이 부부가 되었음을 알리고, 가족과 친척이 모여 신랑과 신부의 행복한 미래를 축복해 주는 모습은 같답니다.'라고 했으므로 이러한 내용이 들어가면 정답이에요.

배경지식

결혼식에서 신부가 드는 '부케'

결혼식에 가면 신부가 손에 들고 있는 꽃다발이 있어요. 이 꽃다발을 '부케'라고 합니다. 부케는 프랑스어로 다발, 묶음을 뜻하는 단어 'bouquet'에서 왔으며, 장식용이나 증정용으로 꽃이나 잎을 다발로 묶은 꽃다발을 의미해요. 우리나라에서는 주로 결혼식에서 신부가 손에 드는 꽃다발을 부케라고 부릅니다.

부케는 처음에는 풍요와 다산, 번영 등을 나타내는 곡물로 만들다가, 16세기 이후 꽃의 치료적·종교적 의미가 확산되면서 들판에 피는 꽃으로 만들기 시작했어요. 우리나라에서는 서양식 결혼식이 들어온 1950년대 이후에 꽃으로 부케를 만들어 신부를 장식하기 시작했답니다.

요즘 결혼식에서는 단체 사진을 찍은 뒤에 신부가 주위에 결혼을 앞둔 미혼 여성에게 부케를 뒤로 던지면 받는 이벤트를 벌이기도 해요. 신부가 던져 주는 부케를 받으면 다음에 바로 결혼할 수 있다는 미신에서 유래한 것이랍니다.

세계의 볼거리

◯ 각 단락 중심 낱말　◯ 전체 중심 낱말　[ ] 각 단락 중심 문장　▨ 전체 중심 문장

① 많은 사람들이 여행을 다닙니다. ② 여행을 다니면 많은 것을 보고 배우고 느낄 수 있기 때문이지요. ③ 우리나라를 포함하여 세계 여러 나라에는 구경할 거리가 아주 많아요. ④ 그럼 세계의 볼거리로 무엇이 있는지 알아볼까요?

② ① [멋진 건물로는 인도의 타지마할, 이집트의 피라미드, 이탈리아의 콜로세움이 있어요.] ② 타지마할은 인도의 왕과 왕비의 무덤으로, 세계에서 가장 화려한 건물로 꼽혀요. ③ 피라미드는 돌과 벽돌로 만들어진 사각뿔 모양인데, 왕의 무덤으로 쓰였어요. ④ 콜로세움은 둥그런 모양으로 된 경기장이에요. ⑤ 여기에 사람들이 모여 운동 경기를 관람했답니다.

③ ① [아름다운 자연으로는 아프리카의 빅토리아 호수, 아이슬란드의 오로라, 스위스의 알프스 산맥이 있어요.] ② 빅토리아 호수는 세계에서 3번째로 큰 호수예요. ③ 오로라는 하늘에 알록달록한 색깔로 나타나는 빛이 아주 예쁘답니다. ④ 알프스 산맥의 산봉우리는 1년 내내 눈에 덮여 있는 것으로 유명해요.

④ ① 여러분은 어느 나라를 가서 무엇을 보고 싶나요? ② 위에서 소개한 것 말고도 세계의 볼거리는 많답니다. ③ [볼거리뿐 아니라 세계의 먹을거리, 입을 거리도 찾아보고 친구와 서로 찾은 내용을 나누며 이야기해 봅시다.] ④ 아마 세계 여행을 떠나고픈 마음이 들 거예요.

▲ 타지마할

▲ 피라미드

▲ 콜로세움

1 단락 요약
여행을 하는 까닭과 세계의 볼거리에 대한 궁금증

2 단락 요약
세계의 볼거리 ① 건물

3 단락 요약
세계의 볼거리 ② 자연

4 단락 요약
세계의 자랑거리 찾기

✱ **지문 이해**

● 이 글은 세계의 볼거리에 대해 소개하는 설명문입니다. 세계 여러 나라에는 구경할 거리가 아주 많은데, 멋진 건물로는 인도의 타지마할, 이집트의 피라미드, 이탈리아의 콜로세움이 있어요. 아름다운 자연으로는 아프리카의 빅토리아 호수, 아이슬란드의 오로라, 스위스의 알프스 산맥이 있지요. 세계의 볼거리뿐 아니라 세계의 먹을거리, 입을 거리도 찾아보고 친구와 서로 찾은 내용을 나누며 이야기해 봅시다.

● **단락 간의 관계**
　①단락에서는 여행을 하는 까닭을 밝히고, 글 전체의 중심 낱말인 '세계의 볼거리'에 대한 궁금증을 드러내고 있어요.
　②단락에서는 세계의 볼거리 중 건물을, ③단락에서는 세계의 볼거리 중 자연을 소개하고 있으므로 묶을 수 있어요.
　④단락에서는 세계의 자랑거리를 찾아보자고 하며 글을 마무리하고 있어요.

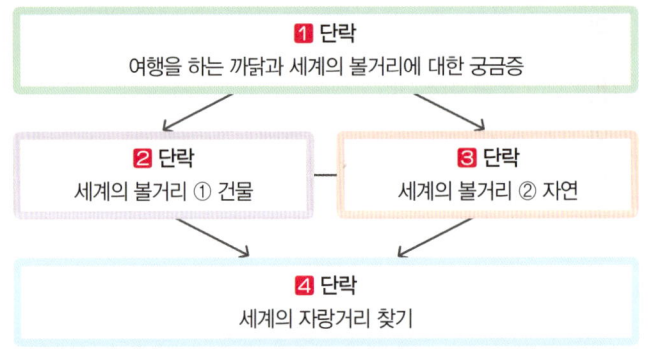

● **글의 구조도**

1 단락
여행을 하는 까닭과 세계의 볼거리에 대한 궁금증

↓

2 단락　　　　**3 단락**
세계의 볼거리 ① 건물　　세계의 볼거리 ② 자연

↓

4 단락
세계의 자랑거리 찾기

● **주제:** 세계의 볼거리 소개

01 [정답] 자연 ·········· 글의 구조 이해하기

왜 정답?

* 근거: ③단락 ❶번째 문장

①단락에서는 여행을 하는 까닭을 설명하고, 이 글 전체의 중심 낱말인 '세계의 볼거리'에 대한 궁금증을 드러내고 있어요.
②단락에서는 세계의 볼거리 중 건물에 대해 소개하고 있어요.
③단락에서는 '아름다운 자연으로는 아프리카의 빅토리아 호수, 아이슬란드의 오로라, 스위스의 알프스 산맥이 있어요.'라고 하며 세계의 볼거리 중 자연에 대해 소개하고 있어요.
따라서 빈칸에 들어가기에 알맞은 말은 '자연'이에요.

02 [정답] (1) ○ (2) ○ (3) ✕ ·········· 내용 이해하기

왜 정답?

(1) 근거: ②단락 ❶번째 문장

'멋진 건물로는 ~ 이집트의 피라미드, ~ 있어요.'라고 했으므로 맞는 내용이에요.

(2) 근거: ②단락 ❷번째 문장

'타지마할은 인도의 왕과 왕비의 무덤으로, ~'라고 했으므로 맞는 내용이에요.

(3) 근거: ③단락 ❷번째 문장

'빅토리아 호수는 세계에서 3번째로 큰 호수예요.'라고 했으므로 틀린 내용이에요.

03 [정답] ㉡ ·········· 글쓰기 방식 이해하기

왜 정답?

㉡ 근거: ②단락 ❶번째 문장, ③단락 ❶번째 문장

②단락에서 '멋진 건물로는 인도의 타지마할, 이집트의 피라미드, 이탈리아의 콜로세움이 있어요.'라고 하며 세계의 볼만한 건물에 대해 이야기하고 있어요. ③단락에서는 '아름다운 자연으로는 아프리카의 빅토리아 호수, 아이슬란드의 오로라, 스위스의 알프스 산맥이 있어요.'라고 하며 세계의 볼만한 자연에 대해 이야기하고 있어요.
따라서 이 글의 설명 방법으로 알맞은 것은 '세계의 볼만한 건물과 자연을 이야기하고 있다.'예요.

왜 오답?

㉠ 이 글은 반대되는 두 생각을 비교하고 있지 않아요.
㉢ 이 글은 세계 여행을 할 때 조심해야 할 점을 알려 주고 있지 않아요.
㉣ 이 글은 우리나라의 건물과 다른 나라의 건물을 비교하고 있지 않아요.

04 [정답] (가) 오로라 (나) 콜로세움 ·········· 내용 적용하기

다음의 설명을 보고, (가), (나) 사진이 무엇인지 써 보세요.

- (가): (가)는 하늘에 알록달록한 색깔로 나타나는 빛이며, 아이슬란드에서 볼 수 있다고 설명되어 있어요.
- (나): (나)는 둥그런 모양으로 된 경기장이며, 이탈리아에 있다고 설명되어 있어요.

즉 (가)와 (나)에 대한 설명을 보고, (가)와 (나)가 무엇인지 쓰는 문제입니다.

왜 정답?

(가) 근거: ③단락 ❶, ❸번째 문장

'아름다운 자연으로는 ~ 아이슬란드의 오로라, ~ 있어요.', '오로라는 하늘에 알록달록한 색깔로 나타나는 빛이 아주 예쁘답니다.'라고 했으므로 (가) 사진은 '오로라'예요.

(나) 근거: ②단락 ❶, ❹번째 문장

'멋진 건물로는 ~ 이탈리아의 콜로세움이 있어요.', '콜로세움은 둥그런 모양으로 된 경기장이에요.'라고 했으므로 (나) 사진은 '콜로세움'이에요.

05 [정답] 예 알프스 산맥의 산봉우리가 1년 내내 눈에 덮여 있는 것으로 유명하다.

[서술형] 채점 기준 – 근거: ③단락 ❹번째 문장

'알프스 산맥의 산봉우리는 1년 내내 눈에 덮여 있는 것으로 유명해요.'라고 했으므로 이러한 내용이 들어가면 정답이에요.

리듬 악기로 신나게!

◯ 각 단락 중심 낱말   ⬭ 전체 중심 낱말   [ ] 각 단락 중심 문장   ▨ 전체 중심 문장

① **①** (리듬 악기)는 리듬을 연주하는 악기예요. **②** 리듬 악기를 연주하면 같은 음을 길게 연주할 수도 있고, 짧게 연주할 수도 있어요. **③** 또 소리를 크게 낼 수도 있고, 소리를 작게 낼 수도 있지요. **④** 대신, 한 리듬 악기로 음을 높이거나 낮춰서 연주할 수는 없어요.

1 단락 요약
리듬 악기의 특징

② **①** [(리듬 악기)로는 탬버린, 윈드차임, 트라이앵글, 캐스터네츠 등이 있어요.] **②** 탬버린은 '통통', '챠라라라라'하는 소리가 나고, 윈드차임은 '쪼로로로롱', 캐스터네츠는 '딱딱', 트라이앵글은 '칭칭'하는 소리가 난답니다. **③** 여러 가지 리듬 악기를 함께 연주해서 다양한 소리를 낼 수 있어요.

▲ 윈드차임

2 단락 요약
리듬 악기의 종류와 소리

③ **①** [하나의 (리듬 악기)를 다양한 방법으로 연주할 수도 있어요.] **②** _____(가)_____ 탬버린의 북면을 치면 '통통'하는 소리가 나요. **③** 그런데 탬버린의 테를 잡고 흔들면 '챠라라라라'하는 소리가 난답니다. **④** 북도 다양한 방법으로 연주할 수 있어요. **⑤** 북의 북면을 치면 '퉁퉁'하는 소리가 나요. **⑥** 그런데 테를 치면 '탁'하는 소리가 나지요.

3 단락 요약
리듬 악기의 연주법

④ **①** (리듬 악기)는 한 음만 낼 수 있지만, 다양한 연주법과 종류를 통해 다채로운 소리를 낼 수 있어요. **②** 앞으로는 노래를 들을 때 노래의 느낌에 어울리게 리듬 악기로 소리를 내 봅시다. **③** 그 노래의 맛을 더 잘 느끼게 될 거예요.

4 단락 요약
리듬 악기로 연주해 보기

✷ **지문 이해**

● 이 글은 리듬 악기를 소개하고, 리듬 악기를 연주하는 것에 대해 설명하는 설명문입니다. 리듬 악기는 리듬을 연주하는 악기예요. 리듬 악기를 연주하면 같은 음을 길거나 짧게 연주할 수 있고, 소리를 크거나 작게 낼 수도 있어요. 리듬 악기에는 탬버린, 윈드차임, 트라이앵글, 캐스터네츠 등이 있어요. 여러 가지 리듬 악기를 함께 연주해서 다양한 소리를 낼 수 있고, 하나의 리듬 악기를 다양한 방법으로 연주할 수도 있어요. 리듬 악기는 한 음만 낼 수 있지만, 다양한 연주법과 종류를 통해 다채로운 소리를 낼 수 있어요.

● **단락 간의 관계**
① 단락에서는 글 전체의 중심 낱말인 '리듬 악기'를 소개하고 리듬 악기의 특징을 설명하고 있어요.
② 단락에서는 리듬 악기의 종류와 소리를 설명하고 있어요.
③ 단락에서는 리듬 악기의 다양한 연주법을 예를 들어 알려 주고 있어요.
④ 단락에서는 리듬 악기로 연주해 보자고 하며 글을 마무리하고 있어요.

● **글의 구조도**

1 단락
리듬 악기의 특징
↓
2 단락
리듬 악기의 종류와 소리
↓
3 단락
리듬 악기의 연주법
↓
4 단락
리듬 악기로 연주해 보기

● **주제:** 리듬 악기의 특징

01 [정답] 리듬 악기 ·· 글의 구조 이해하기

>왜 정답?

* 근거: ③단락 ❶번째 문장, ④단락 ❶, ❷번째 문장

③단락에서는 '하나의 리듬 악기를 다양한 방법으로 연주할 수도 있어요.'라고 하며 리듬 악기의 연주법을 설명하고 있어요.

④단락에서는 '리듬 악기는 한 음만 낼 수 있지만, 다양한 연주법과 종류를 통해 다채로운 소리를 낼 수 있어요. 앞으로는 노래를 들을 때 노래의 느낌에 어울리게 리듬 악기로 소리를 내 봅시다.'라고 하며 리듬 악기로 연주하는 것에 대해 이야기하고 있어요.

따라서 빈칸에 공통으로 들어가기에 알맞은 말은 '리듬 악기'예요.

02 [정답] ⑤ ·· 내용 이해하기

>왜 정답?

⑤ 근거: ①단락 ❹번째 문장

'대신, 한 리듬 악기로 음을 높이거나 낮춰서 연주할 수는 없어요.'라고 했으므로 틀린 내용이에요.

>왜 오답?

① 근거: ③단락 ❶번째 문장

'하나의 리듬 악기를 다양한 방법으로 연주할 수도 있어요.'라고 했으므로 알맞은 내용이에요.

② 근거: ①단락 ❸번째 문장

'또 소리를 크게 낼 수도 있고, 소리를 작게 낼 수도 있지요.'라고 했으므로 알맞은 내용이에요.

③ 근거: ②단락 ❸번째 문장

'여러 가지 리듬 악기를 함께 연주해서 다양한 소리를 낼 수 있어요.'라고 했으므로 알맞은 내용이에요.

④ 근거: ①단락 ❷번째 문장

'리듬 악기를 연주하면 같은 음을 길게 연주할 수도 있고, 짧게 연주할 수도 있어요.'라고 했으므로 알맞은 내용이에요.

03 [정답] ⑤ ·· 올바른 접속어 찾기

>왜 정답?

⑤ 근거: ③단락 ❶~❸번째 문장

㈎의 앞 문장과 뒤 문장의 관계를 살펴보면 ㈎에 들어갈 이어 주는 말을 찾을 수 있어요. ㈎의 앞 문장은 '하나의 리듬 악기를 다양한 방법으로 연주할 수도 있어요.'이고, 뒤 문장은 '탬버린의 북면을 치면 '통통'하는 소리가 나요. 그런데 탬버린의 테를 잡고 흔들면 '챠라라라라'하는 소리가 난답니다.'예요. ㈎의 뒤 문장은 앞 문장에 대한 예시이므로 ㈎에 들어갈 이어 주는 말로 가장 알맞은 것은 '예를 들어'예요.

>왜 오답?

① '또한'은 앞 문장과 비슷한 내용의 말을 더할 때 쓰는 이어 주는 말이에요.

② '하지만'은 서로 같지 않은 사실을 나타내는 두 문장을 이어 주는 말이에요.

③ '그래서'는 앞 내용이 뒤 내용의 이유나 근거가 될 때 쓰는 이어 주는 말이에요.

④ '그러나'는 서로 반대되는 내용을 말할 때 쓰는 이어 주는 말이에요.

04 [정답] ⑤ ·· 글쓰기 방식 이해하기

>왜 정답?

ⓒ 근거: ②단락 ❶, ❷번째 문장

'리듬 악기로는 탬버린, 윈드차임, 트라이앵글, 캐스터네츠 등이 있어요. 탬버린은 '통통', '챠라라라라'하는 소리가 나고, 윈드차임은 '쪼로로로롱', 캐스터네츠는 '딱딱', 트라이앵글은 '칭칭'하는 소리가 난답니다.'라고 하며 다양한 리듬 악기와 그 악기의 소리를 예를 들어 설명하고 있어요.

ⓔ 근거: ③단락 ❶~❸, ❺, ❻번째 문장

'하나의 리듬 악기를 다양한 방법으로 연주할 수도 있어요. 예를 들어 탬버린의 북면을 치면 '통통'하는 소리가 나요. 그런데 탬버린의 테를 잡고 흔들면 '챠라라라라'하는 소리가 난답니다.', '북의 북면을 치면 '퉁퉁'하는 소리가 나요. 그런데 테를 치면 '탁'하는 소리가 나지요.'라고 하며 하나의 리듬 악기로 다른 소리를 내는 방법을 예를 들어 설명하고 있어요.

>왜 오답?

ⓐ 이 글은 리듬 악기가 만들어진 방식을 설명하고 있지 않아요.

ⓑ 이 글은 리듬 악기가 아닌 악기들을 설명하고 있지 않아요.

05 [정답] 예 한 리듬 악기로 음을 높이거나 낮춰서 연주할 수 없다.

서술형 채점 기준 – 근거: ①단락 ❹번째 문장

'대신, 한 리듬 악기로 음을 높이거나 낮춰서 연주할 수는 없어요.'라고 했어요.

따라서 '한 리듬 악기로 음을 높이거나 낮춰서 연주할 수 없다.'라는 내용이 들어가면 정답이에요.

따뜻한 색, 차가운 색

◯ 각 단락 중심 낱말　◯ 전체 중심 낱말　[ ] 각 단락 중심 문장　▨ 전체 중심 문장

[1] ❶색의 종류는 셀 수 없이 많아요. ❷그리고 색깔이 우리에게 주는 느낌은 색마다 다릅니다. ❸어떤 색깔은 따뜻한 느낌을 주기도 하고, 어떤 색깔은 차가운 느낌을 주기도 하지요. ❹그럼 색깔에 따른 느낌이 어떠한지 알아볼까요?

[2] ❶[빨간색, 주황색, 노란색은 따뜻한 느낌을 줍니다.] ❷그래서 추운 곳에 있는 사람, 감정이 식거나 너무 조용한 사람, 운동 같은 활기찬 일을 하려는 사람에게 필요한 색깔이에요. ❸이러한 사람들은 따뜻한 느낌을 주는 색으로 방을 꾸미거나 옷을 입으면 좋습니다.

[3] ❶[파란색과 보라색은 차가운 느낌을 줘요.] ❷그래서 뜨겁거나 더운 곳에 있는 사람, 감정이 격하거나 차분해지고 싶은 사람, 공부를 하거나 조용한 환경이 필요한 사람에게 좋은 색깔입니다. ❸이러한 사람들은 차가운 느낌을 주는 색으로 방을 꾸미거나 옷을 입는 것이 좋겠죠?

[4] ❶그럼 초록색은 어떤 느낌일까요? ❷[초록색은 자연을 떠올리게 하는 색이어서 편안하고 안정된 느낌을 줍니다.] ❸그래서 피곤한 사람, 스트레스를 가라앉히고 싶은 사람에게 필요한 색이에요.

[5] ❶[색에 따른 느낌을 알았으니, 지금 자신의 상태를 생각해 보고, 나에게 필요한 색깔이 무엇인지 떠올려 보세요.] ❷그리고 그 색깔로 자기 주변을 색칠해 봐요!

1 단락 요약
색깔마다 다른 느낌

2 단락 요약
빨간색, 주황색, 노란색의 느낌

3 단락 요약
파란색, 보라색의 느낌

4 단락 요약
초록색의 느낌

5 단락 요약
나에게 필요한 색 떠올리기

✳ **지문 이해**

● 이 글은 색깔마다 다른 느낌에 대해 설명하는 설명문입니다. 빨간색, 주황색, 노란색은 따뜻한 느낌을 줘요. 그래서 추운 곳에 있는 사람, 감정이 식거나 너무 조용한 사람, 운동 같은 활기찬 일을 하려는 사람에게 필요해요. 파란색과 보란색은 차가운 느낌을 줘요. 그래서 뜨겁거나 더운 곳에 있는 사람, 감정이 격하거나 차분해지고 싶은 사람, 공부를 하거나 조용한 환경이 필요한 사람에게 좋아요. 초록색은 편안하고 안정된 느낌을 줘서 피곤한 사람, 스트레스를 가라앉히고 싶은 사람에게 필요해요.

● **단락 간의 관계**
　[1]단락에서는 색깔마다 느낌이 다르다고 하며 색깔에 따른 느낌을 알아보자고 하고 있어요.
　[2]단락에서는 빨간색, 주황색, 노란색의 느낌을, [3]단락에서는 파란색, 보라색의 느낌을, [4]단락에서는 초록색의 느낌을 설명하고 있으므로 [2]~[4]단락을 묶을 수 있어요.
　[5]단락에서는 자신에게 필요한 색을 떠올려 보라고 하며 글을 마무리하고 있어요.

● **글의 구조도**

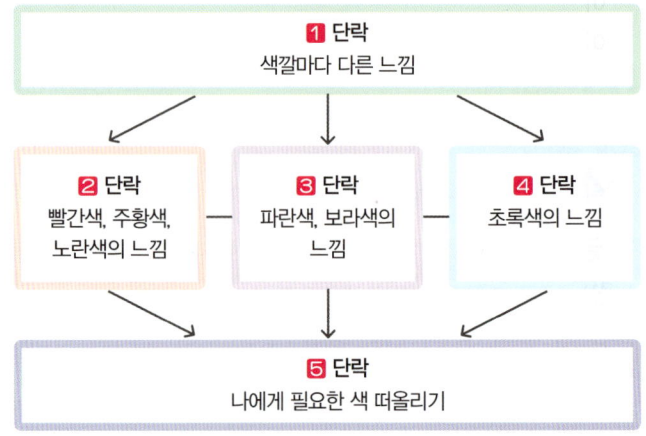

● **주제:** 색깔마다 다른 느낌

01
정답 느낌 ⋯⋯⋯⋯⋯⋯⋯⋯⋯ 글의 구조 이해하기

왜 정답?
①단락에서는 색깔마다 다른 느낌을 소개하고 있어요.
③단락에서는 파란색과 보라색의 느낌을 설명하고 있어요.
따라서 빈칸에 공통으로 들어가기에 알맞은 말은 '느낌'이에요.

02
정답 ㉠ 추운 곳 ㉡ 공부 ⋯⋯⋯⋯⋯ 내용 이해하기

왜 정답?
㉠ 근거: ②단락 ❶, ❷번째 문장
'빨간색, 주황색, 노란색은 따뜻한 느낌을 줍니다. 그래서 추운 곳에 있는 사람, 감정이 식거나 너무 조용한 사람, 운동 같은 활기찬 일을 하려는 사람에게 필요한 색깔이에요.'라고 했으므로 ㉠에 들어가기에 알맞은 말은 '추운 곳'이에요.

㉡ 근거: ③단락 ❶, ❷번째 문장
'파란색과 보라색은 차가운 느낌을 줘요. 그래서 뜨겁거나 더운 곳에 있는 사람, 감정이 격하거나 차분해지고 싶은 사람, 공부를 하거나 조용한 환경이 필요한 사람에게 좋은 색깔입니다.'라고 했으므로 ㉡에 들어가기에 알맞은 말은 '공부'예요.

03
정답 ③ ⋯⋯⋯⋯⋯⋯⋯⋯⋯⋯ 글쓴이의 의도 이해하기

왜 정답?
③ ①단락에서 색깔에 따른 느낌이 어떠한지 알아보자고 한 후, ②~④단락에 걸쳐 빨간색, 주황색, 노란색이 주는 느낌, 파란색과 보라색이 주는 느낌, 초록색이 주는 느낌을 설명하고 있어요. 따라서 글쓴이가 이 글을 쓴 까닭은 '정보를 전달하기 위해'예요.

왜 오답?
① 이 글에는 약속을 잡는 내용이 나오지 않아요.
② 이 글에는 행사를 홍보하는 내용이 나오지 않아요.
④ 이 글에는 상대방을 설득하는 내용이 나오지 않아요.
⑤ 이 글에는 느낀 점을 표현하는 내용이 나오지 않아요.

04
정답 ④ ⋯⋯⋯⋯⋯⋯⋯⋯⋯⋯⋯⋯ 알맞은 반응 찾기

이 글의 내용에 비추어 볼 때, 〈보기〉에 대해 알맞은 말을 한 사람은 누구인가요?

• 〈보기〉: 〈보기〉는 정원이가 배를 타고 북극에 간 내용으로, 북극은 매우 춥고 빙하가 있다고 이야기하고 있습니다.

🔴즘 추운 북극에 대한 내용을 보고 할 수 있는 말로 알맞은 것을 고르는 문제입니다.

왜 정답?
④ 근거: ②단락 ❶, ❷번째 문장
'빨간색, 주황색, 노란색은 따뜻한 느낌을 줍니다. 그래서 추운 곳에 있는 사람, 감정이 식거나 너무 조용한 사람, 운동 같은 활기찬 일을 하려는 사람에게 필요한 색깔이에요.'라고 했으므로 알맞은 말이에요.

왜 오답?
① 근거: ②단락 ❶번째 문장, ③단락 ❶번째 문장
②단락에서 '빨간색, 주황색, 노란색은 따뜻한 느낌을 줍니다.'라고 했고, ③단락에서 '파란색과 보라색은 차가운 느낌을 줘요.'라고 했어요.
따라서 빙하는 차가우므로 빨간색이 아니라 파란색이나 보라색과 어울려요.

② 근거: ②단락 ❶, ❷번째 문장
'빨간색, 주황색, 노란색은 따뜻한 느낌을 줍니다. 그래서 추운 곳에 있는 사람, 감정이 식거나 너무 조용한 사람, 운동 같은 활기찬 일을 하려는 사람에게 필요한 색깔이에요.'라고 했어요.
따라서 추워하는 정원이에게는 파란색이 아니라 따뜻한 느낌을 주는 빨간색이나 주황색, 노란색의 옷이 어울려요.

③ 근거: ②단락 ❶번째 문장, ③단락 ❶번째 문장
②단락에서 '빨간색, 주황색, 노란색은 따뜻한 느낌을 줍니다.'라고 했고, ③단락에서 '파란색과 보라색은 차가운 느낌을 줘요.'라고 했어요.
따라서 북극의 추운 온도는 노란색이 아니라 파란색이나 보라색으로 표현할 수 있어요.

⑤ 근거: ②단락 ❶번째 문장, ③단락 ❶번째 문장
②단락에서 '빨간색, 주황색, 노란색은 따뜻한 느낌을 줍니다.'라고 했고, ③단락에서 '파란색과 보라색은 차가운 느낌을 줘요.'라고 했어요.
따라서 따뜻한 느낌을 주기 위해서는 배를 보라색이 아니라 빨간색이나 주황색, 노란색으로 칠해야 해요.

05
정답 예 초록색은 자연을 떠올리게 하는 색이기 때문이다.

서술형 채점 기준 – 근거: ④단락 ❷번째 문장
'초록색은 자연을 떠올리게 하는 색이어서 편안하고 안정된 느낌을 줍니다.'라고 했어요.
따라서 '초록색은 자연을 떠올리게 하는 색이다.'라는 내용이 들어가면 정답이에요.

곱셈구구의 역사

○ 각 단락 중심 낱말　◯ 전체 중심 낱말　[ ] 각 단락 중심 문장　▨ 전체 중심 문장

① ① 초등학교 2학년이 되면 학교에서 ⟨곱셈구구⟩를 배우게 됩니다. ② [곱셈구구는 1에서 9까지의 두 수를 곱한 값을 정리하고 외워서 기억하기 쉽게 만든 것이에요.] ③ 이전에는 곱셈구구를 '구구단' 혹은 '구구법'이라고 불렀어요. ④ [그렇다면 이름에 왜 '구구'라는 말이 들어갈까요?]
*1단락 요약: 곱셈구구의 뜻과 이름에 대한 궁금증

② ① ⟨곱셈구구⟩의 역사는 2,000년 전부터 시작해요. ② 곱셈구구는 중국에서 시작한 것으로 알려져 있습니다. ③ 그런데 그때는 곱셈구구를 외우는 것이 특별한 일이었답니다. ④ 어린 학생들이 아니라 어른들이 곱셈구구를 외웠어요. ⑤ 그리고 높은 신분의 사람들이 외우는 것이었다고 해요. ⑥ 이 사람들은 곱셈구구를 소중히 여기며, 곱셈구구의 편리함을 아무한테나 알려 주지 않았습니다. ⑦ ▨또 자신들이 곱셈구구를 외우는 것을 남들이 알아차리지 못하게 하고, 다른 사람들이 곱셈구구를 어렵게 느끼게 하려고 '9 곱하기 9'부터 외워 나갔다고 해요.▨ ⑧ (㉠) 이름에 '구구'가 들어간 것이에요.
*2단락 요약: 곱셈구구의 역사와 이름의 유래

③ ① 이후로 ⟨곱셈구구⟩는 우리나라의 고구려, 백제, 신라로 전해졌어요. ② [우리 조상들은 곱셈구구를 나무판에다 적어 놓은 다음, 보면서 외우기도 하고 계산이 틀렸을 때 다시 확인하기도 했다고 해요.] ③ 그리고 조선 시대 때 세종 대왕은 수학 공부가 중요하다고 생각하여 모든 관리들에게 곱셈구구를 외우게 했습니다.

*3단락 요약: 우리 조상들의 곱셈구구 활용

01 [정답] 곱셈구구

①단락에서는 곱셈구구를 소개하고, ②단락에서는 곱셈구구의 역사를 설명하며 곱셈구구에 '구구'가 들어간 까닭을 알려 주고 있어요. 따라서 빈칸에 들어갈 말은 '곱셈구구'예요.

02 [정답] (1) 나무판
(2) 9 곱하기 9

(1) ③단락 ②번째 문장에서 '우리 조상들은 곱셈구구를 나무판에다 적어 놓은 다음, ~'이라고 했어요.
(2) ②단락 ⑦번째 문장에서 '또 자신들이 ~ '9 곱하기 9'부터 외워 나갔다고 해요.'라고 했어요.

03 [정답] ㉣

이 글은 곱셈구구를 1단부터 9단까지 나누어서 설명하고 있지 않아요.

04 [정답] ②

②단락 ⑦, ⑧번째 문장을 보면, ㉠의 앞 문장이 원인, 뒤 문장이 결과이므로 ㉠에는 '그래서'가 들어가야 해요.

✱ 지문 이해

● 이 글은 곱셈구구의 역사에 대해 설명하는 설명문입니다. 곱셈구구는 1에서 9까지의 두 수를 곱한 값을 정리하고 외워서 기억하기 쉽게 만든 것이에요. 곱셈구구는 2,000년 전 중국에서 시작했는데, 그 때는 높은 신분의 사람들이 곱셈구구를 외웠어요. 자신들이 곱셈구구를 외우는 것을 남들이 알아차리지 못하게 하고, 곱셈구구를 어렵게 느끼게 하려고 '9 곱하기 9'부터 외워 나가서 이름에 '구구'가 들어가게 되었습니다. 이후로 곱셈구구는 우리나라의 고구려, 백제, 신라로 전해졌고, 조선 시대의 세종 대왕은 수학 공부가 중요하다고 생각하여 모든 관리들에게 곱셈구구를 외우게 했어요.

● 단락 간의 관계
①단락에서는 글 전체의 중심 낱말인 '곱셈구구'의 뜻을 설명하고, 곱셈구구의 이름에 대한 궁금증을 드러내고 있어요.
②단락에서는 곱셈구구의 역사와 이름의 유래에 대해 설명하고 있어요.
③단락에서는 우리 조상들의 곱셈구구 활용에 대해 이야기하고 있어요.

● 글의 구조도

1 단락
곱셈구구의 뜻과 이름에 대한 궁금증

↓

2 단락
곱셈구구의 역사와 이름의 유래

↓

3 단락
우리 조상들의 곱셈구구 활용

● 주제: 곱셈구구의 역사

[국어]

DAY 32

줄임말을 쓸까? 말까?

◯ 각 단락 중심 낱말　◯ 전체 중심 낱말　[ ] 각 단락 중심 문장　▢ 전체 중심 문장

[1] [사람들은 어떤 낱말이나 문장을 줄일 때가 있어요. ❷ 그렇게 줄어든 말을 줄임말이라고 합니다.] ❸ '보이다'를 '뵈다'라고 하거나, 요즘 젊은 사람들이 '갑자기 분위기 싸해지다.'를 줄여서 '갑분싸'라고 하는 것이 줄임말에 해당해요.

[2] [사람들이 줄임말을 쓰는 까닭은 크게 두 가지가 있어요.] ❷ 먼저 편리함 때문입니다. ❸ 긴 말을 짧게 줄여 쓰면 말을 하거나 글을 쓸 때 편리하고, 시간도 아낄 수 있어요. ❹ 두 번째로, 원래는 없던 줄임말을 만들어 쓰는 것이 재미있기 때문이에요.

[3] ❶ 하지만 모든 말을 다 줄여서 써도 되는 걸까요? ❷ 줄임말에는 사용해도 되는 것이 있고, 사용하지 않는 게 좋은 것도 있어요. ❸ 사용해도 되는 줄임말로는 1단락에서 예로 든 '보이다 → 뵈다'가 있어요. ❹ '뵈다'는 국어사전에 "보이다'의 준말'이라고 나와 있습니다. ❺ 또 '아니에요'를 '아녜요'로, '(햇볕을) 쬐어요'를 '쫴요'로 쓸 수 있지요.

[4] ❶ 반면 '갑분싸'의 경우는 요즘에 새로 생겨난 말인데, 몇몇 젊은 사람들 사이에서 주로 쓰여요. ❷ 그러다 보니 '갑분싸'를 모르는 사람들은 이 말을 사용하는 사람들과 대화하기가 어렵게 됩니다. ❸ [이렇게 생겨난 지 얼마 안 된 줄임말은 다른 사람과의 소통을 방해하므로 되도록 사용하지 않는 게 좋아요.]

1 단락 요약
줄임말의 개념

2 단락 요약
사람들이 줄임말을 쓰는 까닭

3 단락 요약
줄임말을 사용해도 되는 경우

4 단락 요약
줄임말을 사용하지 않는 게 좋은 경우

✴ 지문 이해

● 이 글은 줄임말의 개념과 사용에 대해 설명하는 설명문입니다. 사람들은 어떤 낱말이나 문장을 줄일 때가 있는데, 그렇게 줄어든 말을 줄임말이라고 해요. 사람들이 줄임말을 쓰는 까닭은 편리하고 재미있기 때문이에요. 줄임말에는 사용해도 되는 것과 사용하지 않는 것이 좋은 경우가 있어요. '보이다'를 '뵈다'로, '아니에요'를 '아녜요'로, '(햇볕을) 쬐어요'를 '쫴요'로 쓰는 것은 사용해도 되는 줄임말이에요. 하지만 '갑분싸'와 같이 특정 사람들 사이에서 주로 쓰이며, 생겨난 지 얼마 안 된 줄임말은 다른 사람과의 소통을 방해하므로 되도록 사용하지 않는 게 좋아요.

● 단락 간의 관계
[1]단락에서는 글 전체의 중심 낱말인 '줄임말'의 뜻과 예를 설명하고 있어요.
[2]단락에서는 사람들이 줄임말을 쓰는 까닭 2가지를 이야기하고 있어요.
[3]단락에서는 줄임말을 사용해도 되는 경우를 이야기하고 있어요.
[4]단락에서는 줄임말을 사용하지 않는 게 좋은 경우를 이야기하고 있어요.

● 글의 구조도

1 단락
줄임말의 개념

↓

2 단락
사람들이 줄임말을 쓰는 까닭

↓

3 단락
줄임말을 사용해도 되는 경우

↓

4 단락
줄임말을 사용하지 않는 게 좋은 경우

● 주제: 줄임말의 개념과 사용

01 [정답] 줄임말 ·········· 주제 알아보기

> 왜 정답 ?

1 단락에서는 줄임말을 소개하고 있어요.
2 단락에서는 사람들이 줄임말을 쓰는 까닭을 이야기하고 있어요.
3 단락에서는 줄임말에 사용해도 되는 것과 사용하지 않는 게 좋은 경우가 있다고 이야기하며, 사용해도 되는 줄임말을 소개하고 있어요.
4 단락에서는 되도록 사용하지 않는 게 좋은 줄임말을 설명하고 있어요.
따라서 이 글 전체의 중심 낱말은 '줄임말'이며, 주제는 '줄임말의 개념과 사용'이에요.
빈칸에 공통으로 들어가기에 알맞은 말은 '줄임말'이에요.

02 [정답] (1) × (2) ○ (3) ○ ·········· 내용 이해하기

> 왜 정답 ?

(1) 근거: 3 단락 ❷번째 문장, 4 단락 ❸번째 문장
　　3 단락에서 '줄임말에는 사용해도 되는 것이 있고, 사용하지 않는 게 좋은 것도 있어요.'라고 했고, 4 단락에서 '이렇게 생겨난 지 얼마 안 된 줄임말은 다른 사람과의 소통을 방해하므로 되도록 사용하지 않는 게 좋아요.'라고 했어요.
　　따라서 모든 말을 다 줄여서 써도 된다는 것은 틀린 내용이에요.
(2) 근거: 1 단락 ❶, ❷번째 문장
　　'사람들은 어떤 낱말이나 문장을 줄일 때가 있어요. 그렇게 줄어든 말을 줄임말이라고 합니다.'라고 했으므로 맞는 내용이에요.
(3) 근거: 2 단락 ❶, ❷번째 문장
　　'사람들이 줄임말을 쓰는 까닭은 크게 두 가지가 있어요. 먼저 편리함 때문입니다.'라고 했으므로 맞는 내용이에요.

03 [정답] (1) ㉃ (2) ㉄ (3) ㉠ ·········· 내용 이해하기

> 왜 정답 ?

(1) 근거: 3 단락 ❹번째 문장
　　'"뵈다"는 국어사전에 "보이다"의 준말'이라고 나와 있습니다.'라고 했어요.
(2) 근거: 3 단락 ❺번째 문장
　　'또 '아니에요'를 '아녜요'로, ~ 쓸 수 있지요.'라고 했어요.
(3) 근거: 3 단락 ❺번째 문장
　　'~ '(햇볕을) 쬐어요'를 '쫴요'로 쓸 수 있지요.'라고 했어요.

04 [정답] ④ ·········· 알맞은 반응 찾기

> 왜 정답 ?

④ 근거: 3 단락 ❺번째 문장
　　'또 '아니에요'를 '아녜요'로, ~ 쓸 수 있지요.'라고 했으므로 바르게 실천한 것이에요.

> 왜 오답 ?

① 근거: 3 단락 ❷, ❸번째 문장
　　'줄임말에는 사용해도 되는 것이 있고, 사용하지 않는 게 좋은 것도 있어요. 사용해도 되는 줄임말로는 ~'이라고 했으므로 단어를 줄여서 말하면 절대로 안 되는 것은 아니에요.
② 근거: 3 단락 ❷번째 문장, 4 단락 ❸번째 문장
　　3 단락에서 '줄임말에는 사용해도 되는 것이 있고, 사용하지 않는 게 좋은 것도 있어요.'라고 했고, 4 단락에서 '이렇게 생겨난 지 얼마 안 된 줄임말은 다른 사람과의 소통을 방해하므로 되도록 사용하지 않는 게 좋아요.'라고 했으므로 모든 단어를 줄여서 말하는 것은 바르게 실천한 것이 아니에요.
③ 근거: 3 단락 ❷번째 문장, 4 단락 ❸번째 문장
　　3 단락에서 '줄임말에는 사용해도 되는 것이 있고, 사용하지 않는 게 좋은 것도 있어요.'라고 했고, 4 단락에서 '이렇게 생겨난 지 얼마 안 된 줄임말은 다른 사람과의 소통을 방해하므로 되도록 사용하지 않는 게 좋아요.'라고 했으므로 친구랑 새로운 줄임말을 계속해서 만드는 것은 바르게 실천한 것이 아니에요.
⑤ 근거: 4 단락 ❷번째 문장
　　'그러다 보니 '갑분싸'를 모르는 사람들은 이 말을 사용하는 사람들과 대화하기가 어렵게 됩니다.'라고 했으므로 '갑분싸'를 사용하는 것은 다른 사람이랑 대화를 잘하기 위한 실천이 아니에요.

05 [정답] 예) 다른 사람과의 소통을 방해하기 때문이다.

[서술형] 채점 기준 – 근거: 4 단락 ❸번째 문장
'이렇게 생겨난 지 얼마 안 된 줄임말은 다른 사람과의 소통을 방해하므로 되도록 사용하지 않는 게 좋아요.'라고 했으므로 '다른 사람과의 소통을 방해한다.'라는 내용이 들어가면 정답이에요.

배경지식

관용어를 써 봐요!

　'관용어'는 두 개 이상의 낱말로 이루어져 있으면서 그 낱말들의 의미만으로는 전체의 의미를 알 수 없는, 특수한 의미를 나타내는 말을 뜻해요. 다시 말해 둘 이상의 낱말이 합쳐져 원래의 뜻과는 전혀 다른 새로운 의미로 굳어져서 쓰이는 표현을 말합니다.
　그럼 관용어 몇 가지를 알아볼까요? 대표적으로 '발이 넓다'가 있어요. '발이 넓다'는 '여러 사람과 쉽게 잘 사귀어서 아는 사람이 많다.'라는 뜻이랍니다. '입을 모으다'라는 관용어도 있는데, 이는 '여러 사람이 한결같이 말하다.'라는 뜻이에요. 또 '학을 떼다'라는 관용어도 있는데, '괴롭거나 어려운 상황을 벗어나느라고 진땀을 빼거나, 그것에 거의 질려 버리다.'라는 뜻으로 쓰여요.
　이렇듯 관용어에 쓰인 낱말의 본래 뜻으로 관용어를 이해하려고 하면 관용어 전체 표현의 뜻을 알기 어려워요. 따라서 앞뒤 문맥과 상황을 바탕으로 관용어의 뜻을 짐작해 보는 게 좋답니다.

[가을 · 겨울]

DAY 33

음악으로 사계절을 그려낸 비발디

◯ 각 단락 중심 낱말　◯ 전체 중심 낱말　[ ] 각 단락 중심 문장　▨ 전체 중심 문장

1 ❶ 여러분은 '비발디'라는 음악가를 아시나요? ❷ 비발디는 1678년 이탈리아에서 태어났으며, 《사계》라는 곡을 만든 것으로 유명해요. ❸ 여기서 '사계'는 봄·여름·가을·겨울의 사계절을 뜻합니다. ❹ 비발디는 《사계》로 사계절의 변화를 표현했어요.

2 ❶ [《사계》 중 '봄'은 새소리와 싱그러운 햇살, 시냇물이 샘솟는 모습을 표현한 곡입니다.] ❷ '봄'은 전체적으로 따뜻하고 부드러운 분위기를 풍겨요. ❸ [《사계》의 '여름'은 바람이 휘몰아치고 천둥과 번개가 내리치는 느낌으로 시작합니다.] ❹ 타는 듯한 더위와 모기가 사람들을 괴롭히는 모습도 표현되어 있어요.

3 ❶ [《사계》의 '가을'은 시원하고 화창한 가을 날씨와 수확을 기뻐하며 춤을 추는 농부의 모습을 그린 곡입니다.] ❷ 개와 함께 사냥하는 모습과 느긋한 마음도 표현했다고 해요. ❸ [마지막으로 《사계》의 '겨울'은 휘몰아치는 눈과 바람을 표현하여 매서운 추위를 나타냈습니다.] ❹ 여기에 아늑한 집과 다시 다가올 봄에 대한 기쁨도 표현했다고 해요.

4 ❶ [비발디의 《사계》에는 '소네트'라는 짧은 시가 계절마다 붙어 있는데, 이것은 곡의 내용을 설명하고 있어요. ❷ 이 밖에도 개가 짖는 소리, 나뭇잎의 소리, 새가 우는 소리 등이 악보에 적혀 있습니다.] ❸ 이런 점에서 《사계》는 음악을 실제와 가깝게 표현했다는 평가를 받아요.

🔴 1 단락 요약
《사계》를 만든 비발디

🔴 2 단락 요약
《사계》 중 '봄', '여름'에 대한 소개

🔴 3 단락 요약
《사계》 중 '가을', '겨울'에 대한 소개

🔴 4 단락 요약
《사계》를 실제와 가깝게 만들어 준 것

⸱⸱⸱⸱⸱⸱⸱⸱⸱⸱⸱⸱⸱⸱⸱⸱⸱⸱⸱⸱⸱⸱⸱⸱⸱⸱⸱⸱⸱⸱⸱⸱⸱⸱⸱⸱⸱⸱⸱ ✖ 지문 이해

● 이 글은 비발디의 《사계》에 대해 설명하는 설명문입니다. 비발디는 《사계》로 봄·여름·가을·겨울 사계절의 변화를 표현했어요. 《사계》 중 '봄'은 새소리와 싱그러운 햇살, 시냇물이 샘솟는 모습을 표현한 곡이고, '여름'은 바람이 휘몰아치고 천둥과 번개가 내리치는 느낌으로 시작해요. '가을'은 시원하고 화창한 가을 날씨와 수확을 기뻐하며 춤을 추는 농부의 모습을 그렸고, '겨울'은 휘몰아치는 눈과 바람을 표현하여 매서운 추위를 나타냈어요. 비발디의 《사계》에는 '소네트'라는 짧은 시가 계절마다 붙어 있어 곡의 내용을 설명하고, 개가 짖는 소리, 나뭇잎의 소리, 새가 우는 소리 등이 악보에 적혀 있어 실제와 가깝게 표현했다는 평가를 받아요.

● 단락 간의 관계
1 단락에서는 비발디와 비발디가 만든 곡인 《사계》를 소개하고 있어요.
2 단락에서는 《사계》 중 '봄', '여름'에 대해, 3 단락에서는 《사계》 중 '가을', '겨울'에 대해 설명하고 있으므로 두 단락을 묶을 수 있어요.
4 단락에서는 《사계》를 실제와 가깝게 만들어 준 것에 대해 이야기하며 글을 마무리하고 있어요.

● 글의 구조도

```
┌─────────────────────────────┐
│        🔴 1 단락             │
│     《사계》를 만든 비발디      │
└─────────────────────────────┘
       ↙              ↘
┌──────────────┐  ┌──────────────┐
│  🔴 2 단락    │──│  🔴 3 단락    │
│ 《사계》 중 '봄',│  │《사계》 중 '가을',│
│ '여름'에 대한 소개│  │ '겨울'에 대한 소개│
└──────────────┘  └──────────────┘
       ↘              ↙
┌─────────────────────────────┐
│        🔴 4 단락             │
│ 《사계》를 실제와 가깝게 만들어 준 것│
└─────────────────────────────┘
```

● 주제: 사계절의 변화를 표현한 비발디의 《사계》

01 [정답] 비발디 ·············· 주제 알아보기

> **왜 정답?**

* 근거: ①단락 ❹번째 문장

①단락에서 '비발디는 〈사계〉로 사계절의 변화를 표현했어요.'라고 하며 비발디의 〈사계〉를 소개하고 있어요.

②단락에서는 〈사계〉 중 '봄'과 '여름'에 대해, ③단락에서는 〈사계〉 중 '가을'과 '겨울'에 대해 소개하고 있어요.

④단락에서는 〈사계〉를 실제와 가깝게 만들어 준 것에 대해 이야기하고 있어요.

따라서 이 글 전체의 중심 낱말은 '〈사계〉'이고, 주제는 '사계절의 변화를 표현한 비발디의 〈사계〉'예요.

빈칸에 들어가기에 알맞은 말은 '비발디'예요.

02 [정답] ⓙ 여름 ⓛ 추위 ·············· 내용 이해하기

> **왜 정답?**

ⓙ 근거: ②단락 ❸, ❹번째 문장

'〈사계〉의 '여름'은 바람이 휘몰아치고 천둥과 번개가 내리치는 느낌으로 시작합니다. 타는 듯한 더위와 모기가 사람들을 괴롭히는 모습도 표현되어 있어요.'라고 했어요.

따라서 ⓙ에 들어가기에 알맞은 말은 '여름'이에요.

ⓛ 근거: ③단락 ❸번째 문장

'마지막으로 〈사계〉의 '겨울'은 휘몰아치는 눈과 바람을 표현하여 매서운 추위를 나타냈습니다.'라고 했어요.

따라서 ⓛ에 들어가기에 알맞은 말은 '추위'예요.

03 [정답] (1) ○ (2) × (3) × ·············· 글쓰기 방식 이해하기

> **왜 정답?**

(1) 근거: ④단락

'비발디의 〈사계〉에는 '소네트'라는 짧은 시가 계절마다 붙어 있는데, 이것은 곡의 내용을 설명하고 있어요. 이 밖에도 개가 짖는 소리, 나뭇잎의 소리, 새가 우는 소리 등이 악보에 적혀 있습니다. 이런 점에서 〈사계〉는 음악을 실제와 가깝게 표현했다는 평가를 받아요.'라고 하며 〈사계〉가 받는 평가의 내용을 설명하고 있으므로 맞는 내용이에요.

(2) 이 글은 〈사계〉를 감상하기 좋은 방법을 알려 주고 있지 않아요.

(3) 이 글은 〈사계〉를 공간이 이동한 순서대로 설명하고 있지 않아요.

04 [정답] 예 개가 짖는 소리, 나뭇잎의 소리, 새가 우는 소리 등이 악보에 적혀 있기 때문이다.

(서술형) 채점 기준 – 근거: ④단락

'비발디의 〈사계〉에는 '소네트'라는 짧은 시가 계절마다 붙어 있는데, 이것은 곡의 내용을 설명하고 있어요. 이 밖에도 개가 짖는 소리, 나뭇잎의 소리, 새가 우는 소리 등이 악보에 적혀 있습니다. 이런 점에서 〈사계〉는 음악을 실제와 가깝게 표현했다는 평가를 받아요.'라고 했어요.

따라서 '개가 짖는 소리, 나뭇잎의 소리, 새가 우는 소리 등이 악보여 적혀 있다.'라는 내용이 들어가면 정답이에요.

배경지식

비발디의 생애

〈사계〉를 만든 것으로 유명한 음악가 비발디는 사실 성직자이기도 했어요. 당시에는 성직자가 다른 직업을 함께 갖는 것이 흔한 일이었기 때문에 비발디도 작곡가이자 성직자였던 것이지요. 하지만 비발디는 몸이 약해서 미사를 진행하는 것이 쉽지 않았고, 종종 연주하는 데 푹 빠져서 미사 시간에 자리를 비우기도 했어요.

결국 비발디는 여자 고아원에 있는 '피에타 음악원'에서 바이올린 선생님으로 일하게 되었습니다. 비발디는 아이들이 좋은 환경에서 연주하는 것을 돕기 위해 오케스트라와 조화를 이루면서도 혼자 연주하는 악기가 돋보이는 협주곡을 만들었어요. 색다른 협주곡으로 사람들의 관심을 끌어 정기 음악회 수입을 늘리기 위해서였지요.

이후 비발디는 '빠름-느림-빠름'이라는 3악장의 협주곡 형식을 완성했어요. 이 형식은 멜로디와 리듬만 바꾸는 방법으로 많은 곡을 쓸 수 있게 해 주었고, 비발디의 첫 협주곡집인 〈조화의 영감〉은 유럽의 각 지역으로 널리 퍼져 큰 영향을 미쳤답니다.

[과학]

DAY 34

지구가 축구공처럼 둥글다고?

◯ 각 단락 중심 낱말　◯ 전체 중심 낱말　[ ] 각 단락 중심 문장　▨ 전체 중심 문장

1 ❶우리가 살고 있는 지구는 어떤 모양일까요? ❷저 멀리 있는 땅이나 바다를 보면 경계선이 편평해 보여서 지구가 편평하다고 생각할 수 있어요. ❸또 네모난 지도를 보고 지구가 네모나다고 생각할 수도 있지요. ❹하지만 지구는 축구공처럼 둥근 모양이랍니다.

1 단락 요약
둥근 모양의 지구

2 ❶[지구가 둥글다는 증거는 무엇일까요?] ❷만약 편평한 곳에서 한쪽 방향으로 계속 걸어간다면 끝이 있겠죠. ❸그런데 지구에서 한쪽 방향으로 계속 가면 출발한 곳으로 다시 돌아오게 돼요. ❹그리고 만약 지구가 편평하다면 멀리서 항구로 들어오는 배의 전체 모습이 보이겠지만, 지구가 둥글기 때문에 배의 윗부분부터 보인답니다. ❺또 달에 비친 지구의 그림자가 둥근 것을 통해서도 지구가 둥근 것을 알 수 있어요.

2 단락 요약
지구가 둥글다는 증거

3 ❶[그렇다면 왜 우리 눈에는 지구가 편평해 보일까요? ❷그건 지구의 크기가 사람의 크기에 비해 매우 크기 때문이에요.] ❸아주 큰 공 위에 서 있는 개미를 상상해 보세요. ❹바로 그것이 지구 위의 사람과 비슷해요. ❺____(가)____ 우리는 지구가 둥글다고 생각하지 못하고 편평하다고 생각하는 거랍니다.

3 단락 요약
지구가 편평해 보이는 까닭

4 ❶다음에 기회가 되면 멀리서 들어오는 배가 윗부분부터 보이는지, 달에 비친 지구의 그림자가 둥그런지 한번 확인해 보세요. ❷[지구의 모양이 둥그렇다는 것을 알 수 있을 거예요.]

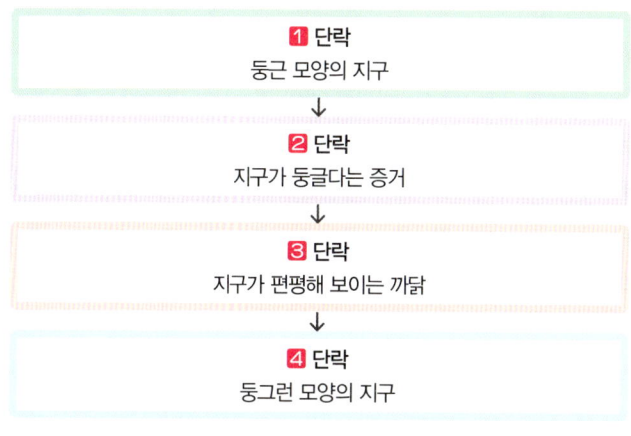

4 단락 요약
둥그런 모양의 지구

·· ✖ 지문 이해

● 이 글은 지구의 모양이 둥그렇다는 것을 알려 주는 설명문입니다. 지구에서 한쪽 방향으로 계속 가면 출발한 곳으로 다시 돌아오게 돼요. 또 멀리서 항구로 들어오는 배가 윗부분부터 보이는 것과, 달에 비친 지구의 그림자가 둥근 것을 통해서도 지구가 둥근 것을 알 수 있어요. 지구가 둥근데도 우리 눈에 지구가 편평해 보이는 까닭은 지구의 크기가 사람의 크기에 비해 매우 크기 때문이에요.

● 단락 간의 관계
1단락에서는 글 전체의 중심 낱말인 '지구'의 모양에 대해 물음을 던지고, 지구의 모양이 둥그렇다는 것을 이야기하고 있어요.
2단락에서는 지구가 둥글다는 증거를 보여 주고 있어요.
3단락에서는 지구가 둥글지만 우리 눈에 지구가 편평해 보이는 까닭을 설명하고 있어요.
4단락에서는 지구의 모양이 둥근 것을 확인해 보라고 하며 글을 마무리하고 있어요.

● 글의 구조도

1 단락
둥근 모양의 지구

↓

2 단락
지구가 둥글다는 증거

↓

3 단락
지구가 편평해 보이는 까닭

↓

4 단락
둥그런 모양의 지구

● 주제: 지구가 둥글다는 증거

01 [정답] 지구 ·· 주제 알아보기

＞왜 정답?

①단락에서는 지구의 모양이 둥그렇다는 것을 이야기하고 있어요.
②단락에서는 지구가 둥글다는 증거를 설명하고 있어요.
③단락에서는 지구가 둥글지만 우리 눈에 편평해 보이는 까닭을 설명하고 있어요.
④단락에서는 지구의 모양이 둥근 것을 확인해 보라고 하며 글을 마무리하고 있어요.
따라서 이 글 전체의 중심 낱말은 '지구'이고, 주제는 '지구가 둥글다는 증거'예요.
빈칸에 들어가기에 알맞은 말은 '지구'예요.

02 [정답] ⑤ ·································· 글쓴이의 의도 이해하기

＞왜 정답?

⑤ 근거: ①단락 ❹번째 문장
　①단락에서 '하지만 지구는 축구공처럼 둥근 모양이랍니다.'라고 하며 둥근 모양의 지구를 소개하고, ②단락에서는 지구가 둥글다는 증거를, ③단락에서는 지구가 편평해 보이는 까닭을 설명하고 있어요.
　그러므로 글쓴이가 이 글을 쓴 까닭은 지구가 둥글다는 증거를 설명하기 위해, 즉 '정보를 전달하기 위해'예요.

＞왜 오답?

① 이 글에 편지를 쓰는 것과 관련한 내용은 나오지 않아요.
② 이 글에 물건을 파는 것과 관련한 내용은 나오지 않아요.
③ 이 글에 여행을 하는 것과 관련한 내용은 나오지 않아요.
④ 이 글에 교훈은 나오지 않아요.

03 [정답] ㉡ ······································· 내용 이해하기

＞왜 정답?

㉡ 근거: ①단락 ❷, ❹번째 문장
　'저 멀리 있는 땅이나 바다를 보면 경계선이 편평해 보여서 지구가 편평하다고 생각할 수 있어요.', '하지만 지구는 축구공처럼 둥근 모양이랍니다.'라고 했어요. 따라서 땅이나 바다의 경계선이 편평해 보이는 것은 우리가 지구를 편평하다고 생각하는 이유이지, 지구가 둥글다는 증거는 아니에요.

＞왜 오답?

㉠ 근거: ②단락 ❺번째 문장
　'또 달에 비친 지구의 그림자가 둥근 것을 통해서도 지구가 둥근 것을 알 수 있어요.'라고 했으므로 알맞은 설명이에요.

㉢ 근거: ②단락 ❹번째 문장
　'그리고 만약 지구가 편평하다면 멀리서 항구로 들어오는 배의 전체 모습이 보이겠지만, 지구가 둥글기 때문에 배의 윗부분부터 보인답니다.'라고 했으므로 알맞은 설명이에요.

㉣ 근거: ②단락 ❶～❸번째 문장
　'지구가 둥글다는 증거는 무엇일까요? 만약 편평한 곳에서 한쪽 방향으로 계속 걸어간다면 끝이 있겠죠. 그런데 지구에서 한쪽 방향으로 계속 가면 출발한 곳으로 다시 돌아오게 돼요.'라고 했으므로 알맞은 설명이에요.

04 [정답] ② ·································· 올바른 접속어 찾기

＞왜 정답?

② 근거: ③단락
　(가)의 앞 내용은 우리 눈에 지구가 편평해 보이는 까닭이 지구의 크기가 사람의 크기에 비해 매우 크기 때문이라고 하며, 이를 큰 공 위에 개미가 서 있는 모습에 빗대고 있어요. (가)의 뒤 내용은 우리가 지구를 편평하다고 생각한다는 것이에요.
　따라서 앞 내용이 원인, 뒤 내용이 결과를 나타내므로 (가)에 들어갈 이어 주는 말로 가장 알맞은 것은 '그래서'예요.

＞왜 오답?

① '또한'은 앞 문장과 비슷한 내용의 말을 더할 때 쓰는 이어 주는 말이에요.
③ '그리고'는 비슷한 내용의 두 문장을 이어 주는 말이에요.
④ '하지만'은 서로 같지 않은 사실을 나타내는 두 문장을 이어 주는 말이에요.
⑤ '왜냐하면'은 뒤 문장이 앞 문장의 원인이 될 때 쓰는 이어 주는 말이에요.

05 [정답] 예 달에 비친 지구의 그림자가 둥글기 때문이다.

다음은 달에 지구의 그림자가 드리운 모습입니다. 다음 사진을 통해 지구가 둥근 것을 알 수 있는 까닭을 2단락에서 찾아 쓰세요.

• 다음 사진: 달에 지구의 그림자가 드리운 모습의 사진입니다. 사진을 보면, 달에 비친 지구의 그림자가 둥근 것을 알 수 있습니다.

즉 달에 비친 지구의 그림자를 통해 지구가 둥글다는 것을 알 수 있다는 내용을 ②단락에서 찾아 쓰는 문제입니다.

서술형 채점 기준 – 근거: ②단락 ❺번째 문장
'또 달에 비친 지구의 그림자가 둥근 것을 통해서도 지구가 둥근 것을 알 수 있어요.'라고 했으므로 '달에 비친 지구의 그림자가 둥글다.'라는 내용이 들어가면 정답이에요.

[국어]

DAY 35

친구들과 하는 연극 놀이

◯ 각 단락 중심 낱말 ◯ 전체 중심 낱말 [ ] 각 단락 중심 문장 ▨ 전체 중심 문장

1 ❶보현이는 학예회 때 친구들과 연극을 하기로 했습니다. ❷각자 맡은 역할을 위해 보현이와 친구들은 연습에 한창이에요. ❸연극은 배우가 무대 위에서 각본에 따라 말과 행동으로 이야기를 나타내는 예술입니다. ❹연극을 할 때는 배우가 연극 속의 등장인물을 실감 나게 표현하는 것이 중요해요.

2 ❶[등장인물을 실감 나게 표현하려면 우선 등장인물의 특성을 알아야 합니다.] ❷예를 들어 자신이 악당 역할을 맡았다면 악당이 나쁜 성격이라는 것을 알아야 하겠죠. ❸또 동물이나 곤충 역할을 맡았다면 실제 그 동물이나 곤충이 움직이는 모습을 알아야 해요. ❹그래야 자신이 어떻게 말하고 행동할지를 미리 준비해서 연극에서 실감 나게 표현할 수 있어요.

3 ❶이제 무대 위에서 등장인물을 실감 나게 표현하는 방법을 살펴봅시다. ❷연극은 관객에게 보여 주고 들려주는 것이기 때문에 관객이 제대로 보고 들을 수 있도록 하는 것이 중요해요. ❸[따라서 또박또박 말해야 합니다.] ❹또 등장인물에게 어울리는 목소리로 말해야 해요. ❺만약 자신이 착한 역할이라면 목소리를 부드럽고 친절하게 하면 되겠죠? ❻[그리고 말과 행동이 잘 어울리게 표현하는 것이 중요해요.] ❼예를 들어 목소리는 힘찬데 행동에 힘이 없고 약해 보이면 관객의 입장에서 실감이 나지 않게 돼요.

1 단락 요약
연극의 소개

2 단락 요약
등장인물을 실감 나게 표현하기 위한 것

3 단락 요약
등장인물을 실감 나게 표현하는 방법

.... ✶ **지문 이해**

● 이 글은 연극에서 등장인물을 실감 나게 표현하는 것에 대해 설명하는 설명문입니다. 연극은 배우가 무대 위에서 각본에 따라 말과 행동으로 이야기를 나타내는 예술이에요. 연극에서 등장인물을 실감 나게 표현하려면 우선 등장인물의 특성을 알아야 해요. 또, 무대 위에서 등장인물을 실감 나게 표현하려면 또박또박 말하고, 등장인물에게 어울리는 목소리로 말해야 합니다. 말과 행동이 잘 어울리게 표현하는 것도 중요해요.

● **단락 간의 관계**
  1단락에서는 글 전체의 중심 낱말인 '연극'을 소개하고, 연극에서 등장인물을 실감 나게 표현하는 것이 중요하다고 이야기하고 있어요.
  2단락에서는 등장인물을 실감 나게 표현하기 위해 등장인물의 특성을 알아야 한다고 이야기하고 있어요.
  3단락에서는 등장인물을 실감 나게 표현하는 방법을 알려 주고 있어요.

● **글의 구조도**

1 단락
연극의 소개

↓

2 단락
등장인물을 실감 나게 표현하기 위한 것

↓

3 단락
등장인물을 실감 나게 표현하는 방법

● **주제**: 연극에서 등장인물을 실감 나게 표현하기

01 [정답] 연극 ······················· 주제 알아보기

왜 정답?

1단락에서는 연극에 대해 소개하고, '연극을 할 때는 배우가 연극 속의 등장인물을 실감 나게 표현하는 것이 중요해요.'라고 했어요.

2단락에서는 등장인물을 실감 나게 표현하기 위한 것을 설명하고 있어요.

3단락에서는 등장인물을 실감 나게 표현하는 방법을 설명하고 있어요.

따라서 이 글 전체의 중심 낱말은 '연극'과 '등장인물을 실감 나게 표현'이고, 주제는 '연극에서 등장인물을 실감 나게 표현하기'예요.

빈칸에 들어가기에 알맞은 말은 '연극'이에요.

02 [정답] ㉠ 특성 ㉡ 행동 ················· 내용 이해하기

왜 정답?

㉠ **근거:** 2단락 ❶번째 문장

'등장인물을 실감 나게 표현하려면 우선 등장인물의 특성을 알아야 합니다.'라고 했으므로 ㉠에 들어가기에 알맞은 말은 '특성'이에요.

㉡ **근거:** 3단락 ❻번째 문장

'그리고 말과 행동이 잘 어울리게 표현하는 것이 중요해요.'라고 했으므로 ㉡에 들어가기에 알맞은 말은 '행동'이에요.

03 [정답] ① ····················· 내용 적용하기

다음은 연극의 각본입니다. 이 글에 비추어 볼 때, 밑줄 친 (가)를 실감 나게 표현하는 방법으로 가장 알맞은 것은 무엇인가요?

- **연극의 각본:** '키키'라는 등장인물이 아끼는 목걸이를 바닷속에 빠뜨리는 내용입니다.

- **(가):** (가)는 '아악, 안돼! 내 목걸이!'로, 키키가 목걸이를 바닷속에 빠뜨린 후 하는 말입니다.

즘 키키가 아끼는 목걸이를 바닷속에 빠뜨린 후에 하는 말을 실감 나게 표현하는 방법을 고르는 문제입니다.

왜 정답?

① **근거:** 3단락 ❹, ❻번째 문장

3단락에서 '또 등장인물에게 어울리는 목소리로 말해야 해요.', '그리고 말과 행동이 잘 어울리게 표현하는 것이 중요해요.'라고 했어요.

연극의 각본 속 키키의 상황은 아끼는 목걸이가 바닷속에 빠져서 놀라고 다급한 상황이에요. 따라서 이러한 상황을 실감 나게 표현하는 방법으로 가장 알맞은 것은 '놀란 목소리로 크게 말한다.'예요.

왜 오답?

② 키키가 아픈 상황이 아니므로 알맞지 않아요.

③ 키키가 반가워할 상황이 아니므로 알맞지 않아요.

④ 키키가 누군가를 무시하는 상황이 아니므로 알맞지 않아요.

⑤ 키키가 아끼는 목걸이를 바닷속에 빠뜨려 놀랍고 다급한 상황이므로 부드러운 목소리는 알맞지 않아요.

04 [정답] ④ ····················· 알맞은 반응 찾기

왜 정답?

④ **근거:** 3단락, ❷, ❸번째 문장

'연극은 관객에게 보여 주고 들려주는 것이기 때문에 관객이 제대로 보고 들을 수 있도록 하는 것이 중요해요. 따라서 또박또박 말해야 합니다.'라고 했으므로 말끝을 흐려도 괜찮다는 말은 알맞지 않아요.

왜 오답?

① **근거:** 1단락 ❸번째 문장

'연극은 배우가 무대 위에서 각본에 따라 말과 행동으로 이야기를 나타내는 예술입니다.'라고 했으므로 알맞은 내용이에요.

② **근거:** 1단락 ❹번째 문장

'연극을 할 때는 배우가 연극 속의 등장인물을 실감 나게 표현하는 것이 중요해요.'라고 했으므로 알맞은 내용이에요.

③ **근거:** 2단락 ❷번째 문장, 3단락 ❻번째 문장

2단락에서 '예를 들어 자신이 악당 역할을 맡았다면 악당이 나쁜 성격이라는 것을 알아야 하겠죠.'라고 했고, 3단락에서 '그리고 말과 행동이 잘 어울리게 표현하는 것이 중요해요.'라고 했으므로 알맞은 내용이에요.

⑤ **근거:** 2단락 ❸번째 문장

'또 동물이나 곤충 역할을 맡았다면 실제 그 동물이나 곤충이 움직이는 모습을 알아야 해요.'라고 했으므로 알맞은 내용이에요.

05 [정답] 예 배우가 무대 위에서 각본에 따라 말과 행동으로 이야기를 나타내는 예술

서술형 채점 기준 – 근거: 1단락 ❸번째 문장

'연극은 배우가 무대 위에서 각본에 따라 말과 행동으로 이야기를 나타내는 예술입니다.'라고 했어요.

따라서 '배우가 무대 위에서 각본에 따라 말과 행동으로 이야기를 나타내는 예술'이라는 내용이 들어가야 정답이에요.

겨울에는 쿨쿨 겨울잠 자는 동물들

◯ 각 단락 중심 낱말   ◯ 전체 중심 낱말   [ ] 각 단락 중심 문장   ▨ 전체 중심 문장

① 사람들은 겨울을 보내기 위해 두꺼운 옷을 입고 보일러를 틀어서 집을 따뜻하게 만들어요. ② 그러면 동물들은 겨울을 어떻게 보낼까요? ③ 모든 동물이 그런 것은 아니지만 겨울잠을 자며 겨울을 보내는 동물들도 있습니다.

② ① [겨울잠을 자는 동물 중 체온이 일정한 동물로는 곰, 박쥐, 고슴도치, 너구리가 있어요.] ② 이들은 먹이를 먹어서 체온을 유지합니다. ③ 그런데 겨울에는 먹이를 구하기가 어렵기 때문에 겨울이 오기 전에 먹이를 많이 먹어 두고 겨울잠을 자는 거예요. ④ 겨울잠은 낙엽으로 덮여 있는 곳이나 땅속의 따뜻한 곳으로 들어가서 잡니다. ⑤ 이 동물들의 체온은 주변의 온도와 함께 내려가지만 어느 일정 온도 이하로는 내려가지 않아요.

③ ① [겨울잠을 자는 동물 중 체온이 주위에 따라 바뀌는 동물로는 개구리, 뱀, 거북이가 있어요.] ② 이들은 날씨가 너무 추우면 죽을 수 있기 때문에 겨울잠을 자요. ③ 이 동물들도 땅속이나 나무 밑처럼 따뜻한 곳에 들어가서 겨울잠을 잡니다. ④ 이들의 체온은 주변의 온도와 거의 같아지고, 죽은 것과 비슷한 상태로 잠을 자요.

④ ① [사람은 동물처럼 겨울잠을 자지는 않아요. ② 하지만 따뜻하고 해가 떠 있는 시간이 긴 여름에 비해 춥고 해가 떠 있는 시간이 짧은 겨울에 잠을 더 많이 자기도 합니다.]

1 단락 요약
겨울잠을 자며 겨울을 보내는 동물들

2 단락 요약
겨울잠을 자는 동물 ① 체온이 일정한 동물

3 단락 요약
겨울잠을 자는 동물 ② 체온이 주위에 따라 바뀌는 동물

4 단락 요약
여름에 비해 겨울에 잠을 더 많이 자는 사람

✹ 지문 이해

● 이 글은 겨울잠을 자는 동물에 대해 설명하는 설명문입니다. 겨울잠을 자는 동물 중 체온이 일정한 동물로는 곰, 박쥐, 고슴도치, 너구리가 있어요. 이들은 겨울이 오기 전에 먹이를 많이 먹어 두고 겨울잠을 자는데, 낙엽으로 덮여 있거나 땅속의 따뜻한 곳으로 들어가서 자요. 겨울잠을 자는 동물 중 체온이 주위에 따라 바뀌는 동물로는 개구리, 뱀, 거북이가 있어요. 이들은 겨울잠을 자는 동안 체온이 주변의 온도와 거의 같아지고, 죽은 것과 비슷한 상태로 자요. 사람은 겨울잠을 자지는 않지만 여름에 비해 겨울에 잠을 더 많이 자기도 해요.

● 단락 간의 관계
① 단락에서는 겨울잠을 자며 겨울을 보내는 동물들을 이야기하고 있어요. ② 단락에서는 겨울잠을 자는 동물 중 체온이 일정한 동물을, ③ 단락에서는 겨울잠을 자는 동물 중 체온이 주위에 따라 바뀌는 동물을 소개하고 있으므로 두 단락을 묶을 수 있어요. ④ 단락에서는 사람은 겨울잠을 자지는 않지만 여름에 비해 겨울에 잠을 더 많이 자기도 한다는 이야기를 하고 있어요.

● 글의 구조도

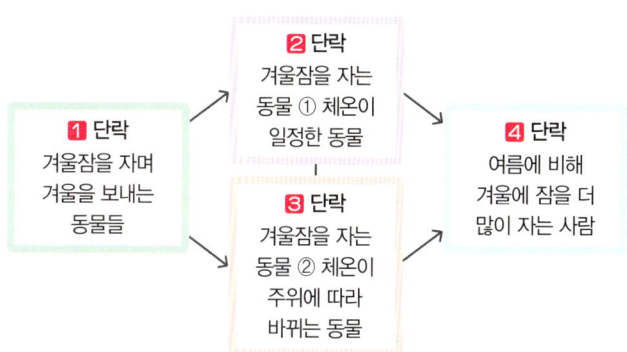

● 주제: 겨울잠을 자는 동물

01 [정답] ② ···································· 주제 알아보기

>왜 정답?

② ①단락에서는 겨울잠을 자며 겨울을 보내는 동물들을 이야기하고, ②단락에서는 겨울잠을 자는 동물 중 체온이 일정한 동물에 대해, ③단락에서는 겨울잠을 자는 동물 중 체온이 주위에 따라 바뀌는 동물에 대해 소개하고 있어요.
따라서 이 글의 주제는 '겨울잠을 자는 동물'이에요.

>왜 오답?

① 이 글에 겨울을 보내는 법은 나오지 않아요.
③ 근거: ②단락 ❶번째 문장
②단락에서 '겨울잠을 자는 동물 중 체온이 일정한 동물로는 ∼'이라고 하며 겨울잠을 자는 동물 중에서 체온이 일정한 동물들을 소개하고 있지만, 이 글 전체의 주제는 아니에요.
④ 근거: ④단락 ❷번째 문장
④단락에서 '하지만 따뜻하고 해가 떠 있는 시간이 긴 여름에 비해 춥고 해가 떠 있는 시간이 짧은 겨울에 ∼'라고 하며 여름과 겨울의 차이를 간략히 설명하고 있지만, 이 글 전체의 주제는 아니에요.
⑤ 근거: ③단락 ❸번째 문장
③단락에서 '이 동물들도 땅속이나 나무 밑처럼 따뜻한 곳에 ∼'라고 하며 땅속과 나무 밑의 환경을 간략히 설명하고 있지만, 이 글 전체의 주제는 아니에요.

02 [정답] (1) ㉢ (2) ㉡ (3) ㉠ ············· 내용 이해하기

>왜 정답?

(1) 근거: ④단락 ❶번째 문장
'사람은 동물처럼 겨울잠을 자지는 않아요.'라고 했어요.
(2) 근거: ③단락 ❶, ❹번째 문장
'겨울잠을 자는 동물 중 체온이 주위에 따라 바뀌는 동물로는 개구리, 뱀, 거북이가 있어요.', '이들의 체온은 주변의 온도와 거의 같아지고, 죽은 것과 비슷한 상태로 잠을 자요.'라고 했어요.
(3) 근거: ②단락 ❶, ❸번째 문장
'겨울잠을 자는 동물 중 체온이 일정한 동물로는 곰, 박쥐, 고슴도치, 너구리가 있어요.', '그런데 ∼ 겨울이 오기 전에 먹이를 많이 먹어 두고 겨울잠을 자는 거예요.'라고 했어요.

03 [정답] (1) 겨울 (2) 체온 (3) 따뜻한 ········· 내용 이해하기

>왜 정답?

(1) 근거: ④단락
'사람은 동물처럼 겨울잠을 자지는 않아요. 하지만 따뜻하고 해가 떠 있는 시간이 긴 여름에 비해 춥고 해가 떠 있는 시간이 짧은 겨울에 잠을 더 많이 자기도 합니다.'라고 했으므로 괄호 안에 들어갈 말은 '겨울'이에요.

(2) 근거: ②단락 ❶, ❷번째 문장
'겨울잠을 자는 동물 중 체온이 일정한 동물로는 곰, 박쥐, 고슴도치, 너구리가 있어요. 이들은 먹이를 먹어서 체온을 유지합니다.'라고 했으므로 괄호 안에 들어갈 말은 '체온'이에요.
(3) 근거: ③단락 ❶, ❸번째 문장
'겨울잠을 자는 동물 중 체온이 주위에 따라 바뀌는 동물로는 개구리, 뱀, 거북이가 있어요.', '이 동물들도 땅속이나 나무 밑처럼 따뜻한 곳에 들어가서 겨울잠을 잡니다.'라고 했으므로 괄호 안에 들어갈 말은 '따뜻한'이에요.

04 [정답] ① ···································· 알맞은 반응 찾기

>왜 정답?

① 근거: ①단락 ❸번째 문장
'모든 동물이 그런 것은 아니지만 겨울잠을 자며 겨울을 보내는 동물들도 있습니다.'라고 했으므로 모든 동물들이 겨울잠을 잔다는 반응은 알맞지 않아요.

>왜 오답?

② 근거: ②단락 ❶번째 문장
'겨울잠을 자는 동물 중 체온이 일정한 동물로는 곰, 박쥐, 고슴도치, 너구리가 있어요.'라고 했으므로 알맞은 반응이에요.
③ 근거: ②단락 ❸번째 문장
'그런데 겨울에는 먹이를 구하기가 어렵기 때문에 ∼'라고 했으므로 알맞은 반응이에요.
④ 근거: ③단락 ❸번째 문장
'이 동물들도 땅속이나 나무 밑처럼 따뜻한 곳에 들어가서 겨울잠을 잡니다.'라고 했으므로 알맞은 반응이에요.
⑤ 근거: ④단락 ❷번째 문장
'하지만 따뜻하고 해가 떠 있는 시간이 긴 여름에 비해 춥고 해가 떠 있는 시간이 짧은 겨울에 잠을 더 많이 자기도 합니다.'라고 했으므로 알맞은 반응이에요.

05 [정답] 예 날씨가 너무 추우면 죽을 수 있기 때문이다.

서술형 채점 기준 – 근거: ③단락 ❶, ❷번째 문장
'겨울잠을 자는 동물 중 체온이 주위에 따라 바뀌는 동물로는 개구리, 뱀, 거북이가 있어요. 이들은 날씨가 너무 추우면 죽을 수 있기 때문에 겨울잠을 자요.'라고 했어요.
따라서 '날씨가 너무 추우면 죽을 수 있다.'라는 내용이 들어가면 정답이에요.

소	정	확	하	다	통	분	갑	까	닭
동	원	치	참	아	사	십	바	적	키
콩	드	상	지	꼼	반	실	직	입	서
카	먼	저	겨	꼼	허	꾸	업	있	혜
키	화	민	싸	히	모	니	미	재	경
지	준	정	수	억	장	기	중	산	팜
혜	율	절	효	양	간	문	추	위	선
러	둥	실	천	하	다	공	입	키	숙
불	철	도	하	과	차	충	장	사	잉
과	인	안	덮	요	추	거	칠	다	념

교	자	세	히	키	통	분	진	면	닥
동	원	치	참	속	사	십	바	적	키
콩	드	가	지	반	꿈	꾸	다	입	서
카	속	난	따	면	허	통	라	없	혜
키	업	하	싸	색	하	니	눈	재	상
으	준	다	수	억	있	예	중	산	황
러	중	요	하	다	송	공	만	차	숙
불	이	효	하	영	차	충	약	사	기
과	인	안	의	우	파	지	과	보	념
율	사	회	적	선	채	준	하	너	일

소	중	히	교	알	통	분	갑	자	기
동	원	치	참	아	사	십	바	적	키
콩	드	상	지	차	반	실	제	입	서
카	속	태	겨	리	혀	꾸	라	없	혜
키	화	민	싸	다	하	니	미	재	경
으	준	정	수	억	있	기	중	산	계
일	율	절	효	양	간	문	현	압	선
러	둥	글	다	재	송	공	입	카	숙
불	찰	도	하	과	차	충	장	사	잉
과	인	안	덮	이	다	지	과	보	념

초등 교과 학습은
다빈치로
시작하세요!

교과 내용을
쉽고 재미있게 융합적으로
공부할 수 있습니다.

〈3학년〉 〈4학년〉 〈5학년〉 〈6학년〉

각 학년별 세트(4권) 융합국어, 융합사회, 융합수학, 융합과학

1 재미있는 만화를 통해 융합적 사고력과 창의력을 쑥쑥 키워요!

★ 〈한눈에 보는〉 코너를 통해 **학습 원리 복습하기!**

만화를 보면서 자연스럽게 익힌 지식을 다시 한 번 정리할 수 있게 핵심 지식을 체계적으로 정리하여 담았어요.

2 다양한 분야의 유용한 상식을 담았어요!

★ 〈개념 쏙쏙 퀴즈〉로 지식을 **깊이 있게 공부하기!**

무엇을 공부했고, 얼마나 알고 있는지 확인할 수 있어요.

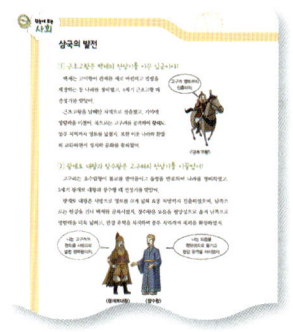

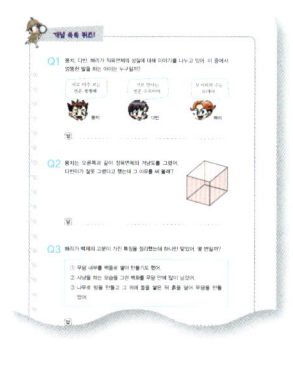

서연비람 청소년 필독서

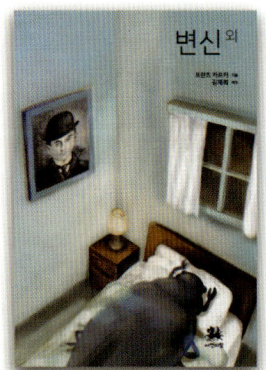

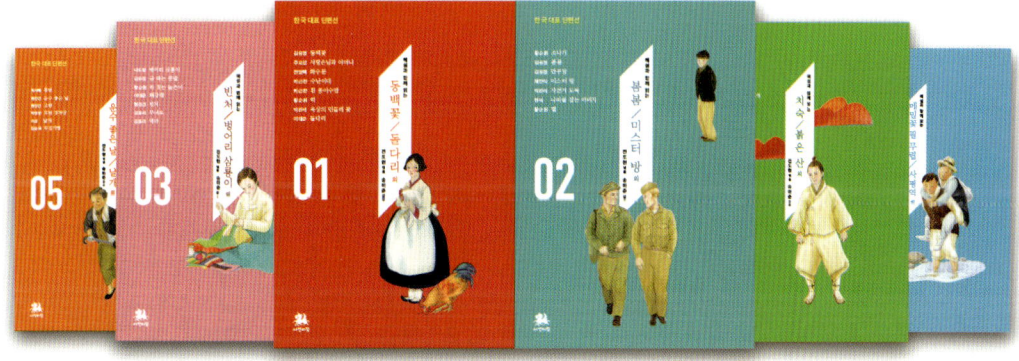

✹ 수학 개념 충전 연산 훈련서

판매량 **1**위 만족도 **1**위 추천도서 **1**위

수력충전

기초를 탄탄히 하고 싶은 학생들을 위한 책

수학의 기본을 잡아주는
개념 충전과 정확한 연산 훈련!

❶ 핵심 개념을 한 눈에 알기 쉽게 정리
❷ 반복 연산 학습으로 기본기를 탄탄히!
❸ 수학의 자신감을 회복!

• 초등 수학
1-1, 1-2 2-1, 2-2 3-1, 3-2
4-1, 4-2 5-1, 5-2 6-1, 6-2

• 중등 수학1 (상·하)
• 중등 수학2 (상·하)
• 중등 수학3 (상·하)

• 중등 수학 개념 총정리
• 초등 수학 개념 총정리

✹ 수학 기초를 더 쉽고 빠르게

NEW

수학을 싫어하는
학생들을 위한 책

수력충전 스타트 START

따라 풀면 술술 풀리는 문제 구성
기초 연산 능력을 탄탄하게 다져준다!

❶ 필수 개념을 이미지로 쉽게 이해
❷ 따라쓰고 따라풀어 개념 적용 방법 쉽게 습득
❸ 학교 시험 기본 유형 연습

＊수력충전 스타트 시리즈
중등 수학1 (상·하), 중등 수학2 (상·하), 중등 수학3 (상·하)